승자와 패자의 갈림길 (6)

제6대 총선이야기
(1963. 11. 26)

장 맹 수 편저

선 암 각

| 승자와 패자의 갈림길(6) |

제6대 총선이야기

(1963. 11. 26)

초판인쇄 : 2024년 2월

편저자 : 장맹수

발행처 : 선암각

등록번호 : 제 25100-2010-000037호

주소 : 서울특별시 노원구 마들로 31

전화번호 : (02) 949 -8153

값 20,000원

승자와 패자의 갈림길 (6)

제6대 총선이야기
(1963. 11. 26)

장 맹 수 편저

선 암 각

목   차

책을 펴내며

[제1부] 신·구파의 갈등에도 민주당이 석권한 제5대 총선

제1장 고질적(痼疾的)인 민주당의 신·구파 갈등   9
1. 민주당 창당 과정에서부터 발생한 원초적 갈등   10
2. 신·구파 갈등이 빚은 민주당 공천의 난맥상   14

제2장 자유당과 혁신계의 부진 속에 압승한 민주당   22
1. 난파선의 쥐떼처럼 방황하는 자유당 의원들   23
2. 분열과 반목으로 하염없이 위축된 혁신계   28
3. 민의원 233석의 75%인 175석을 차지한 민주당   34
4. 의회 역사상 처음이자 마지막인 참의원   46

제3장 폭력으로 얼룩진 개표장과 재·보궐 선거   54
1. 투표함 소실 등으로 13개구에서 재선거 실시   55
2. 의원직 사퇴 등으로 15개구에서 재·보궐 선거   59

[제2부] 군인들이 정권을 탈취한 5·16 군부 쿠데타

제1장 끊임없는 민주당 구파의 신파정권 흔들기   86
1. 분당론을 주장하며 집권의욕을 불태운 민주당 구파   87
2. 구파의 집권의욕을 잠재우고 집권에 성공한 신파   97
3. 장면내각 흔들기를 계속하다가 신민당을 창당   111
4. 민주당과 신민당이 한판 승부를 펼친 지방선거   117

제2장 자유당 독재정권의 청산은 영원한 미완성   131
1. 3·15 부정선거 원흉(元兇)들의 처단은 미지근   132
2. 데모대 발포(發砲)책임자 규명과 정치깡패 소탕   136
3. 자유당 독재정권 잔재(殘滓) 청산과 공민권 제한   141
4. 관용(寬容)재판이 소급입법을 위한 헌법개정으로   145
5. 독재타도 함성(喊聲)이 데모만능사태로 번져   152
6. 무능정권으로 비하(卑下)된 장면정권 이모저모   158

제3장 군인들의 무장봉기 5·16 군부 쿠데타   169
1. 군부 쿠데타의 배경과 과감한 개혁   170
2. 중앙정보부와 혁명검찰부의 활약   179
3. 쿠데타 주체들의 반목(反目)과 권력다툼   191
4. 군부정권 2년 7개월의 공과(功過)   208
5. 군정(軍政) 955일 동안의 상황일지   222

[제3부] 민정으로 이양하고 재집권에 성공한 박정희

제1장 제5차 개헌으로 민정이양을 준비 251
1. 민정참여와 불참을 오락가락한 박정희 252
2. 정치활동정화법으로 입맛에 맞는 정치인 선발 262
3. 헌법 개정안을 확정하고 선거관계법 정비 268
4. 군부정권을 계승(繼承)할 민주공화당 창당 272
5. 단일야당의 꿈은 사라지고 4분 5열된 야권 282

제2장 사상논쟁의 격전속에서 승리한 박정희 302
1. 군복을 벗고 대통령 대행직함으로 출전한 박정희 303
2. 정책대결보다 사상논쟁(思想論爭)이 펼쳐진 선거전 311
3. 야권단일화의 악재를 딛고 당선을 일궈낸 박정희 330

제3장 민주공화당이 국회의석의 63%를 점유 338
1. 혁명주체와 구(舊) 정치인들의 연합체인 민주공화당 339
2. 야당은 단일후보 협상이 결렬되어 각개전투 346
3. 지지율 33.5%지만 63%의석을 점유한 민주공화당 357
4. 제3공화국 의정(議政)을 담당할 의원들의 면모 367

[제4부] 지역구별 불꽃 튀는 격전의 현장들

제1장 여촌야도(與村野都)의 전형을 보여준 수도권　375
1. 도시선거구의 77.7%를 점령한 야권 후보들　376
2. 수도권 27개 지역구 불꽃 튀는 격전의 현장으로　381

제2장 반골 기질을 버리고 군부정권을 환호한 영남권　441
1. 민주공화당이 88%인 37개 선거구를 석권　442
2. 영남권 42개 지역구 불꽃 튀는 격전의 현장으로　447

제3장 민주공화당 광풍(狂風)이 휩쓸어 버린 비영남권　535
1. 민주공화당이 69.4%인 43개 선거구를 점령　536
2. 비영남권 62개 지역구 불꽃 튀는 격전의 현장으로　541

제4장 국민들에게 너무나 생소(生疎)한 전국구 의원　668
1. 정국안정이라는 미명으로 제정된 전국구제도　669
2. 정당별 전국구의원 당선자와 후보자 현황　674

책을 펴내며

우리나라의 고질적인 지역감정과 지역갈등을 영원히 종식(終熄)시키기 위해서는 지방행정구역을 과감하게 재편(再編)해야한다는 지론(持論)을 펼치기 위해 승자와 패자의 갈림길, 제18대 총선이야기를 발간한 것이 2010년 11월 11일이었다.

글 쓰는 재주가 남다르지 아니하고 문장력이 뛰어나지 아니함에도 불구하고 제13대(1988년)와 제14대(1992년)는 물론 제15대(1996년), 제16대(2000년), 제17대(2004년), 제19대 (2012년), 제20대(2016년) 총선이야기와 제헌의원 선거에서 제20대 국회의원 선거를 요약한 역대 국회의원 선거 이야기까지 총 18권을 엮어냈지만, 정치권이나 출판업계에서 크게 주목을 받지 못했다.

그리하여 절필(絶筆)을 좌고우면(左顧右眄)했으나, 1960년대부터 60년이상 경상도 출신들이 집권하여 오면서 영남 패권주의를 조장하여 온 엄연한 사실을 적시(摘示)하고, 곡학아세(曲學阿世)한 정치인들이나 학자들의 그럴듯한 지역갈등 해소방안은 뜬구름 잡기에 불과하다는 것을 환기(喚起)시켜주기 위해 발간을 이어가기로 결단을 내렸다.

2020년 5월에는 승자와 패자의 갈림길 제9대(1973), 제10대(1978), 제11대(1981), 제12대(1985) 총선이야기 4권이 발간됨에 따라 이미 22권을 발간했다.

1만 2천여 페이지에 달하는 방대한 자료를 정리하고 1만 8천여 명에 달하는 인명(人名)을 수록하다보니 오자(誤字)가 듬성듬성하는 부끄러움으로 총선 이야기 오정(誤訂) 묶음까지 발간했지만, 우리의 뇌리에서 잊혀져 가는 역사적 사건과 선거에 관한 진면목(眞面目)을 나름대로 집대성했다는 자부심으로 위안을 삼고 싶었을 뿐이다.

이번에는 일본의 쇠사슬을 벗어나 건국의 뱃고동을 울린 제헌의원 선거(1948년), 너도나도 선량(選良)이 되겠다고 2,225명이 운집(雲集)한 제2대 총선(1950년), 전쟁의 폐허속에서도 이승만 대통령의 종신집권을 위해 자유당이 총력을 경주한 제3대 총선(1954년), 이승만 정부의 실인심과 경찰력의 동원으로 여촌야도(與村野都) 전형을 보여준 제4대 총선(1958년), 장기집권에 의한 4월 혁명으로 정권교체를 갈망하는 유권자들의 기원을 담은 제5대 총선(1960년), 5·16 군사 쿠데타로 집권한 박정희 정부가 구(舊)정치세력을 규합한 연합군을 편성하여 대승을 거둔 제6대 총선(1963년), 박정희 정권의 장기집권을 위한 헌법개정을 구상(構想)하고 온갖 부정한 방법을 동원하여 민주공화당이 압승을 거둔 제7대 총선(1967년), 3선개헌으로 실시한 대통령선거에서 승리한 박정희 정부에 대한 반감이 표출되어 신민당이 선전한 제8대 총선(1971년) 이야기 8권을 단권(單券)으로 편집하여 함께 출간했다.

무능정권으로 지칭된 장면정권의 내면과 5.16 군부쿠데타의 정당성의 논란이 녹아있는 제6대 총선이야기 제1부에서는 고질적인 민주당의 신·구파의 갈등에도 불구하고 자유당과 혁신정당의 부진 속에 민주당이 압승을 거둔 제5대 총선의 이모저모와 반혁명세력 규탄의 열기가 개표장으로 옮겨 13개 선거구에서 재선거가 실시되는 난맥상(亂脈相)에 대해 살펴봤다.

제2부에서는 분당론(分黨論)을 주장하며 집권의욕을 불태운 윤보선, 김도연, 유진산 등의 민주당 구파출신들의 장면 정권 흔들기와 미지근한 자유당 독재정권의 청산과 3·15 부정선거 원흉의 처단을 살펴봤다.

또한 무능정권의 대명사로 비하된 장면 정권의 이모저모와 군인들의 무장봉기인 5·16 군부쿠데타의 배경과 혁명주체들의 반목과 권력다툼, 군부정권 2년 7개월의 공과(功過)에 대해서도 기술했다.

제3부에서는 민정참여와 불참을 오락가락한 박정희 최고회의 의장이 대통령 권한대행의 직함을 간직한 채 대통령 선거에 출전하여 야권단일화의 악재를 딛고 당선을 일궈낸 제5대 대통령 선거와 정치활동정화법으로 입맛에 맞는 정치인들을 선발하여 민주공화당을 창당하고, 야권단일후보 협상이 결렬되어 각개전투를 벌인 야당후보들을 꺾고 63%의 의석을 차지한 제6대 총선의 과정과 결과를 기술했다.

제4부에서는 전국 233개 지역구를 131개 지역구로 통폐합

하고 정국안정이라는 미명으로 정치권에서는 생소한 전국구 제도를 설치한 제6대 총선의 개황과 233개 선거구를 여촌야도의 전형을 보여준 수도권, 반골 기질을 버리고 군부정권을 환호한 영남권, 민주공화당 광풍(狂風)이 휩쓸어버린 비영남권으로 대별하여 권역별 특성을 약술하고, 지역구에 뛰어든 후보들의 프로필, 승패의 갈림길과 승패상황을 분석하여 정리했다.

아무쪼록 부족되고 볼품없는 이 책을 통해 지역감정이라는 갈등이 우리의 후손들에게 남겨지지 않도록 지방행정구역을 과감하게 재편(再編)하는 계기가 마련되고, 대한민국 건국 이후 75년간 일어났던 여러 가지 정치적 사건들을 다시 한 번 되새겨 볼 수 있는 종합적인 자료로 활용되기를 바랄 뿐이다.

2023년 9월

장맹수

[제1부] 신·구파의 갈등에도 민주당이 석권한
　　　　제5대 총선

제1장 고질적(痼疾的)인 민주당의 신·구파 갈등
제2장 자유당과 혁신계의 부진 속에 압승한 민주당
제3장 폭력으로 얼룩진 개표상황과 재·보궐 선거

제1장 고질적(痼疾的)인 민주당의 신·구파 갈등

1. 민주당 창당 과정에서부터 발생한 원초적 갈등

2. 신·구파 갈등이 빚은 민주당 공천의 난맥상

1. 민주당 창당과정에서부터 발생한 원초적 갈등

(1) 민주국민당계는 구파, 자유당 이탈파 등은 신파

1954년 실시된 제3대 총선에서 한국민주당(한민당)을 뿌리로 결성한 민주국민당(민국당)은 자유당 후보가 114명 당선되었으나, 윤보선(종로갑), 김도연(서대문갑), 김상돈(마포갑), 신익희(광주), 신각휴(옥천), 김판술(군산), 소선규(익산갑), 정중섭(목포), 김준연(영암), 조영규(영광), 서동진(대구갑), 조병옥(대구을), 조재천(대구병), 최천(통영), 신도성(거창) 후보 등 15명의 당선자를 배출했을 뿐이다.

4사 5입 개헌으로 자유당에 대한 여론이 악화되자 손권배, 현석호, 김영삼, 민관식, 성원경, 유옥우, 김홍식, 김재황, 황남팔, 한동석, 이태용, 김재곤, 신태권, 신정호, 도진희 의원 등 14명의 의원들이 자유당을 탈당했다.

민주국민당 의원들과 자유당 탈당 의원들이 주축이 된 호헌동지회를 중심으로 단일야당 추진을 위한 신당운동에 참여한 인사들은 민주국민당의 김성수, 신익희, 조병옥, 김도연, 윤보선, 김준연, 원내 무소속동지회의 곽상훈, 원내자유당 세력이었던 장면, 오위영, 김영선, 대한부인회의 박순천, 조선민주당의 한근조 등이었다.

민주당의 창당과정에서 민주대동파인 조봉암, 서상일이 이탈했고 장택상 전 국무총리도 배제됐고, 민주국민당의 신도성, 김수선,

송방용 의원 등도 이탈했다.

우여곡절(迂餘曲折)을 거쳐 1955년에 창당한 민주당은 민주국민당계 보수파 인사들이 중심이 되고 자유당 이탈파, 흥사단계 인사들이 가세하여 이루어졌다.

한국민주당, 민주국민당을 거쳐 온 인사들은 '구파', 자유당 탈당의원 등 새로 들어 온 인사들을 '신파'로 불리워지며 파벌투쟁이 전개됐다.

파벌투쟁의 주된 이유는 민주당의 이념이나 정책, 강령상의 견해 차이가 아닌 오로지 당권을 차지하고자 하는 쟁탈에 있었다.

(2) 민주당권의 중심축이 구파에서 신파 쪽으로 이동

1955년 9월 창당한 민주당은 창당대회에서 대표최고위원에 신익희 후보가 234표를 얻어 당선되고, 최고위원에는 조병옥, 장면, 곽상훈, 백남훈이 선출되어 구파가 주도권을 잡을 수가 있었다.

1956년 3월 전당대회에서 대통령 후보에는 신익희, 부통령 후보에는 장면을 지명했다.

그러나 신익희 후보가 선거유세 도중 뇌일혈로 사망하여 부통령 선거에 집중하여 장면 후보가 자유당 이기붕 후보에게 승리했다.

1956년 9월 전당대회에서 대표 최고위원에 조병옥(구파)를 선출하고 장면, 곽상훈, 박순천, 백남훈을 최고위원으로 선출했다.

이때에 장면 부통령의 대통령 승계가 두려워 저격사건이 터졌다.

1959년 11월 대의원 966명이 참석한 전당대회에서 조병옥 484표, 장면 481표, 기권 1표로 조병옥이 대통령 후보, 장면이 부통령 후보로 지명을 받았다.

그러나 다음 날 열린 대표최고위원 선출에서는 장면 후보가 518표를 득표하여, 447표 득표에 그친 조병옥 후보를 누르고 대표 최고위원이 됐다.

최고위원은 조병옥, 곽상훈, 박순천, 윤보선을 선출했다.

평화적인 정권교체를 바라며 조병옥 후보의 쾌유(快癒)를 기대하던 국민들에게 대통령 선거를 한 달 남겨놓고 조병옥 후보는 미국의 육군병원에서 심장마비로 급서(急逝)하여 민주당은 두 번째로 대통령 후보를 잃었다.

3·15 부정선거로 부통령 선거에서 장면 후보는 자유당 이기붕 후보에게 큰 표차로 패배(敗北)했지만, 대표 최고위원으로서의 구심점 역할을 수행하여 민주당의 중심축을 이룰 수 있었다.

그러나 중심축인 조병옥 박사를 잃은 구파는 김도연, 윤보선, 백남훈, 유진산 등의 군웅이 할거하게 되어 결집이 필요하게 됐다.

(3) 4월 혁명 이후에도 신파를 지속적으로 견제한 구파

민주당 구파는 내각책임제 개헌에 소극적인 신파와 별도로 내각책임제 개헌을 필사적으로 추진하면서 자유당의 혁신파 의원들과의 제휴(提携)를 모색했다.

민주당 구파는 신파와의 내각책임제 공동개헌을 요청하되, 만일 민주당의 공식기구에서 합의를 보지 못할 경우에는 부득이 구파 단독으로 개헌을 추진할 방침을 밝혔다.

신파의 장면처럼 지명도를 구비한 대통령 후보를 갖지 못한 구파는 초조감을 감추지 못한 채, 내각책임제 개헌에 구파의 사활을 걸고 있었으며, 민주당 신파의 계광순 의원이 현 국회에서의 개헌 반대 주장으로 구파 의원들로부터 집중적인 반격을 받기도 했다.

민주당은 주요 임원 연석회의에서 대통령의 직선제가 아닌 간선제 채택을 결정했고, 구파의 집요한 주장으로 민주당 의원총회에서는 내각책임제 개헌추진 후 국회를 해산하기로 결의했다.

이어 국회는 민주당 곽상훈 의원을 국회의장으로 선출하고 정·부통령 보궐선거를 개헌시까지 보류하고, 개헌안을 단시일 내에 제출하고 경찰중립화법과 국회의원선거법 개정 기초특별위원회 구성안도 결의했다.

민주당은 정치자금의 야당 유입문제를 조사하기 위한 특별조사위원회가 구성되면서 신·구파 간 반목이 재연됐다.

유홍, 조한백, 조영규 등 구파 조사위원들은 신파가 이승만 하야 운동의 무마(撫摩)공작비로 자유당으로부터 수 억환을 받았고, 구국청년 대표 고정훈에게 내각책임제 개헌 반대운동을 부탁하며 어마어마한 돈을 주었다고 폭로했다.

민주당 구파는 조병옥 박사가 이승만 대통령에게 받은 오백만 환의 치료비를 문제삼은 신파에게 격분하고 있으며, 양파(兩派)간의 자금 유입내용의 폭로와 반목은 앞으로 있을 공천경쟁과 함께 당을 분열의 위기까지 몰고 갈 위험성조차 없지 않았다.

국회 본회의에서 자유당 입당조건으로 천만환을 받았다고 지목된 신파 김훈 의원은 해명 발언을 하고 단하(壇下)로 내려와서, 발설자인 구파의 고담룡 의원을 구타(毆打)하여 걷잡을 수 없는 신·구파 대립의 갈등을 증폭시켰다.

군인들의 부재자 투표에 대해서도 신파에서는 여건의 미비라는 명분을 내걸고 5대 총선에서는 시행치 않으려고 적극 반대했지만, 구파와 절대 다수의석을 차지하고 있는 자유당 의원들이 결속하여 부재자 투표제를 실시하도록 의결했다.

2. 신·구파 갈등이 빚은 민주당 공천의 난맥상

(1) 현역의원과 근소하게 패배한 지역구위원장은 자동공천

1958년 실시된 제4대 총선에서 민주당은 79명의 후보들이 당선됐고, 임문석(대구병), 최희송(대구기) 후보들이 추가로 당선되어 81석으로 늘어났다.

무소속으로 당선된 민관식, 양일동 의원들이 입당하여 83석까지 확보됐으나 김주묵, 유승준, 송영주, 홍순희, 조정훈, 김삭, 권오종, 허윤수, 박창화, 구철회 의원 등이 자유당으로 변절하여 73석으로 줄어들었다.

조병옥, 엄상섭 의원들이 사망하고 참의원 출전을 위해 오위영, 최희송 의원들이 의원직 사퇴서를 제출하여 남은 69명의 현역의원 모두에게는 당선증과 다름없는 공천장을 건네줬다.

민주당 현역의원으로 5대 총선에 출전하는 의원들은 윤보선, 한근조, 주요한, 정일형, 김도연, 김원만, 김상돈, 유성권, 윤명운, 유홍, 서범석, 민관식, 이영준(서울), 김재곤, 곽상훈, 김 훈, 홍길선, 홍익표, 강영훈, 홍봉진(경기), 이민우, 민장식, 이태용(충북), 진형하, 윤담, 김학준, 우희창, 전영석(충남), 유청, 이철승, 배성기, 유진산, 나용균, 조한백, 윤제술, 양일동, 윤택중(전북), 정성태, 이필호, 정중섭, 정재완, 윤형남, 유옥우, 김의택, 김선태, 조영규(전남), 이병하, 임문석, 조일환, 조재천, 권중돈, 박해정, 주병환(경북), 이만우, 김동욱, 김응주, 이종남, 박순천, 김용진, 조일재, 정헌주, 최천, 김정환, 서정귀(경남), 계광순, 박충모(강원), 고담룡(제주) 등이다.

최희송, 오위영 의원은 참의원 출전을 위해 의원직을 사퇴했고, 이병하(대구을)의원은 공천장을 포기하고 고향 찾아 문경에 입후보하여 제명처분을 받아 공천에서 제외됐다.

민주당은 지난 4대 총선 때 민주당 공천을 받고 출전하여 근소(僅少)한 표차로 패배하고 지구당위원장으로 활약하고 있을 때는 공천심사 없이 자동케이스로 공천을 주기로 했다.

자동케이스 공천자는 김산(서대문을), 이양훈(고양), 김영구(포천), 허산(연천), 천세기(양평), 김인태(화성갑), 김기철(충주), 김창수(청원을), 신각휴(옥천), 이충환(진천), 송석두(대덕), 성태경(연기), 김천수(논산갑), 이석기(부여갑), 이종순(부여을), 김영선(보령), 이상철(청양), 안만복(서산을), 이규영(당진갑), 박준선(당진을), 성기선(아산), 이상돈(천안을), 김판술(군산), 이춘기(이리), 신현돈(무주), 윤정구(남원을), 홍영기(순창), 고몽우(광산), 윤추섭(곡성), 고기봉(구례), 김우평(여천), 조연하(승주), 지영춘(고흥을), 이정래(보성), 고영완(장흥), 김옥형(무안갑), 정문채(나주갑), 김병수(장성), 서동진(대구갑), 이상면(포항), 오정국(경주), 박준규(달성), 박해충(안동을), 김봉태(월성갑), 황한수(월성을), 김준태(청도), 윤만석(문경), 현석호(예천), 강해원(봉화), 김영수(영덕), 황호영(영주), 김영삼(부산 서갑), 한종건(함안), 최영근(울산갑), 최원호(김해갑), 양덕인(횡성), 신기복(금화), 김준섭(화천), 김대중(인제), 김옥천(북제주) 등이다.

나머지 선거구에 대한 공천을 심사하기 위한 공천심사위원은 16명으로 하되 신·구파 동수로 하기로 했다.

이영준, 강영훈, 유옥우, 유진산, 김영삼, 권중돈, 이민우, 신인우(구파) 윤명운, 홍익표, 계광순, 이상철, 김용진, 현석호, 김선태, 이철승(신파)이 공천 심사위원으로 선정됐다.

지난 4대 총선에서 민주당 공천을 받거나 무소속으로 아쉽게 패배했지만 지구당위원장을 맡지 않고 있거나 민주당을 이탈했던 신정호(청원갑), 성원경(예산), 홍춘식(천안갑), 김석주(광양), 김동호(담양), 박형근(고흥갑), 양병일(강진), 배섭(김천), 최태능(영일갑), 곽태진(고령), 김명수(동래), 황남팔(진양), 강봉룡(의령), 김택천(울산을), 이종근(고성), 신중하(거창), 박영록(원성), 신인우(정선), 김재순(양구), 서순칠(양산) 후보들의 공천은 보류되어 공천심사를 받게됐다.

(2) 5개 지역구를 무공천으로 남겨두고 공천 마무리

민주당은 공천경쟁을 생략한 자동공천 대상자 129명을 확정 발표했다. 이들은 현역의원 69명과 지난 총선에서 근소(僅少)한 표차로 낙선한 지역구 위원장을 맡고 있는 60명이다.

그러나 이양훈(고양), 김인태(화성갑) 후보들은 등록을 하지 아니했고, 근소한 표차로 패배한 신하균, 강승구, 오덕섭, 이병헌, 백남표, 김용태, 양회수, 민영남, 김상순, 우돈규, 문부식 등은 여러가지 이유로 제외됐다.

민주당 공천심사위원회는 1차로 26개 선거구에 대한 공천자로 장면(용산갑), 박주운(여주), 유치송(평택), 홍봉진(화성갑), 김경수(강화), 유진영(대전갑), 성원경(예산), 조규완(익산갑), 양해준(남원갑), 김상진(임실), 유진(고창갑), 박희수(진도), 유영하(안동갑), 황봉갑(대구을), 배섭(김천), 신진욱(의성갑), 우홍구(의성을), 심길섭(청송), 조근영(영양), 최태능(영일갑) 후보들을 결정하여 발표했다.

민주당 공천심사위원회는 37개 선거구 공천자로 김수길(고양), 신흥균(양주을), 백두현(이천), 송석홍(부천), 허길(김포), 이정원(완주갑), 김응만(장수), 김경운(정읍을), 이형연(고창을), 송을상(부안을), 최해용(영일을), 홍정표(상주갑), 추광엽(상주을), 최성욱(영도갑), 김병진(진해), 이기선(삼천포), 황남팔(진양), 백남훈(밀양갑), 김택천(울산을), 김기수(창원을), 최영호(고성), 신중하(거창), 정경식(합천갑), 홍영진(홍천), 김광준(울진), 백락삼(평창), 이필선(광주병), 김석주(광양), 박형근(고흥갑), 박민기(화순), 현영원(영암), 주도윤(무안병), 이경(나주을), 김일용(남제주) 후보들을 결정하여 발표했다.

윤보선 최고위원 댁에서 열린 최고위원과 공천심사위원들의 연석회의에서 홍용준(성동을), 장동국(광주), 백봉운(시흥), 김귀연(옹진), 민영수(중원), 김사만(괴산), 구철회(음성), 배동학(단양), 엄대섭(공주갑), 조헌수(영천갑), 곽태진(고령), 김순택(칠곡), 문명호(군위), 최동극(울릉), 김명수(동래), 정남규(마산), 강봉룡(의령), 박기정(창녕), 송용우(김해을), 이양호(창원갑), 원정희(남해), 이상철(하동), 정준현(함양), 김준하(철원), 함종윤(양양), 최계명(고성) 후보 등을 공천자로 결정했다.

민주당 최고위원회는 박영록(원성), 이희종(진안), 장영모(대구기),

이종린(부산 동을) 후보들을 추가 공천하고 공천을 마무리했다.

무공천한 금릉에는 이삼달, 허곤, 김병옥, 정주영, 여세기 후보들이, 선산에는 김주경, 김성묵, 이재기, 심경섭 후보들이 난립했다.

양산에는 서순칠, 정운영, 김대우 후보들이, 거제에는 윤병한, 서순영 후보들이, 산청에는 하종배, 오문택, 심상선, 조명환, 정영모 후보들이, 합천 을구에는 박인범, 허수, 정길영, 송근영 후보들이 난립했다.

(3) 공천자를 지원하기 위해 133명을 제명처분

민주당 공천에 대한 반발이 전국 도처에서 극렬하게 발생했다.

중앙당에서 공천한 후보들을 지구당에서 제명하는 소동이 일어난 곳은 의성 갑구(신진욱), 울산 을구(김택천), 마산(정남규), 부산 서구 을구(김동욱) 등이다.

비공천당원이 탈당하고 무소속으로 출마한 경우에도 요식상 제명시킨다는 방침을 세운 민주당은 비공천당원이 설사 의원에 당선되었다 할지라도 받아들이지 않는다는 방침을 의미한 것이다.

민주당은 민주당 후보 115명(민의원 후보자 112명, 참의원 후보자 3명)을 제명했다. 그러나 무공천 지역구에서 당명(黨名)을 내걸고 입후보한 후보들에 대해서는 제명하지 않았다.

제명된 후보들은 이래범(종로을), 허이복, 김광석(인천갑), 양재범(인천병), 정준채, 백효선, 유광렬(고양), 신하균, 홍기복(광주),

박인조, 최병선(양주갑), 강승구(양주을), 이기우, 이근오, 문진교(포천) ,장한정, 전명호(이천), 신용철(용인) 김노묵(안성), 임승학, 이병헌, 최석화(평택), 홍사승, 박상묵, 홍경선(화성갑), 김진구, 송재붕(화성을), 홍헌표(시흥), 박승희(부천), 김두섭(김포), 남진흡, 최성면, 백남표(파주), 전덕규(옹진), 박승완(청원갑), 김병수(청원을), 홍종한(옥천), 정인승, 정석헌, 신이철(음성), 홍규선(중원) ,임경승(대전갑), 민동식, 박휴서(공주갑), 육완국(논산갑), 이은봉, 박찬(공주을), 노승삼(서천), 박종화(예산), 장경순, 임창재(서산갑), 이문세(당진갑), 김기환(천안갑) 최재면, 손권배(전주을), 안개세(완주갑), 최성석(장수), 김용대(부안), 김용환(광주을), 김문옥(목포), 김봉채(여수), 최의남(순천), 김삼길(광산), 국순엽(담양), 안홍순(구례), 남정수(승주), 이백우(영암), 정판국(무안병), 정헌승(영광), 이근상(대구을), 김정호(대구기), 추상엽(군위), 오상직(의성갑), 최성인(의성을), 권기석(안동갑), 윤운섭(청송), 임종진(영일을), 심봉섭, 이대곤, 이원영(월성을), 이병하(문경), 김석완, 전석봉, 현상현(울릉), 강선규(마산), 유덕천(진주), 현재만(진해), 허병호(진양), 신태수(창녕), 김인화(김해을), 백종기(창원갑), 설관수(창원을), 문부식(하동), 이진언(함양), 조한규(원주), 권의준(춘성), 엄정주(영월), 이영배(평창), 황학성, 최열(철원), 최경립(금화), 이병희(양구), 신효순(양양) 후보 등이고 참의원 후보는 남천우(충남), 민정식(전북), 장수두(제주) 후보 등이다.

민주당은 추가로 11명을 제명했고, 제명된 후보들은 나명균(서대문을), 심형택(곡성,) 박준호(광양), 김선홍(고흥갑), 전창권(보성), 김형배(장흥), 윤영선, 윤철하(해남갑), 강수복(무안갑), 김남철, 노병건(무안병), 권태현(의령)등이며 이들은 민의원 입후보자들이다. 경남의 박운표 후보자는 참의원 입후보자이다.

민주당에서 해당 행위자로 제명한 유광열(고양), 신하균(광주), 강승구(양주을), 이병헌(평택), 박상묵(화성갑), 장경순(서산갑), 김용환(광주을), 김문옥(목포), 이병하(문경), 전석봉(울릉), 황학성(철원) 후보들이 당선되어 민주당 지도부를 멋쩍게 했다.

또한 윤병한(거제), 조명환(산청), 정길영(합천을) 당선자들도 민주당 공천자는 아니다.

제2장 자유당과 혁신계의 부진 속에 압승한 민주당

1. 난파선의 쥐떼처럼 방황하는 자유당 의원들

2. 분열과 반목으로 하염없이 위축된 혁신계

3. 민의원 233석의 75%인 175석을 차지한 민주당

4. 의회 역사상 처음이자 마지막인 참의원

1. 난파선의 쥐떼처럼 방황하는 자유당 의원들

(1) 자유당 정권의 붕괴로 공황(恐慌)상태에 빠진 의원들

1960년 4월 24일 이승만 대통령은 경무대를 방문한 이기붕 국회의장에게 "나는 자유당 총재직을 무조건 그만두겠다"고 선언하여 자유당 의원들은 목자(牧者) 잃은 양떼가 되어버렸다.

이에 부응하여 자유당 혁신파 49명은 내각책임제 개헌안을 관철키로 합의하고, 불법을 범하고 악질적인 자유당 간부를 숙청하는 것은 추후에 검토키로 했다.

이 모임은 박세경, 이성주, 정운갑, 김익기, 김진만, 최규남, 조경규, 이갑식, 최용근, 오범수, 김의준, 이형모, 강성태, 박철웅, 손도심 의원 등이 참여했다.

이어 혁신파 의원들은 자유당을 탈당하고 별도의 헌정 혁신동지회의 교섭단체를 구성하기로 합의했다.

이에 격분한 임철호, 김상도 의원 등 강경파는 "24 보안법 파동 때 무술 경위를 의사당 내에 몰아넣어 야당의원들을 짐승처럼 몰아내게 한 장본인은 혁신파의 앞잡이인 이성주 의원이다"라고 성토했다.

국회는 임철호 국회부의장의 사퇴서와 한희석 의원의 의원직 사퇴서를 수리하고 이기붕, 최인규, 이존화, 장경근, 박만원, 손도심, 신도환 의원 등에 대한 사퇴권고안도 의결했다.

국회는 최인규 의원에 이어 박만원, 장경근, 이존화, 신도환, 손도심 의원 등의 의원직 사퇴를 가결했다.

이재학 국회부의장은 "민주주의의 기본을 파괴하는 협잡을 3·15 선거 때 감행한 이상 자유당 간판은 아무리 생각해도 유지할 수 없을 것 같다"고 솔직한 심정을 털어놓았다.

(2) 자유당 의원들이 탈당하여 헌정동지회 결성

자유당 의원 107명은 자유당 자체의 기능이 마비된 이상 교섭단체 기능을 몽상(夢想)함은 현실 역행으로 민주혁명 정신에 투철하기 위해 자유당 탈퇴를 결의했다.

최용근, 이형모, 홍승업, 김재위, 정규상, 원용석, 최병권, 최석림, 유기수, 조종호, 인태식, 손문경, 서임수, 김창동, 김형돈, 정운갑, 이종준, 신영주, 김성탁, 윤성순, 이성주, 임차주, 박흥규, 나판수, 최규옥, 김공평, 박덕영, 정낙훈, 박충식, 정재원, 진석중, 변진갑, 전만중, 김향수, 이옥동, 주금용, 이정휴, 박현숙, 박상길, 김정근, 윤용구, 구철회, 김종철, 구흥남, 김진만, 황성수, 김진원, 김익기, 이동근, 이정희, 홍병각, 이민우, 이갑식, 유봉순, 전형산, 조광희, 이동녕, 김동석, 안용대, 이사형, 손재형, 김정기, 홍범희, 김선우, 강종무, 김병순, 최규남, 이상용, 정상희, 김성곤, 이협우, 유영준, 박순석, 이은태, 김원중, 안균섭, 정세환, 유순식, 하태환, 이원장,

김두진, 반재현, 정준모, 이영언, 강성태, 박세경, 임우영, 손석두, 국쾌남, 황숙현, 안덕기, 서한두, 윤병구, 김원태, 구태회, 문종두, 손영수, 현오봉, 김규만, 지영진, 김석진, 정대천, 박영교, 김의준, 김원전 등으로 정세환, 최규옥, 김재위, 서한두, 정대천, 손재형 의원등 101명이 자유당을 탈당했다.

이탈의원 41명은 헌정동지회를 결성하여 등록했다. 최규남 의원을 대표로, 정운갑, 하태환, 이갑식 의원들을 간사로 선출했다.

이원장, 김익기, 이상룡, 이종준, 권복인, 손재형, 김향수, 정준모, 박종길, 이영언, 구태회, 홍병각, 조광희, 이형모, 인태식, 정재원, 반재현, 김원태, 김정기, 김주묵, 이동근, 김원전, 박세경, 원용석, 김진만, 주금용, 정상희, 정규상, 이정휴, 김두진, 강성태, 유기수, 정낙훈, 구흥남, 안용대, 신영주, 김인호 의원등이 참여했다.

138석의 자유당은 33석으로 급격히 감소하여 원내는 민주당 70석, 헌정동지회 41석, 자유당 33석, 무소속 74석이 됐다.

(3) 자유당 당명(黨名)을 걸고 33명이 총선에 출전

시대상황이 바뀌어도 이승만 대통령의 북진통일의 성취를 기원하며 자유당에 대한 의리를 버리지 못하고 자유당의 품 속에 잔류(殘留)한 의원들은 곽의영, 박상길, 김삭, 김상도, 김성탁, 김원규, 김재위, 김철안, 김형돈, 박창화, 서한두, 송영주, 신규식, 오범수, 오재영, 유용식, 이영희, 이종수, 임차주, 장석윤, 정대천, 정명섭, 정남택, 조정훈, 최규옥, 한광석, 허윤수, 홍순희, 조경규, 김장섭,

유승준, 김공평 등이다.

이들을 주축으로 자유당의 당명을 고수하며 5대 총선에 출전한 의원은 유용식(양평), 오재영(안성), 김선우(보은), 김공평(논산갑), 김창동(청양), 김진원(무주), 조정훈(남원갑), 송영주(정읍을), 정세환(고창갑), 김병순(해남갑), 김석진(해남을), 나판수(무안갑), 이사형(나주갑), 정명섭(나주을), 김상도(영천갑), 정남택(고령), 김철안(금릉), 이영희(의령), 조경규(함안), 최석림(고성), 손영수(하동), 김재위(산청), 유봉순(합천갑), 임우영(춘성), 이동근(양양), 전형산(인제)의원 등 26명이었으나 최석림(고성), 전형산(인제) 의원들만 당선됐다.

그리고 참의원에 오범수(충북), 이원장, 한광석(충남), 신규식(전북), 황성수, 손문경(전남), 박순석(경북) 의원들이 도전하여 오범수, 한광석, 황성수 의원들은 당선의 영광을 안았다.

(4) 79명의 자유당 의원들은 무소속 등으로 위장하여 출전

자유당을 탈당하고 헌정동지회를 결성하는 등 법석을 떨던 자유당 이탈의원들은 무소속으로 위장하여 61명이 민의원에 출전했고, 18명이 참의원에 도전했다.

민의원에는 이성주(고양), 김의준(여주), 유영준(옹진), 정운갑(진천), 김원태(괴산), 정상희(중원), 박충식(공주갑), 윤병구(예산), 유순식(서산을), 인태식(당진갑), 한희석(천안갑), 김종철(천안을), 이존화(완주갑), 정준모(장수), 안균섭(남원을), 홍순희(고창을),

박홍규(광주병), 이갑식(구례), 이형모(승주), 구흥남(화순), 손재형(진도), 하태환(포항), 문종두(김천), 박영교(의성을), 윤용구(청송), 박종길(영양), 김익로(영일을), 안용대(월성갑), 김정근(상주을), 최병권(울릉), 이재현(삼천포), 구태회(진양), 신영주(창녕), 김성탁(울산을), 김형돈(창원갑), 이용범(창원을), 진석중(거제), 김정기(남해), 박상길(함양), 최용근(강릉), 이재학(홍천), 정규상(영월), 황호현(평창), 유기수(정선), 서임수(철원), 박현숙(금화), 김진만(삼척), 김두진(북제주), 현오봉(남제주) 의원 등이 출전하여 정상희(중원), 박종길(영양), 이재현(삼천포), 이재학(홍천) 등 4명의 의원들이 당선됐고, 조종호(단양) 의원은 헌정동지회로 출전하여 당선됐다.

참의원에도 최규남(서울), 강성태, 윤성순, 정존수(경기), 원용석(충남), 박철웅, 김향수, 국쾌남, 이은태, 황숙현(전남), 김장섭, 박영출, 조광희(경북), 정기원, 최갑환(경남), 홍승엽, 홍범희, 최규옥(강원) 의원들이 도전하여 박철웅, 김장섭 의원들이 당선됐다.

4월 혁명을 내다보지 못하고 무소속이나 민주당으로 4대 총선에 당선됐으나 자유당으로 변절한 김주묵(음성), 조종호(단양), 유승준(홍성), 이옥동(진안), 조정훈(남원갑), 송영주(정읍을), 정세환(고창갑), 홍순희(고창을), 김향수(강진), 김삭(무안병), 이사형(나주갑), 손재형(진도), 신도환(대구갑), 안용대(경주), 문종두(김천), 김규만(의성갑), 권오종(안동갑), 반재현(청도), 허윤수(마산), 주금용(진해), 이재현(삼천포), 신영주(창녕), 최석림(고성), 박상길(함양), 황호현(평창), 유기수(정선), 서임수(철원), 현오봉(남제주)의원 등 30여 명이었으며 조종호(단양), 이재현(삼천포), 최석림(고성) 등 3명의 의원들은 5대 총선에도 당선됐다.

2. 분열과 반목으로 하염없이 위축된 혁신계

(1) 사회대중당, 한국사회당, 혁신동지총연맹으로 분열

혁신계 인사들은 진보당(박기출, 김달호, 윤길중), 근로인민당(김성숙, 유병묵), 민주혁신당(서상일, 이동화)의 3파가 합작하여 사회대중당 발기인 대회를 개최하여 책임 총무위원에는 서상일, 간사장은 윤길중을 선출했다.

사회대중당 서상일, 김성숙, 유병묵 등은 김달호 전 의원을 창당작업을 방해했다는 명목으로 제명을 결의했다.

이에 김달호 전 의원은 "서상일, 김성숙 등이 정치적 시기심과 열등의식에서 음모를 날조(捏造)한 것이다"라고 반박했다.

사회대중당과는 별도로 전진한과 민주혁신당 간부들은 한국사회당을 결성하였고, 장건상을 비롯한 혁신계 원로들은 혁신동지총연맹을 조직했다.

한국사회당은 전진한 등 민족주의 민주사회당 세력을 중심으로 결성하였으며, 이들은 민족적 사회주의 정당 결성을 목표로 하였고, 거액의 탈세자 처단 및 관기(官紀)의 쇄신으로 보수독재와 싸우는 것을 주요 정강정책으로 내세웠다.

김창숙, 장건상, 유림, 정화암, 김학규, 권오돈 등 혁신동지총연맹

발기인 대표는 혁신세력의 일치단결을 호소했다. 이들은 장건상 위원장을 선출했으나 정당이 아닌 연맹체로서 성격이 강했다.

이번 5대 총선을 앞두고 혁신정파는 사회대중당, 한국사회당, 혁신동지총연맹으로 3분되었는데, 한국사회당과 혁신동지총연맹은 혁신진영 선거대책협의회를 구성하여 무경합 지구에 대한 연합공천을 모색했으나 사회대중당은 참여를 거부했다.

혁신정당은 사회혁신당 고정훈의 구속으로 일반에게 용공(容共)정당이라는 인상을 줄 가능성이 많아졌고, 사회대중당은 다른 혁신정당과 달리 대통령 중심제를 주장하여 정책적 차이점을 부각시키고 있었다.

이번 민의원 총선에 사회대중당으로 124명이, 한국사회당으로 12명이, 혁신동지총연맹으로 37명이 출전했으나 사회대중당에서 4명, 한국사회당이 1명 당선됐을 뿐이다.

사회대중당 공천으로 최근우(종로을), 조헌식(동대문을), 허영무(성북), 조광섭(영등포갑), 유병묵(영등포을), 조규희(인천병), 김성숙(고양), 안병덕(김포), 황귀성(파주), 신창균(음성), 김영택(공주갑), 민남기(이리), 박환생(남원갑), 정화암(김제갑), 강대진(광산), 임문평(광주을), 임기봉(목포), 조규준(화순), 박찬일(영암), 장홍염(무안을), 이양래(장흥), 염동호(나주갑), 최석채(대구갑), 서상일(대구을), 김수한(대구병), 양호민(대구정), 이동화(대구무), 조용수(청송), 이형우(경산), 김달호(상주갑), 정인석(예천), 박용만(영주), 이명하(부산중), 김용겸(부산 서울), 김기철(영도갑), 박기출(부산진갑), 임갑수(부산진을), 김종길(충무), 박권희(밀양갑), 김수선(울산갑), 윤명수(김해갑), 윤길중(원성) 후보 등 기라성 같은 후보들이 출전하여 박환생(남원갑), 서상일(대구을), 박권희(밀양갑), 윤길중(원성) 후보들이 당선됐다.

한국사회당 공천으로 전진한(성동갑), 김철(성동을), 우문(마포), 전공우(정읍갑), 이종순(부산 동을), 김성숙(남제주) 후보들이 출전하여 김성숙(남제주) 후보가 유일하게 당선됐고, 혁신동지총연맹 소속으로 김진기(정읍을), 최백근(광양), 박성하(군위), 장건상(부산 동갑), 송일환(부산진갑) 후보들이 출전했으나 당선자를 배출하지 못했다.

참의원에는 박수형, 이훈구, 김주섭, 최달희, 백기만, 홍범희, 박재우(사회대중당), 최달선, 장공우(한국사회당), 정상구(혁신동지총연맹) 후보들이 출전하여 상위순번의 기호를 받은 행운으로 사회대중당의 이훈구(충남), 한국사회당의 최달선(경북), 혁신동지총연맹의 정상구(경남) 후보들이 당선됐다.

(2) 총선 후에도 반목과 분열, 통합추진을 계속한 혁신계

혁신계에서는 이번 5대 총선에서 민의원에는 사회대중당 박환생(남원갑), 서상일(대구을), 박권희(밀양을), 윤길중(원성) 후보들과 한국사회당 김성숙(남제주) 후보들이 당선됐고, 사회대중당 이훈구(충남), 한국사회당 최달선(경북), 혁신동지총연맹 정상구(경남) 후보들이 참의원에 당선되어 8석으로 전체 의석의 3%에도 미치지 못했다.

혁신정당들이 전국적인 수준에서 조직을 갖지 못하였다는 것과 혁신세력은 조직력의 절대적 열세뿐만 아니라 자체의 이념적 통일

또한 기하지 못하여 파벌대립 양상을 보였기 때문이다.

제5대 총선에서 8명의 의원 배출이라는 참패의 쓴 잔을 마신 혁신세력은 새로운 정비 내지 단일화를 모색했다.

사회대중당은 이번 5대 총선의 패배를 혁신세력의 분열에 두고 상무위원회를 열어 단일화 방안을 논의했다.

총선에서 참패한 사회대중당은 창당 초기부터 진보당계와 비진보당계 사이의 갈등이 표면화되어 왔으며, 선거의 패인을 규명한다는 구실 아래 대립상태를 보이다가 진보당계가 주도권을 장악했다.

윤길중, 김기철 등 중도파의 중재에도 불구하고 비진보당계의 최근우, 이훈구, 김성숙, 구익균, 조헌식, 장홍염, 김창섭, 송남헌, 이동화, 유병묵, 정화암 등은 진보당 계열 인사들이 진보당의 분열을 일삼고 분파주의와 소영웅주의자들이라고 매도하면서 김달호계와 당을 같이 할 수 없다는 이유를 들어 결별을 선언하고 사회대중당을 탈당했다.

지방의원 선거를 불과 1개월 앞두고 비진보당계 모든 간부진이 사회대중당을 이탈한 것은 조직투쟁이 이념문제로 이어지면서 복잡한 양상을 띠게 되었다.

처음부터 정당이 아닌 연맹체로서 조직된 혁신동지총연맹 장건상 위원장은 혁신정당의 단일화를 촉구하여 진보당계로부터 주도권을 탈취하고자 했으나 실패하자, 윤길중과 결탁하여 혁신당 추진에 나섰다.

한국사회당 대표 전진한은 서울 성동갑에 출전하여 낙선하고서 당에서 이탈했고, 대부분의 당원들은 비진보당계의 사회대중당과 독립사회당 창당을 추진했다.

사회대중당을 이탈한 비진보당 계열은 노동인민당 출신으로 최근우, 유병묵 등이 제3세력을 자처하고, 인도적 민주자주노선에 입각한 통일을 표방하는 사회당으로 결속할 것을 표방하고, 한국사회당, 혁신동지총연맹, 한국독립당, 노동당 등과 제휴하여 독립사회당 결당을 서둘렀다.

독립사회당 창당준비세력은 사회대중당은 윤길중계, 김달호계, 비윤길중·김달호계의 3계파로 분열되어 반목을 일삼았으며, 문자 그대로 4분 5열 됐다.

독립사회당 창당세력들은 분열된 혁신정당의 5인 대표를 회원으로 혁신 5당 추진위원회를 구성했고, 고정훈의 사회혁신당 등 진보세력을 추가로 영입하여 1961년 1월 통일사회당으로 재편되었다.

김달호의 사회대중당, 윤길중의 혁신당, 독립사회당의 3당 통합은 최근 학생들의 적극적인 통일방안 제의에 힘입어 다시 통합운동을 추진했으나 5. 16 군부 쿠데타로 무산됐다.

5. 16 군부 쿠데타 주도세력들은로 혁신세력에게 철퇴(鐵槌)를 내려, 혁신세력들은 기나긴 동면(冬眠)상태가 되어 지하에 잠복하여 햇빛이 들어오기만을 기다리게 됐다.

박정희 대통령의 장기집권 이후 태동한 전두환의 민정당에서 고정훈은 통일사회당을 창당하여 강남에서 국회의원에 당선되는 특전을 받았고, 윤길중은 국회부의장에 선출되는 등 승승장구했다.

(3) 보수신당 결성을 추진했으나 결국 무위로

통일당, 민사당, 조민당 등을 중심으로 보수신당(保守新黨) 결성을 준비해 온 7개 정당은 신당 발기에 대한 성명서를 발표했다.

통일당(김준연, 문사정, 김준현), 민주사회당(유화용, 엄우섭, 이철우), 한국독립당(김옥봉, 성한경, 김기수), 조선민주당(임태정, 김시형, 장춘백), 한국사회당(강병익, 박형일, 허강), 근로당(오수영, 장민, 임홍만), 자유당(신규식, 유화청, 오명환) 등이 참여했다.

이들은 353명이 참여한 발기인대회에서 당명을 공화당으로 정하고 김준연, 이윤영, 조경한, 이갑성, 조경규를 최고위원으로 선출했으나, 김준연의 통일당계와 조경규의 자유당계 간의 내분으로 맞고소하며 제명소동으로 성공적인 합작을 성취하지 못했다.

한편 김병로, 박영태, 이강, 신숙, 정구영 등이 모여 보수신당을 결성하기로 합의하고, 대통령 중심제와 중농정책을 지향하기로 했으나 창당까지 가지 못하고 중도에서 멈췄다.

3. 민의원 233석의 75%인 175석을 차지한 민주당

(1) 민의원 평균경쟁률은 6.7대 1로 비교적 높은 수준

이번 총선에서 민의원 1,560명, 참의원 214명이 출전하여 1,774명이 입후보하였으며, 민의원은 정원이 233명으로 6.7 대 1의 경쟁률을 보였고, 참의원은 정원이 58명으로 2.7대 1의 낮은 경쟁률을 보였다.

민의원에 민주당은 310명이, 사회대중당이 124명, 혁신동지총연맹이 37명 출전했고 한국독립당, 헌정동지회, 고려공화당, 노총 등도 참여했다.

무소속이 993명으로 전체 입후보자의 63.7%을 차지하고 있으며, 이는 많은 자유당원들이 국민의 지탄을 모면하기 위해 무소속으로 위장(僞裝)하여 출마했기 때문이다.

참의원은 민주당이 62명, 사회대중당이 6명, 한국사회당 2명 등이 등록하였으며, 무소속으로 126명이 등록하여 전체 입후보자의 58.9%를 차지했다.

이번 총선에 출전한 저명인사로는 장기영(종로을), 신태악(중구갑), 전진한(성동갑), 장이욱(성동갑), 이동원(성동을), 김철(성동을), 박한상(영등포갑), 김은하(인천갑), 이해익(수원), 김성숙(고양), 정정훈(양주갑), 백두진(이천), 오재영(안성), 유치송(평택), 김두섭(김포), 정운갑(진천), 김달수(공주을), 김두한(홍성), 김옥선(서천), 한희석(천안갑), 진의종(고창갑), 김병로(순창), 이병옥(부안), 고재필(담양), 최석채(대구갑), 김수한(대구병), 양호민(대구정), 신진욱(의성갑), 이활(영천갑), 김달호(상주갑), 채문식(문경), 예춘호(영도갑), 박기출(부산진갑), 임갑수(부산진을), 양극필(동래), 구태회(진양), 조경규(함안), 노재필(동래), 김택수(김해갑), 이용범(창원을), 신숙(철원), 김대중(인제), 정재철(고성), 현오봉(남제주), 김진만(삼척), 정헌조(영광) 등을 들 수 있다.

(2) 민주당의 신·구파는 별도의 선거대책 본부를 설치

민주당은 자유당이 와해된 상황에서 사실상 차기 정권을 인수할 후계자적 지위를 확보하고 있었기 때문에, 신파나 구파의 입장에서는 누가 득세하느냐하는 문제와 직결되어, 신·구파의 관심은 자파의 당원이 한 사람이라도 더 공천을 받도록 하는 일이었다.

선거전에서 두 계파는 어느 한쪽이 분당(分黨)해 나갈 것 같은 분위기였으나 분당으로 이어지지는 않았으며, 선거가 끝나면 집권여당의 지위에 오르게 될 민주당에서 분당하여 나가기란 쉽지 않았기 때문이다.

신·구파는 공천업무에 관련된 잡음을 줄이기 위한 방안으로 말썽 많은 지구당을 기점으로 하는 상향식 공천방법 대신에 공천권을 중앙에 부여하는 하향식 공천방법을 채택하는데는 합의했다.

신·구파는 현직 국회의원과 현직 지구당위원장으로 지난 제4대 국

회의원 선거 때 차점자나 기탁금을 몰수당하지 않는 후보는 무조건 공천하고, 기타 지역구에 대하여는 지구당과 도당의 의견이 일치하는 경우에는 공천하지만 일치하지 않는 경우 중앙공천심사위원회에서 최종 결정하기로 했다.

233개 선거구 중 자동공천 지역구인 129개 지역을 제외한 104개 선거구의 경우 공천경쟁률은 평균 2.4대 1이었으며, 공천심사 위원회는 당선가능성이나 덕망, 실력, 당성과 같은 기준에 입각하여 공천심사를 하기보다는 두 계파 간의 정치거래를 위주로 하였다.

신·구파는 서로 당선가능성이 희박한 상대방 측의 후보 공천에는 적극적으로 동의하고, 당선가능성이 있는 선거구를 내 놓아야 할 때에는 반대급부로 다른 선거구와 맞바꾸는 방식을 취하였다.

이와같은 무원칙한 공천심사는 결국 당의 공천을 받지 못하였으면서도 민주당 소속으로 출마하는 다수의 낙천출마자를 내게 되었다.

민주당 내부에서는 신파 113명, 구파 108명, 중도파 8명을 공천한 것으로 집계됐고, 공천 후에는 신·구파의 지역 안배가 무시됐다. 구파가 공천한 지역구에 신파가, 신파가 공천된 지역구에 구파가 대항 후보를 내세워 전국 110개 지역구가 신·구파의 경합의 장이 되어 민주당의 명의로 출마한 입후보자가 민의원 310명, 참의원 62명에 달했다.

선거기간 중에도 신·구파는 별도의 선거대책 본부를 차려놓고 자파 후보의 당선을 위해 노력했다.

이러한 신·구파의 갈등에도 불구하고 민의원 선거에서는 민주당이 175석을 차지하여 집권당이 되었고 사회대중당 4석, 자유당 2석, 한국사회당 1석, 통일당 1석, 헌정동지회가 1석을 차지하고 무소속 후보가 49석을 차지했다.

자유당이 쇠퇴한 상태에서 민주당이 압승을 거둘 수 있었던 것은 무엇보다도 민주당 이외의 주요한 정치세력인 혁신정당들이 전국적인 수준에서 조직력을 갖추지 못하였기 때문이었다.

혁신세력은 조직력의 절대적 열세(劣勢)뿐만 아니라 자체의 이념적 통일 또한 기하지 못하여 파벌대립 양상을 보였기 때문에 의석 확보가 제한적이었다.

 민주당에서 제명된 강승구(양주을), 이병헌(평택), 김용환(광주을), 김문옥(목포), 전석봉(울릉), 오상직(의성갑) 후보들은 포함됐지만, 민주당에서 이탈하여 무소속으로 출전하여 당선된 유광열(고양), 신하균(광주), 박상묵(화성갑), 장경순(서산갑), 황학성(철원), 김상흠(고창을) 후보들을 포함하면 민주당의 의석은 사실상 180석을 넘어섰다.

민주당의 압승 분위기에서도 4대의원인 유홍(영등포을), 전영석(서산갑), 이필호(광주을), 김정환(밀양을) 후보들은 민주당 공천을 받고 출전했지만 낙선했다.

(3) 민주당의 압승에 대한 다양한 소견(所見)들

이번 총선에서 민주당은 당초의 예상보다 훨씬 많은 의석을 확보함으로써 원내의 절대 다수세력을 차지하게 됐다.

민주당의 압승은 제2공화국의 정국이 대체적으로 안정되리라는 전망을 가능하게 할 뿐 아니라, 혁신세력의 붐이 아직은 피상적(皮相的)이었다는 결론을 드러낸 것이다.

도시와 농촌을 막론하고 민주당 공천 후보들이 획득한 지지표는 다른 후보자와 비교도 되지 않을 만큼 압도적이었다.

이번 선거를 통하여 결정적인 타격을 받은 것은 혁신계 뿐만아니라 자유당계와 반혁명세력 그리고 민주당 낙천자들이었는데, 이것을 통해 볼 때 유권자들은 정당에 대한 관심이 여전히 강할 뿐만 아니라 내각책임제에 대한 인식도 매우 깊다는 것을 나타냈다.

한국사회당 전진한 후보는 "자유당은 이미 죽은 송장이 되었고, 보수당은 자본가적 정치와 소수 독점자본가들을 육성시키는 정당이다"라고 비난했지만, 민주당의 독주를 막아내지 못했다.

사회대중당 대변인은 "자유당계 인사들이 부패의 부산물인 돈이나 물질 공세를 써서 당선을 노리는 것은 비열한 짓이다"라고 비난하고, "그들이 구(舊)조직을 살려 되살아 나겠다고 하는 것은 혁명에 역행되는 소행으로 용납할 수 없다"고 주장하며, 자유당계를 겨냥하여 이전투구를 벌였으나 동반하여 추락했다.

이번 선거전은 혁신계가 국지전술을 펼치고 자유당계가 개인전을 펼쳤지만, 민주당 공천자와 민주당 낙천자, 무소속의 대결이 전 지역구에서 펼쳐졌다.

자유당계는 반혁명세력 규탄 열기로 위축되어 자유당 공천으로 최석림(고성), 전형산(인제) 후보들이 당선되고, 무소속으로 위장하여 출전한 정상희(중원), 조종호(단양), 박종길(영양), 이재현(삼천포), 이재학(홍천) 후보들이 겨우 당선됐을 뿐이다.

혁신계에서는 공천자의 30%정도가 기권하거나 등록을 포기했고, 연합공천을 추진했으나 사회대중당이 반대하여 한국사회당과 혁신동지총연맹에서 연합전선을 형성했으나 실질적 효과는 없었다.

구악을 폭로하고 민주당의 정책 무질서 공세를 펼쳤지만 사회대중당의 박환생(남원갑), 서상일(대구을), 박권희(밀양을), 윤길중(원성) 후보들과 한국사회당의 김성숙(남제주) 후보들만 당선됐다.

민주당 공천자에게 표가 집중된 탓으로 이에 부수적으로 일어나는 민주당의 비대(肥大)에 대항할 강력한 야당의 출현이 어렵게 된 것은 우려할 만할 일이다.

민주당의 70% 이상의 압승은 구파들의 지론인 분당론이 대두되어 신·구파의 대립과 반목(反目)이 지속될 것으로 예상됐다.

민주당 파벌은 전남의 경우 구파 22명 대 신파 10명으로 구파가 절대 우세하며 구파끼리 경합하는 지역에서는 무조건 공천자에게 양보하고 신파 공천지구에는 구파 혹은 친(親)구파 인사를 무소속으로 대항 출마시켜 선거전을 펼쳤으나, 선거결과는 신파가 앞서자 구파에서는 낙천자이지만 당선자를 무조건 영입해야 한다고 주장하여 구파 세력의 확장에 나섰다.

(4) 국회의 공민권제한으로 14명의 의원들의 의원직을 박탈

국회 공민권제한 심사위원회는 특정 지위에 있음을 이용하여 현저

(顯著)한 반민주 행위를 했다고 인정되는 의원들을 심사하여 11명의 의원들에 대한 의원직을 박탈했다.

주도윤 공민권제한 심사위원장은 "국가와 민족의 양심을 위해서도 역사적인 전기(轉機)를 마련하기 위해 눈물을 머금고 공민권을 제한하기로 결정했다"고 술회했다.

심사위원은 비밀투표를 거쳐 전형산(인제), 최치환(남해), 김장섭(경북), 박철웅(전남), 한광석(충남) 의원들을 7년간 공민권을 제한하고, 송능운(정읍을), 이정석(음성), 안동준(괴산), 송관수(경북), 황성수(전남), 김대석(강원) 의원들은 5년간 공직을 제한하기로 했다.

그리고 김형두(경남), 정긍모(강원), 강경옥(제주), 신의식(경기), 정문갑(전남), 이교선(경기), 오범수(충북), 조종호(단양), 최석림(고성), 박종길(영양), 서정원(화성), 정상희(중원), 이재현(삼천포), 박충식(공주갑), 김봉재(창원갑) 의원들은 증거보강 대상으로 선정하고, 설창수(경남), 강재량(제주) 의원은 보류 대상으로 분류하되 정상구(경남), 여운홍(경기) 의원은 제한하지 않기로 결정했다.

공민권제한 심사위원회는 증거보강 대상자 가운데 박종길(영양), 강경옥(제주), 오범수(충북) 의원에 대하여도 의원직을 박탈했다.

(5) 3선 이상 중진의원은 45명으로 15.4%에 불과

이번까지 실시한 다섯 번의 총선에서 연승하여 5선의원에 등극한

의원은 곽상훈(인천을), 이재학(홍천)의원 뿐이다.

　한 번의 실패를 맛 보거나 출전을 하지아니한 4선의원은 정일형(중구을), 김도연(서대문갑), 김상돈(마포), 홍길선(수원), 홍익표(가평), 이재형(시흥), 정준(김포), 윤재근(강화), 정재완(여수), 김준연(영암), 조영규(영광), 권중돈(영천을), 박해정(경산), 장택상(칠곡) 의원 등 10명으로 민주당 정부에서 각료로 활동한 의원들도 많다.

중진으로 성장한 3선의원은 윤보선(종로갑), 민관식(동대문갑), 이영준(동대문을), 서범석(성북), 김재곤(인천갑), 김기철(충주), 신각휴(옥천), 이충환(진천), 이태용(제천), 박충식(공주갑), 윤담(논산을), 이석기(부여갑), 이철승(전주을), 유진산(금산), 나용균(정읍갑), 조한백(김제갑), 윤제술(김제을), 양일동(옥구), 윤택중(익산을), 정성태(광주갑), 윤형남(순천), 유옥우(무안을), 김의택(함평), 김선태(완도), 조재천(대구정), 김동욱(부산 서을), 박순천(부산 동갑), 박찬현(부산진을), 정헌주(사천), 김광준(울진) 등이며, 참의원으로 3선의원에 등극한 의원들은 이인(서울), 송방용(전북), 강경옥(제주) 의원 등이다.

(6) 4월 혁명에 힘입어 의정단상에 오른 5대 의원들

민주당 : 175명

◆ 서울(15명) : 윤보선(종로갑), 한근조(종로을), 주요한(중구갑), 정일형(중구을), 민관식(동대문갑), 이영준(동대문을), 유성권(성동

갑), 홍용준(성동을), 서범석(성북), 김도연(서대문갑), 김산(서대문을), 김상돈(마포), 장면(용산갑), 김원만(용산을), 윤명운(영등포갑)

◆ **경기(14명)** : 김재곤(인천갑), 곽상훈(인천을), 김 훈(인천병), 홍길선(수원), 강영훈(양주갑), 강승구(양주을), 김영구(포천), 홍익표(가평), 천세기(양평), 박주운(여주), 김윤식(용인), 이병헌(평택), 황인원(파주), 허 산(연천)

◆ **충북(9명)** : 이민우(청주), 김기철(충주), 신정호(청원갑), 김창수(청원을), 박기종(보은), 신각휴(옥천), 민장식(영동), 이충환(진천), 이태용(제천)

◆ **충남(19명)** : 유진영(대전갑), 진형하(대전을), 성태경(연기), 김학준(공주을), 김천수(논산갑), 윤담(논산을), 이석기(부여갑), 이종순(부여을), 우희창(서천), 김영선(보령), 이상철(청양), 성원경(예산), 안만복(서산을), 이규영(당진갑), 박준선(당진을), 성기선(아산), 홍춘식(천안갑), 이상돈(천안을)

◆ **전북(15명)** : 유청(전주갑), 이철승(전주을), 김판술(군산), 이춘기(이리), 이정원(완주갑), 배성기(완주을), 유진산(금산), 신현돈(무주), 윤정구(남원을), 홍영기(순창), 나용균(정읍갑), 유진(고창갑), 송을상(부안), 조한백(김제갑), 윤제술(김제)

◆ **전남(28명)** : 정성태(광주갑), 김용환(광주을), 이필선(광주병), 김문옥(목포), 정재완(여수), 윤형남(순천), 고몽우(광산), 김동호(담양), 윤추섭(곡성), 고기봉(구례), 김석주(광양), 김우평(여천), 조연하(승주), 박형근(고흥갑), 이정래(보성), 박민기(화순), 고영완(장흥), 양병일(강진), 김채용(해남을), 김옥형(무안갑), 유옥우

(무안을), 주도윤(무안병), 정문채(나주갑), 이 경(나주을), 김의
택(함평), 조영규(영광), 김선태(완도), 박희수(진도)

◆ 경북(28명) : 서동진(대구갑), 임문석(대구병), 조재천(대구정),
조일환(대구무), 장영모(대구기), 이상면(포항), 오정국(경주), 박
준규(달성), 문명호(군위) 오상직(의성갑), 우홍구(의성을), 박해
충(안동을), 심길섭(청송), 김영수(영덕), 최태능(영일갑), 최해용
(영일을), 황한수(월성을), 조헌수(영천갑), 권중돈(영천을), 박해
정(경산), 김준태(청도), 곽태진(고령), 주병환(성주), 홍정표(상
주갑), 이병하(문경), 현석호(예천), 황호영(영주), 전석봉(울릉)

◆ 경남(31명) : 김응주(부산중), 김영삼(부산서갑), 김동욱(부산
서을), 최성욱(영도갑), 이만우(영도을), 박순천(부산동갑), 이종
린(부산동을), 이종남(부산진갑), 박찬현(부산진을), 김명수(부산
동래), 정남규(마산), 김용진(진주), 최 천(충무), 김병진(진해),
황남팔(진양), 강봉룡(의령), 한종건(함안), 박기정(창녕), 백남훈
(밀양갑), 최영근(울산갑), 조일재(동래), 최원호(김해갑), 이양호
(창원갑), 서정귀(통영), 윤병한(거제), 정헌주(사천), 조명환(산
청), 정준현(함양), 신중하(거창), 이상신(합천갑), 정길영(합천을)

◆ 강원(14명) : 계광순(춘천), 박충모(원주), 김명윤(강릉), 양덕
인(횡성), 태완선(영월), 신인우(정선), 신기복(금화), 김준섭(화
천), 김재순(양구), 함종윤(양양), 최경식(삼척), 김광준(울진)

◆ 제주(1명) : 고담룡(제주)

사회대중당: 4명

- ◆ 전북(1명) : 박환생(남원갑)
- ◆ 경북(1명) : 서상일(대구을)
- ◆ 경남(1명) : 박권희(밀양을)
- ◆ 강원(1명) : 윤길중(원성)

한국사회당: 1명

- ◆ 제주(1명) : 김성숙(남제주)

헌정동지회: 1명

- ◆ 충북(1명) : 조종호(단양)

자유당: 2명

- ◆ 경남(1명) : 최석림(고성)
- ◆ 강원(1명) : 전형산(인제)

통일당: 1명

- ◆ 전남(1명) : 김준연(영암)

무소속: 49명

◆ 서울(1명) : 김석원(영등포을)

◆ 경기(10명) : 유광열(고양), 신하균(광주), 최하영(이천), 김갑수(안성), 박상묵(화성갑), 서태원(화성을), 박제환(부천), 정준(김포), 윤재근(강화), 손치호(옹진)

◆ 충북(3명) : 안동준(괴산), 이정석(음성), 정상희(중원)

◆ 충남(4명) : 박병배(대덕), 박충식(공주갑), 김영환(홍성), 장경순(서산갑)

◆ 전북(5명) : 전휴상(진안), 송영준(장수), 한상준(임실), 송능운(정읍을), 김상흠(고창을)

◆ 전남(2명) : 서민호(고흥을), 홍광표(해남갑)

◆ 경북(8명) : 김세영(김천), 김시현(안동갑), 박종길(영양), 김종해(월성갑), 장택상(칠곡), 우돈규(금릉), 신준원(선산), 김기령(상주을), 최영두(봉화)

◆ 경남(7명) : 이재현(삼천포), 임기태(양산), 정해영(울산을), 서정원(김해을), 김봉재(창원을), 최치환(남해), 윤종수(하동)

◆ 강원(6명) : 이찬우(춘성), 이재학(홍천), 장춘근(평창), 황학성(철원), 김응조(고성), 최준길(명주)

◆ 제주(1명) : 홍문중(북제주)

4. 의회 역사상 처음이자 마지막인 참의원

(1) 참의원 입후보를 위해 자유당 의원 20명이 사직

참의원 제도는 미국, 일본, 영국의 상·하원제도를 본받아 우리나라도 실시하고자 민주당이 줄기차게 주장했으나, 자유당은 남북이 대치된 상황에서 시기상조라며 줄기차게 반대하여 오다가 4월 혁명에 의해 과거의 제도가 붕괴된 상황에서 민주당의 주장으로 참의원 제도가 관철되어 1960년 제5대 총선과 동시에 실시하여 9개월 동안 존속했으나 5. 16 군부 쿠데타로 역사 속으로 사라졌다.

참의원은 시·도별로 선출하되 정원은 민의원의 4분의 1 수준인 58명으로 확정했으며, 29명의 임기는 6년이되, 29명의 임기는 3년으로 이 구분은 득표율에 따라 제1부와 제2부로 나뉘게 됐다.

전남, 경북, 경남은 8명을, 서울, 경기, 충남, 전북은 6명을, 강원과 충북은 4명을, 제주는 2명을 선출하도록 했다.

4대 의원으로서 참의원 출전을 위해 무더기로 사직서를 제출했으며 오위영(부산 동을), 최희송(대구기) 의원을 제외하고 최규남(서대문을), 강성태(양주을), 정존수(평택), 오범수(청원갑), 이원장(보령), 원용석(당진을), 한광석(부여갑), 신규식(부안), 박철웅(고흥을), 김향수(강진), 국쾌남(화순), 황성수(보성), 이은태(여천), 손문경(고흥갑), 황숙현(광양), 김장섭(영일을), 박순석(영일갑),

조광희(상주갑), 김익기(안동을), 홍승업(고성), 홍범희(원성), 최규옥(양구) 의원 등의 소속은 자유당이다.

참의원 입후보자 상당수는 과거 이승만 정권에 추종하던 자유당계이거나 민주당의 민의원 낙천자들로서 참의원은 반혁명세력의 정치적 도피처거나 민의원에 당선될 자격이 없는 정치인들의 집합체가 될 우려가 있었다.

참의원은 민의원의 경솔한 행동을 견제하고 민의원 다수파에 의한 의회 독재를 방지하는데 그 존재의의가 있으며, 그러기 위해서는 정치적 원로급에 속하는 사람이나 직능대표가 되어야 하지만 그러하지는 못했다.

참의원 입후보를 위한 의원직 사퇴자 22명 중 20명이 자유당 출신으로 그들이 모두 독재정치를 조장한 것은 아니더라도, 그 독재의 그늘 밑에서 정치생명을 안락하게 보낸 반혁명 세력인 것은 확실하여 참의원의 존립 가치를 떨어뜨리는 것은 명백했다.

(2) 정치계에서 기라성(綺羅星)같은 126명 후보들이 출전

58석의 참의원 의석을 놓고 민주당이 58명을 공천하고 공천을 받지 못하고 출전한 4명을 제명처분했고, 사회대중당 6명, 한국사회당 2명, 혁신동지총연맹 1명과 무소속 55명 등 126명이 출전하여 경쟁률은 2.2대 1이었다.

참의원 선거는 시, 도단위로 구역이 방대하고 지금까지의 선거경

힘이 전무(全無)하여 선거대책을 세우지 못하고 막연하게 선거를 치르게 됐다.

그러나 민주당은 지역구별 조직을 되살려 민주당 공천자에 대한 홍보에 치중하고 있으나, 사회대중당 등 혁신계는 무대책으로 방임상태이며, 자유당계 무소속 후보들은 옛날의 조직을 찾아 상호 연계(連繫)작전을 구사했다.

민주당은 참의원 정원 58명에 맞춰 58명을 공천했다. 서울엔 상공부차관인 한통숙, 민권수호연맹위원장인 고희동, 의사로서 상공회의소 회장인 전용순, 이화여대 교수인 김동명, 민주당 관재부장인 안동원, 국회사무처 총무국장인 조중서 후보들을 공천했고, 경기도에는 대한해운 감사인 정낙필, 입법의원이었던 하상훈, 대한석유 지배인인 강창호, 경기도의회 의장인 노재억, 대학강사로 지난 4대 총선에서 낙선한 김용성, 변호사 출신인 사준을 공천했다.

충북에는 재선의원인 박기운, 2대의원인 조대연, 동아일보 지방부장 출신인 박찬희, 제헌의원인 송필만을 공천했고, 충남에는 변호사인 심종석, 민주당 충남도 부장인 윤상구, 대전상고 교장인 김정우, 서울시장을 지낸 이범승, 천안지청장 출신인 김태동, 4H구락부 이사인 김웅각 후보 등을 공천했다.

전북에는 전북교육회장인 강택수, 전북도의원인 유수복, 경희대 법대학장인 엄민영, 변호사인 김기옥, 2대의원인 엄병학, 민주당 정책위의장인 소선규 후보들을 공천했고, 전남에는 제헌의원인 조국현, 제헌의원과 전남도지사를 역임한 이남규, 광주시장을 지낸 김희성, 담양군수를 지낸 양회영, 신간회 회원이었던 조재규, 어업조합 이사인 김동섭, 전남대 총장인 최상채, 민주당 전남도당위원장인 장병준 후보 등을 공천했다.

경북도에는 경북도의원인 황해룡, 동국대 대학원장인 백남억, 민주당 중앙위원인 이대우, 국민학교 사친회장인 신판재, 무역협회장인 이원만, 대구 의사회장인 정재강, 4대의원인 최희송, 국제연합 경북지부장인 서기원, 변호사로 활동중인 엄보익, 산림연합회장인 권중호 후보들을 공천했고, 경남도에는 민주당 창녕군당위원장인 윤치형, 주일공사인 김용주, 변호사인 이상규, 부산시 부시장인 김종규, 제헌의원인 최범술, 4대의원인 오위영, 신문사 사장인 설창수 후보들을 공천했다.

강원도는 강원 의사회장인 정순응, 강원도 교육위원인 김병로, 제헌의원인 김진구, 강원도지사를 지낸 심상대를, 제주도에는 제주도의원을 지낸 강재랑, 제주도지사를 지낸 길성운 후보를 공천했다.

전용순, 노재억, 윤상구, 장병준, 조재규, 백남억, 이대우, 최범술, 정순응 후보들은 구파 출신이고 고희동, 강창호, 김웅각, 김희성, 김동섭, 조국현, 김용주, 김병로 후보들은 신파로 알려졌다.

민주당은 공천을 받지 않고 출전한 남천우(충남), 민정식(전북), 장수두(제주), 박운포(경남) 후보 등은 제명조치했다.

무소속 후보 126명 가운데 기라성같은 후보들은 자유당 소속 4대 의원들을 제외하고도 외무부장관 출신인 조정환, 재무부장관을 지낸 김현철, 반민특위 재판관 출신으로 재선의원인 최국현, 상공부장관을 지낸 오정수, 국회부의장을 지낸 김동성, 검찰총장 출신으로 재선의원인 이인, 검사출신 변호사인 정구영, 연세대 총장인 백낙준, 주중 특명전권대사인 김홍일, 2대의원인 이용설, 문교부차관인 고광만, 2대의원인 여운홍, 교통부장관을 지낸 3선의원인 윤

49

성순, 2대의원인 이교선, 공보실장으로 유명한 갈홍기, 제헌의원과 경기도지사를 지낸 김영기, 제헌의원인 김인식, 국무총리서리를 지낸 이윤영, 제헌의원인 민경식, 임시정부 의정원의원인 이광, 2대의원인 성득환, 해군참모총장인 정긍모, 충남도지사를 지낸 이영진과 이기세, 국무총리와 국방부장관을 지낸 이범석, 내무부장관을 지낸 진헌식, 충남도지사 출신인 성낙서, 재선의원인 송방용, 제헌의원인 김봉두, 전남일보 사장인 김남중, 전남도의회 의장인 정문갑, 여수시장으로 재선의원인 황병규, 전남도지사를 지낸 이을식, 경북도지사를 지낸 송관수, 재선의원인 박영출, 경북대 교수인 이효상, 4선의원인 김익기, 재선의원인 김철, 문교부장관을 지낸 김법린, 2대의원인 김범부와 이시목, 3대의원인 최갑환과 정기원, 2대의원인 서상호, 철학박사인 안호상, 해병대사령관인 김대식, 농림부장관을 지낸 함인섭, 재선의원인 강경옥 후보 등이 출전했다.

(3) 전무후무한 참의원 선거전의 이모저모

이번 참의원 선거에서 민주당 31석, 자유당 4석, 사회대중당, 한국사회당, 혁신동지총연맹이 각각 1석을 차지하고 무소속이 20석을 차지했다.

많은 자유당원들이 국민의 지탄을 모면하기 위해 무소속으로 위장 출전한 참의원의 당락은 대부분 기호추첨과 지명도였다.

1, 2, 3번의 기호를 받고도 낙선한 경우는 서울의 조정환(외무부장

관), 충북의 김진악(경성전기 참사)과 조대연(2대의원), 전북의 유수복(전북도의원), 경남의 김낙제(경남도의원), 강원도 홍승업(4대의원) 후보 등으로 27명 중 6명에 불과했고, 21명은 당선되어 당선율은 무려 77.7%였다.

광활한 선거구에 조직을 구비하기 어려워 지명도와 문중 표를 파고드는 것 이외에는 선거연설회를 지역마다 개최하여 입소문에 의존할 수밖에 없었다.

문교부장관을 지낸 백낙준, 국무총리를 지낸 이범석, 민주당 정책위의장인 소선규, 전남도지사를 지낸 황성수, 대학교수 출신인 안호상 후보들의 압승은 지명도에 의존한 전략의 산물이었다.

1번이면서 낙선한 조정환(외무부장관) 후보를 비롯하여 최규남(문교부장관), 김현철(재무부장관), 최국현(반민특위 재판관), 오정수(상공부장관), 김동성(국회부의장), 정구영(변호사), 김홍일(주중대사), 강성태(상공부장관), 윤성순(교통부장관), 갈홍기(공보실장), 이윤영(국무총리 서리), 정존수(재선의원), 이광(체신부장관), 이명구(충북도지사), 이영진(충남도지사), 이기세(충남도지사), 진헌식(내무부장관), 성낙서(충남도지사), 신규식(재선의원), 이요한(전북도지사), 황병규(재선의원), 이을식(전남도지사), 손문경(재선의원), 박영출(재선의원), 정현모(경북도지사), 김철(재선의원), 김법린(문교부장관), 최규옥(농림부장관), 심상대(강원도지사), 길성운(제주도지사) 후보들은 낙선했다.

낙선한 김현철 후보는 군사정부에서 내각수반으로 활약했고, 김홍일 후보는 야당 대표로 명성을 날렸다.

자유당 소속을 밝히고 신의식(경기), 오범수(충북), 한광석(충남),

황성수(전남) 후보들은 당선됐고, 자유당 소속 4대의원 중 박철웅
(전남), 김장섭(경북) 후보들은 무소속으로 당선됐다.

(4) 역사상 초유의 참의원 의원들의 면모

◆ **서울(6명)** : 백낙준(무소속, 연세대 총장), 한통숙(민주당, 상공
부차관), 김동명(민주당, 이화여대 교수), 이인(무소속, 법무부장
관), 고희동(민주당, 서양화가), 전용순(민주당, 상공회의소 회두)

◆ **경기(6명)** : 여운홍(무소속, 2대의원), 정낙필(민주당, 해운공사
감사), 신의식(자유당, 3대의원), 김용성(민주당, 신흥대 강사), 이
교선(무소속, 2대의원), 하상훈(민주당, 입법의원)

◆ **충북(4명)** : 박기운(민주당, 2선의원), 송필만(민주당, 제헌의
원), 박찬희(민주당, 동아일보 부장), 오범수(자유당, 4대의원)

◆ **충남(6명)** : 이범석(무소속, 국무총리), 심종석(민주당, 변호사),
이범승(민주당, 서울시장), 이훈구(사회대중당, 성균관대 총장),
정긍모(무소속, 해군참모총장), 한광석(자유당, 4대의원)

◆ **전북(6명)** : 소선규(민주당, 2선의원), 강택수(민주당, 전주사범
교장), 송방용(무소속, 2선의원), 양춘근(무소속, 육군대령), 엄병
학(민주당, 2대의원), 엄민영(민주당, 경희대 학장)

◆ **전남(8명)** : 황성수(자유당, 3선의원), 조국현(민주당, 제헌의
원), 김남중(무소속, 전남일보 사장), 이남규(민주당, 제헌의원),
박철웅(무소속, 2선의원), 정문갑(무소속, 전남도의회 의장), 최상

채(민주당, 전남대 총장), 양회영(민주당, 담양군수)

◆ **경북(8명)** : 백남억(민주당, 동국대학원장), 이효상(무소속, 경북대 교수), 송관수(무소속, 경북도지사), 최희송(민주당, 4대의원), 이원만(민주당, 무역협회장), 권동철(무소속, 경북 농도원장), 김장섭(무소속, 4대의원), 최달선(한국사회당, 국정시보 사장)

◆ **경남(8명)** : 안호상(무소속, 대학교수), 오위영(민주당, 2선의원), 김용주(민주당, 주일공사), 설창수(민주당, 신문사 사장), 윤치형(민주당, 의령군당위원장), 김형두(무소속, 국제신보 사장), 정상구(혁신동지총연맹, 고교 교장), 김달범(무소속, 회사장)

◆ **강원(4명)** : 정순응(민주당, 강원 의사회장), 김대식(무소속, 해병대사령관), 김병로(민주당, 춘천고 교장), 김진구(민주당, 제헌의원)

◆ **제주(2명)** : 강재량(민주당, 제주도의회 의장), 강경옥(무소속, 재선의원)

제3장 폭력으로 얼룩진 개표장과 재·보궐선거

1. 투표함 소실 등으로 13개구에서 재선거 실시

2. 의원직 사퇴 등으로 15개구에서 재·보궐 선거

1. 투표함 소실 등으로 13개구에서 재선거 실시

(1) 김천, 영양, 밀양갑, 삼천포구의 일부 재선거 결정

전례없는 자유로운 분위기에서 질서정연하게 투표가 이뤄졌으나, 경남 삼천포에서 재경(在京)이나 재부(在釜)학생 중심의 반혁명세력 규탄 데모대는 무소속 이재현 후보의 사퇴를 요구하였고, 이재현 후보는 운동원들이 데모를 중지하면 사퇴를 고려하겠다고 약속했는데도 사퇴를 하지 않는 이재현 후보가 선두로 올라서자, 데모대원들이 개표소에 난입하여 참의원 투표함은 그대로 두고 민의원 투표함만 밖으로 들어내 파손하고 소각하여 전국에서 투표함 소실의 효시(嚆矢)가 됐다.

경북 김천에서도 무소속 김세영 후보의 매표설(買票說)이 공공연하게 나돌았는데도 경찰들은 본체만체 노탓취했고, DDT를 뿌리듯이 난무한 황금전술에 격분한 500여 명의 군중들이 개표소에 난입하여 9개의 투표함을 파손했다.

경남 밀양 갑구에서는 개표 도중 수천명의 군중이 민주당 백남훈 후보 투표에 부정이 있다며 개표소에 난입하여 투표함 12개를 파손했으며, 개표를 재개하자 백남훈 후보 이외 후보자의 참관인들이 모두 참관을 거부했다.

경북 영양에서도 개표 도중 "박종길 물러가라"는 구호를 외친 학생데모대의 습격으로 13개 투표함이 소각당했으며, 데모대 진입을 막아선 영양경찰서장도 부상을 당했다.

고재호 중앙선거위원장은 "이번 사건은 경찰의 무기력한 경비로 발생한 것으로 완전한 난동으로 규정하며, 선거사상 일대 오점(汚點)이었다"면서 김천, 영양, 밀양갑, 삼천포 선거구의 투표함 소각으로 인한 재선거 실시를 결정했다.

(2) 투표함 소실이 전국적으로 번져 재선거 실시가 불가피

경남 창녕에서도 반혁명세력 규탄대상인 신영주 후보가 리드하자, 신영주 후보의 매표와 부정선거 혐의가 드러났다면서, 군중들의 난동으로 개표가 중단됐다.

자유당 출신인 신영주 후보의 입후보로 험악한 분위기가 조성되어 신영주 후보의 사무실과 가옥을 파괴하고 군민재판까지 등장한 무법천지가 이뤄졌으며, 무효표가 나오자 흥분한 군중들이 폭발했다.

경남 고성에서도 50여 명의 반혁명세력 규탄 학생데모대를 선두로 3천여 명의 시민들이 철야 연좌데모를 강행하다가, 개표소에 난입하여 경찰들을 쫓아내고 투표함을 소각했다.

혁명전의 폐습이 답습된 이 지역은 면장, 이장, 통장의 대부분이 최석림 후보의 심복으로 당선이 확정되자 군중이 폭발한 것이다.

경남 산청에서는 민주당 오문택 후보를 지지하는 30여 명의 청소년들이 개표소에 뛰어들어 난동을 피운 뒤 62개 투표함을 밖으로 들고나와 불태워 버렸다.

산청은 민주당원들의 파쟁이 폭발한 것이며, 반대파에게 득표수에서 밀리자 생트집을 잡고 학생, 깡패들을 동원하여 난동을 피웠다.

경남 울산 을구에서도 정해영 후보가 리드하게 되자, 반혁명세력을 규탄하는 3천여 명의 군중이 집결한 데모가 전개됐고, 창원 을구에서도 이용범 후보가 득세하게 되자 개표장에 소동이 일어났다.

"만약 이용범이 당선될 가망이 보이게 되면 개표소를 불살라 버리겠다"며, 반혁명세력을 타도하자는 함성이 더욱 기세를 올렸다.

경남 사천에서도 부정선거를 규탄하는 데모대들이 선거위원장에게 선거무효를 선언하도록 강요했으나, 이를 거절하자 투표함 전부를 파괴하고 불태워버렸다.

충남 대전에서도 유진영 민주당 공천후보자를 제외한 7명의 후보자들이 부재자투표 오류에 대해 시비하며 부정선거 규탄을 외쳤다.

대전은 당선권에서 벗어난 후보자들이 선동했으며, 사무착오한 부재자 투표계수를 트집잡아 계획적으로 저지른 난동이었다.

치안국에서는 입후보자 13명을 비롯하여 난동 주모자 등 609명을 구속했다고 발표했다.

치안국은 불법적인 데모를 조장했다는 혐의로 부산진 갑구의 박기출(사회대중당), 포항의 하태환(자유당) 후보들을 비롯하여 산청의 오문택, 김천의 이필영, 밀양의 최성웅, 부산진갑구의 안희수, 정봉근, 이규련 후보 등을 선거법 위반 혐의로 구속했다.

(3) 13개 지역에서 재선거가 실시되어 당선자 결정

중앙선거위원회는 투표함 수송 불능으로 선거가 실시되지 못했던 진도를 비롯하여 투표함 소실 등으로 괴산, 대전갑, 서천, 남원갑, 김천, 영양, 삼천포, 창녕, 밀양갑, 산청, 고성, 광산 등 13개 지구에 대한 일부지역 재선거를 실시하기로 했다.

1960년 8월 13일 실시하기로 결정한 재선거를 중앙선거위원회는 삼천포, 고성, 창녕, 남원갑 등 4개 지역구는 치안 미확보로 재선거일자를 무기한 연기했다가 8월 18일로 확정했다.

재선거로 박희수(진도,민주당), 유진영(대전갑,민주당), 백남훈(밀양갑,민주당), 김세영(김천,무소속), 우희창(서천,민주당), 조명환(산청,민주당), 박종길(영양,무소속), 안동준(괴산,무소속), 고몽우(광산갑,민주당), 유진영(대전갑,민주당) 후보들의 당선이 확정됐으나 이들은 대통령 선거에는 참여하지 못했다.

8월 18일로 미뤄진 재선거에서 이재현(삼천포,무소속), 박기정(창녕,민주당), 박환생(남원갑,사회대중당), 최석림(고성,자유당) 후보들의 당선이 확정되어 뒤늦게 등원했다. 이들은 국무총리 인준에 투표권을 행사하지 못했다.

2. 의원직 사퇴 등으로 15개구에서 재·보궐 선거

(1) 8개월 단기간 내에 실시된 15개지역구 재·보궐 선거

윤보선 대통령의 대통령 취임과 강영훈 의원의 사망으로 10월 10일 보궐선거가 실시되어 종로갑구에는 3선의원인 무소속 전진한 후보가, 양주 갑구에는 조병옥 박사 아들인 27세의 조윤형 후보가 민주당 공천을 받고서 기라성같은 후보들을 제치고 당선됐다.

시·도지사 입후보를 위한 김상돈, 정준 의원의 사퇴로 1961년 2월 10일 실시된 보궐선거에서, 마포는 민주당 공천을 받은 신상초 후보가 15명의 난립된 후보들을 꺾고 당선됐고, 김포에서는 민주당 허길 후보가 서울시장 입후보를 위해 사퇴하고 재출전한 4선의원인 정준 후보를 꺾고 당선됐다.

최하영, 이재학 의원의 공민권 제한에 의한 의원직 상실로 실시된 보궐선거에서, 이천은 국무총리를 지냈지만 지난 5대 총선에서 낙선한 무소속 백두진 후보가 24명의 후보들을 제치고 재기(再起)에 성공했고, 홍천에서는 이재학 의원의 아들인 29세의 무소속 이교선 후보가 당선되어 홍천은 이재학 왕국임을 선포했다.

안동준(괴산), 이정석(음성), 전형산(인제), 송능운(정읍을), 최치환(남해) 의원들의 공민권 제한으로 1961년 5월 13일 실시된 보궐선거에서 천신만고 끝에 김사만(민주당, 괴산), 정인소(무소속, 음성), 김대중(민주당, 인제), 김성환(무소속, 정읍을), 김종길(민주당, 남해) 후보들이 당선됐으나 5월 16일 발생한 군부쿠데타로 의정 단상에 오르지 못한 불운을 곱씹었다.

대법원의 일부지역 선거 무효로 재선거가 실시된 옹진에서는 무소속 장익현 후보가 당선자 손치호 의원을 꺾고 의원직을 승계했고, 공주 갑구에서도 민주당 엄대섭 후보가 당선자 박충식 의원을 꺾고 의원직을 승계했다.

경남 고성에서도 무소속 김기용 후보가 투표함 소각으로 실시된 재선거에서 당선된 최석림 후보를 743표 차로 꺾고 의원직을 이어갔다.

선거무효 판결로 실시된 포항 재선거에서는 민주당 이상면 후보가 무소속 김호진, 김병윤, 정장출 후보들을 꺾고 당선됐다.

(2) 종로 갑구 : 민주당의 소극적인 선거운동에 힘입어 5대 총선에서 낙선하고도 4선의원에 등극한 무소속 전진한

윤보선 의원의 대통령 취임으로 1960. 10. 10일 보궐선거가 실시된 이 지역구는 지난 7월 총선에서는 서울특별시장, 상공부장관을 지낸 민주당 최고위원인 윤보선 후보가 민주당 공천을 받고서, 군의관 출신인 무소속 박선규, 진도군수와 무안군수를 지낸 사회대중당 문작지 후보들을 가볍게 제압하고 3선의원이 됐다.

이번 보궐선거에 민주당에서는 경기여고 교장인 박은혜 후보를 공천했고, 종로 을구에서 3대의원에 당선된 김좌진 장군의 아들인 김두한, 대한노동총연맹으로 상주 을구에서 제헌의원에 당선되어 초대 사회부장관을 지내고 2대 총선에서 낙선했지만 부산 무구에서 보궐선거에 당선되고, 3대 총선에선 부산을구에서 당선된 전진한, 대한변호사회 회장인 장후영 후보들이 무소속으로 등록하여 4파전이 전개됐다.

지난 5대 총선에서 한국사회당 공천으로 성동 갑구에서 낙선하자 정당을 떠나 노동운동에 전심(專心)하겠다는 전진한 후보는 윤보선 대통령이 당선되자 재빠르게 보궐선거에 출마하겠다는 성명을 발표했다.

기선제압에 성공한 전진한 후보가 3선의원과 장관 경력을 활용한 지명도를 앞세워, 전국적인 주먹들을 총동원한 김두한 후보를 어렵게 따돌리고 3수(三修) 끝에 4선의원에 등극했다.

70%가 넘는 의석을 차지하고 신·구파 갈등에 휩싸인 집권여당인 민주당의 소극적인 선거운동이 빚은 결과의 산물이었다.

□ 득표상황

후보자	정당	연령	주요 경력	득표 (%)
전진한	무소속	58	3선의원(1, 2, 3대)	11,326 (39.2)
김두한	무소속	42	3대의원(종로을)	_8,738 (30.2)
박은혜	민주당	56	경기여고 교장	_5,188 (17.9)
장후영	무소속	51	대한변호사회 회장	_3,645 (12.6)

(3) 양주 갑구 : 조병옥 박사를 추종하는 민주당 지도부의 전폭적인 지원으로 국회 등원에 성공한 조윤형

민주당 강영훈 의원의 유고(有故)로 1960. 10. 10일 보궐선거가 실시됐다.

강영훈 의원은 지난 7월 총선에서 민주당 공천을 받고서 양주군수와 3대의원을 지낸 자유당 김종규 후보를 4대총선에 이어 연거푸 꺾고 재선의원이 됐다.

2대의원을 지낸 조시원, 치안국장을 지낸 김병완, 경기도의원을 지낸 박인조, 의정부 전매서장을 지낸 신도균, 연세대 출신인 정정훈 후보들도 출전하여 선전했다.

이번 보궐선거에는 조병옥 박사의 아들인 27세의 조윤형 후보가 민주당으로 출전했고, 양주군수와 3대의원 출신으로 5대 총선에서 아쉽게 석패(惜敗)한 김종규 후보가 무소속으로 재도전했다.

민주당 지구당위원장을 지낸 임승학, 판사출신 변호사인 강봉근 후보들은 민주당으로, 농림부 기획과장 출신인 김명수, 양주군수를 지낸 남승희, 주미대사관 농무관을 지낸 김현진 후보들은 무소속으로 출전했다.

조병옥 박사를 추종하던 민주당 구파 의원들의 눈물겨운 전폭적인 지원으로, 양주군수 출신인 무소속 남승희 후보의 잠식으로 표의 확장성에 한계를 보인 김종규 후보를 3연패(連敗)로 몰아넣고, 조윤형 후보가 국회 등원에 성공했다.

민주당 공천을 믿고 출전한 임승국 후보는 민주당 지도부의 조윤형 후보 지원에 속수무책(束修無策)일 수 밖에 없었다.

□ 득표상황

후보자	정당	연령	주요 경력	득표 (%)
조윤형	민주당	27	주미유학생회 회장	14,390 (29.8)
김종규	무소속	55	3대의원(양주 갑)	11,019 (22.9)
김명수	무소속	38	농림부 기획과장	_8,662 (18.0)
강봉근	민주당	40	판사, 변호사	_5,485 (11.4)
남승희	무소속	52	양주군수	_4,426 (9.2)
임승학	민주당	34	민주당 지구당위원장	_2,682 (5.6)
김현진	무소속	38	주미 농무관	_1,554 (3.2)

(4) 마포: 민주당 공천후보임을 내세워 다채로운 경력을 지닌 황영재, 지역기반이 두터운 박인출 후보들을 제압하고, 이곳저곳에서 낙선한 신상초 후보가 당선

4선의원인 김상돈 의원이 서울시장 출전을 위해 의원직을 사퇴하여 1961년 2월 10일 보궐선거가 실시됐다.

명치대 출신인 김상돈 의원은 민주당 공천을 받고서 마포중고 교장인 무소속 박인출, 중앙통신 주간인 자유당 유근홍, 군의관 출신인 사회대중당 김학규, 경북 김천에서 2대의원을 지낸 한국사회당 우문, 명치대 출신으로 현대시평 편집인인 무소속 오세경 후보들

을 가볍게 제압하고 4선의원에 등극했다.

이번 보궐선거에 민주당은 5대 총선에서 무소속으로 서대문 갑구에 출전하여 낙선한 동아일보 논설위원으로 활약한 신상초 후보를 공천했고, 신민당은 출판업으로 성공한 이민국 후보를 공천했다.

지난 5대 총선에 차점 낙선한 마포중고 교장인 박인출 후보를 비롯하여 현대시평 편집인인 오세경, 육군 군의관 출신인 김학규 후보들이 지난 5대 총선에서의 패배를 딛고 재출전했다.

육군소령 군의관 출신인 김학규 후보를 비롯하여 조규철, 김윤수, 김재협, 김창수, 최인준, 서경환 후보 등 젊은 군인 출신들이 무더기로 출전했다.

서울고검 검사 출신인 원복범, 황해도의원을 지낸 신현성, 조도전대 출신으로 동장을 지낸 황영재 후보들의 선전이 돋보였다.

민주당 공천을 받은 신상초 후보가 민주당에 대한 지지도를 등에 업고 무소속 황영재, 박인출 후보들을 어렵게 따돌리고 뒤늦게 국회에 등원했다.

30대의 젊은 대위, 중위 출신 군인들의 득표력은 1% 대의 득표율에 허덕였다.

□ 득표상황

후보자	정당	연령	주요 경력	득표 (%)
신상초	민주당	38	동아일보 논설위원	9,785 (24.8)
황영재	무소속	49	마포동 동장	8,879 (22.5)
박인출	무소속	47	마포중고 교장	7,291 (18.5)

이민국	신민당	56	신민당 지구당위원장	3,216 (8.2)
김학규	무소속	34	의사, 예비역 소령	3,099 (7.9)
오세경	무소속	30	명치대졸	2,217 (5.6)
신현성	무소속	65	황해도의원	2,034 (5.2)
원복범	무소속	53	서울고검 검사	_781 (2.0)
조규철	무소속	31	육군 중위	_521 (1.3)
김윤수	무소속	30	군의관 대위	_450 (1.1)
김재협	무소속	29	육군 중위	_401 (1.0)
김창수	무소속	31	육군 중위	_210 (0.5)
최인준	무소속	31	육군 중위	_189 (0.5)
이영로	무소속	31	의사	_187 (0.5)
서경환	무소속	32	육군 중위	_170 (0.4)
윤판석	무소속	50	장충원 이사장	사퇴

(5) 김포 : 지난 5대 총선에서 7,490표 차로 석패(惜敗)한 민주당 허길 후보가 의원직을 사퇴했다가 다시 출전한 무소속 정준 후보를 5,125표 차로 격파

4선의원인 무소속 정준 의원이 서울시장에 입후보하기 위해 의원직을 사퇴하여 1961년 2월 10일 보궐선거가 실시됐다.

무소속을 견지한 정준 의원은 지난 5대 총선에서 민주당 공천을 받은 허길, 건국대 강사인 무소속 심기섭, 조선일보 정치부장을 지

낸 무소속 남기영, 민주당 공천에서 낙천한 김두섭, 상해 임시정부 선전위원이었던 한국독립당 유찬우 후보들을 제치고 4선의원 금자탑을 쌓아 올렸다.

이번 보궐선거에는 사퇴한 정준 의원이 다시 입후보하여 지난 5대 총선에서 결전을 펼쳤던 민주당 허길, 신민당 심기섭 후보들과 재대결을 전개했다.

김포군 교육감을 지낸 신문철, 심계원 국장 출신인 권영태, 경기도의원을 지낸 김병국, 개성에서 제헌의원에 당선된 이성득, 육군 군의관 출신인 이종훈 후보들이 새롭게 얼굴을 내밀었다.

5대 총선에서 15,803표를 득표하여 당선된 무소속 정준 후보는 6,000표 득표에 머물렀고, 5대 총선에서 8,313표로 차점 낙선한 민주당 허길 후보는 11,125표를 득표하여 금뱃지를 인계받았다.

5대 총선에서 무소속으로 7,511표를 득표한 신민당 심기섭 후보는 이번 보궐선거에서는 1,927표 득표로 추락한 단면을 보여줬다.

이러한 득표 결과는 4번이나 연속하여 당선시켜 준 유권자들의 바램을 무시하고 제멋대로 의원직을 사퇴했다가, 의원직을 이어가겠다고 재출전한 정준 후보에 대한 응징(膺懲) 심리가 9,803표를 날려버렸고, 집권여당 후보가 된 허길 후보에 대한 기대심리가 2,812표를 더 끌어모으는 계기가 됐다.

무소속에서 신민당 공천자로 변신한 심기섭 후보의 추락은 당선권에서 멀어지자 자포자기 상태의 선거운동의 결과였다.

☐ 득표상황

후보자	정당	연령	주요 경력	득표 (%)

허 길	민주당	34	김포 민주당위원장	11,125 (33.5)
김병국	무소속	39	경기도의원	6,632 (19.9)
정 준	무소속	45	4선의원(김포)	6,000 (18.0)
권영태	무소속	50	심계원 국장	3,659 (11.0)
신문철	무소속	57	김포군 교육감	2,615 (7.9)
심기섭	신민당	39	건국대 강사	1,927 (5.8)
이성득	무소속	61	제헌의원(개성)	776 (2.3)
이종훈	무소속	34	육군 군의관	520 (1.6)

(6) 이천 : 지난 5대 총선에서 3위로 밀린 아픔을 딛고 당선되어 박정희 대통령의 총애를 듬뿍 받은 백두진

심계원장 출신인 최하영 의원이 공민권 제한으로 의원직을 상실하여 1961년 4월 24일 보궐선거가 실시됐다.

5대 총선 때 무소속으로 출전한 최하영 후보는 민주당 공천을 받은 백두현, 재무부장관과 국무총리 출신으로 민주당의 입당이 거절되어 무소속으로 출전한 백두진 후보들을 꺾고 국회에 등원했다.

양정고 교사인 전원영, 이천군 설성면장인 박병은, 경기도의원인 조종호 후보 등 14명의 후보들이 난립됐다.

"특정지위에 있음을 이용하여 현저한 반민주행위를 했다"고 인정하여 국회 공민권 심사위원회에서 부정선거 관련자로 수감된 최하영 의원을 "공민권을 제한한다"고 판정했다.

지난 4대 총선 때 이기붕 의장 무투표 당선에 대한 반발심리인지, 지난 5대 총선에서 14명의 후보들이 난립한 이 지역구에 이번 보궐선거에도 24명의 후보들이 난립됐다.

지난 5대 총선에서 4,780표를 득표하여 낙선한 백두진 후보를 비롯하여 2,916표를 득표한 서준호, 3,199표를 득표한 김명호 후보들이 재도전한 가운데 민주당은 경기도청에 근무한 서은하 후보를 공천했다.

김명호 후보를 비롯한 30대의 후보들이 20명이나 출전했으나 김명호, 이천재 후보들을 제외한 18명은 700표 득표에도 실패했고, 200표 미만의 득표자도 9명이나 됐다.

지난 5대 총선에서 낙선한 아픔과 재무부장관, 국무총리를 지낸 경력과 지명도를 내세운 무소속 백두진 후보가 이천읍장을 지낸 무소속 김동수, 민주당 공천을 받은 서은하, 신민당 공천을 받은 서준호 후보들을 따돌리고 국회 등원에 성공했다.

어렵게 국회에 등원한 백두진 후보는 박정희 대통령의 총애를 받아 유정회 의장, 국회의장 등으로 승승장구했다.

□ 득표상황

후보자	정당	연령	주요 경력	득표 (%)
백두진	무소속	52	국무총리, 재무부장관	10,540 (29.6)
김동수	무소속	60	이천읍장	_5,795 (16.3)
서은하	민주당	41	이천군 민주당위원장	_5,737 (16.1)
서준호	신민당	56	회사장	_5,219 (14.7)
김명호	무소속	35	상업	2,491 (7.0)

이천재	혁신동지련	29	독립노농당 당원	1,505 (4.2)
권태승	무소속	30	경북의대졸	_ 680 (1.9)
함동수	무소속	29	연세의대졸	_ 450 (1.3)
김승원	무소속	31	서울의대졸	_ 442 (1.2)
서상현	무소속	29	연세의대졸	_ 298 (0.8)
유병훈	무소속	33	국민대졸	_ 293 (0.8)
남상혁	무소속	29	연세의대졸	_ 283 (0.8)
최병숙	무소속	33	연세의대졸	_ 248 (0.7)
김용규	무소속	30	서울의대졸	_ 217 (0.6)
김광식	무소속	32	전남의대졸	_210 (0.6)
장우현	무소속	32	전남의대졸	_ 193 (0.5)
한경식	무소속	30	경북의대졸	_168 (0.5)
염한수	무소속	31	서울의대졸	_ 165 (0.5)
윤세옥	무소속	29	연세의대졸	_162 (0.5)
김순희	무소속	30	서울의대졸	_138 (0.4)
이광호	무소속	29	서울대졸	_118 (0.3)
황능하	무소속	29	서울사대졸	_ 101 (0.3)
고재경	무소속	29	전남의대졸	_ 90 (0.3)
이상욱	무소속	29	서울의대졸	_ 77 (0.2)

(7) 홍천 : 조병옥 박사의 아들인 조윤형 의원에 이어 29세의 나이로 아버지의 의원직을 승계한 이교선

곽상훈 국회의장과 함께 유이(類二)한 5선의원으로 국회부의장을 지낸 이재학 의원이 공민권 제한으로 의원직을 상실하여 1961년 4월 24일 보궐선거가 실시됐다.

지난 5대 총선에선 반혁명세력 규탄의 대상이 되었던 이재학 후보는 자유당이 아닌 무소속으로 출전하여 "이재학 후보 사퇴하라"는 계속되는 데모에도 불구하고, 자유당 홍천군당위원장 출신인 성낙신, 민주당 공천을 받은 홍영진, 동국대 교수인 백대현, 서울치의사회 회장인 김종옥 후보들을 물리치고 옥중 당선됐다.

이번 보궐선거에는 이재학 의원의 아들로 서울대 운영위원장 출신인 이교선 후보가 무소속으로 등록했고, 민주당에서는 김대수 홍천군당위원장을, 신민당에서는 강원도지사 보좌관 출신인 신용균 후보를 공천했다.

자유당 홍천군당위원장 출신으로 지난 5대 총선에서 차점으로 낙선한 성낙신 후보가 재출전하여 대한청년단 홍천군단장 시절의 조직재건에 나섰다.

해무청 서기관 출신인 이희익 후보와 육군 중위와 대위 출신인 김일훈, 민병택, 이승한, 박종훈, 이종원, 홍갑표 후보들이 무더기로 출전했다.

무소속 이교선 후보가 아버지 이재학 국회부의장의 후광을 등에 업고, 자유당 시절부터 조직을 가꾸어 온 성낙신, 민주당과 신민당의 공천을 받은 김대수, 신용균 후보들을 꺾고 아버지의 의원직을 이어받았다.

30대의 군인 출신 6명의 후보들은 1천표, 2%의 득표율도 올리지 못했다.

□ 득표상황

후보자	정당	연령	주요 경력	득표 (%)
이교선	무소속	29	코리아타임스 기자	14,451 (37.9)
성락신	무소속	45	대한청년단 홍천단장	8,685 (23.2)
김대수	민주당	33	홍천 민주당위원장	6,152 (16.5)
이희익	무소속	41	해무청 서기관	3,361 (9.0)
신용균	신민당	44	강원도지사 보좌관	1,984 (5.3)
김일훈	무소속	29	육군 대위	724 (1.9)
민병택	무소속	30	육군 대위	589 (1.6)
이승한	무소속	31	육군 중위	587 (1.6)
박종훈	무소속	36	육군 대위	467 (1.2)
이종원	무소속	29	육군 대위	357 (1.0)
홍갑표	무소속	26	육군 중위	322 (0.9)

(8) 괴산: 지난 총선에서는 민주당 공천을 받고 등록했다가 사퇴한 김사만 후보가 민주당의 공천을 받고 민주당의 조직을 활용하여 보궐선거에서 승리

국방부 정훈부장 출신으로 자유당 3대의원이었지만 무소속으로 출전하여 내무부차관 출신으로 자유당 4대의원이었던 김원태 후보에게 설욕하고, 당선을 일궈 냈던 안동준 의원이 공민권 제한으로

당선이 무효되어 1961년 5월 13일 보궐선거가 실시됐다.

삼화실업 사장인 김기탁 후보는 1만 표이상 득표하여 선전했지만, 변호사 출신인 민주당 김사만 후보는 후보직을 사퇴했다.

이 지역의 터줏대감인 김원태, 안동준 의원들이 사라진 이번 보궐선거에는 정치신인들의 각축장이 됐다.

신민당 괴산군당위원장으로 신민당 공천을 받은 이현복, 안동준 의원의 문중 동생으로 예비역 소령출신인 안길준, 변호사 출신인 민주당 김사만, 회사원인 고계명 후보들이 4파전을 전개했다.

지난 5대 총선에서 민주당 공천을 받고 등록했지만 "경상도에는 빨갱이가 많다"는 설화(舌禍)로 후보직을 사퇴한 김사만 후보가 민주당으로 출전하여 민주당의 조직을 활용하고 집권 여당후보임을 내세워, 안동준 의원의 후계자임을 표방한 안길준, 신민당 공천을 받은 이현복 후보들을 가볍게 제압했다.

□ 득표상황

후보자	정당	연령	주요 경력	득표 (%)
김사만	민주당	44	변호사	23,100 (47.2)
안길준	무소속	43	육군 소령	12,101 (24.8)
이현복	신민당	50	괴산 신민당위원장	_7,745 (15.8)
고계명	민주당	44	회사원	_5,943 (12.2)

(9) 음성 : 혜성처럼 등장하여 지난 5대 총선에서 격전을 벌

였던 정석헌, 구철회, 이학림 후보들을 꺾어버린 정인소

치안국 통신과장 출신으로 지난 5대 총선에 무소속으로 출전하여 2대와 3대의원을 지낸 무소속 이학림, 민주당 공천을 받은 구철회, 변호사인 자유법조단 김홍관, 민주당 괴산 군당위원장을 지낸 정석헌, 음성읍의회 의장을 지낸 신이철, 한독당 재정부장 출신인 사회대중당 신창균 후보들을 꺾고 당선된 이정석 후보가 공민권 제한으로 당선무효되어 1961년 5월 13일 보궐선거가 실시됐다.

이번 보궐선거에는 건설회사 사장으로 지난 5대 총선에 민주당 공천을 받고 출전한 구철회, 민주당 괴산 군당위원장이었지만 민주당 공천에서 낙천되고 제명처분까지 받은 정석헌 후보가 신민당 공천으로 출전하여 이전투구(泥田鬪狗)를 벌였다.

서울자동차 운수조합 이사장인 반석홍, 신생활일보 이사장인 정인소, 3대와 4대의원을 지낸 이학림 후보들은 무소속으로 출전했다.

이번 보궐선거에서는 혜성처럼 등장한 무소속 정인소 후보가 민주당과 신민당의 공천을 받아 용쟁호투(龍爭虎鬪)를 전개한 정석헌, 구철회 후보들을 비롯하여 지난 5대 총선에도 출전했던 반석홍, 이학림 후보들을 꺾고 의외의 당선을 일궈 냈다.

정인소 후보와 정석헌 후보와의 표차는 295표였다.

민주당 중앙당 감찰위원 출신으로 민주당 공천을 받고 연거푸 패배한 구철회 후보는 지난 4대 총선 때 민주당 공천을 받고 출전하여 자유당 공천 후보를 꺾고 당선되고서 자유당으로 전향한 용인의 구철회 전 의원과 한자까지 같은 동명이인(同名異人)으로 변절

73

자라는 잘못된 낙인이 표의 확장성에 한계를 보였다는 민주당 중앙당의 안타까운 분석이다.

□ 득표상황

후보자	정당	연령	주요 경력	득표 (%)
정인소	무소속	53	신생활일보 사장	10,588 (27.2)
정석헌	신민당	52	음성 신민당위원장	10,293 (26.5)
구철회	민주당	42	토건회사 사장	9,257 (23.8)
반석홍	무소속	54	자동차운수조합장	7,372 (19.0)
이학림	무소속	51	2선의원(2대, 3대)	1,376 (3.5)

(10) 인제: 김대중(金大仲)을 김대중(金大中)으로 개명(改名)하고 지역에 뿌리가 깊은 곽주성, 군인 가족들을 파고든 오덕준 후보들을 민주당 공천을 내세워 어렵게 꺾은 김대중

지난 4대 총선 때 자유당 나상근 후보가 당선됐으나 선거 무효로 실시된 재선거에서 인제경찰서장 출신으로 민주당 김대중 후보의 등록무효에 힘입어 손쉽게 당선된 전형산 의원이 지난 5대 총선에도 자유당으로 출전하여 민주당 공천을 받은 김대중, 경기고교 교사인 이종배, 육군중령 출신으로 경찰서장을 지낸 신현규 후보들을 꺾고 재선의원이 됐다.

전형산 의원의 공민권 제한으로 당선이 무효되어 1961년 5월 13일 보궐선거가 실시됐다.

이번 보궐선거에선 지난 5대 총선에서 자유당 전형산 후보에게 1,018표차로 패배한 김대중 후보가 민주당 재공천을 받고 출전했고, 태백운수 상무 출신으로 지난 5대 총선에 무소속으로 출전했던 곽주성 후보가 이번에도 무소속으로, 육군 3군단장과 5군단장을 지낸 오덕준 후보가 신민당 공천으로 출전했다.

김대중(金大仲)을 김대중(金大中)으로 개명한 민주당 김대중 후보가 지역에 뿌리를 박고 지역정서를 부추긴 곽주성 후보와 군인 출신으로 인제와 원통의 군인 가족들을 파고 든 오덕준 후보들을 어렵게 따돌리고 당선을 일궈 냈으나, 5. 16 군부 쿠데타로 의원 선서조차 하지 못한 3일 국회의원으로 만족해야만 했다.

김대중 민주당 선전부장은 "이번에 또 낙선하면 내가 정계에서 깨끗이 발을 빼는 수밖에 없다"고 배수진을 펼치고, 이상철 간사장까지 지원유세에 나선 것이 승리의 원동력이었다.

□ 득표상황

후보자	정당	연령	주요 경력	득표 (%)
김대중	민주당	35	목포일보 사장	7,698 (44.4)
곽주성	무소속	30	태백운수 상무	5,627 (32.4)
오덕준	신민당	38	제5군단장	4,019 (23.2)

(11) 정읍 을구 : 화호중앙병원장과 화호여중 교장인 무소속 김성환 후보가 지금까지 베푼 인술(仁術)과 지명도로 4명의 정당 후보들을 꺾고 당선

지난 5대 총선에서 전북도의원 출신으로 무소속으로 출전한 송능운 후보가 화호여중 교장인 무소속 김성환, 민주당 공천으로 출전하여 당선되고서 자유당으로 전향한 4대의원인 자유당 송영주, 민주당 공천을 받은 김경운, 서울대 출신인 한국독립당 조창옥, 해방통신 사장인 혁신동지총연맹 김진기, 중학교사인 송문섭 후보들을 어렵게 꺾고 당선됐다.

그러나 송능운 의원은 3. 15 정·부통령 선거 당시 전북도 반공청년단 간부로 활약하며 부정선거에 가담한 전과(前過)에 의해 향후 5년간 공민권 제한으로 의원직을 상실하여 1961년 5월 13일 보궐선거가 실시됐다.

이번 보궐선거에는 지난 5대 총선에서 낙선한 무소속 김성환 후보와 민주당 공천을 받은 김경운 후보가 재대결을 펼친 가운데, 연합 참보부 공보실장을 지낸 신민당 김용희, 민주당 서울시당 청년부장을 지낸 이근배, 민주당 전북도당 문화부장을 지낸 송정덕, 국무총리 비서출신인 김한덕 후보들이 가세했다.

이번 보궐선거의 단골 손님인 군의관 출신 6명이 집단적으로 출마하여 이번 선거의 출마자 13명 가운데 11명이 20대와 30대의 젊은 후보들이었다.

화호 중앙병원장으로 인술을 베풀고 지난 5대 총선에 출전하여 5,593표를 득표하여 차점 낙선한 지명도를 활용한 무소속 김성환 후보가 민주당으로 출전한 27세의 송정덕, 이근배 후보와 신민당으로 함께 출전한 김용희, 김경운 후보 등 정당 후보들을 가볍게 제압하고 국회 등원에 성공했다.

정당을 내걸고 4명의 후보들이 난립하여 정당조직을 제대로 활용하지 못하였고, 군의관 출신인 6명의 후보들은 한결같이 800표의 득표도, 2%의 득표율도 올리지 못했다.

□ 득표상황

후보자	정당	연령	주요 경력	득표 (%)
김성환	무소속	45	화호 중앙병원장	9,608 (25.8)
송정덕	민주당	27	지구당 부위원장	6,120 (16.4)
김용희	신민당	32	연합참모부 실장	5,534 (14.8)
김한덕	무소속	38	국무총리 비서	5,466 (14.7)
이근배	민주당	27	서울시당 청년부장	4,726 (12.7)
김경운	신민당	42	신민당 중앙위원	3,038 (8.1)
이주수	무소속	31	군의관	_726 (1.9)
강기선	무소속	32	군의관	_601 (1.6)
이재우	무소속	32	군의관	_571 (1.5)
오달수	무소속	29	군의관	_308 (0.8)
유병권	무소속	32	군의관	_301 (0.8)
김은태	무소속	33	군의관	_280 (0.8)
송삼섭	무소속	35	전북도의원	사퇴

(12) 남해 : 40대의 민주당 김종길 후보가 70대의 민주당 윤병호 후보를 꺾고 뒤늦게 국회에 입성

지난 5대 총선에서는 자유당 공보실장으로 지낸 무소속 최치환 후보가 민주당 공천을 받은 원정희, 자유당 소속으로 4대의원을 지낸 김정기, 남해세존병원 원장인 최상욱, 부산시 주택국장을 지낸 김재찬 후보들을 꺾고 당선됐으나, 7년간 공민권 제한 대상자로 선정되어 당선무효가 되어 1961년 5월 13일 보궐선거가 실시됐다.

이번 보궐선거에서는 경남도 농림국장 출신으로 3대의원을 지낸 71세의 윤병호 후보와 국무원사무처 총무과장 출신인 40세의 김종길 후보가 민주당으로 출전하여 자웅을 겨루게 됐다.

경남도 이재과장, 부산시 주택국장 출신으로 지난 5대 총선에도 출전했던 김재찬 후보는 무소속으로, 재단법인 봉강학원 이사장인 조용준 후보가 신민당 공천으로 출전하여 4파전을 전개했다.

패기를 앞세우고 민주당 조직을 활용한 김종길 후보가 노익장을 과시하며 4년 전의 조직을 재구축한 윤병호 후보를 3천여 표차로 따돌리고 국회 등원에 성공했다.

재력과 사회사업으로 지명도를 구비한 조용준 후보는 신민당이라는 신당(新黨)바람을 기대했으나 기대에 미치지 못하였고, 지난 5대 총선에도 출전했던 김재찬 후보도 지명도와 동정여론을 제대로 활용하지 못하고 낙선했다.

□ 득표상황

후보자	정당	연령	주요 경력	득표 (%)
김종길	민주당	40	국무원사무처 과장	17,756 (41.4)
윤병호	민주당	71	3대의원(남해)	14,115 (33.0)
김재찬	무소속	47	부산시 주택국장	5,895 (13.8)

| 조용준 | 신민당 | 38 | 여항중학교 교장 | _5,066 (11.8) |

(13) 옹진 : 일부지역 선거무효로 재투표한 결과 지난 5대 총선에서 33표 차로 승리한 손치호 후보를 38표 차로 꺾은 장익현

지난 5대 총선에서 순천장노회 회장인 무소속 손치호 후보가 1,058표를 득표하여 옹진군 내무과장 출신으로 1,025표를 득표한 무소속 장익현 후보를 33표차로 꺾고 당선되어 국회에 등원했다.

민주당 공천을 받은 김귀연, 자유당 소속으로 4대의원에 당선된 유영준, 대한학도의용군 동지회장인 유명욱, 변호사인 자유법조단 강순운, 옹진군수를 지낸 박창빈, 예비역 육군중령인 김철순, 보건사회부장관 비서관인 신경철, 해군 군의관이었던 강태현, 단국대 강사인 안승렴 후보들도 출전했다.

대법원의 일부지역 선거무효 판결로 소연평도 지역에 대한 재선거가 1960년 12월 30일 실시됐다.

재선거에서는 무소속 장익현 후보가 1,477표를 득표하여 1,439표 득표에 머문 무소속 손치호 의원을 꺾고 의원직을 승계했다.

대법원 재판부는 옹진군 송림면 제1투표구인 소연평도 주민 106명이 풍랑이 심해 투표에 참여하지 못해 일부지역 선거무효 판결로 손치호 의원의 의원 자격을 박탈시켰다.

□ 득표상황

후보자	정당	연령	주요 경력	득표 (%)
장익현	무소속	41	옹진군 내무과장	1,477 (24.8)
손치호	무소속	52	순천장노회 회장	1,439 (24.2)
유영준	무소속	39	4대의원(옹진)	532 (8.9)
강용섭	무소속	35	육군 중위	359 (6.0)
이영호	무소속	47	황해도민회 부회장	346 (5.8)
박창빈	무소속	69	옹진군수	311 (5.2)
김귀연	민주당	50	중앙당 총무차장	309 (5.2)
김규성	무소속	44	영덕산업 사장	295 (4.9)
강순원	자유법조단	35	단국대 강사	222 (3.7)
안승렴	무소속	45	단국대 강사	181 (3.0)
유명욱	학도의용군	30	학도의용군 회장	164 (2.8)
박종화	무소속	46	UN사령부 민사관	140 (2.3)
이홍섭	무소속	37	해병 중령	64 (1.1)
신경철	무소속	62	축산업	48 (0.8)
전덕규	무소속	62	축산업	35 (0.6)
김철순	무소속	38	육군 중령	28 (0.5)
강태현	무소속	29	해군 군의관	22 (0.4)

(14) 공주 갑구 : 지난 5대 총선에서는 220표 차로 무소속 박충식 후보에게 패배한 민주당 엄대섭 후보가 이번 일부

지역 재선거에선 208표 차로 꺾고 금뱃지를 인수

지난 5대 총선에는 자유당으로 4대의원에 당선됐으나 무소속으로 출전한 박충식 후보가 3대의원인 자유당 염우량, 충남도의원 출신으로 민주당 공천을 받은 엄대섭, 충남도의원 출신인 사회대중당 김영택, 민주당에서 제명당한 무소속 민동식과 박휴서, 변호사인 무소속 정경모 후보들을 제압하고 3선의원에 등극했다.

선거운동 기간동안 경찰관도 제지할 수 없는 혼란이 계속되어 투표의 자유와 비밀이 보장되지 못하여 대법원에서 일부지역 선거무효 결정으로 1961년 4월 24일 계룡면 2개 투표소 유권자 3,135명의 재선거가 실시됐다.

지난 5대 총선에서는 무소속 박충식 후보가 5,847표를 득표하여, 5,627표를 득표한 민주당 엄대섭 후보를 220표 차로 꺾고 당선됐다.

2개 투표소 관할 3,135명의 유권자가 재투표한 결과 민주당 엄대섭 후보가 6,729표를 득표하여 6,521표를 득표한 박충식 후보를 208표 차로 꺾고 금뱃지를 인계받았다.

지난 5대 총선에서 4,720표를 득표한 정경모 후보는 3,793표를 득표하여, 지난 5대 총선에선 4,457표를 득표했지만 이번 총선에선 4,146표를 득표한 김영택 후보에게 3위 자리를 내어 주었다.

□ 득표상황

후보자	정당	연령	주요 경력	득표 (%)
엄대섭	민주당	46	충남도의원	6,729 (21.2)

박충식	무소속	58	2선의원(2대, 4대)	6,521 (20.6)
김영택	사회대중당	37	충남도의원	4,146 (13.1)
정경모	무소속	50	변호사	3,793 (12.0)
민동식	무소속	49	법전 편찬위원	3,064 (9.7)
윤재중	무소속	51	서울시 교육위원	2,964 (9.4)
박휴서	무소속	33	민주당 중앙위원	2,491 (7.9)
염우량	자유당	49	3대의원(공주갑)	1,972 (6.2)

(15) 고성 : 지난 5대 총선에선 자유당 최석림 후보에게 275표 차로 패배한 무소속 김기용 후보가 이번 일부지역 재선거에서는 743표 차로 설욕(雪辱)

지난 5대 총선에서는 4대 총선 때 무소속으로 당선됐으나 자유당으로 전향한 최석림 의원이 "최석림 후보 사퇴하라"는 반혁명세력 규탄 데모가 계속되는 상황에서도, 자유당 후보로 출전하여 공영인쇄 사장인 무소속 김기용, 부산수대 강사인 사회대중당 김상한, 한국한린 사장인 한국독립당 정대홍, 심계원 검사관인 무소속 허승도, 동성기업 사장인 무소속 김종빈 후보들을 어렵게 따돌리고 재선의원이 됐다.

대법원 특별부는 반혁명세력 규탄 데모대가 개표장에 난입하여 44개 투표함을 소각하여 개표에 정확성을 기하지 못했다며 일부 지역 선거무효 결정으로 1961년 4월 24일 삼산면, 하이면 5개 투표구 유권자 5,700명의 재선거가 실시됐다.

지난 5대 총선에서는 자유당 최석림 후보가 8,076표를 득표하여 7,801표를 득표한 무소속 김기용 후보를 275표 차로 꺾고 재선의원이 됐다.

이번 일부지역 재선거에서는 무소속 김기용 후보가 9,764표를 득표하여 9,021표 득표에 머문 자유당 최석림 후보를 743표 차로 꺾고 금뱃지를 이어받았다.

□ 득표상황

후보자	정당	연령	주요 경력	득표 (%)
김기용	무소속	54	공명인쇄 사장	9,764 (20.2)
최석림	자유당	38	4대의원(고성)	9,021 (18.7)
김종빈	무소속	37	동성기업 사장	7,207 (14.9)
이만수	무소속	41	경남교육회 이사	6,634 (13.7)
박정만	무소속	25	부산지검 직원	5,261 (10.9)
김상한	사회대중당	37	부산수대 강사	4,561 (9.4)
허승도	무소속	35	심계원 검사관	3,701 (7.7)
정재홍	한국독립당	45	한국한린 사장	2,170 (4.5)

(16) 포항 : 대법원의 선거무효 판결로 재선거 실시가 공고됐으나 5. 16 군부 쿠데타로 재선거가 무산

지난 5대 총선에서는 민주당 공천을 받은 이상면 후보가 자유당으

로 3대와 4대의원을 지낸 무소속 하태환 후보를 4천여 표차로 꺾고 국회에 등원했다. 사회대중당 임부갑, 무소속 박수영과 정장출 후보들의 득표력은 보잘 것 없었다.

대법원의 선거무효 판결로 1961년 6월 10일 재선거가 실시될 예정으로 지난 5대 총선에서 당선된 민주당 이상면, 포항시장을 지낸 무소속 김병윤, 법정신문 논설위원으로 지난 5대 총선에도 출전했던 정장출, 군의관 출신인 무소속 김호진 후보들이 등록했으나 5. 16 군부 쿠데타로 군정이 실시되어 재선거는 실시되지 못했다.

☐ 득표상황

후보자	정당	연령	주요 경력	득표 (%)
이상면	민주당	41	포항시당 위원장	-
김호진	무소속	30	군의관	-
김병윤	무소속	39	포항시장	-
정장출	무소속	36	법정신문 논설위원	-

[제2부] 군인들이 정권을 탈취한 5·16군부쿠데타

제1장 끊임없는 민주당 구파의 신파정권 흔들기
제2장 자유당 독재정권의 청산은 영원한 미완성
제3장 군인들의 무장봉기인 5.16 군부쿠데타

제1장 끊임없는 민주당 구파의 신파정권 흔들기

1. 분당론을 주장하며 집권의욕을 불태운 민주당구파
2. 구파의 집권의욕을 잠재우고 집권에 성공한 신파
3. 장면내각 흔들기를 계속하다가 신민당 창당
4. 민주당과 신민당이 한판승부를 펼친 지방선거

1. 분당론을 주장하며 집권의욕을 불태운 민주당 구파

(1) 신·구파의 갈등과 끊임없이 제기된 구파의 분당론

12년에 걸친 이승만 정권의 일당독재 압정하에서 온갖 고초를 겪으면서도 끝까지 지조를 지키며 용감하게 싸워 온 민주당은 이제 4월 시민혁명의 피로써 이룩되려고 하는 내각책임제 개헌안 표결과 제2공화국의 한 기둥을 이룩할 새로운 총선거를 눈앞에 두고 공천심사 문제와 겹쳐 자유당으로부터 정치자금 유입설이 폭로되면서 숙명적인 민주당 신·구파의 진흙탕 싸움이 전개됐다.

민주당 신파에서는 유홍, 조한백, 조영규 의원 등이 송인상 재무부장관으로부터 3천만 환의 촌지(寸志)를 받은 것을 비롯하여 많은 정치자금이 유입되었다고 주장하고, 민주당 구파에서는 이승만 박사 하야운동 무마(撫摩) 공작비로 신파 측에서 수억 환을 받았고, 구국청년 대표 고정훈에게 2천만 환을 주어 내각책임제 개헌 반대 운동을 부탁했다고 주장했다.

정계의 옵서버들은 민주당이 이번 시련을 극복하지 못할 경우 총선을 앞두고 분열이라는 치명상을 면치 못할 것이라고 관측했다.

민주당은 신·구파 동수의 공천심사위원회를 구성하여 각파의 의견을 취합하고, 정치자금의 야당유입 문제를 조사하기 위한 특별조사위원회를 구성하여 논의하기로 결정하여 봉합(縫合)했다.

고담룡, 유진산 의원이 "김훈 의원이 자유당 입당 착수금조로 일천 만환을 받은 영수증을 목격했다"고 발설한 데 대하여, 김훈 의원은 고담룡 의원을 의사당 내에서 폭행했다.

민주당 자체 조사에서 추리된 풍설이고 사실무근으로 판명되자, "내 자신 이승만 박사 하야 무마자금을 민주당 신파가 받았다고 발설해 괘씸해서 당국에 고소했다"고 유진산 의원이 자백했다.

이에 의원총회에서 유진산 의원은 중앙상임위원회에서 공개적으로 사과하고, 고담룡 의원의 제명결의를 의결했다.

7. 29 총선거가 중반전에 접어 든 상황에서 구파의 선거작전을 지휘하고 있는 유진산 의원은 "신·구파를 중심으로 한 새로운 보수 양당의 출현이 가능할 것이며 그렇게 되어야 한다"고 분당론을 주장했고, 서범석 의원도 "민주당이 절대 다수석을 확보한 뒤이면 보수 양당이 병립(竝立)할 수 있을 것"이라고 전망했다.

구파내에서도 소선규 전 의원은 "선거 후에는 신·구파가 서로 당을 달리할지도 모른다"고 전망했고, 김도연 의원은 "난 진작부터 그렇게 생각하고 있었소. 결국 민주당은 깨지는 겁니다"라고 분당을 적극 지지했다.

그러나 윤보선 의원은 "당치도 않은 소리입니다"라고 분당론에 소극적이었다.

신파의 조재천 선전부장도 "총선 결과에 따라 분당의 가능성이 전무한 것은 아니다"면서도, "분당론은 아직 다수의견은 아니며 현 단계로서 공개적으로 이야기할 것은 못 된다"고 대응했다.

장면 대표최고위원은 "분당론이 국민을 현혹케 하고 반혁명세력으로 하여금 당내를 교란시키는 기회를 주어 민주당의 결속을 해롭게 하고 선거의 필승태세를 어지럽혀 정국의 혼란을 조장케 할 우려가 있다"면서, "선거 전후를 막론하고 당원이 일심 단결하여 모든 분파적 언동을 삼가함으로써 민주당의 역사적 사명을 완수할 것"이라고 호소했다.

민주당의 분당 논쟁은 필연적으로 신·구파가 각기 자파 후보자를 한 사람이라도 더 당선시키기 위한 치열한 상호견제 작전을 전개했다.

제2공화국 초대 국무총리에 대해서도 신파 측은 원내 제1당의 대표가 총리를 맡는 것이 도리라고 주장한 반면, 구파 측은 "장면 대표는 결코 당수가 아니며 총리는 마땅히 당내 다수파가 차지해야 된다"고 반대 주장을 펼쳐왔다.

논쟁이 심화되자 민주당 지도부는 "국무총리는 총선의 결과에 따라서 구성될 의원총회에서 당론으로 결정돼야 한다"고 구파에게 양보하는 선에서 결론짓고 신·구파의 결속을 다짐했다.

신태악, 한격만, 김춘봉, 최대용 등 자유법조단 후보들은 총선 후에 민주당 구파와 제휴하여 대통령에 김병로를 추대하기로 구파의 주요 인물들과 미리 의론까지 마쳤다고 주장하면서, "신파 사람들은 원래 민주당원이 아니라 흥사단과 국내 친일분자들이 합친 세력이기 때문에 제휴(提携)할 수 없다"고 매도했다.

총선을 사흘 앞두고 구파의 김도연 의원은 국무총리에 입후보하겠다고 선언했고, 신파의 이석기 후보는 구파의 윤보선 최고위원을 대통령으로 추대하겠다고 공언했다.

당초의 예상을 뛰어넘어 민주당이 의석의 3분의 2 이상을 차지하자 분당론이 다시 머리를 들어 정국의 초점이 되었으며, 표면상 분당론을 반대해 오던 신파들도 사실상 분당실현을 전제로 한 조각전략을 짜면서 낙천 당선자와 무소속 당선자의 포섭에 주력했다.

구파의 핵심인 유진산 의원은 총선거의 결과가 분당의 객관적인 여건을 조성하였다고 시인하면서, 일당독재를 방지하고 정당정치의 향상을 위해서 민주당의 분당은 불가피하다고 주장했다.

소선규 참의원 당선자도 "과거에 민주당이 소수당으로 있을 때는 신·구파가 음성적으로 대립했으나 이제 절대다수를 차지한 이상 상호 적극적으로 견제해야 한다"면서 동조했다.

그들은 결코 신파와 합동하여 조각하는 경우를 인정하지 않았으며, 분열의 시기는 조각(組閣) 직전이 될 것으로 전망했다. 이에 부응하여 윤보선 최고위원은 신하균, 김상흠의 예를 들어가면서 "낙천자 중 당선자는 정치도의상 곧 복당시켜야 한다"고 주장했다.

장면 민주당 대표는 "민주당이 절대 다수의석을 점했대서 분당을 해야된다는 것은 국민의 신망(信望)에 어글어지는 것"이라고 분당론을 반대했으나, 윤보선 최고위원은 "장면 대표가 국민이 민주당을 신임하여 투표하였으므로 분당은 국민의 신망에 배치되는 것이다"고 말한데 대해, "국민들도 분당론을 이미 알고 있으며 신·구파를 가려서 뽑았을 것 아니냐"면서, "신·구파는 이미 국민들로부터 별개의 심판을 받았다"고 분당론을 주장했다.

이러한 분당론은 낙천자나 무소속 당선자가 신파보다는 구파를 지지하고 자유당계 의원들과의 연계에서도 신파보다 앞서 의원분포에서 우위에 있다는 자신감의 발로였다.

(2) 분당론을 주장한 구파가 국회의장단 선출에서 승리

민주당 구파 21명의 의원들은 대통령에 김도연, 국무총리에 윤보선을 추대하기로 합의하고 신파와의 안분을 하지않기로 결의했다.

구파 간부진은 신파 측에서 낙천 당선자의 복당을 허용하지 않는 한 의장단 후보 선출을 위한 의원총회에 불참하기로 합의했다.

그러나 신파 측에는 대통령은 구파의 윤보선을, 국무총리에는 신파의 장면을 추대하여 양파가 균분(均分)하자는 입장을 고수했다.

구파의 양 거두인 김도연, 윤보선 의원은 분당선언은 구파의 통일된 의견이라고 밝혔다.

분당에 소극적이었던 윤보선 최고위원은 "민주당은 합작과 분당의 양자 중 택일하는 단계에 다달았다"고 전제하고, "파벌을 초월한 합작은 현 단계에서 불가능하다"고 분당의 불가피성을 인정하며, 신파와의 결별(訣別)만을 오직 상정했다.

윤보선 의원은 구파가 무소속의원들을 포섭하고 있다고 시인하면서 "대부분의 무소속 의원들은 구파와 동조할 것"을 자신하며, 신파와 메별하고 무소속 의원들과 제휴한 신당 출범을 기대했다.

무소속 규합의 선봉에 선 윤재근 의원은 "무소속은 분당에 있어서 주동역할을 한 구파와 정치설계를 상의할 것이다"라고 구파와의 연계(連繫)를 시인했다.

이에 신파의 김재순 의원은 "일부 무소속 의원들은 지난 날 자유당 때에 이리 흔들리고 저리 흔들리던 무절조한 무소속 의원의 생리를 그대로 답습하고 있다"고 비난하고, "벌써 구파의 자금과 지위에 적지 않은 무소속 의원들이 넘어간 사실을 알고 있다"면서, 구파와 무소속 의원들의 제휴(提携)를 비난했다.

민주당 신파의 소장파 의원들은 구파의 분당선언은 정당정치의 상도(常道)를 벗어남과 민주주의 정신을 저버린 것이라고 반박하는 성명서를 발표했다.

이들은 "분당선언에 서명한 윤보선 최고위원은 선거 전 수차에 걸쳐 분당을 부인하고 정국안정을 위하여 신·구파를 초월한 거당적 지지를 호소했었음"을 지적하고, "분당선언은 입에 침도 마르기 전에 국민을 배신하는 소행"이라고 비난했다.

이들 소장파는 이철승, 김재곤, 김훈, 천세기, 김영구, 김윤식, 김기철, 김학준, 이규영, 이정원, 배성기, 윤정구, 송을상, 조연하, 주도윤, 조일환, 이종남, 최영근, 조일재, 이양호, 서정귀, 양덕인, 신기복, 김준섭, 김재순, 함종윤, 홍영기, 고기봉, 윤명운, 김동욱 등 30명의 의원들로서 대변인에 김재순을 선임하고 서울시와 도별 책임자도 선정했다.

민주당의 신파 소장파 모임에 대항하여 민주당 구파 소장파는 '유석 청년회'를 조직하여 장면의 편파성과 지도력 부족을 비난했다.

이들은 박준선, 홍춘식, 김영삼, 민관식, 김옥형, 박해충, 정성태, 최경식, 신정호, 강영훈, 황인원, 김상흠, 곽태진, 유청, 이필선, 박준규, 김종해, 신인우 의원등이다.

민주당 신·구파는 당선자 모임도 별도로 개최하여 신파는 대명관에서, 구파는 아서원에서 개최하여 분당이 기정사실화 되어갔다.

구파 측의 참석 거부로 신파 측 당선자 83명의 참석으로 겨우 성원을 이룬 민주당 당선자대회에서 국회의장 후보에 신파의 곽상훈, 부의장 후보에 구파의 이영준을 지명하고, "민주당의 분당은 있을 수 없다"는 내용의 결의문을 채택했다.

의원총회에 참석하지 않은 구파에서는 별도의 모임을 갖고 신파가 지명한 곽상훈, 이영준을 의장과 부의장으로 밀기로 결정하고, 1석의 무소속 부의장에는 서민호 의원을, 참의원 의장에는 소선규 의원을 지지하기로 결의했다.

국회에서 표결한 결과 민의원 의장에는 곽상훈 의원이, 부의장에는 이영준, 서민호 의원이 당선되고, 참의원 의장에는 백낙준, 부의장에는 소선규 의원이 당선됐다.

민주당 신파 측에서 지원한 이재형 의원과 고희동 의원이 고배(苦杯)를 마심으로써 구파 측의 승리가 굳어졌다.

(3) 국회는 민주당, 구파동지회, 민정동우회로 3분(三分)

민주당 구파의원 모임에서 "장면 총리는 신파보다 국가를 먼저 생각하라"는 성명서를 발표하고 원내교섭단체 등록을 재확인했다.

구파 원외 지구당위원장들은 구파는 즉시 분당하고 장면내각에 입각하지 말라는 프랭카드를 들고 시위를 벌였다.

드디어 9월 1일 분당을 알리는 구파동지회가 등록하여 원내는 민주당을 고수한 신파, 구파동지회, 무소속을 중심으로 민정동우회로 교섭단체가 구성됐다.

김도연을 대표로 86명인 구파동지회는 양일동, 박준규, 이영준, 홍용준, 신하균, 박해충, 유진산, 민관식, 김판술, 김옥형, 서범석, 황인원, 정성태, 유청, 김산, 신인우, 진형하, 이경, 이충환, 최경식, 홍길선, 허산, 이상돈, 박형근, 고영완, 오상직, 김영삼, 이병하, 윤형남, 김병수, 최천, 박해정, 김영수, 윤제술, 조영규, 심길섭, 박준선, 고몽우, 김창수, 나용균, 김상흠, 백남훈, 홍춘식, 신각휴, 최태능, 김천수, 조한백, 권중돈, 박기종, 이상신, 유진, 윤담, 조규완, 이정래, 이종순, 김용환, 정문채, 안만복, 윤추섭, 최원호, 유광열, 박희수, 김명수, 강승구, 김의택, 장영모, 이병헌, 김채용, 조명환, 문명호, 한종건, 고담룡, 김동호, 김광준, 김우평, 유옥우, 김명윤, 이민우, 이춘기, 최준길, 민장식, 김웅조, 곽태진, 고기봉, 김석주 의원 등이다.

민주당 구파는 신·구파의 대립은 감정이나 생리의 소인(素因)이라기 보다는 정치적 풍토와 사고가 달랐다고 주장하고, 조직행위에서 민주적 태도 대 강압적인 팟쇼, 정치관에서 선국가 후정권 대 선정권 후국가, 처세관에서 관용과 타협주의 대 독선주의라고 일방적으로 주장했다.

그러나 표면상으로 구파 출신들이 유교적, 동양적이라면 신파 출신들이 기독교적, 서구적이라고 평가하는 것이 옳을 것이다.

같은 날 무소속, 사회대중당 의원 등 48명의 의원들이 민정동우회로 등록했다.

이들은 김석원, 박병배, 신준원, 김영환, 박상묵, 우돈규, 김준연, 박제환, 윤재근, 김기령, 박충식, 윤길중, 김봉재, 박권희, 윤종수, 김성숙, 서정원, 이찬우, 김갑수, 서민호, 이재형, 김문옥, 서태원, 이정석, 김종해, 손치호, 장택상, 김시현, 송능운, 장경순, 임기태, 송영준, 장춘근, 전석봉, 황학성, 전형산, 최석림, 전휴상, 이재현, 정해영, 정준, 정상희, 조종호, 최치환, 최영두, 한상준, 홍문중, 홍광표 의원 등이다.

뒤늦게 민주당 신파도 민정동우회의 박상묵, 황학성, 김문옥, 우돈규, 전석봉, 김종해 의원들을 포함하여 95명의 의원들을 민주당 소속으로 등록했다.

장면, 윤명운, 김원만, 정일형, 유성권, 김상돈, 한근조, 주요한, 김영구, 홍익표, 박상묵, 김재곤, 박주운, 김윤식, 천세기, 김 훈, 김기철, 이태용, 박충모, 태완선, 계광순, 함종윤, 황학성, 양덕인, 신기복, 김준섭, 김재순, 이상철, 이규영, 성원경, 성태경, 유진영, 김학준, 성기선, 김영선, 우희창, 장경순, 이석기, 홍광표, 이철승, 이정원, 배성기, 신현돈, 윤정구, 홍영기, 윤택중, 송을상, 조연하, 박민기, 주도윤, 양병일, 김선태, 김문옥, 홍정표, 우홍구, 황한수, 조헌수, 이상면, 김준태, 조일환, 주병환, 임문석, 서동진, 최해용, 조재천, 황호영, 오정국, 현석호, 우돈규, 전석봉, 김종해, 정헌주, 정길영, 신중하, 최성욱, 이만우, 황남팔, 정남규, 서정귀, 최영근, 강봉용, 정준현, 김동욱, 김용진, 이종린, 윤병한, 박기정, 이양호, 김병진, 김응주, 조일재, 이종남, 박순천, 박찬현, 홍문중 의원 등이고 무소속은 곽상훈, 안동준, 김세영, 신정호, 이필선, 정재완, 이재학, 최하영, 서상일 의원들이 남게 됐다.

이리하여 원내 분포는 민주당 95석, 구파동지회 86석, 민정동우회

41석, 무소속 9석으로 나뉘었다.

참의원에서도 "7. 29 총선거가 끝나면 민주당의 신·구파가 결별하게 됨으로써 새로운 보수정당이 생기게 될 가능성이 농후해졌다"고 분당론을 줄기차게 주장한 소선규 부의장을 중심으로 17명의 의원들이 구파동지회를 결성했다.

김동명, 전용순, 소선규, 이원만, 정순응, 양회영, 백남억, 강재량, 김진구, 송필만, 박찬희, 이남규, 최상채, 하상훈, 엄병학, 윤치형, 김용성 의원들이 참여했다.

이에 백낙준 의장이 중심이 되어 21명의 의원들이 참의원구락부를 결성하여 참의원을 주도해 나갔다.

백낙준, 안호상, 여운홍, 이범석, 이훈구, 황성수, 이교선, 정긍모, 김대식, 정문갑, 김달범, 송방용, 정상구, 박철웅, 오범수, 김장섭, 강경옥, 권동철, 최달선, 신의식, 한광석 의원 등으로 자유당계 의원들이 대부분이다.

이리하여 한통숙, 고희동, 정낙필, 박기운, 심종석, 이범승, 강택수, 엄민영, 최희송, 오위영, 김용주, 설창수, 김병로 의원 등 13명만이 민주당 소속으로 남게 되어 집권여당인 민주당은 소수파로 전락됐다.

2. 구파의 집권의욕을 잠재우고 집권에 성공한 신파

(1) 신파의 추대, 구파의 독점 기대로 선출된 윤보선 대통령

민주당 구파는 민주당 의원총회에서 다수결로 대통령과 총리 후보를 지명해야 한다는 신파 측의 주장을 반박하였고, 윤보선 의원은 "대통령이나 국무총리 후보의 지명은 민주당의 의사에 따라야 되지만 그 당의(黨意)란 것은 현실적으로 민주당 구파의 의사를 말하는 것"이라고 억지논리를 펼쳤다.

이러한 민주당 의원총회가 아닌 민의원·참의원 합동의원 총회 투표를 주장한 것은 자유당계 무소속 의원들이 신파보다 구파에 우호적이기 때문이었다.

이재형, 박병배, 정준, 김성숙, 김갑수, 윤길중 등 무소속 의원 18명은 민주당 신·구파의 무소속 포섭 공작에 "과거 자유당 부패정권에서 상용되는 수법이었다"고 지적하고, 이러한 추태(醜態)를 묵과할 수 없다는 성명서를 발표했다.

민주당 신파측은 의원총회를 열고 대통령에 윤보선, 국무총리에 장면 의원을 추대하기로 결의했다.

윤보선 의원이 민주당의 공식기구를 무시하고 있다는 점을 들어 제3자의 추대론이 제기됐으나, 윤보선·장면 라인은 일종의 공약과 같은 것이라며 당초의 방침대로 밀고 나가기로 결의하고서, 만약 윤보선 대통령이 장면 의원을 국무총리로 지명하지 아니할 경우에는 인준(認准)투표에서 부결한다는 원칙을 다짐했다.

윤보선 의원은 "낙천자 중 당선자는 정치도의상 곧 복당(復黨)시켜야 한다", "인촌과 해공의 자제들이 공천을 받지 못하는 등 민주당의 공천결정에 실수가 있었다"고 낙천이나 무소속 당선자의 복당을 주장했다.

구파측은 서울 견지동에서 회의를 갖고 낙천 당선자 복당이 이뤄지지 않으면 의원총회 불참을 결의하고, 국무총리 지명권을 대통령이 갖고 있기 때문에 신파 측에서 옹립한 윤보선을 추대하기로 암묵적으로 결정했다.

제2공화국 대통령은 국회 개회 15분 전 윤보선, 김도연의 밀담(密談)에서 결정됐다. 이 밀담에서 윤보선 대통령, 김도연 국무총리를 굳게 약속했다.

민의원·참의원 263명의 의원 중 259명이 출석한 국회에서 윤보선 의원이 208표의 압도적 다수표로 대통령에 당선됐다.

김창숙 의원이 29표를 득표하여 차점자가 됐고 변영태, 백낙준, 허정, 김도연, 김병로, 김시현, 박순천, 이철승, 유옥우, 나용균에게 투표한 의원들도 있었다.

영국 스코틀랜드 에면바라대 출신인 윤보선 대통령은 제헌의원 선거에서는 충남 아산에서 낙선했지만, 제2대 상공부장관과 서울특별시장을 거쳐 종로갑구에서 3대, 4대, 5대의원에 당선됐다.

침착과 신중이 몸에 밴 윤보선 대통령은 모나지 않는 사람으로 남의 욕을 먹지 않은 정객으로 정평이 나 있다.

윤보선 대통령은 유진산, 서범석 의원을 비롯하여 권중돈, 박해정 등 50여 의원들의 계보를 거느리고 있으며, 너무나 보수적이고 비(非)진취적이라는 평가도 받고 있다.

윤보선 대통령은 오음 윤두수 재상의 후손으로 고향은 충남 아산이다. 구 한말 군부대신 윤웅열이 큰 할아버지이며, 육군참장 출신인 윤영열은 윤치소, 윤치호, 윤치영 등 6형제를 두었으며, 윤치호는 외부협판으로 서재필, 이상재와 함께 독립협회를 창립했다.

윤일선 서울대 총장은 사촌이며 내무부장관, 국회부의장을 지난 윤치영은 삼촌이다.

윤보선 대통령은 취임사에서 "정권 만능주의를 배격하고 경제안정 제일주의를 지향해야 한다"고 역설했다.

(2) 2표를 초과하여 국무총리에 인준된 민주당 대표 장면

윤보선 대통령은 제2공화국 초대 국무총리에 구파의 영수인 김도연을 지명하여 구파의 집권의지를 불태웠다.

민주당 구파 의원들은 김도연 의원 지명을 적극적으로 환영하고 있지만, 신파의 이철승 의원은 "윤보선 대통령은 초당적 직분을 망각하고 편파적(偏頗的)으로 구파의 김도연 씨를 지명함으로써 국민을 실망시켰다"고 혹평했다.

국회는 김도연 의원 국무총리 인준동의 투표에서 재적 224명 중 가(可) 111표, 부(否) 112표, 무효 1표로 과반수인 114표에서 3표가 모자라 부결됐다.

부결이 된 것은 무소속 의원 15명이 행동을 통일하여 부표를 던졌기 때문이다. 무소속의 민정구락부에 34명이 출석하여 공동보조를 취할 것을 시도했으나 결속을 보지 못한 채 이재형, 정준, 윤길중 의원 등 25명이 부결을 결의했다.

이로써 신파는 구파와의 숙명적인 집권 분쟁에서 우선 승리했다.

윤보선 대통령은 "김도연 박사가 더 많은 표를 얻으리라고 생각했기 때문에 그를 지명했었으나 결과를 보니 내 판단이 그릇된 것 같다"고 오판(誤判)을 시인했다.

윤 대통령은 "정국의 조속한 안정과 국정전반에 걸친 마비상태를 조속히 회생시키자는 데 있다"면서 장면 의원을 제2차로 지명했다.

이번에는 신파 의원들은 적극 환영하고 있으나, 구파의 유옥우 의원은 "대통령이 제2차로 장면 박사를 지명한 것은 정치도의상 당연하다. 그러나 부결될 것으로 믿는다"는 기대를 밝혔다.

제1차 인준을 부결시키는데 거의 행동통일을 한 무소속 의원들은 이번에도 역시 부결시킬 근본적인 태도는 변함이 없으나, 장택상 의원은 "시국안정이 이 나라를 위해서 절대 필요하므로 이 이상 더 불안감을 주지말고 재빨리 국회에서 결정하는 것이 좋다"고 다소 애매한 입장을 밝혔다.

장면 의원 인준동의 요청에 국회는 재적 228명 중 가(可) 117표,

부(否) 107표로 과반수인 115표보다 2표를 초과하여 인준했다.

국회의 인준을 받은 장면 국무총리는 "어느 한 파에 치우치지 않도록 신구파와 무소속의 균형있는 내각을 만들겠다"고 선언했다.

곽상훈 국회의장은 "표차(票差)가 너무 적기 때문에 장래 정국안정이 크게 우려된다"면서, 장면 총리는 특히 민주당 구파를 포섭해야 한다고 조언했다.

김두한 전 의원은 "일제 밑에서의 xxx(장면)에게 표를 던지지 말라"는 전단을 뿌리며, "신익희, 조병옥 두 선생의 유지를 받들어 혁명정신을 살리자"고 절규하다 국회 의사당에서 쫓겨나기도 했다.

민주당 구파 의원들은 장면 총리가 인준되자마자, 장면 내각은 4월 혁명정신에 합치될 조각이 될 수 없다면서 단명(短命)내각이 될 것이라고 공세를 펼쳤다.

장면 국무총리의 곧기만 한 성격은 뒤치기를 좋아하는 뭇 정치인의 생리와 대비할 때 보배로운 장점이다. 그러나 그의 기독교적 결벽은 배타성으로 반영되고, 배타성은 턱없이 많은 정적(政敵)을 양산한 흠을 지니고 있다.

뉴욕의 맨하탄 대학을 졸업한 장면 총리는 동성상고 교장으로 해방을 맞았으며 "비정치적인 정치지도자"로 알려져 왔다.

장면 국무총리는 제헌의원, 주미대사를 거쳐 1956년 자유당 이기붕 후보를 꺾고 부통령에 당선됐으며, 주미대사 시절 UN의 한국 파병을 결정토록 한 것이 중요한 정치적 업적이다.

(3) 민주당 구파의 흔들기로 흔들흔들거리는 장면 내각

윤보선, 장면, 곽상훈, 유진산의 4인의 경무대 회담에서 장면 국무총리는 제2공화국 초대 내각을 민주당 신파 5명, 구파 5명, 무소속 2명으로 구성하겠다고 극적으로 제의했다.

 윤보선과 유진산은 장면 국무총리의 제의를 수용하되 구파 장관의 임명과 철수는 구파의 뜻대로 하되, 국회 내에 구파 출신들의 별도 교섭단체 구성이 전제되어야 한다고 역제의했다.

신파의 이철승 의원은 "교섭단체를 별도로 구성하고 언제든지 자파의 각료를 소환할 수 있다면 어떻게 강력한 내각이 될 수 있겠느냐"고 반발했으나, 구파의 박준규 의원은 "장면 국무총리가 차제에 말초적 명분에 사로잡히지 말고 건전한 야당을 한다는 구파의 제의를 수용하여 별도 교섭단체의 등록을 용인해야 한다"고 주장했다.

장면 국무총리는 김도연, 유진산 의원과의 회담에서 구파의 교섭단체 등록을 당분간 보류해 달라고 요청하자, 김도연과 유진산은 즉각 거부하고 준비하여 간 입각자 명단을 교부(交付)하지 않아 신·구파 조각 협상이 결렬됐다.

유진산 의원은 장면 총리가 교섭단체 구성을 전제로 한 입각은 거절한다고 돌변했다면서 장면 총리에게 결별의 책임을 전가했으나 구파의 별도 교섭단체 구성이 빌미가 됐다.

장면 국무총리는 교통부장관에 구파의 정헌주, 농림부장관에 무소속의 박제환 의원을 임명하고, 문교부장관에 원외의 오천석을 임명하였을뿐 민주당 신파 일색의 단독조각을 단행했다.

외무 정일형, 내무 홍익표, 재무 김영선, 법무 조재천, 부흥 주요한, 상공 이태용, 보사 신현돈, 체신 이상철, 국무원사무처 오위영 의원이 초대 내각의 면모이다.

신파의 김재순 의원 등 소장층은 원로(元老)위주의 조각이라며 장면 내각 타도공작을 벌이기 위해 서명 운동을 시작했고, 구파의 김영삼 의원도 "장면 내각의 도각(倒閣)을 위해 제휴하기로 했다"고 타도공작에 동참을 선언했다.

김영구, 이철승, 이정원, 윤정구, 홍영기, 조연하, 주도윤, 황호영, 조일재, 이양호, 양덕인, 김재순, 함종윤 등은 장면 초대내각의 타도를 위해 구파와의 제휴도 시도했다.

구파 의원들로부터 배신자로 지탄받게 된 정헌주 교통부장관이 "장면 박사를 지지한 것은 구파로서의 지지가 아니라 개인적인 입장에서 지지한 것"이라고 발언하자, 양일동, 조영규, 김영삼, 윤형남, 이경 의원들이 곽상훈 의장에게 삿대질하고 양일동 의원은 단상에 올라가 정헌주 장관의 멱살을 잡는 등 난장판을 만들었다.

이에 윤길중 의원은 "국가적 과업에는 등한하고 오로지 권력 추구에만 혈안이 된 보수분자들의 본질을 폭로한 것"이라고 혹평했다.

(4) 정국안정을 위해 구파 출신 5명을 입각시켜

오위영 국무원사무처장, 홍익표 내무부장관, 이태용 상공부장관, 현석호 국방부장관은 장면 내각이 거당적내각이 성립되지 못하여 정국안정을 기하지 못하고 있음을 지적하며 사표를 제출했다.

구파 간부회의는 정국안정을 위해 입각해야 한다는 원칙을 확인하면서, 원내 교섭단체를 인정하는 연립내각 형성을 전제로 했다.

윤보선 대통령, 김도연과 백남훈 의원 등과 협의를 거쳐 유진산 구파동지회 원내총무는 입각 대상자로 서범석, 나용균, 김의택, 양일동, 권중돈, 신각휴, 이충환, 박해정, 정성태, 윤제술 등 구파의 중견 간부인 10명의 명단을 국무총리 비서실장에게 통보했다.

장면 국무총리는 국방에 권중돈, 부흥에 김우평, 보사에 나용균, 교통에 박해정, 체신에 신각휴 등 5명을 임명하고 국무원사무처장에 정헌주, 내무에 이상철, 상공에 주요한 의원을 발령하는 각료선임을 발표했다. 그러나 신각휴 체신부장관이 끝내 입각을 거절하여 조한백 의원으로 교체했다.

민주당 구파의 의중대로 각료 임명이 종결되자, 구파에서는 "비중이 가벼운 다섯 자리를 마지못해 구파에게 주었다"면서, "장면 국무총리의 협량(狹量)을 드러낸 것이다"라고 비난했다.

유진산 의원은 "어느 부에 누구라는 것을 암시했음에도 불구하고 그런 암시를 무시한 배정이며 참다운 협조 정신으로 보기 어렵다", "이번 개각은 숫자 상으로는 신·구가 5대 5이나 비중은 신파 7, 구파 3의 비율밖에 되지 않는 편파적이다"라고 딴지를 걸었다.

더욱이 구파 출신 각료들은 구파가 추천한 정무차관을 임명하지 아니하면 총사퇴 하기로 결정했다.

구파 의원들의 입각에도 불구하고 교섭단체 통합은 무망(無望)하고, 김영삼 구파동지회 부총무는 "다섯 명을 잠깐 파견한데 불과하다"면서 언제든지 불러들일 수 있다는 구파의 속내를 드러냈다.

(5) 신민당의 구파출신 5부장관 소환으로 되풀이된 개각

구파동지회 추천 5부 장관은 신당 발족을 반대하지 않으며, 구파동지회는 우리의 배경이라며 구파에서 소환하면 응하겠다는 행동원칙을 합의했다.

장경근 전 내무부장관의 일본 도피에 대한 책임추궁으로 현석호 내무부장관을 낙마시키고, 신현돈 장관으로 교체시킨 민주당 구파동지회는 구파동지회 소속 장관에 대한 소환령을 만지작거렸다.

권중돈 국방부장관은 "비겁하거나 어떠한 자리에 미련을 가진 자라는 말을 듣지 않도록 분명한 태도를 취하겠다"고 신민당이 복귀하라면 무조건 복귀를 시사했다.

민주당 이철승 의원 등 소장파에서는 현 정부는 민주당만이 책임지고 시책할 수 있는 내각이 못되기 때문에 무책임하다면서, 구파출신 5부장관의 교체를 요구했다.

김대중 민주당 선전부장은 구파 5부 장관은 그들이 명백히 태도를 밝혀 민주당에 입당하든지 무소속으로 떨어져 나가지 않는 한, 이번개각에서는 전부 배제되어야 할 것이라고 주장했다.

구파의 장관들은 일괄사표가 모두 반려되면 민주당에 정식 입당하겠지만, 일부 장관이라도 사표가 수리되면 신민당으로 복귀하기로 합의했다. 그러나 장면 국무총리의 간곡한 만류에 따라 당분간 장관직에 계속 머무르기로 했다고 발표했다.

그러나 신민당 양일동 의원은 "장면 국무총리는 거국내각을 구성하겠다는 뜻으로 구파 장관의 파견을 요청했었던 만큼 민주당만의 단독내각 구성이 필요하게 되었으면 종식적(終熄的)으로 그들의 소환을 요구해야 될 것"이라고 소환에 무게 중심을 두었다.

김도연 신민당 부위원장은 "구파동지회의 추천으로 입각했던 5부 장관은 물러날 시기가 되었다"면서, "자진사퇴 하지 않을 경우에는 소환 결의를 하겠다"고 으름장을 놓았다.

장면 총리의 만류로 구파 소속 장관들의 잔류를 선언하여 신민당의 소환론을 일축하자, 신민당은 구태여 소환 않겠다고 돌변했다.

1961년 2월 보류되었던 구파동지회 장관들의 사의 표명으로 개각이 불가피하게 되었으며 개각의 폭도 확대될 것으로 예상됐다.

"내가 언제 신민당이냐? 난 원래부터 민주당 아니냐"는 박해정 교통부장관을 제외하고, 나용균 보사부장관, 조한백 체신부장관, 권중돈 국방부장관, 김우평 부흥부장관들이 사의를 표명했다.

장면 국무총리는 당내 반목을 무마하기 위해 김판술, 이철승, 양병일 등 소장파 의원들에게 입각을 제의했으나 거절당했다.

장면 국무총리는 국방에 현석호, 부흥에 태완선, 보사에 김판술, 체신에 한통숙, 무임소에 오위영 의원들을 임명했다.

또한 외무차관에 김재순, 국방차관에 우희창, 부흥차관에 김준태 의원을 임명했다.

개각이 완료되자 합작파에서는 장면내각에 협조를 거부할 것을 노골적으로 드러냈고, 오위영 의원 입각은 노장 중심으로 치우친 개각이라며 소장파 그룹인 신풍회에서도 크게 반발했다.

민주당 구파 출신인 박해정 교통부장관과 정헌주 국무원사무처장이 구파 의원들의 음해적인 발설로 자유당의 비밀 당원이었다는 소문이 나돌아 조사여부를 놓고 설왕설래했다.

장면 국무총리는 비밀당원설에 "정치적인 작난으로 본다"면서 발설자의 철저한 규명을 촉구했다.

(6) 중석불 사건을 계기로 또 다시 개각을 단행

장면 국무총리가 용공(容共) 상사라는 의심을 사고 있는 일본의 동경식품과 중석 판매계약을 하지 않겠다고 공언했음에도 불구하고, 대한중석이 동경식품과 400톤의 중석 판매계약을 체결하여 정치문제로 비화됐다.

민주당 소장파의 신풍회는 오위영 무임소장관과 문창준 대한중석 사장 등이 관련되어 있다는 추문(醜聞)에 대한 규명을 강력하게 요구했고, 오위영 무임소장관은 출판물에 의한 명예훼손으로 추문 규명을 요구한 신풍회의 함종윤 의원을 고소했다.

문창준 대한중석 사장이 중석 수출계약사건은 "민주당의 노·소장파 싸움에 기인된 것이며 모종세력이 어떤 의도하에 취해진 중상모략"이라며, "구정(舊正)을 전후해서 세찬(歲饌)조로 상공위원들에게 20만 환 씩 주었다"면서도, 그것은 중석사건이 발생하기 전 관례상으로 준 것이라고 발뺌했다.

대한철광에도 반액의 헐값으로 중석을 일본에 수출했다는 제보로 정치권이 풍랑(風浪)을 맞이했으며, 국회는 중석수출 계약사건 조사위원회를 가동했다.

양일동 신민당 원내총무는 민주당이 각 신문에 중석 수출사건 조사보고가 신민당측의 일방적인 중상 모략으로 조작되었다고 설명한 것은 국회의 결의를 무시하는 횡포라고 맹박(猛駁)하고, 김영삼 의원은 "민주당 참석리에 통과된 보고서가 무효라면 국회에서 통과된 모든 심의안건도 모두 무효다"라고 흥분했다.

김영삼 의원의 장면 국무총리 관련성 주장에 대해, 이병헌 의원은 "아무런 근거없이 장면 국무총리가 이 사건에 관련된 것처럼 유포한 것은 정치적 작희(作戱)라고 볼 수밖에 없다"고 주장했다.

이에 김영삼 의원은 "부정을 은폐하려는 자유당식 수법"이라고 반발했다.

박종률 국무총리 비서관은 "이건 순전히 장면 총리를 잡겠다는 건데, 조사위원회의 논의도 없이 혼자서 그렇게 발설하는 것은 혼자서 조사한 것도 아닐텐데"라며 김영삼 의원을 비난했다.

중석불사건으로 인한 당내 혼란을 수습하기 위해 주요한 상공부장관이 사표를 제출하여 내각의 전면개편을 불러왔다.

장면 국무총리는 내무에 조재천, 법무에 이병하, 문교에 윤택중, 부흥에 주요한, 상공에 태완선, 교통에 박찬현 의원들을 기용했다.

또한 정무차관에 김원만(내무), 민장식(문교), 배성기(농림), 박민기(상공), 최영근(보사) 의원을 발탁하고 김재순(재무), 김영환(법무), 우희창(국방), 김준태(부흥), 천세기(교통), 김학준(체신)의원들을 유임시키거나 전보했다.

개각과 민주당 요직의 개편 결과에 불만을 가진 양병일, 홍익표, 이춘기 의원 등이 주동이 되어 중도파 규합 운동을 벌였으며, 장면내각은 풍랑에 휘청대는 조각배처럼 안정감을 주지 못했다.

(7) 신풍회, 청풍회의 반기(反旗)가 정국 불안을 가중

민주당 의원총회에서 노장층의 이석기 의원 57표, 소장층의 홍익표 의원 47표로 노소의 팽팽한 대결에서 노장층 이석기 의원이 승리하여 원내총무로 활동했다.

민주당에서 구파가 떨어져 나가 반목이 아닌 화합으로 단결될 것을 기대한 민주당은 노·소장파의 주도권 싸움으로 발전했다.

노장파에서 소장동우회의 해체를 주장하자, 소장동우회는 "해체 주장의 뒤에 숨은 노장파의 붕괴 공작을 폭로할 것이며, 만일 민주당이 소장동우회에 대해 어떠한 조치를 취한다고 해도 달게 받겠다"는 강경 입장이다.

전면 내각개편, 조기 전당대회 개최 등의 소장파의 주장에 합작파인 이병헌, 박해충 의원들도 동조했다.

민주당 소장파는 전당대회 조기 개최를 주장하며 전당대회를 개최하지 않으면 대정부 협조거부를 밝혀 김준태, 조연하, 이규영 의원들은 장면 국무총리와 면담을 가졌다.

노장파 중심의 정국 운영에 자극을 주기 위해 이철승, 김재순 등

소장의원은 신풍회(新風會)라는 조직을 출범시켰고, 박준규, 김영삼 등 신민당 소장의원들은 청풍회(淸風會)를 발기했다.

노장파 중심의 정국운용에 반발하여 민주당 소장파인 신풍회, 신민당 소장파인 청풍회가 상호 제휴를 모색했다.

신민당 소장파 의원인 김영삼, 박준규 의원 등 20명과 전휴상, 서태원 의원 등 6명의 민정동우회 의원들은 국산 갈색의 골든 제복을 입고 등원하여 청조(淸潮)운동을 선언했다.

이들은 요정 출입과 이권운동 금지 등 맹약 7장도 선포했다.

신민당의 젊은 의원들이 일으킨 청조(淸潮) 운동이 윤보선 대통령의 격려 등에 힘입어 메아리쳐, 외무부 직원들도 골덴지의 양복을 입고 신생활운동을 하자는 데까지 발전했다.

김영삼 의원은 "윤보선 대통령이 청조운동을 법제화할 것을 강조했다. 결국 옷을 갈아입는다는 것은 마음을 바꾸는 것과 다름없다"면서 청조 운동을 주도했다.

청조운동의 멤버들인 박준규, 김영삼, 김용성 의원들은 남북교류론을 펼치다가 노장층으로부터 혁신계로 가라는 질책(叱責)을 받고 반발했다.

3. 장면 내각 흔들기를 계속하다가 신민당을 창당

(1) 즉각분당론과 신중분당론으로 대립한 구파동지회 해체

김도연, 유진산 의원은 보수 양당제의 확립을 위하여 구파는 신파와 몌별(袂別)하고 새로운 정당을 발족할 것이라는 성명서를 발표했다.

약체내각인 장면 정권의 안정을 위해 신·구파 통합을 위한 협상 대표로 신파는 김상돈, 임문석, 현석호, 이석기, 이철승, 김준태, 이종남 의원들을 내세웠고, 구파는 유진산, 신각휴, 조영규, 양일동, 최원호 의원들이 선정되어 협상을 벌였다.

협상 중에 김도연 의원은 구파동지회는 정당으로 간주할 수 없는 까닭에 조속히 정당으로 발족하여 국민들의 빈축(嚬蹙)을 하루빨리 청산하고 건전 야당으로 육성돼야 한다고 주장했다.

이에 장면 국무총리는 "민주당 신·구파가 정책상 차이로 말미암아 분당한다는 것은 모르되 감정적으로 분당한다면 국민 앞에 명분이 서지 않을 것"이라며 대단히 유감된 일이라고 반박했다.

김도연 의원의 즉각분당론에 권중돈 국방부장관은 "우리를 입각시켜 놓고 대뜸 분당을 한다면 구파가 우리를 나무 위에 올려놓고 그 나무를 흔드는 격"이라고 반발했다.

분당 선언으로 그 결속을 과시했던 민주당 구파 내에서는 분당시기를 놓고 즉각분당론과 신중분당론간에 상호 불신적인 비말(飛沫)마저 튕기고 있어 어수선한 분위기가 형성됐다.

구파가 분당을 전제하면서도 협상을 계속하는 이면에는 구파의원 86명의 결속과 분당준비를 위한 시간적 여유를 얻으려는 정략적 목적이 있는 반면, 신파에서는 구파의원 중 민주당에 그대로 남을 의원들에 대의명분을 찾아주기 위한 정략적 시도가 깔려있었다.

신·구파의 협상의 산물로 민의원 13개 상임위원장 선출에서 구파 5명(윤형남, 서범석, 이충환, 윤제술, 유옥우), 신파 5명(서동진, 계광순, 이철승, 김동욱, 김용진), 민정구락부 3명(김봉재, 정준, 윤재근)으로 안배했다.

윤보선, 김도연, 유진산 등 민주당 구파 중진들은 구파동지회를 해체하고 신당발기를 한다는 방침을 최종 결정했다.

이들은 신·구파가 합작하더라도 장면 내각은 선정(善政)을 할 수 없으므로 보수야당을 만들어 국민에게 희망을 준다는 명분이다.

윤보선 대통령은 국민화합과 정국안정보다는 민주당 구파의 육성과 신당창당에 전념하는 모습을 국민에게 보여줬다.

(2) 구파출신 합작파 22명의 의원들이 민주당으로 전향

구파동지회 문명호, 최경식, 민정구락부 손치호 의원이 민주당에 가입하여 민주당 98명, 구파동지회 84명, 민정구락부 40명으로 변경됐다.

서범석, 유옥우 의원들은 "이 기회에 배반자는 신파로 갈 것이며 국민을 위하여 야당을 하겠다는 지조가 굳은 사람만이 남게 될 것이다"라며 분당론을 주장했다.

장면 국무총리와 합작파 의원 19명이 회담을 갖고 장면 총리가 합작파의 요구 조건인 4개 조건을 수락하여 민관식, 이병하, 곽태진, 김판술, 최태능, 김동호, 김명윤, 고기봉, 이병헌, 장영모, 김석주, 박희수, 한종건, 김채용, 박해충, 박기종, 신정호, 심길섭 의원들은 구파동지회를 탈퇴하고 민주당에 합류하여 집권 석달만에 장면 정권은 국회에서 안정세력을 구축했다.

민주당 합작파는 정치사문(査問)위원회가 장면 민주당 대표에 의해 묵살되자, 반발하여 민주당을 탈퇴할 기세이다.

민관식 의원 등 합작파 일부는 그들이 제시한 4개 조건을 신파측에서 신파의 교섭단체에 가입하는 전제조건으로 수락한데 대해, 신파의 교섭단체에 들어갈 수 없다는 태도를 밝히고, 구파동지회를 이탈하지 않겠다고 선언했다.

합작파 의원인 이충환, 김상흠 의원들은 신민당 발족에 서명했고, 박해충, 김판술 의원 등은 민주당 중앙상임위 참석을 주장하는 등 분열되고 있으며, 합작파 의원 가운데 합작의 조건으로 장관직을 요구했다는 설이 퍼져 서로 반목하는 상태에 빠져들었다.

합작파에 서명했던 이병헌, 유광열, 심길섭, 김영수, 김광준, 최준길 의원 등의 보류 요청으로 합류의원들이 줄어들기도 했다.

유옥우 의원이 합작파 일부의원들이 이천만 환씩의 돈을 수수하고 200명의 취직 알선 보장을 받았다고 발설하여 민관식, 박해충, 신정호 의원들이 반발하여 유옥우 의원은 합작파의 반목을 조장한 혐의로 법사위원회의 조사를 받기도 했다.

유진산 구파동지회 원내총무는 "민주당에 안정세력을 구축해 주는 데 협조할 용의가 있다", "그러나 나는 야당으로 남을 것을 공약한다"고 합작파의 민주당 협조를 묵인했다.

홍용준 의원은 "아무리 보아도 장면 총리가 선정(善政)할 것을 기대한다는 것은 연목구어(緣木求魚)격으로 차라리 신당을 만들어 국민에게 희망을 주어야겠다"면서 합작파에서 탈퇴했다.

합작파의 민관식 의원은 장면 총리에게 장면 총리가 합작파를 거수기시(擧手機視)하려 들기 때문이라는 이유를 들어 공개장을 보내고 무소속으로 남겠다고 선언했다.

합작파 의원들은 정치사문위의 활동을 주장하면서 그것이 성취될 때까지 의원총회에 나가지 않기로 결정하여 정국 안정을 위태롭게 했다.

그러나 합작파 의원 23명이 의원총회에 참석하여 원내총무에 소장층에서 지원한 홍익표 의원을 꺾고 노장층에서 지원한 이석기 의원을 선출했다.

합작파로 회의에 불참한 조명환, 민장식, 안만복, 최영두, 김광준, 김명수, 최준길 의원들이 민주당에 잔류하여 민주당은 126석으로 과반의석을 넘기고, 구파동지회는 86석에서 65석으로 줄어들고 민정구락부는 36석에서 34석으로 축소됐다.

겨우 원내 과반의석을 확보하자 4. 19 부상동지회의 국회 난입사건, 장경근 의원의 일본 도피사건, 대법원 난입사건, 동아일보 피습사건, 집단 월북사건 등 대사건이 연쇄(連鎖)반응적으로 발발하여 사방에서는 불신임이다. 도각(倒閣)이다. 무능한 정권이다라는 고함이 충천했다.

(3) 국회의원 82명의 참여로 김도연 대표의 신민당 출범

신당 발족을 서두르고 있는 민주당 구파는 서민호, 이찬우 의원들을 비롯하여 민정구락부 소속 의원들에 포섭공작을 활발하게 전개했다. 또한 조치훈, 정비석, 모윤숙 등 문인들과도 접촉하고 있으며 참의원 이인 의원도 입당 의사를 밝혔다고 알려졌다.

신당발기 주비(籌備)위원회는 300명으로 하되 민의원 57명, 참의원 17명, 원외 226명으로 하기로 했다. 민정구락부의 서민호, 정해영, 김갑수 의원 등도 참여하여 포함됐다.

민정당과 신민당의 당명을 놓고 투표한 결과 신민당을 채택한 신당은 대일정책의 실패, 경제정책의 실정을 들어 장면 내각의 불신임 결의안을 제기한다는 원칙을 결정하고 예산심의에 들어갔다.

신민당은 국민부담만 가중되고 뚜렷한 구체적인 재정정책이 없고 5% 경제성장도 정략적 구호라며 예산안 통과를 반대했다.

신민당은 예산안 법정 통과기일이 만료되자, 장면 내각이 10일내에 물러나거나 민의원 해산 택일을 요구했으나, 법사위에서 법정기일이 지나도 예산안 심의를 계속하기로 결정하여 무산됐다.

구파의 신당 운동은 노장파의 한민당적 복고취향과 소장파의 혁신적 진보감각이 막후에서 씨름을 벌였고, '자유인민당'이라는 당명을 놓고도 격돌했다.

민의원 65명(28%), 참의원 17명(29%)으로 82명이 동참한 신민당 창당대회는 혼란이 예상됐다.

김도연, 백남훈 의원의 대표 선출의 표대결이 불가피하고, 통일안 문제로 노소가 대립되고 있으며, 소장층은 남북교류 채택을 강력 주장했다.

그러나 신민당은 1961년 2월 22일 전당대회에서 김도연을 위원장으로, 백남훈을 전당대회 의장으로 선출하여 봉합했으며, 부위원장엔 신각휴, 안동원을 선출하고 간사장에 유진산을 선임했다.

유진산 간사장은 지방선거에 3명의 도지사와 5명의 시장 그리고 81명의 지방의원을 공천하여 당선시켰다고 보고했다.

민주당은 군의 수사권 등을 완화하고 데모규제법안 내용을 대폭 수정한 반공법 개정안을 제안했으나, 신민당은 사회의 공포분위기 조성으로 무능을 은폐하기 위한 수단이라며 제안조차 반대했다.

그리하여 민주당은 보안법 보완으로 방향을 전환했으며, 보안법 개정에 반대하는 신민당에 대해 이석기 민주당 원내총무는 "신민당은 도무지 원칙이 없다"고 반격했다.

보안법 개정과 데모규제법안은 신민당의 태도를 관망하며 시기를 조절하다가 무산됐다.

신민당 유진산 간사장은 "위기에 처한 현 정권의 수습책은 장면 총리가 스스로 물러나는 길 밖에 없다"고 강조하며, 불신임제기를 고려하겠다고 으름장을 놓고, 김도연 위원장은 파괴를 자행한 데모에 대해서도 관대하게 조치해야 한다고 주장했다.

김대중 민주당 선전부장은 신문들의 가십에 대해 "외국에서는 아무리 뭣해도 야당보다는 여당의 이야기가 크게 취급되는 법인데 우리나라 신문에서는 공격을 일삼은 야당의 얘기가 훨씬 크게 취급된다"고 언론기관에 서운함을 나타냈다.

4. 민주당과 신민당이 한판승부를 펼친 지방선거

(1) 지방선거를 계기로 신당 발족을 활발하게 추진

민주당 신·구파는 지방단체장 선거를 앞두고 첨예하게 대립했다. 신파는 서울시장은 선거를 하되 도지사는 임명제를 주장한 반면, 구파는 도지사도 주민들의 선거제를 강력하게 주장했다.

민의원은 도지사의 선임방법을 당해 도민이 직접 선거하도록 하는 지방자치법 개정안을 민주당 구파와 민정구락부의 결속으로 가(可) 94표, 부(否) 5표로 통과시켰다.

내무부에서는 지방자치법 개정안의 통과로 현재의 지방의원 438명에서 36명이 늘어난 474명으로 조정했다.

분당(分黨) 적극론자인 김도연 의원은 신·구파가 분당한다는 것은 이미 기정사실이므로 "오는 지방선거에서 신파와 별도로 공천 후보자를 내세우게 될 것이며 그러기 위해서는 선거전에 창당 준비위원회 등이 구성돼야 할 것"이라고 주장했다.

민주당 신파에서도 단일후보 공천을 포기하고 신·구파가 별도의 공천 후보를 내세워서 실력대결을 펼칠 것을 구상했다.

내무부는 선거를 몇 달 앞두고 최문경(경기), 황종률(충북), 김홍식(충남), 임춘성(전북), 민영남(전남), 조준영(경북), 이기주(경남), 유기준(강원), 양제박(제주) 도지사들을 의원면직하고, 윤원선(경기), 조대연(충북), 김양현(충남), 이용택(전북), 최의남(전남), 이호근(경북), 정종철(경남), 이창근(강원), 김선옥(제주) 도지사들을 새로 임명했다.

장면 내각의 집권 동안에 가장 큰 지탄(指彈)을 받고 있는 것이 인사행정일텐데 이번 시·도지사 경질이 더욱 지탄의 대상이 됐다.

구파동지회 김영삼 원내부총무는 "지방의원 선거를 통하여 신당이 집권당인 장면 내각과 선거를 통하여 첫 경쟁을 하게 되며, 원외 조직의 정비와 신당발기인의 선정도 이번 선거를 통하여 활발하게 전개할 계획"이라고 밝혔다.

(2) 시·도의원 선거에서 무소속 후보 강세가 두드러져

민주당 신·구파와 혁신계가 3파전을 전개할 지방선거에 대해 서범석 의원은 "신파가 아무리 선수를 써도 민주당의 조직은 빙탄불상용(氷炭不相容)으로 신·구파가 확연히 분할되어 있어 각기 독자적인 선거전을 펴고 있기 때문에 큰 타격이 없다"고 낙관했다.

정부는 시·도의원 선거(12월 12일), 시·읍·면의원 선거(12월 19일), 시·읍·면장 선거(12월 26일), 시·도지사 선거(12월 29일)를 네 번에 걸쳐 실시한다고 선거일자를 공고했다.

이번 선거는 민주당 집권 이후 처음 치르는 선거라는 점과 신민당이 민주당과 메별(袂別)하여 보수신당으로 발족한 후 처음 겪은 선거라는 점에서 양당은 그 정치적 의의를 높이고 치밀한 선거계획을 세웠다.

신민당 윤제술 의원은 "지금도 관권, 금권, 취직 알선 등 구태의연한 수법들이 민주당에 의해 감행되고 있다"면서, "대부분의 주민들은 정부를 불신임한 나머지 선거 자체에 관심을 잃고있다"고 민주당을 비난했다.

12월 12일에 실시할 487명의 시·도의원에 2,280명이 등록하여 평균 4.6대 1의 높은 경쟁률을 보여줬다.

정당 소속은 민주당 522명, 신민당 279명, 사회대중당 23명, 소수정당 35명이며, 무소속이 1,421명으로 다수를 차지했다.

시·도의원 선거 결과 민주당이 195석으로 40.0%, 신민당이 70석으로 14.4%를 차지한 반면, 사회대중당 등 소수정당이 6석이며, 무소속이 216석을 차지하여 44.4%를 차지했다.

유권자는 11,263,445명이며 투표율은 67.4%로 급감했으며, 신민당은 기권율이 높은 것은 행정부가 혁명과업을 완수하지 못한 데 대한 국민들의 불신의 결과라고 비난했다.

윤제술 신민당 대변인은 "이번 선거는 3. 15 대통령 선거를 무색케 할 정도의 부정선거였다"고 비난했다.

당선자 487명의 년령은 30대가 189명(38.8%), 40대가 176명(36.1%)로 75%를 차지하고 있고, 직업은 농업이 228명으로 46.8%를 점유하고 있으며, 상공업이 60명이며 특이하게도 양조업자가 20명을 차지하고 있다.

당선자의 학력은 대졸 이상 고학력자는 97명으로 19.9%에 불과하지만, 한글 해득 22명을 포함하여 중졸이하가 236명으로 48.5%가

저학력자로 밝혀졌다.

12월 19일 실시된 기초 지방자치단체 의원 선거는 시의원 420명, 읍의원 1,055명, 면의원 15,376명으로 16,851명을 선출했다.

투표율은 시의원이 62.6%, 읍의원이 77.5%, 면의원이 83.7%로 추운 겨울 날씨를 감안하면 비교적 높은편이다.

시의원 420명은 민주당 129명(30.7%), 신민당 45명(10.7%)인 반면, 무소속이 238명으로 과반이 넘는 56.7%를 점유했다. 사회대중당 등 소수정당 후보는 8명(1.8%)에 불과했다.

읍의원 1,055명도 민주당이 142명(13.5%), 신민당이 39명(3.7%)에 불과한 반면, 무소속 후보들이 872명(82.6%)명으로 강세를 유지했다.

정원은 15,434명이지만 정원 미달로 15,376명을 선출한 면의원 선거에서도 민주당이 2,510명(16.3%), 신민당이 241명(1.6%), 소수정당, 단체가 47명(0.4%)인 반면, 무소속 후보들이 12,578명(81.8%)이나 당선됐다.

이러한 투표 결과는 도시보다는 농촌에서 무소속이 강세를 보인 것은 자유당 계열이었던 무소속 후보들의 당선율이 높다는 것을 보여주었다.

이는 지역이 협소할수록 주민들의 투표 참여율이 높았고, 정당 후보들에 대한 선호도가 낮은 것은 지역에 뿌리가 깊고 지명도와 재력을 구비한 자유당 출신들이 대부분 무소속으로 위장하여 출전했기 때문이다.

민정구락부 이재형 총무는 당선된 무소속 시·도의원들에게 인사장을 보내며 "무소속 후보자의 압도적 승리는 정쟁만을 일삼고 있는 기성정당을 혐오하는 국민 대중의 의사표시"라고 선동했다.

경남도의원 선거에서 참패를 맛본 김영삼 의원은 "시·도지사 선거는 이깁니다. 인물이 민주당보다 강하거든요. 신민당이 조직과 자금의 핸디캡을 충분히 메울 겁니다"라고 기고만장했다.

신민당 서범석 의원은 "민주당이 아마 부정선거에 맛을 들였는지 완전히 영일 부정선거 재판(再版)을 하려 하고 있다"고 비난했다.

(3) 기초 지방자치단체장 선거에서도 무소속 후보들의 강세가 여전

시·읍·면장 선거에서 민주당이 시장선거에서는 신승을 거두었다. 전국 26개의 시 가운데 민주당이 12명(46.2%)을 차지했고, 신민당은 5명((19.2%)을, 무소속이 9명(34.6%) 당선됐다

그러나 82명의 읍장선거에서는 민주당이 23명(28.0%), 신민당은 3명(3.7%)인데 비해, 무소속이 과반이 훨씬 넘는 56명이 당선되어 68.3%를 차지했다.

더욱이 1,359명을 선출한 면장선거에서는 76.9%인 1,045명의 무소속 후보들이 당선됐다. 집권여당인 민주당의 당선자는 297명으로 21.8%에 불과하고 신민당은 1.0%인 13명에 불과했다.

혁신계열인 사회대중당, 한국사회당, 한국독립당 후보들은 1명도 당선자를 배출하지 못했고 소수단체 후보 4명이 당선됐을 뿐이다.

이와같이 민주당이 기초 지방자치단체장 선거에서 참패한 것은 민주당 정부가 뿌리를 내리지 못하고 있으며, 자유당의 잔존세력이 아직도 상존하여 팽배하고 있다는 사실이다.

윤보선 대통령을 비롯한 민주당의 구파는 신생 민주당 정부를 북돋아 주어 뿌리를 내릴수 있도록 도와주기기는 커녕 헐뜯고 비방하여 민주당 정권의 단명(短命)을 재촉했다.

(4) 시·도지사 선거에서는 민주당이 신민당에게 신승

이번 서울시장과 도지사 선거를 앞두고 집권당인 민주당은 이번 선거에 조직과 선전과 재력을 총동원하여 그의 강적인 신민당과 무소속 입후보자들을 꺾기 위해 힘을 기울였고, 신민당과 무소속 입후보자들은 조직의 미비와 재정 부족으로 고전을 면치 못하고 있었다.

민주당과 신민당은 서울특별시장 선거에 힘을 기울이고 있으며, 그들은 선거의 부정 여부를 둘러싸고 신랄한 논전을 벌였다.

민주당은 신민당이 연이은 지방선거에서 참패한데 당황한 나머지 터무니없고 비도의적인 모략선전에 시종(始終)하고 있으며, 장기영 후보는 그가 경영하고 있는 한국일보를 선거에 이용하고 있다고 비난하자, 서범석 신민당 서울시당 위원장은 "전혀 허무맹랑한 모략"이라고 반박했다.

이번 선거는 날씨가 춥고 서울특별시장은 특히 기명제(記名制)로 상당수의 기권자가 있을 것으로 예상됐다.

이번 선거에서 서울은 김상돈(민주, 4선의원), 경기 신광균(민주, 2선의원), 충북 조대연(민주, 2대의원), 충남 이기세(신민, 충남, 전남도지사), 전북 김상술(민주, 전북도의원), 전남 민영남(신민, 3대의원, 전남도지사), 경북 이호근(민주, 2대의원, 경북도지사), 경남 이기주(신민, 경남도지사), 강원 박영록(민주, 원주시당위원장), 제주 강성익(무소속) 후보들이 당선되어 민주당이 6곳을, 신민당이 3곳을, 무소속이 1곳을 차지하여 민주당의 승리로 귀결됐다.

김대중 민주당 선전부장은 "대구는 야당도시가 아니고 이제는 사리를 분석할 줄 아는 정의로운 도시로 변천되었다"고 경북도지사 선거에서의 민주당 승리를 자축했다.

서울시장 투표율이 36%로 저조한 데 대해 이석기 의원은 "투표율이 낮은 것은 지방자치제에 대한 국민의 항거입니다", "우리가 자유당 이승만 정권을 반대하는 자료로 철저한 지방자치를 주장했던 것인데, 이제와서 그만 스스로의 발목을 묶어버렸단 말이야"라고 자탄했고, 이철승 의원은 "이젠 기성(旣成)정객들 정신차리지 않으면 몰살(沒殺)이야"라고 자조했다.

이번 선거의 후보 등록은 85명이며 서울은 17명이며, 경북이 14명으로 경쟁율은 8.5대 1이었다. 투표율은 38.8%로 극히 저조했으며 특히 후보자 성명 자서(自書)투표를 실시한 서울은 문맹자가 많아 36.4%인데다 무효표가 10%를 상회했다.

〈시 · 도지사 후보들의 득표 상황〉

〈서울특별시〉

후보자	정당	연령	주요 경력	득표 (%)
김상돈	민주당	59	4선의원(마포)	217,475 (60.0)
장기영	무소속	44	한국은행 부총재	117,145 (32.3)
정 준	무소속	45	4선의원(김포)	22,974 (6.3)
김 헌	실업자협회	48	노총서울위원장	2,088 (0.6)
문용채	삼 민	46	삼민당 당수	455 (0.1)
계성범	무소속	41	항일독립운동	388 (0.1)
이석참	무소속	39	섬유협회부회장	373 (0.1)
오인환	무소속	61	고양군 중면면장	341 (0.1)
최주열	무소속	34	직업소년원교장	301 (0.1)
이희운	무소속	31	인창소학 졸업	228 (0.1)
안학순	무소속	40	참의원 입후보	225 (0.1)
백준관	무소속	57	25년 개업의사	187 (0.1)
정인해	무소속	54	금융조합이사	180 (0.0)
김득조	조국봉사회	51	국민계몽운동	157 (0.0)
송태희	무소속	39	정경신문 사장	124 (0.0)
김수룡	무소속	49	민주당감찰위원	사퇴
임병규	사회대중당	39	조선학도대 대장	등록무효

〈경기도〉

후보자	정당	연령	주요 경력	득표 (%)
신광균	민주당	63	2선의원(개풍)	105,176 (26.8)

김정열	무소속	53	인천시장	100,833 (25.7)
윤원선	신민당	50	경기도지사	70,505(18.0)
김한복	무소속	51	수원시장	34,211 (8.7)
장호덕	무소속	37	경기도의원	20,556 (5.2)
오명환	무소속	54	농민회 최고위원	18,459 (4.7)
이성득	무소속	61	전북도지사	16,519 (4.2)
유인상	무소속	57	교원, 군수	16,118 (4.1)
유만석	무소속	43	법원근무, 양봉	9,351 (2.4)
노재억	무소속	-	-	사퇴

〈충청북도〉

후보자	정당	연령	주요 경력	득표 (%)
조대연	민주당	72	2대의원(충주)	125,825 (25.9)
이규석	신민당	53	농림부 양정국장	93,631 (34.2)
김 경	무소속	42	충북도의원	24,928 (9.1)
김관묵	무소속	44	전북도 공보과장	16,928 (6.2)
민종식	재향군인회	50	충북 도지회장	12,640 (4.6)

〈충청남도〉

후보자	정당	연령	주요 경력	득표 (%)
이기세	신민당	57	충남도지사	243,504 (55.6)
김양현	민주당	56	충남도지사	145,648 (33.2)
윤세억	무소속	45	의회통신 사장	21,871 (5.0)

| 이성남 | 재향군인회 | 57 | 육군병원 내과장 | 15,402 (3.5) |
| 김대수 | 무소속 | 52 | 대법원 민사과장 | 11,689 (2.7) |

〈전라북도〉

후보자	정당	연령	주요 경력	득표 (%)
김상술	민주당	41	전북도의원	185,384 (41.7)
임춘성	신민당	63	서울시 산업국장	180,012 (40.5)
정진호	무소속	56	국회일보 부사장	22,812 (5.1)
이완구	신민당	54	선거참관인	15,424 (3.5)
이기영	신민당	33	대학 강사	15,263 (3.4)
김봉두	무소속	54	제헌의원(장수)	15,109 (3.4)
이중학	무소속	68	면서기, 면장	10,151 (2.3)
노 환	무소속	-	-	등록무효

〈전라남도〉

후보자	정당	연령	주요 경력	득표 (%)
민영남	신민당	53	전남도지사	285,930 (45.3)
최의남	민주당	46	전남도지사	185,544 (29.4)
김주섭	사회대중당	51	사대당 중앙위원	51,723 (8.2)
이용익	무소속	58	광산군수	32,329 (5.1)
박기홍	무소속	61	광주시장	25,180 (4.0)
황인호	무소속	40	농촌연구소장	18,379 (2.9)

조희인	무소속	60	담양 경찰서장	14,581 (2.3)
이정진	무소속	32	사단 의무부장	9,492 (1.5)
김종현	무소속	46	경찰관	8,121 (1.5)
정순봉	무소속	-	-	사퇴
송화식	무소속	-	-	사퇴

〈경상북도〉

후보자	정당	연령	주요 경력	득표 (%)
이호근	민주당	45	2대의원(예천)	201,222 (32.6)
엄보익	신민당	57	대구 변호사회장	120,235 (19.4)
김동진	무소속	62	대구 변호사회장	90,417 (14.6)
안태석	무소속	48	문경, 의성군수	39,370 (6.4)
백남식	무소속	58	2선의원(상주)	27,622 (4.5)
남병상	무소속	33	공민학교장	25,275 (4.1)
김정식	무소속	45	2대의원(영주)	25,003 (4.0)
유시영	무소속	60	병산중학 교장	21,421 (3.5)
김태주	무소속	50	구지광명학원 졸	15,103 (2.4)
임근호	무소속	55	청암중학 교장	13,167 (2.1)
박 광	무소속	60	향교재단 감사	11,265 (1.8)
박해준	무소속	43	출판사 편집국장	10,741 (1.7)
이규행	사회대중당	41	고교 교사	9,727 (1.6)
김봉만	무소속	38	제일광산 대표	7,368 (1.2)

〈경상남도〉

후보자	정당	연령	주요 경력	득표 (%)
이기주	신민당	57	경남도지사	239,107 (38.2)
안성수	민주당	46	경남도 산업국장	209,884 (33.5)
강주수	무소속	32	경남교육위 의장	51,379 (8.2)
이한규	무소속	53	부산시 사회국장	31,600 (5.0)
정판수	무소속	32	신도산업 사장	29,369 (4.7)
김세존	무소속	49	치과의사 병원장	25,947 (4.1)
조유로	무소속	30	공론사 편집국장	20,532 (3.3)
배문회	무소속	61	중고교 강사	18,175 (2.9)

〈강원도〉

후보자	정당	연령	주요 경력	득표 (%)
박영록	민주당	38	원주시당 위원장	62,147 (28.6)
황호현	무소속	49	2선의원(1대,4대)	61,488 (28.3)
안상한	신민당	54	2대의원(횡성)	56,436 (26.0)
최운철	무소속	57	경찰청장	40,762 (18.8)
이창근	무소속	49	강원도지사	38,325 (17.7)
정봉철	무소속	51	영월군수	11,872 (5.5)

〈제주도〉

후보자	정당	연령	주요 경력	득표 (%)
강성익	무소속	69	남제주군수	23,673(26.3)

김선옥	민주당	52	제주도지사	22,427(25.2)
양남전	신민당	54	제주도 산업국장	19,949(22.4)
김영진	무소속	50	북제주군수	19,731(22.2)
양제박	무소속	74	제주도지사	3,166(3.6)

제2장 자유당 독재정권의 청산은 영원한 미완성

1. 3·15 부정선거 원흉(元兇)들의 처단은 미지근
2. 데모대 발포(發砲)책임자 규명과 정치깡패 소탕
3. 자유당 독재정권 잔재(殘滓)청산과 공민권 제한
4. 관용(寬容)재판이 소급입법을 위한 헌법개정으로
5. 독재타도의 함성(喊聲)이 데모만능 사태로 번져
6. 무능정권으로 비하(卑下)된 장면정권 이모저모

1. 3·15 부정선거 원흉(元兇)들의 처단은 미지근

(1) 검찰은 자유당 당무위원, 국무위원 전원을 구속

4. 19 사태가 발생하자 자유당 당무위원들은 심각한 책임감을 느끼고 일괄 사퇴했고, 국무위원 전원도 이승만 대통령에게 사표를 제출했다.

자유당은 마산사건으로 인한 이반(離反)된 민심을 수습하기 위해 혁신파 의원들의 정당(淨黨)운동을 계기로 강경파와 온건파의 암투가 재발됐다.

자유당 이갑식 의원은 "이용범, 허윤수 의원 제거 등 국부적인 문제보다도 근본적으로 기강을 세워 당헌을 어긴 사람들을 처단해야 한다"고 주장했다.

자유당 혁신파 49명은 내각제 개헌안을 관철키로 합의하고 악질적인 자유당 간부들의 숙청이 선행되지 않는 한 어떠한 자유당의 행동도 국민이 납득하지 않을 것이라며 숙청(肅淸)을 주장했다.

이승만 대통령의 사임서가 국회에 제출되자, 국회는 임철호 국회 부의장의 사직과 한희석 의원의 의원직 사퇴를 가결했다.

과도정부는 3·15 정·부통령 선거를 전후하여 부정불법을 저지른 범법자에 대하여 지위고하를 막론하고 엄단하겠다고 밝혔다.

이와 관련하여 시·도지사와 경찰국장 모두가 사표를 제출하자 이를 정부에서는 수리했고, 경찰 간부들도 3·15 부정선거 직접 관련자는 면직 등 숙청기준도 대체로 결정했다.

검찰은 적극 참여자는 누구를 막론하고 처단하되, 주모자와 극렬분자만 입건하는 수사방침을 결정했고, 선거법 위반 혐의로 서울시장과 도지사 전원을 입건했다.

국회는 3·15 부정선거의 원흉으로 지목된 최인규 의원을 비롯하여 박만원, 장경근, 이존화, 신도환, 손도심 의원들의 의원직 사퇴를 가결했다.

과도정부는 부정선거 관련 혐의가 있는 자유당 이재학, 박용익, 임철호, 조순, 정문흠, 정존수 의원에 대한 구속 동의를 요청했으나 국회는 박용익 의원만 동의했을 뿐 표결을 중단했다.

한희석 중앙상임위원회 부의장은 경찰과 지방관서 공무원을 동원하여 사전투표, 공개투표를 감행한 것은 자기가 주도한 것이 아니라 자유당 당무회의에서 결정된 것이라고 자백했다.

그리하여 자유당 당무위원인 박용익, 조순, 이재학, 임철호, 한희석, 이존화, 정존수, 정기섭, 정문흠, 유각경과 선거대책위원 박만원, 이중재를 소환했다.

서울지검은 김정렬 전 국방부장관, 곽의영 전 체신부장관, 이근직 전 농림부장관도 3·15 부정선거 관련 혐의로 구속했다.

검찰은 구용서 상공부장관, 신현학 부흥부장관, 손창환 보사부장관, 최재유 문교부장관, 조정환 외무부장관, 홍진기 내무부장관, 김일환 재무부장관 등을 구속하여 전 국무위원을 구속했다.

(2) 부정선거 원흉(元兇)들의 재판정에서의 초라한 모습

부정선거 원흉 재판은 사상 최대의 공판으로 수만의 방청객이 쇄도(殺到)할 것으로 예상되어 공판정과 방청객 정리(整理)문제를 두고 야단법석을 벌였다.

독재의 흉악범들이 법에 걸려 암흑의 흑막이 걷히는 역사적 날이었고, 전례없는 대규모 재판은 4월 혁명의 첫 결산이었다.

29명의 피고는 병든 고양이처럼 축 늘어진 고개를 떨어뜨리고 눈치만 살피고 인정(認定)심문할 때는 허리를 굽실거렸다.

"모른다", "기억 없다", "책임 없다", "공무원들이 했다"면서 독재정권의 주구들인 자유당 수뇌부는 뻔뻔스러운 궤변(詭辯)을 늘어놓으며 사전투표, 완장부대 등은 최인규 내무부장관의 책임하에 이뤄졌다고 책임을 전가했다.

국무위원들은 저마다 발뺌에만 골몰했고 "모두가 최인규 탓"이라고 진술했으며, 부정선거에 동원된 공무원친목회, 지방행정협의회, 군경연락회 등도 조직된 뒤에 알았다고 발뺌했다.

자유당 기획위원들은 공소사실을 부인하며 최인규 내무부장관이 철없이 날뛴 결과라고 진술했다.

최인규 내무부장관은 "3·15 선거는 부정선거라 할 수 없다", "보안법 개정은 공산당을 막기 위해 한 일"이라고 횡설수설했다.

최인규 내무부장관은 공소사실을 거의 시인했으나 부정선거는 혼자 꾸민 것이고 발췌개헌, 4사 5입 개헌, 보안법 파동은 이승만 박사의 장기 집권을 위한 것이라고 진술했다.

이기붕의 용비어천가인 〈만송선생〉 발간은 이기붕의 청탁으로 제작, 배포했다는 전성천 공보실장도 "아니다", "몰랐다"면서 부하직원들에게 책임을 전가했다.

서울시경에서는 3·15 부정선거 원흉 중 미체포된 조인구, 신도환 등을 은닉하고 있는 자에 대하여 범인은닉죄를 적용하여 구속하라고 지시했다.

(3) 3·15 부정선거 자금 제공자들도 검거(檢擧)선풍(旋風)

3·15 부정선거 자금을 수사중인 서울지검 이용훈 검사는 산업금융채권 43억 환을 몽땅 정치자금으로 전용(轉用)한 사실을 밝혀내고, 송인상 전 재무부장관, 김영찬 산업은행 총재, 박용익 자유당 총무위원장 등을 구속했다.

검찰은 선거자금 수억 환을 횡령한 혐의로 손도심, 배제인, 박용익 등을 구속했다.

검찰은 부정축재 조사대상으로 61개사를 결정하고 이병철, 정재호, 이정림, 설경동, 구인회, 이양구, 남궁련, 최태섭, 김원전, 이경용, 최재형, 조성철, 정주영, 조정구, 김용산, 이용범, 함창희, 백남일 등을 소환했다.

정부는 부정축재 대상범위를 대폭 축소하고 처벌도 6개월 징역이 하로 결정했으며, 축재량(蓄財量)도 명시하지 않고 소급 기간도 5년이내로 제한했다.

부정축재처리법에는 부정선거 공무원, 정당인에 대해 처벌하고 4천만 환이상 자진하여 선거자금 제공자에 대하여만 처벌하기로 대상자를 대폭 축소했다.

국회는 부정축재 처벌대상을 국세 포탈 5천만 환이상으로 결정하고, 공무원은 1천 5백만 환이상으로 한정했으며, 부정축재처리법이 3천만 환이상 자진제공자에 한정하고 부정선거 관련 공무원과 정당인만 처벌하는 것으로 수정(修訂)됐다.

부정선거 자금관련자로 박용익, 송인상, 김영찬, 김진한, 김영직, 배제인 등 6명을 기소하고 제공액을 76억 환이라고 밝혔다.

특별검찰부는 부정선거 자금조달자로 이정림(대한양회), 설경동(대한방직), 조성철(중앙산업), 정종원(전 조흥은행장), 신판국(전 상업은행장)을 구속했다가 산업 위축이 우려된다며 돌연 방침을 변경하여 부정선거 자금제공자들을 처벌 않기로 결정했다.

2. 데모대 발포(發砲)책임자 규명과 정치깡패 소탕

(1) 발포책임자 규명(糾明)을 위한 관련자 소환

권승렬 법무부장관은 시민들에 대한 발포에 대해 "내 아들이나 내 형제라도 발포에 관련된 자는 모두 엄단하라"고 지시한데 고무(鼓舞)된 검찰은 우선 서울 시경국장 유충열을 비롯한 발포경관 7명을 구속했다.

경무대앞 발포명령자는 박원달 종로경찰서장으로 판명됐다. 그러나 남태우 경무대 경찰서장은 경무대앞 발포명령자는 조인구 치안국장이라고 엇갈린 주장을 펼쳤다.

조인구 치안국장은 경무대선 곽영주, 서울시내 일원은 유충렬 시경국장이 발포의 최고명령자라고 자술했다.

유충열 시경국장은 "홍진기 법무부장관이 사태가 위급하면 발포하라"는 명령을 받고 발포하여 최고 발포명령자는 홍진기라고 주장했다.

발포명령자인 홍진기, 곽영주, 조인구, 유충열, 백남규, 이상국 등은 모두 서로 책임을 전가하며 공포만을 쏘았다고 주장했다.

신태수 등 태평로 파출소 발포 혐의자 3명은 한결같이 "데모 군중을 항하여 발포한 일이 없다", "그 당시의 주위 정세가 발포할 수밖에 없을 만큼 험악했으나 공중을 향해 발포했다"고 주장했다.

검찰은 태평로 파출소 발포경관 3명에게 의식적인 살상행위로 민족정기를 꺾었다고 사형을 구형했다.

서울지검은 발포명령 피의자인 홍진기 전 내무부장관에게 사형, 조인구 전 치안국장에게 징역 3년을 구형했다.

그러나 서울지법은 유충열 시경국장에는 사형, 홍진기 법무부장관은 징역 9월, 조인구 치안국장에게는 무죄를 선고했다.

(2) 고려대생 습격 사건과 정치깡패 소탕

송요찬 계엄사령관은 조인구 치안국장에게 4. 19 사태의 도화선이 되었던 고대생을 습격한 깡패들을 조속히 체포하라고 지시했다.

경찰 간부들은 고대생 습격은 계획적인 것이며 동대문 경찰서장도 현장에 있었으며 깡패와 경찰은 한 짝이라고 증언했다.

정치깡패 25명에 대한 첫 공판이 개정되어 폭력의 이면을 국민 앞에 벗기는 계기가 됐다.

자유당이란 부패정권을 배경으로 4. 18 고려대 데모대에 폭력을 가한 것을 비롯하여 무수히 주먹을 휘두르며 정권연장의 전위대 노릇을 하여오던 이들의 진면목이 드러나게 됐다.

유지광, 임화수, 신도환 등은 고대 데모대 습격사실을 모두 부인하고, 신도환은 반공청년단은 정치단체가 아니고 청년들의 교양단체로서 부모에게 효도하고 거리를 청소하는 단체라고 주장했다.

소위 정치깡패 25명에 대한 구형 공판에서 검찰은 이정재, 임화수, 유지광에게 징역 10년, 신도환에게 징역 7년을 구형했다.

신도환 피고는 "나는 자유당 국회의원, 반공청년단장이었다는 책임이라면 어떠한 형벌도 달게 받겠지만 검사도 가슴에 손을 얹고 반성해야 한다"고 도리어 검찰관을 공격했다.

서울지법은 임화수 반공예술단장에게는 징역 2년 6월, 유지광에게는 징역 5년, 이정재에게는 징역 10월을 선고했지만, 검찰관을 공격한 신도환에게는 무죄를 선고했다.

서울고법 정인상 부장판사는 고려대생 습격사건의 정치깡패 강승일 등 5명에게 원심을 파기하고 징역 2년 내지 2년 6월을 선고했다.

(3) 민주당 정부 혁명검찰부와 혁명재판부에서 엄벌

혁명검찰부는 "경무대 본관 앞에서 발포를 공모했다"며 홍진기, 곽영주에게 사형, 유충열에게 12년 징역을 구형했다.

혁명재판은 경무대 앞 발포사건과 관련하여 홍진기, 곽영주에게 사형을, 유충열에게 무기징역을 선고했으나, 혁명재판 상소심에서 홍진기 무기징역, 유충열 20년 징역으로 감형하되 곽영주에게는 사형이 확정됐다.

혁명검찰부는 전 반공청년 단장인 신도환에게 "반공청년단은 과거 자유당의 앞잡이로 반대 정당을 때려부수는데 반공을 했으며, 선거 때마다 전 국민에게 끼친 행패(行悖)는 이루 예거할 수 없다" 며 사형을 구형했다.

혁명재판부는 유지광의 전화 지령을 받고 150명을 동원했다는 사실을 확인하면서 신도환, 임화수, 유지광을 분리 심문했다.

아울러 임화수에게도 사형, 신도환에게는 무기징역, 유지광에게 20년 징역형을 언도했다.

동대문서 형사주임은 화랑동지회 깡패 8명을 검거했으나 청와대 경무관 곽영주의 압력으로 석방했다고 진술했다.

혁명재판부는 화랑동지회라는 폭력단체를 조직하여 상인들을 위협하고 공포분위기를 조성하고 공갈, 폭행 등으로 갖은 악행을 일삼은 이정재에게 사형을 언도했다.

혁명재판은 폭력단체를 결성하여 협박, 갈취, 살인교사 등의 혐의로 이정재의 상소를 기각하고 사형을 확정했다.

혁명재판 상소심에서 임화수, 유지광 피고들은 사형이 확정되고 신도환 피고는 징역 20년으로 경감됐다.

부산지법은 손석래 마산경찰서장의 적당히 처리하라는 지시를 받고 김주열군의 시체를 바다에 유기(遺棄)했다고 자백한 박종표 경비주임에게만 사형을 언도하고, 사형을 구형한 김종복, 이종덕 등에게는 징역형이 선고되어 한옥신 부장검사는 즉시 항고서를 제출했다.

혁명검찰은 김주열 군 시체를 바다에 버린 박종표에게 사형을 구형했지만 혁명재판은 사형을 무기징역으로 경감했다.

특별재판부는 3·15 부정선거는 세계 선거사상 유례를 볼 수 없는 부정선거로써 헌법을 유린하고 국민주권을 박탈하였음을 지적하고 최인규에 사형, 이강학에 징역 15년, 이성우에 징역 7년, 최병환에 징역 5년을 언도했다.

최인규에 대한 사형이 언도되자, 공판정 내에는 일순 찬바람이 확 몰아치고, 최인규 피고의 얼굴은 싸늘하게 굳어져 갔다.

3. 자유당 독재정권 잔재(殘滓) 청산과 공민권 제한

(1) 자유당 고위층의 지령으로 장면 부통령 저격

"장면 부통령 저격 사건 조종은 임흥순이가 했다"고 김종원 전 치안국장이 폭로하여 충격을 주었다.

김종원 치안국장은 "내가 그 사건이 나자마자 진범인 김상붕을 즉시 체포한 것이 자유당의 미움을 받아 이기붕 때문에 치안국장을 그만두게 됐다"고 푸념했다.

서울고검 이홍규 검사는 사형수인 이덕신 전 동대문경찰서 사찰주임이 이기붕 전 국회의장, 임흥순 의원, 이익흥 전 내무부장관이 모의하여 김종원 치안국장에게 지시했고, 치안국장의 지시에 따라 장영복, 최훈, 이덕신, 김상붕에게 전달되어 실행되었다고 자백했다.

이홍규 검사는 장면 부통령 살해 모의를 했다는 것은 틀림없다고 보아야 한다며 임흥순, 이익흥, 김종원, 장영복, 박사일, 오충환 등 피고인 6명에게 전원 사형을 구형했다.

서울지법은 임흥순에게는 징역 5년, 이익흥, 김종원에게는 무죄를 선고했다.

그러나 서울고법에서는 "극형이 마땅하나 하수인보다 더 줄 수는 없다"는 명분으로 임흥순, 이익흥에게 무기징역, 김종원, 오충환,

박사일, 장영복에게 15년 징역형을 언도했다.

대법원은 임흥순, 이익흥 피고에 무기징역, 김종원 피고에게 징역 15년 등 관련자 전원에게 실형을 언도했다.

서울고검 이홍규 검사는 육군 수사기관을 시켜 장면 부통령을 암살하라고 지시한 원용덕 전 헌병사령관을 긴급 구속했다.

이익흥 내무부장관이 원용덕 사령관에게 "우리 측에서 진행 중이니 손을 떼어 달라"고 요청하여 미수에 그쳤다.

(2) 보안법 파동의 주역인 청원경찰 공개와 대체법안 강구

보안법 파동 당시 동원된 경관 300명의 명단이 발표됐다. 폭력으로 민주 말살한 독재의 졸도(卒徒)라는 지목으로 폭행, 협박, 상해, 불법감금죄 등으로 구속될 상황이다.

보안법 파동 때 무술경위가 국회사무처 경호과장 정영택이 "국회의원들을 마음대로 끌어내라"고 지시했다고 폭로했다.

4·19 혁명 이후 국회는 보안법 파동에서 개악된 독소조항이 있는 보안법을 대체시키기 위한 새 국가보안법안을 상정(上程)했다.

독소조항으로 지적된 11개 조항과 다른 법률로 처벌이 가능하여 실익이 없다고 보여지는 16개 조항을 삭제한 새 보안법에 대해, 조재천 의원은 "공산분자의 파괴활동을 막고 선량한 국민의 기본권을 침해하지 못하도록 최대의 고려를 하였다"고 자화자찬했다.

정부는 공산당 활동의 철저한 분쇄를 위해 반공에 관한 새법률을 입안했으나, 신민당은 공포분위기 조성으로 무능을 은폐하기 위한 수단으로 활용되고 있다며 반공법 제안조차 반대했다.

장면 국무총리는 보안법 개정안과 데모규제법안은 민주당 단독으로라도 통과시키겠으며 고약한 남북교류론의 배후를 조사하겠다고 밝혔다.

정부는 반공태세 확립을 위한 국민운동을 전개하면서 난동 데모대원의 성분을 조사하고 가족, 교우관계도 분석했다.

반공법 반대 폭력 데모를 주동한 통일사회당 고정훈, 선우정을 긴급 구속한 정부는 "데모방법이 공산당의 수법과 똑같다"면서 반공법 개정을 기어코 추진하겠다고 공언했다.

그러나 장면 정부는 보안법 개정도, 데모규제법도 신민당의 반대로 제정하지 못하고 데모대의 만행을 지켜볼 수밖에 없었다.

(3) 공민권 제한으로 7개 지역구에서 보궐선거

국회는 사회적 불안을 참작하여 공민권 제한은 3·15 선거를 기준하기로 의결했다.

국회는 공민권 제한은 자동, 심사 두 케이스로 구분하고 부정축재자 처벌 소급범위는 이승만 정권 수립이후부터 적용키로 했다.

공민권제한 규정에 의하면 자동케이스는 1,900명이지만 심사케이스는 5만여 명이고 국회의원도 21명이 심사대상에 포함됐다.

장면 국무총리는 지나친 공민권제한 확대는 정치보복 인상을 준다며 자동케이스를 추정케이스로 전환을 천명했다.

공민권제한법에 의한 제한대상자 자동케이스는 658명이고 심사케이스는 1,524명으로 확정됐다.

시장, 군수, 자유당 선대위 지도위원은 심사케이스에서도 제외되는 완화된 공민권제한법안을 의결했다.

현역의원의 제외 명문화는 입법정신에 위배되어 누구나 심사받을 기회를 주기로 했다.

자유당계가 많은 참의원에서는 공민권제한 자동케이스를 반민주행위자도 보증 들 수 있도록 추정으로 수정하여 가결시켰다.

민의원은 반민주행위자 공민권제한 법안을 재의(再議)표결에서 가(可) 21표, 부(否) 145표로 참의원의 수정안을 폐기하고 민의원의 원안을 채택했다.

공민권제한 국회 심사위원회는 자동케이스에 해당되는 이재학(홍천), 최하영(이천) 의원을 7년간의 제한결정을 내렸다.

국회 공민권 심사위원회는 안동준(괴산), 이정석(음성), 전형산(인제), 송능운(정읍을), 최치환(남해) 의원들의 의원직을 박탈하여 보궐선거가 실시됐다.

공민권 심사위원회는 강경옥(제주), 김대식(강원), 김장섭(경북), 박철웅(전남), 송관수(경북), 오범수(충북), 한광석(충남), 황성수(전남) 참의원들에게도 공민권을 제한하여 보궐선거 실시가 공고되어 입후보자들이 등록하여 선거운동이 진행 도중 5. 16 군부쿠데타로 선거는 실시되지 못했다.

4. 관용(寬容)재판이 소급입법을 위한 헌법개정으로

(1) 서울지법 재판부의 관용재판이 헌법개정의 빌미로

서울지법 장준택 부장판사는 선거법 위반행위에 대한 공소시효 기산점은 행위시부터 기산하는 것이 타당하다고 판결하고, 3·15 부정선거 원흉처단 등 5대 사건의 48명의 피고에 대한 언도(言渡) 공판에서 뜻밖에 너그러운 판결에 피고인들은 감격의 눈물을 흘렸고, 무죄판결을 받은 임흥순의 가족들은 박수를 쳤다.

서울지법은 '장면 부통령 저격 배후사건' 피고 전원에 무죄를 선고하고 '4·19 발포 사건'은 유충열 사형, 백남규 무기징역을 언도하고 홍진기, 조인구, 곽영주 등에게도 무죄를 언도했다.

또한 정치 깡패사건의 최고책임자인 신도환에게 무죄, 임화수에게는 징역 2년 6월, 유지광에는 징역 5년을 선고하고, 3·15 부정선거와 관련하여 이순구 경기도 내무국장에게 무죄, 정치깡패 이정재에게 징역 10월을 선고했다.

결국 증거를 충분하게 확보하지 못한 채 공소를 제기했기 때문에 무죄판결을 가져오게 한 검찰과 유죄를 인정하면서도 정상을 참작해서 집행을 유예한 법원이 그 책임을 면할 수는 없다는 것이 중론이다.

서울지법의 판결이 일반 국민이 예상했던 것보다 놀라울 정도로 경미했다는 사실은 정계뿐만 아니라 일반사회까지 큰 충격을 주어 4월혁명유족회 등의 반발이 거세지자, 3부(三府)의 요인들이 긴급회의를 개최하여 대책을 논의했다.

윤보선 대통령은 지방법원의 판결이 심히 놀라움을 금치 못하게 하였다고 심경을 밝히면서, 4월혁명 과업수행을 위해 특별법 제정을 국회에 촉구하겠다는 담화를 발표했다.

장면 국무총리는 부정선거 원흉과 부정축재자 처벌을 위한 특별법의 제정때문에 헌법을 개정하는 것은 부득이한 일이라며 현행법으로서는 도저히 중형을 가할 수 없게 되어있다고 개헌을 추진했다.

(2) 4. 19 혁명 부상자동지회의 국회의사당 점거

4. 19 혁명 당시 부상자 2백여 명은 입원중인 병원을 나와 쌍지팡이들을 집고 혁명완수를 위한 특별법의 조속한 제정을 외치며 데모를 했다.

"4월의 피는 통곡한다. 잃어버린 팔다리를 다오", "학도의 피를 팔은 정상배 물러가라"는 플래카드를 선두로 한 데모는 정쟁을 일삼는 국회를 해산하라는 구호를 국회 앞에서 외치다가 경무대로 옮겼다.

부상학생 50여 명은 혁명입법을 논의하는 의정사상 유례가 없는 국회의사당을 점령했다. 이들은 국회의장석을 강제 점거하여 만세를 부르는 등의 소동을 일으켰다.

이들은 정쟁에만 열중한 의원들을 질타했고, 유리컵을 깨어 할복을 기도하기도 했다.

데모대 의사당 난입사건에 대한 책임을 둘러싸고 곽상훈 국회의장과 이영준 국회부의장이 사표를 제출했고, 구파동지회와 민정구락부 의원들이 장면 국부총리의 책임을 추궁했다.

곽상훈 국회의장 사표서 처리를 두고 김영삼 의원은 신파의 이철승 의원을 공격하면서, "떠들지 말고 장면 씨부터 먼저 사표를 내라고 해"라고 고함을 쳤다.

곽상훈 의장은 가(可) 96표, 부(否) 119표로, 이영준 부의장은 가(可) 85표, 부(否) 124표로 사표가 반려됐고, 장면 총리는 치안 확보를 못해 미안하다고 국회에서 사과함으로써 일단락됐다.

이번 장면 내각에 대한 사실상 불신임 공세이었던 국회의장단 사임서 수리작전은 국무위원 출석동의나 시·도지사 직선제 등 민의 원내에서 신파를 억누르던 민주당 구파가 패배한 것이다.

국회의 부실을 규탄하는 데모가 의정단상을 휩쓴 다음날 국회는 민주반역자에 대한 형사사건 임시처리법안을 통과시켜 민주반역자에 대한 재판절차를 특별입법이 시행될 때까지 정지하고, 재판에 회부된 피고들은 구속기한의 제한을 받지 않으며 석방된 피고들도 즉시 구속하도록 조치했다.

(3) 소급입법(遡及立法)으로 비난받은 헌법 제4차 개정

윤보선 대통령은 국회에 개헌(改憲)서한을 송부하고 국회는 특별입법을 결의했지만, 4. 19 혁명 부상자동지회는 국회의사당을 점거하여 정국불안을 조장하고 세계 만방에 추태를 보여줬다.

장면 국무총리는 6대 사건의 선고 결과가 기대에 어긋났다면서 부정선거 원흉과 부정축재자 처벌을 위한 특별법제정을 위한 헌법개정은 부득이한 일이라고 밝혔다.

국회는 민주반역자에 대한 재판절차는 특별입법이 이룩될 때까지 정지하고, 그 재판에 회부된 피고들은 구속기간 제한을 받지 않으며 재판 결과 석방된 자들도 즉시 구속한다는 입법을 즉각 처리하여 정부는 석방된 자에 대한 재수감 조치에 들어갔다.

또한 국회는 특별재판부와 특별검찰부를 신설하는 민주반역자 처벌법안을 제출했다.

헌법 부칙에 대통령 및 부통령 선거에 관련하여 부정행위를 한 자와 그 부정행위에 항의하는 국민에 대하여 살상 기타의 부정행위를 한 자, 특정지위에 있음을 이용하여 현저한 반민주행위를 한 자의 공민권을 제한하기 위한 특별법을 제정할 수 있고, 지위 또는 권력을 이용하여 부정한 방법으로 재산을 축적한 자에 대한 행정상 또는 형사상 처리를 하기 위한 특별법을 제정할 수 있으며, 이러한 형사사건을 처리하기 위하여 특별재판소와 특별검찰부를 둘 수 있다는 소급입법을 가능토록 했다.

그러나 헌법개정안이 자칫하면 정치적 보복으로 기울어질 염려가 없지않다는 견해가 지배적이다.

정구영 등 재야법조인 19명은 "부정선거 원흉 처단 등의 특별법 제정을 위한 개헌은 죄형법정주의, 형벌 불소급의 원칙, 평등의 원칙 등 민주주의의 제(諸) 기본원리를 파괴하여 혁명의 목적에 위반되는 폭거"라고 비난했다.

헌법개정에 반대하여 서명한 변호사는 정구영, 신태악, 이병용, 박한상, 양병호, 한윤수 등이다.

출석의원 200명 중 191표로 자유당계 33명의 의원이 불참했고, 9명의 의원이 무효 또는 기권을 하였으나 개헌안은 통과됐다.

부표(否票)는 김시현 의원, 기권은 장경순, 조연하, 박상묵, 윤제술, 김갑수, 김기영, 김봉재 의원 등이다.

개헌안이 가(可) 44표로 참의원도 통과됐다. 자유당계 의원들의 끈질긴 반대는 수포로 돌아갔으며, 헌법개정에 반대와 무효 14표는 모두 참의원구락부 출신들이었다.

이리하여 제1차 개헌은 이승만 대통령의 재집권을 위한 대통령 직선제 개헌, 제2차 개헌은 이승만 대통령의 종신대통령을 위한 4사5입 개헌, 제3차 개헌은 제2공화국 설립을 위한 내각책임제 개헌, 제4차 개헌은 부정선거 및 부정 축재자 처벌을 위한 소급입법 개헌으로 불리워지게 됐다.

(5) 부정선거 원흉(元兇)들은 혁명재판부에서 처결

소급입법 개헌이라는 오명을 쓴 헌법개헌안이 11월 29일 참의원을 통과하여 특별 검찰부장에 김용식이 임명되고 특별재판부가 신설됐다.

특별재판소장은 문기선(전주지법원장), 특별 검찰부장에는 오완수(대구지검장)을 선출했다. 그러나 오완수는 법률가로서 소급법의 제정이나 그 시행에 찬성할 수 없다며 취임을 거부했다.

대구고검장인 김용식은 "국가의 지상과업에 대하여 국민이 바란다면 이를 맡지 않을 수 있겠는가"라며 특별감찰부장을 수락했다.

서울시경에서는 3·15 부정선거 원흉 중 미체포된 조인구, 신도환 등을 은닉하고 있는 자에 대하여 범인은닉죄를 적용하여 구속하라고 지시했고, 혁명재판부는 3·15 부정선거 원흉 등 5대 사건 67명의 피고자에 대한 심리에 착수했다.

이강학 피고는 "모든 것은 장관인 최인규가 명령하는 테두리 안에서 했으며 하부에 지시할 때도 장관의 명령이란 것을 분명히 했다"고 진술했고, 곽의영 전 체신부장관은 "조기(早期)선거 문제는 최인규가 자기 책임하에서 실시하는 것이라고 우겼다"고 진술했다.

혁명검찰은 최인규, 이강학에게 각각 사형을, 이성우와 최병환에게 각각 징역 10년 형을 구형했다.

혁명검찰은 한희석, 박용익, 이존화에게 사형을 구형하고 국무위원 전원과 자유당 기획위원, 부정선거 자금조달 관련 김영찬, 김진형, 김영휘, 배제인에게도 중형을 구형했다.

특별재판부는 3·15 부정선거는 세계 선거사상 유례를 볼 수 없는 부정선거로써 헌법을 유린하고 국민주권을 박탈하였음을 지적하고, 3·15 부정선거 관련자 28명에 대해 최인규, 이강학, 한희석에게는 사형을 선고했고, 사형이 구형됐던 박용익에게는 무기징역, 이존화에게는 징역 15년을 선고했다.

송인상, 임철호에게는 15년, 이재학, 김영찬, 김진형에게는 12년, 이성우, 이근직, 구용서, 곽의영, 이중재, 조순, 김영휘, 배제인에게는 10년, 최병환, 최재규, 신현확, 손창환, 김일환, 박만원, 정존수에게는 8년이 선고됐다.

정기섭에게는 징역 7년, 정문흠에게는 징역 3년 6월이 선고되어

26명에 달하는 피고들에게 실형이 선고됐다.

혁명검찰은 3·15 부정선거와 관련하여 박정은 전 전북도지사에게 15년, 이하영 전 전남도지사와 홍창섭 전 강원도지사에게 각각 10년 징역형을 구형했다.

혁명재판부는 박정근 전 전북도지사에게 징역 7년, 홍창섭 전 강원도지사에게 징역 6년, 이하영 전 전남도지사에게 징역 5년을 언도했다.

특별재판부는 4. 19 의거 때 광주에서 발포사건으로 구서칠 전남도경 보안과장에게 사형을 언도하고, 나머지 피고들에게는 15년 이하의 징역을 언도했다.

3·15 부정선거 상소심 판결에서 최인규, 한희석 피고는 사형이, 이강학, 박용익 피고는 무기징역이 확정됐다.

5. 독재타도의 함성(喊聲)이 데모 만능사태로 번져

(1) 데모의 선구자는 교사들의 교직자 단체인 교원노조

교원노조 탄압반대 전국조합원 총궐기대회가 대구 달성공원에서 평온한 가운데 개최됐다.

강기철 한국교원노조 위원장은 "민주학원 건설에 선봉(先鋒)역할을 해야 할 교조를 탄압하려는 불의에 대하여 전 교육자는 4월 혁명에 학도들이 흘린 피를 뒤따라 우리들도 피를 뿌려가며 항거하자"고 절규(絶叫)했다.

신태악 변호사는 격려사에서 교원노조의 합법성을 주장하고, 교원노조의 탄압은 오로지 반혁명세력에 대한 탄압의 수법으로 단정하고 교육자는 이를 분쇄해야 된다고 역설했다.

교원노조 경북지부는 교사들의 부당 전출에 항의하기 위해 개학(開學)이 되어도 전임지(前任地)에 있기로 결의하고, 투쟁을 지속하도록 지시했다.

그러나 학생들의 정상수업 요구 시위 기세에 놀란 교원노조는 우선 총사퇴 대회를 연기하고 정부의 결정을 기다리기로 했다.

정부는 교원노조 결성권을 인정하되 쟁의권을 부여하지 않기로 결정하면서, 교원들의 권익보호를 위해 별도의 입법조치를 발표했다.

새해 국민학교 아동이 72만 명으로 엄청나게 부족되는 교실난으로 2부제 수업이 불가피한 가운데 교직원들은 "배고파 못 살겠다"는 구호를 내걸고 전국 방방곡곡에서 데모에 열중했다.

국회에서 교원노조는 불법이므로 교직단체법을 추진키로 했고, 전국 사친회에서는 교원들이 데모나 난동을 일삼으면 학생들을 학교에 보내지 않겠다고 교원노조를 비난했다.

교직원 7천여 명은 불법 투쟁단체(교조)를 없이할 것과 교직단체법안 반대 성토대회를 개최하고 시가행진을 했다.

전국 국민학교장 회의에서 교원의 법정수당을 조속히 지급하여 줄 것을 문교부에 건의했다.

교육공무원에 지급되어야 할 보건수당, 교재연구수당, 특수지 근무수당, 여자교사 조산비 등을 지급하지 않는다는 이유로 대학교육연합회는 장면 국무총리를 서울검찰청에 고발했다.

(2) 선생님에 이어 학생들도 데모에 적극적으로 가담

춘궁기(春窮期)를 견디지 못해 보릿고개에 연이어 자살하는 비극이 속출한 상황에서 대학에 다니는 특전을 받은 학생들은 4. 19 혁명의 공로자를 자처하며 여러 가지 구실을 걸고 전국 각 대학이 학구열보다 데모에 열중했다.

경북의대생 2백여 명은 교수를 납치하여 감금하여 경찰이 출동했으나 학생들에게 쫓겨 계엄군이 출동하여 사태를 수습했다.

이에 반발하여 경북의대 교수 전원이 사표를 제출하여 문교부에서 수리와 검토라는 곤혹을 치르게 했다.

국가에서 의당(宜當) 시설비를 부담해야 할 국립대학이 학생들의 등록금에 의존하고 있는 것은 부당하다며, 서울대생 1만 3천여 명이 종로 거리를 누비며 시위를 벌였다.

이에 굴복하여 국립대학 시설비는 국교에서 부담키로 장면 내각에서 의결하고 이미 받은 돈을 돌려주도록 지시했다.

연세대 교수단에서는 장경학, 장덕순, 박두진 교수의 해임을 둘러싸고 두 갈래로 나뉘어 연일 제각기 투쟁을 전개하여 험악한 분위기에 휩싸였다.

1천여 명의 연세대생들이 백낙준 총장 규탄대회를 개최하고 "참 기독교 정신을 찾자"는 프랑카드를 들고 참의원 사무실 앞에서 연좌데모를 하고, 연세동우회 주체로 학내에선 반대데모가 계속됐다.

연세대생 8백여 명의 연행된 학생들을 즉시 석방하라는 데모에 경찰은 주동학생 이십여 명을 연행하고 최루탄을 쏘아대자 모두 골목으로 피신했다.

경찰은 데모 주동자는 모두 구속하라는 강경진압책을 지시했다.

등록금 인하를 주장하는 한양대생 1천여 명이 성동경찰서를 습격하고, 연행된 학생들의 구출 작전을 전개하여 경찰기동대와 공방전을 펼쳤다.

일부 대학생은 김연준 한양대 총장을 납치하여 감금하는 등 불법을 자행하고 이를 취재하는 기자들을 폭행했다.

어용교수 추방에 학생들은 이성을 잃은 실력행사를 했다. 새벽부터 총장실에 총장을 감금코 사표낼 때까지 농성했다.

경찰의 해산 명령에도 불응하고 경북대 학생 300여 명은 교정에서 치열한 방송전을 전개했으며 서로가 협조해 달라고 호소했다.

이와같이 지성(知性)의 요람인 대학은 학문발전과 관련없는 데모로 연일 지세웠고, 지성인을 자처하는 대학생들은 국가발전에 아무런 도움이 되지 아니한 데모로 하루하루를 보냈다.

(3) 노사분규와 혁신계열들의 횃불 데모로 번져

교사, 학생들의 데모에 의해 노동자들도 데모 열풍에 가담했으며 노조의 목소리도 강경일변도로 변해갔다.

서울시내 뻐쓰가 운임인상 요구를 묵살한데 대한 항의로 파업에 들어갔으며, 교통부는 면허취소를 불사하겠다는 강경입장을 밝혔다. 부산 버쓰노조도 노임 인상과 8시간 노동제를 주장하고 파업에 들어갔다.

버쓰노조는 완장(腕章)을 찬 감찰위원들을 주차장에 배치하여 살벌한 분위기를 조성했다.

철도와 체신노조는 150%의 임금 인상을 요구하고 있지만, 정부에서는 야근수당만을 올려주겠다고 대응하여 파업이 예고됐다.

철도와 체신노조 쟁의는 우선 위험수당을 합의하여 올려주고, 봉급은 3월에 올려주기로 합의하여 가까스로 해결됐다.

이를 계기로 노임분규가 각 분야에 파급되고 노임인상은 물가앙등을 촉발할 우려가 있고, 인프레이션은 필지의 사실로 농촌경제는 더욱 위축될 가능성이 높아갔다.

야간열차에는 폭력배가 날뛰고 도처에서는 깡패들이 작당하여 폭행을 일삼고, 상이군인들은 물건 안 산다고 국민들에게 생트집을 잡는 시대상황에서, 장면 정부는 시유지 불하반데를 주장하며 데모한 150명을 모조리 연행하고 폭행한 8명을 긴급 구속하는 데모에 첫 경찰력을 동원한 강권을 발동했다.

혁신세력들의 대동단결을 도모한 민족자주통일 중앙협의회는 자주, 평화, 민주의 3대 원칙아래 남북통일을 실현하기 위한 국민운동을 전개할 것을 결의하고, 그 실천방안으로 즉각적인 남북 정치협상, 오스트리아식 중립화 통일방안을 주장했다.

민족자주통일협의회는 남북학생회담 제의를 적극 지지하여 남북학생회담 환영 및 통일촉진 궐기대회를 1만명의 시민·학생이 참석한 가운데 서울운동장에서 개최하여, '가자 북으로! 오라. 남으로!' 라는 구호를 외치며, 통일의 열기를 드높였다.

통일문제가 젊은 층에 호소력이 있는 것을 인식한 혁신세력들은 적극적으로 시위운동을 조장하며, 장면 정부가 통일에 소극적이라고 비난하며 적극적인 태도를 보일 것을 요구했다.

혁신세력들은 장면 내각이 추진중인 반공법과 집회와 시위에 관한 법률안을 2대 악법으로 규정하고 대대적인 반대 투쟁을 전개했다.

선거를 통해 중요한 정치세력으로 등장하는데 실패한 혁신세력들은 시위와 행동으로 국민의 지지를 확대하고자 2대 악법 반대운동을 대대적으로 전개했다.

혁신정당들이 노조, 학생들을 규합하여 2대 악법 반대 성토 대회를 개최하여 '밥 달라 우는 백성, 악법으로 살릴 소냐', '데모가 이적이냐, 악법이 이적이냐'라는 플래카드를 앞세우고, 시위를 벌이며 2대 악법을 철폐하라고 요구했다.

성토대회에 참석했던 학생들과 혁신세력들은 서울시청 앞에서 횃불 데모와 시가행진을 벌이고, 데모대의 일부는 파출소를 파괴하는 난동을 부리고, 일부는 미국 대사관 앞에서 연좌데모를 벌였다.

혁신세력의 횃불 데모로 그동안 혼미 상태를 거듭해 온 정계에는 긴장상태가 고조되고 4월 위기설, 5월 위기설이 공공연히 나돌았다.

장면 총리는 남북교류는 국민을 오도할 위험이 크다면서 기이하고 위험한 주장이므로 반대하는 입장에는 변함이 없다고 밝혔다.

민주당 선전부장 김대중은 혁명 후 불란서 국민이 자코방당 치하의 혼란과 무질서를 겁낸 나머지 얻었던 자유를 희생하면서까지 나폴레옹 독재에 자진 투항했었다는 역사상의 비극을 소개하면서, 이 이상 더 무질서한 데모를 계속해 간다면 오열의 침투와 독재(獨裁)의 재기를 돕는 결과가 될 것이라는 담화를 발표했다.

김대중 선전부장은 "우리나라 혁신정당 중에서는 이북 주장과 거의 같은 통일방안 따위를 이야기한다는 것은 용납할 수 없다. 혁신정당 중에서 용납할 수 없는 당을 민주당은 구분해 놓고 있다"고 경고했다.

6. 무능정권으로 비하(卑下)된 장면정권 이모저모

(1) 민주당이 집권하면 더 잘 살 줄 알았는데

서민(庶民)들은 자유당 독재정권이 물러나고 민주당이 집권하면 훨씬 잘 살 수 있을 것으로 기대했지만, 정권이 바뀌었다고 당장 재원(財源)이 마련된 것도 아니고 경제 상황이 급변할 수 없어 불만과 불평이 높아질 수밖에 없었다.

여기에 자유당 소속 의원들과 민주당 구파동지회 의원들은 연합하여 인사정책을 비롯한 모든 정부 정책에 대해 비난을 퍼붓고, 민주당 내부에서도 감투 싸움에 도처에서 파란이 일어났다.

주요한 상공부장관은 "새로 조직될 내각은 미구에 닥쳐올 경제적인 위기때문에 도괴(倒壞)될 것"이라는 비극적인 예언을 쏟아냈다.

이영준 국회부의장은 "우리나라는 너무나 실업(失業)이 극심하여 실업자 구제하는 길 외엔 나라를 건질 길이 없다"고 진단했다.

민주당 황호영 의원은 "솔직히 말해서 민주당은 독재타도 하나만에 신경을 쓰느라고 미처 정권인수 태세는 하나도 갖추질 못했어, 당내에 일제 때 관료가 많기는 하지만 그들이 갑자기 각내에 들어갔다고 해서 행정이 제대로 되느냐하면 절대로 안된다"고 설파(說

破)하며, 내각의 겸손을 강조했다.

4. 19혁명이 준 것은 서민들 얼굴엔 허무(虛無)의 그늘이 짙고, 주고받은 화제는 생활의 권태로 따분하지만, 윤보선 대통령까지 "지난 1년 동안 우리가 밟아온 길은 결과적으로 지혜로운 길도 아니었고 최선의 길도 아니었다"고 부정적으로 회고했다.

그러나 장면 국무총리는 "그동안의 정치현실 민주화는 우리의 역사상 일찍이 그 선례가 없음은 물론 허다한 외국에서도 그 유례를 찾아볼 수 없는 개화(開花)"라고 자화자찬했다.

민주당 이태용 의원은 "나라를 위하는 길은 국회의원이나 기자들이 그들의 자유를 자제해서 잠잠히 있는 것"이라며, "기자들은 사실을 보도하는 것만이 임무가 아닐 거요 그것이 보도되었을 때의 국가적 이익에서 본 영향을 생각해서 사실보도에 대한 취사선택(取捨選擇)을 하는 것이 모랄일거요"라고 일침을 놓았다.

"민주당에서 집권하면 더 잘 살 줄 알았는데", " 비정(秕政) 뒷치덕거리에 아무 정신없소이다"가 장면 국무총리와 어느 복덕방 노인과의 대담 내용이 시대상황을 반영해 주고 있었다.

(2) 감람나무 박태선 장로교인들의 동아일보 습격

박태선 장로 교도들이 동아일보사를 습격하여 수 천명이 사옥을 강점코 난동을 부려 현장에서 1,024명을 검거했다.

최루탄 발사로 1시간 만에 수습했으며, 원인은 성화(聖畫)사진 감정에 대한 기사이며, 과학수사의 사실보도에 대한 불만의 소산이었다.

성화 사진은 얼마든지 손쉽게 조작할 수 있다는 동아일보 기사내용에 대한 박태선 장로의 취소 요구에 불응한 결과였다.

감람나무 신도들은 폭도화하여 제지하는 경관의 시계 강탈도 자행했다. 광신도들의 난입 순간 경찰들은 영장이 없어 최루탄을 쏘지 못하여 막을 수가 없었다.

직원들의 결사수호로 윤전기는 파괴를 모면했으며 "전 언론이 경찰과 야합하여 사교(邪敎)로 몰려 한다"고 교인들은 절규했다.

박태선 장로는 "성화는 사실이니까 기사를 정정해야 한다"고 주장했으며, 폭도화한 교도들은 외부인의 짓이라고 괴변을 늘어놓았다.

박태선 장로는 동아일보 습격과 파괴는 교도들이 아닌 일반인들이라고 끝까지 우겨대며 끝내 사과를 거부했다.

박태선 장로교도들의 동아일보 습격이 장면 내각의 무능으로 몰아가는 신민당의 전술은 일반 국민들에게 먹혀 들어갔다.

정부에서는 경비책임자만을 처벌하되 신현돈 내무부장관은 사임을 고려하지 않기로 결정하자, 신민당은 책임회피라고 비난했다.

이번 사태는 신민당이 경찰의 무능력을 웅변하고 있으며 장면 내각의 무능력을 공격하는 빌미가 됐다.

신민당 서범석 의원은 "이번에도 내무부장관 인책으로 그친다면 장면 내각은 내무부장관 책임제의 정부인 셈이지"라고 비아냥댔다.

동아일보 피습사건은 박태선 장로와 장면 국무총리가 공모한 것이라고 김준연 의원이 폭로하여 파문을 일으켰다.

검찰은 동아일보를 습격한 박태선 장로교도 180명을 구속기소했다.

동아일보 피습사건 피고 182명에 대한 공판에서 피고들은 확신범인 양 서로 웃고 쑥덕거렸다.

특별검찰부는 신앙촌의 성주(城主) 박태선 장로를 부정선거 관련 자처벌법 위반혐의로 특검 발족 제1호로 구속했다.

군부정권에서 박태선 장로는 1년 6개월의 실형이 선고되어 수감생활을 피할 수는 없었다.

(3) 집단 월북 미수 사건에 대한 신랄한 책임추궁

월북을 기도한 27명과 선원 9명을 태운 포리호가 목포항에 귀항하여 수천 명의 인파가 지켜보는 가운데 월북 미수자 27명이 해군 81함정에 옮겨 탔다.

경찰은 집단 월북을 정회근과 박석운이 주동했으며, 이들은 간첩과 긴밀하게 교신한 혐의를 잡고 수사를 진행했다.

수사결과 납북(拉北)을 주동한 김사배는 지명수배 중이던 인물이며, 불온사상 선동자로 목포여중생들을 집단으로 꾀어내 월북을 시도한 것으로 밝혀졌다.

김사배는 빚에 쪼들려 저지른 일이며 군인 살해는 박석운이 지휘했으며, 친형제들의 냉대에 자포자기 심정이었다고 자백했다.

주모자는 순천여고 교사 정회근, 조선대부속고 교사 박석운이며 김사배 등과 협의하여 취직시켜준다는 미명으로 학생 9명과 일반인들을 꾀어 월북을 기도했으며 간첩과 접선은 이뤄지지 않았다.

검찰은 월북미수사건에 연루된 29명을 보안법 위반과 강도·살인죄로 전원을 기소했다.

자금책은 박석운이었으며 군인 두 명은 해상에서 내 던져 살해됐다고 밝혀졌을 뿐이며, 이 사건은 북괴와 연계되지 아니한 모리배(謀利輩)들의 해프닝이었다.

목포 근해에서 출발한 집단 월북사건은 정가에 큰 충격을 주었다. 신민당과 민정구락부는 장면 내각의 무능과 국내 치안확보에 너무나 무력하다고 통박했다.

신민당은 전면 도각(倒閣)은 보류하되, 신현돈 내무부장관과 김선태 무임소장관 인책사퇴를 요구했다.

이에 신현돈 내무부장관은 "사건이 있을 때마다 인책하는 것만이 능사가 아니다"라고 답변했다.

신민당 이충환 의원은 "장면 내각이 동 사건에 책임을 지고 당연히 물러나야 한다"면서, "장면 총리가 자진 사퇴하지 않는 경우에는 불신임을 고려할 것"이라고 윽박질렀다.

신민당 이경 의원은 "김선태 무임소장관은 6. 25때 부역한 혐의를 받았던 자였다"고 무차별 공격했다.

장면 국무총리는 정부만의 책임이 아니라 공동책임이라며 "아무 사건이나 불신임과 결부시키는 야당이니 무슨 말을 못하겠소",

"불신임안을 낼 테면 내라시오"라고 반발하자, 신민당 김의택 의원은 "정말 어이가 없다"고 통박(痛駁)했다.

(4) 장경근 내무부장관의 해외도피와 특별재판부 설치

국회는 장경근 전 의원의 보석 중 도피에 대한 책임을 정부에 물었다. 장경근 도피사건에 대한 민주당 구파(舊派)의 집요한 공격으로 현석호 내무부장관의 낙마를 가져왔다.

장경근은 열차편으로 부산에 가서 다대포에서 밀수선을 타고 일본으로 밀항한 것으로 알려졌다.

장경근은 특별법이 무서워 탈출했으며 "일본에 영주할 생각은 없고 망명 허락만 바랄 뿐"이라며, "정국이 안정되면 귀국하고 싶다"고 했으나 동경으로 압송됐다.

현석호 내무부장관 사퇴에 이어 신민당은 조재천 법무부장관과 이태희 검찰총장의 사퇴를 요구하고 불연(不然)이면 협조를 거부하겠다고 정부에 중대 경고했다.

(5) 유엔의 북괴 대표 초청은 한국 외교의 실책

유엔의 권능과 권위를 존중한다는 조건아래 북괴 대표를 초청키로 한 유엔의 방침을 두고, 신민당 김도연 의원은 어떤 조건이든 간에 북괴 대표가 유엔에 초청되었다는 것은 장면 정부의 통일정책 후퇴이며, 우리 외교가 주체성을 상실한 것이라고 질타했다.

신민당 이충환 의원도 "우리가 이때까지 해 온 일은 통일을 해 보겠다는 노력보다는 통일을 저해하는 방향의 논의였다"고 장면 정부의 외교정책 실패를 비난했다.

변영태 전 외무부장관도 북한 정권 대표의 초청을 가결한 유엔 정치위원회의 결의안을 한국 정부의 대표가 찬성한 것은 일대 외교적 실수라고 질타했다.

용공통일보다 분단이 낫다는 장면 국무총리의 발언에 대한 조치로 정일형 외무부장관은 북괴 대표가 참석하면 동석 거부 방침을 천명했고, 신민당 김영삼 의원은 "통일에 대한 국민의 열망이 이처럼 비등한 데 총리로서 그것을 정면으로 받아들이지 않고 뒷걸음질만 하는 발언은 분명히 망언이다"라고 반발했다.

신민당 민관식 의원은 "장면 총리의 참의원 발언은 망언이요, 폭언이었다"는 등 가혹(苛酷)할 정도로 추궁했다.

(6) 장도영 육군참모총장 임용은 장면정권 최대 실책

정부는 1961년 2월 18일 자로 장도영 제2군 사령관을 육군참모총장에 임명하고 제2군 사령관에 최경록 육군참모총장을 임명했다.

민주당 이필선 의원은 "신임 장도영 육군참모총장은 이승만 정권 때 제2군 사령관으로 있으며 부정선거를 감행한 사실이 있어 혁명특별법에 의해 응당 처벌되어야 한다"면서, "장도영 육군참모총장이 혁명정부의 참모총장이 되는 것은 혁명정신을 모독한 것이다"라고 임명을 반대했다.

"장도영 총장은 이기붕과 박마리아에게 붙어살던 친구며 부정선거에 관여했다"는 기자들의 질문에, 우희창 국방부차관은 "자유당 말기에 자유당에 아부하지 않았던 장성이 어디있소? 최경록 장군의 결혼 주례는 이기붕이가 섰는데"라고 반박했다.

평안북도 출신인 장도영 육군참모총장은 미국 참모대학을 졸업하고 제2군단장, 육군본부 행정참모부장, 육군참모차장을 거친 미국통으로 알려졌다. 1957년에 육군참모차장으로 재직했으며 1959년 2월부터 제2군 사령관으로 재직했다.

하마평이 나돌던 이한림 장군을 제치고 참모총장에 임명된 장도영 총장은 5. 16 거사 당시 애매한 처신으로 일관하다가 박정희 소장의 권유에 따라 군부의 얼굴마담이 되어 미국의 군사 쿠데타의 묵인(默認)을 받게 했고, 국민들의 지명도를 활용하여 군부쿠데타의 성공에 지대한 역할을 했다.

이중적이고 회색 색채가 짙은 장도영 총장의 임명은 장면 정권 붕괴의 최대의 실착으로 판명됐다.

군부쿠데타의 얼굴마담으로 이용된 장도영 총장은 박정희 소장의 인척인 김종필 중앙정보부장에게 반혁명분자로 덜미가 잡혀 구속되어 사형 선고까지 받게 됐다.

장면 정부가 장도영 장군이 아닌 이한림 장군을 육군참모총장에 기용했더라면, 5·16 군부쿠데타는 결코 성공할 수 없었다는 가설 (假說)이 성립될 수 있다는 것이 중론이었다.

(6) 위기설에 휘청거린 장면내각에 대한 쓴소리

서민호 국회부의장은 4월 위기설보다 5월 위기설이 걱정이라며 김용식 특검부장의 "늙은 몸 마지막으로 한번 일을 하고 죽으려 했으나 너무나 큰 압력으로 하나도 제대로 일을 못하였으니 당장에 할복자살하고 싶다"고 탄식한 것을 소개하며, "도대체 기성세력 가지고는 무슨 일이든 되지 않는 것으로 환멸(幻滅)의 결론을 내렸다"고 통박했다.

김상흠, 김도연, 김의택, 박순천, 허산, 이상돈, 소선규 등 5대 민의원과 참의원 22명이 거마비 등 실비수당에 과세하는 것은 부당하다며 집단행정 소송을 제기하는등 나라의 경제적 위기보다 의정활동비가 우선시됐다.

신민당 양일동 의원은 "정부가 4월위기설을 발설하여 사회적 불안을 조장하고 폭동 진압을 위해 국군이 특별훈련을 하고 있다"며 진상조사를 요구하여 위기설을 부채질했다.

혁명이후 1년동안 경제제일주의는 실종되고 증기(蒸氣)없어 허덕거리는 민주당 기관차. 난국의 지도자론 힘겨운 장면 국무총리라는 여론이 지배적인 가운데 장면 국무총리는 항간에 떠돌고 있는 4월 위기설은 근거가 없는 것이라고 부인했다.

3월 위기설, 4월 위기설 등으로 노이로제가 되다시피 한 정부가

"걱정하고 있던 4. 19를 무사히 넘겼다"고 안도했으나 그것은 어둠 속에서 똬리를 틀고있는 군부의 음모를 모른체 하거나 모르고 있었을 뿐이다.

제3장 군인들의 무장봉기인 5.16 군부 쿠데타

1. 군부 쿠데타의 배경과 과감한 개혁

2. 중앙정보부와 혁명검찰부의 활약

3. 쿠데타 주체들의 반목(反目)과 권력다툼

4. 군부정권 2년 7개월의 공과(功過)

5. 군정(軍政) 955일간의 상황일지

1. 군부 쿠데타의 배경과 과감한 개혁

(1) 윤보선 대통령은 "올 것이 왔다"며 군부쿠데타의 필연성 (必然性)을 인정

박정희 소장과 그의 조카사위인 김종필 중령을 중심으로 하는 장교 250여 명과 사병 3,500여 명이 1961년 5월 16일 3시경 한강에 진입하여 총격전을 벌이고서 서울 입성에 성공했다.

쿠데타군은 중앙청과 KBS 등 목표지점을 점거하고, KBS 방송을 통해 거사의 명분을 밝히고 6개항의 혁명공약을 선포했다.

이어 쿠데타 군은 군사혁명위원회의 포고령으로 전국에 비상계엄을 선포하고 장면정권을 인수하겠다고 밝혔다.

한국군의 작전지휘권을 장악하고 있는 유엔군사령관 매그루더는 쿠데타 반대성명을 발표하면서 강제진압 의사를 시사했으나, 윤보선 대통령이 "올 것이 왔다"고 군부 쿠데타의 필연성(必然性)을 인정하고 쿠데타군에 승복(承服)하면서, 매그루더 사령관의 쿠데타 저지요구를 거절함으로서 군부 쿠데타는 기정사실화 됐다.

수녀원에 피신해 있던 장면 국무총리는 3일만에 나와 국무회의를 열고, 내각 총사퇴와 군사혁명위원회에 정권이양을 의결했으며, 윤보선 대통령은 국무회의 결정을 재가했다.

미국 국무성도 군사혁명위원회의 지도자인 장도영 육군참모총장이 반공친미적(反共親美的)임을 지적하면서, 쿠데타를 사실상 승인하여 쿠데타의 성공이 최종 확인됐다.

"금반 군사혁명 발생에 대하여 국무위원 일동은 정치적, 도의적 책임을 통감하고 총사퇴하는 바이니 국민 제위의 양해 있기를 바라는 바이다. 그리고 사태 수습에 있어서는 유혈을 방지하고 반공태세를 강화하고 국제적 지지를 확보하는 방향으로 나아가기를 희망한다"는 성명을 발표한 장면 국무총리는 "지금의 헌법기관으로서는 윤보선 대통령뿐이며 나는 단순한 시민으로 돌아가겠다"고 기자회견에서 밝혔다.

전두환이 주도한 육군사관학교 생도들은 혁명을 지지·성원하기 위해 축하행진을 벌였으며 시청 앞에서 기념식도 거행했다.

윤보선 대통령은 "무사하게 이 나라 일을 군사혁명위원회 사람들이 맡아서 보게 했으며, 국민이 또한 커다란 기대를 가지고 있다는 것을 알게 된 나는 안심하고 이 자리를 물러나겠다"는 성명을 발표했다.

대통령 유고시에는 참의원 의장, 민의원 의장, 국무총리 등의 순서로 그 권한을 대행하게 되어 있으나 국회가 해산되고 내각이 총사퇴하여 대통령의 권한을 대행할 사람이 한 사람도 없게 됐다.

그리하여 윤보선은 자의 반 타의 반 대통령직을 수행하게 됐다.

쿠데타군은 최고권력기구인 군사혁명위원회 의장에는 육군참모총장 장도영을 옹립하고, 부의장에는 쿠데타의 실질적 지도자인 박정희 소장을 선임했다.

군사혁명위원회는 포고령을 통해 옥내외 집회금지, 국외여행 불허, 언론 사전검열, 야간 통행금지 시간연장 등을 발표했다.

군사혁명위원회는 국가재건최고회의로 개칭하고, 국가재건최고회의는 국가재건비상조치법을 공포하여 입법권, 행정권과 사법의 통제권을 장악하고 직속기관으로 중앙정보부, 재건국민운동본부, 수도방위사령부, 감사원을 두고 본격적인 군정(軍政)을 실시했다.

또한 국가재건최고회의는 산하기구인 혁명검찰부와 혁명재판소를 통해 용공분자의 색출을 표방하며 혁신세력을 대대적으로 검거하는 한편, 정당, 언론매체, 노동조합 등을 강제 해산시키고 고려 의종 때의 무신난 이래 800년 만에 폭압적인 무인정권이 수립됐다.

군부쿠데타 12일 만에 비상계엄을 경비계엄으로 변경하고 언론보도의 검열은 폐지하되, 군사재판은 지속하기로 했다. 그리고 부흥부를 건설부로 개칭했다.

김종필 중앙정보부장은 장경순 준장 등을 통해 장도영 총장에게 혁명에 동참할 것을 권유했으나 실패했고, 혁명공약은 이학수의 광명인쇄소에서 이낙선 소령 주관하에 인쇄됐다.

서울 시경국장 정태섭이 장면 국무총리에게 군부에서 쿠데타를 음모하고 있으나 빨리 손을 써야 한다고 사표를 내걸고 진언했으나, 장면 국무총리는 "정태섭 국장은 혁명 노이로제에 걸렸군"하면서 묵살해 버렸다.

이태희 검찰총장도 혁명계획의 정보를 취급했으나 뜻밖에도 사기사건으로 몰아넘김으로써 탄로나지 않았다면서, 혁명의 실질적 주체는 정군(整軍)을 목적으로 하극상을 일으킨 16명의 장교들이라고 비화를 공개했다.

혁명군내의 박정희 세력은 장도영과 쿠데타의 핵심이었던 육사 5기 출신의 박치옥, 문재준 등을 반혁명쿠데타를 기도했다는 혐의로 체포하고 김종필계열의 육사 8기들이 권력의 핵심을 장악했다.

(2) 언론기관들은 앵무새처럼 군부정권의 홍보물을 게재

쿠데타가 처음 모의된 것은 4. 19 혁명 직후인 1960년 9월 김종필을 비롯한 영관급 장교 9명이 모임을 갖고 군의 정풍(整風)운동을 벌이는 한편 쿠데타를 결의하게 됐고, 그들의 영도자로 김종필의 처 박영옥의 숙부인 박정희 소장을 옹립하기로 확인했다.

김종필 중령은 기자회견에서 "대한민국 젊은 영관급 장교들은 독재자 이승만 씨가 실각하기 한 달전부터 군사혁명을 계획했다"면서, 그들의 계획은 4. 19 학생봉기 때문에 좌절됐다고 말했다.

그는 이승만 씨는 "반공구호만 내세울 뿐이지 이를 뒷받침하기 위한 계획이 없었다"고, 장면 씨는 "무능한 이상가로 공산주의자들의 전복(顚覆)위협 앞에 나라를 방치해 두었다"고 평가했다.

혁명군은 5,300명이며 장면 총리가 피신할 수 있었던 것은 모(某) 연대장이 겁을 먹고 상관을 통해서 장면 총리에게 이를 보고했기 때문이라고 밝혔다.

은신 중인 장면 총리는 이한림 제1군 사령관에게 민주당 정권을 구원하라고 호소했으나, 이한림 사령관이 움직이지 않았고, 이한림 사령관이 정말 혁명에 항거하려고 했다면 그는 사살되었을 것이라고 확인했다.

4. 19 혁명당시 육군참모총장으로 계엄사령관을 맡아 국민적 영웅으로 칭송을 받았지만 쿠데타군에 합류한 송요찬 내각수반은 "장면정권의 부패와 무능으로 인하여 민생은 도탄(塗炭)에 빠지고 사회질서는 혼란하여 국민은 불안에 싸이고, 이러한 틈을 타서 공산도배들은 북한 괴뢰의 지령을 받아 중립통일론, 남북협상론 등을 선전함으로써 심각한 파멸의 위기를 맞이하게 되었다.

이러한 조국의 위기를 당하여 애국적인 청년 장교들을 중심으로 하는 국군은 조국의 재건을 위하여 정의의 총검을 들고 일어선 것이 5. 16 군사혁명이다.

군사혁명에 의하여 조직된 현 정부는 구(舊)정권하에서 누적된 부정과 부패와 빈곤을 일소하고, 반공을 국시로 하여 정의와 청렴과 부강을 이룩할 민주공화국을 재건하는데 전력을 다할 것이며, 집권에 대한 욕망이나 미련은 추호(秋毫)도 없다. 하루바삐 구악을 일소하고 산업을 부흥시켜 민생의 안정을 도모하여 혁명과업을 완수하는 것만이 헌법수호의 첩경(捷徑)이 될 것이다.

그때에는 정부는 양심적이고 청신한 민간인에게 정권을 넘기고 물러날 것이다. 5. 16 군사혁명 후 헌법의 일부규정의 효력을 정지시키는 것은 구(舊) 정권의 위정자들처럼 헌법을 유린하는 처사가 아니고, 위기에 서 있는 국가와 헌법을 소생시키려는데 목적이 있는 것이다"라고 쿠테타 변호와 옹호에 앞잡이 역할을 수행했다.

국가재건 최고회의에서는 교사들에게도 재건복을 입도록 강요하고

모든 학생들은

1. 반공을 국시(國是)의 제일의로 삼고 지금까지 형식적이고 구호에만 그친 반공태세를 재정비 강화한다.

2. 유엔 헌장을 준수하고 국제협약을 충실히 이행할 것이며, 미국을 위시한 자유 우방국가와의 유대를 더욱 공고히 한다.

3. 이 나라 사회의 모든 부패와 구악을 일소하고, 퇴폐한 국민도의와 민족정기를 바로잡기 위해 청신한 기풍을 진작시킨다.

4. 절망과 기아선상에서 허덕이는 민생고(民生苦)를 시급히 해결하고, 국가 자주경제 재건에 총력을 경주한다.

5. 민족적 숙제인 국토통일을 위하여 공산주의와 대결할 수 있는 실력 배양에 전력을 집중한다.

6. 이와같은 우리의 과업이 성취되면 참신하고 양심적인 정치인들에게 언제든지 정권을 이양하고, 우리들의 본연의 임무에 복귀할 준비를 갖춘다.

는 혁명공약을 암송(暗誦)토록 했으며 국민학생들도 혁명공약을 암송하지 못하면 귀가(歸家)하지도 못하게 했다.

최고회의는 언론을 철저하게 검열하여 입맛에 맞는 기사만을 내보내고 동아일보, 조선일보 등 언론기관에서는 앵무새처럼 군부정권의 홍보물을 포장까지하여 신문에 게재했다.

(3) 군사정부에 의한 무모(無謀)하고 과감한 개혁

국가재건최고회의는 내각수반에 장도영, 외무부장관 김홍일, 내무부장관 한신, 농림부장관 장경순, 상공부장관 정내혁, 국무원사무처장 김병삼 등 혁명내각을 구성했다.

혁명정부는 국가재건비상조치법을 공포했다.

이 법에는 현행헌법의 일부 조항은 효력이 정지되고, 혁명재판소와 혁명검찰부가 설치되고 국가재건최고회의가 최고 통치기관으로 자리매김됐다.

혁명정부는 시·도지사는 물론 경찰서장, 읍·면장까지 군인들로 임명했으며, 위관(尉官)급이 경찰서장을 맡고 읍·면장은 중·상사 등 직업군인들이 발탁되어 일약 출세가도(街道)를 달렸다.

장도영 최고회의의장은 경제질서회복에 대한 특별성명을 발표하여 매점매석을 금지하고 물가를 일체 올리지 못하도록 현재의 가격을 고수하도록 하고, 위반자는 반혁명분자로 처단하겠다고 선언했다.

명동파 25명을 비롯하여 깡패 700명을 일제 검거하여 소탕하고, 저녁 9시에 일제히 상점문을 닫도록 하고, 통금위반자는 군사재판에 회부하겠다고 서울시경국장이 시민들에게 경고했다.

장도영 내각수반은 양담배를 일제 단속하고 판자집을 과감하게 철거하면서, 용공·중립주의를 배격하고 내핍(耐乏)생활을 강화하자는 재건국민운동을 대대적으로 전개했다.

군법회의는 춤바람 난 주부들은 재판정에 세우고 축첩한 공무원, 정치관여 공무원을 색출하여 정원의 26%를 감원했다.

농림부는 긴급구호양곡 3만 석을 방출하여 보릿고개를 넘기도록 조치하고, 년리(年利) 60%에 달하는 고리채(高利債)를 신고토록 하여 년리 20%에 3년 거치 3년 분할 상환토록 했다.

병역기피자를 자수토록 하여 40만 4천 명이 신고했고, 28세 이상 병역미필자를 주축으로 국토건설군을 창설하여 예비역 장교 3천명을 기용하여 전원(電源)이나 탄원(炭源)개발에 동원했다.

혁명정부는 축첩(蓄妾) 공무원 1,385명을 적발하여 모두 해면(解免)하고, 병역을 미필한 9,291명의 공무원도 전원 해직시켰다.

혁명정부는 사이비 기자들을 색출하여 군사재판에 회부함과 동시에 신문·통신 발행시설기준을 설정하여 일간신문 39개사(중앙 15, 지방 24), 일간통신 11개사, 주간지 32개사로 유지하고 일간지 76개사, 지방지와 통신 305개사, 주간지 453개지를 폐간했다.

(4) 미국의 묵인(默認)과 지원으로 쿠데타가 혁명으로

장도영 국가재건최고회의의장과 마샬 그린 주한미국대사가 회담을 갖고, 군사혁명을 기정사실로 인정하여 장도영 의장의 방미희망도 양해했다.

미국 케네디 대통령은 혁명은 불가피한 선택이라며, 한국의 오늘이 더 좋은 장래를 위한 단계이기를 희망했다.

또한 케네디 대통령은 한국의 자주통일에 노력하겠으며 국제사회에서 법의 지배를 확립하려는 공동목표에 매진하자면서, 장도영 내각수반의 맹세(盟誓)를 인식하고 있다고 말했다.

러스크 미국 국무장관은 혁명정부의 과감한 개혁시책을 환영하며, 민정복귀 성명에 고무되어 군사정부의 지지성명을 발표했으며, 그는 국민들의 희구(希求) 충족을 기대하며, 한미협조에 새로운 기반의 마련을 촉구했다.

미국 매카나기 차관보도 혁명정부 시책을 찬양하며 특히 부패일소, 생활향상 등을 혁명정부의 업적으로 나열했다.

윤보선 대통령은 이번 혁명은 "올 것이 온 것"이라며, 만일 장면 정권이 계속되었던들 남한은 공산화되었을 것이라고 말하고, 혁명정부가 반공노선을 뚜렷이 하고 6대 혁명공약과 5대 국민운동 사항을 내세운 것은 너무도 지당하며, 우리 국민 중 한 사람도 이의가 없을 줄 안다고 혁명정부를 극구(極口)찬양했다.

윤보선 대통령은 군사혁명을 일으킨 뒤 내세운 모든 정책을 찬양(讚揚)하면서, "다른 정부가 10년 걸려 할 것을 10일 동안에 했다"고 아첨(阿諂)하며, 조속한 정권이양의 필요성을 곁들이며, 제도보다는 인물이 더 중요하다고 강조했다.

2. 중앙정보부와 혁명검찰부의 활약

(1) 군부통치를 구체화시키기 위해 중앙정보부 설치

중앙정보부는 국가안전보장에 관련된 국내외 정보사항 및 범죄수사와 군(軍)을 포함한 정부 각 부서의 정보·수사활동을 감독하며, 국가의 모든 기관의 소속직원을 지휘하고 감독하는 막강한 권한을 갖고 있었다.

중앙정보부는 당초 쿠데타가 성공한 군(軍)내부의 반혁명기도나 민간 정치인들의 저항을 효과적으로 분쇄·저지하기 위해 비밀리에 조직되었다.

쿠데타의 제2인자인 김종필이 군부 특수부대 요원 3천 명을 중심으로 중앙정보부를 창설하여 최고회의 직속의 최고권력기관으로 군림하게 되었다.

군부정권은 중앙정보부를 통해 정부기관이나 군부에 그치지 않고 사회의 모든 분야에 대한 실질적인 통치력을 발휘하고, 감시와 통제활동을 벌여서 국민에 대한 군부통치를 구체화시켰다.

중앙정보부는 장도영 장군의 반혁명사건, 장면 전 총리를 비롯한 구(舊)민주당의 반혁명사건, 김동하·박임항 장군들의 반혁명사건, 송요찬 내각수반 구속 등 권력 내부의 반대세력의 제거에 크게 기여함으로써 막강한 권력의 실세로 등장했다.

제3공화국 시절에도 중앙정보부의 위세가 지속되어 중앙정보부의 요원 수가 37만 명에 이르렀다는 놀라운 사실이 전문지에 게재되기도 했고, 민간인 복장을 한 현역군인들이 정부부처, 학교, 신문사, 문화단체 등을 공개적으로 드나들며 정부의 방침에 따르도록 회유(懷柔)하거나 협박하기도 했다.

정보부 요원 중 상당수는 자기 신분을 숨긴 채 통상적인 직업에 종사하면서 주변 동태를 감시하고, 그 결과를 비밀조직을 통해 보고하는 역할을 했다. 이들은 암암리에 정부의 시책을 홍보하고 그럼으로써 여론을 정부에 유리하도록 조성하는 역할도 수행했다.

중앙정보부는 공화당 사전조직, 4대 의혹사건을 비롯하여 정치활동정화법 제정 등 개입하지 않는 부분이 없을 정도였으며, 초법적(超法的)인 위치에서 엄청난 예산과 인력을 동원하여 군부독재 정권의 전위(前衛)역할을 수행했다.

이를 뒷받침하기 위해 반공법을 제정하여 반공이라는 명분아래 국민의 모든 권리를 억압하고 탄압하는데 활용했다.

반공법은 귀에 걸면 귀걸이, 코에 걸면 코걸이식으로 권력에 반대되는 모든 행위들을 처벌할 수 있도록 되어있었다.

남북의 협상에 의한 평화적 통일은 말할 것도 없고 단순한 서신 교환조차도 반국가단체인 북한과의 화합이나 통신하는 것에 해당한다는 이유로 반공법의 처벌대상이 되었다.

중앙정보부는 단순히 정부의 정책을 비판하는 것조차도 반국가단체에 동조(同調)했거나 적을 이롭게 했다는 이유로 처벌대상으로 여겨 공포의 대상이 되었다.

(2) 혁명정부는 혁명과업 완수를 위해 혁명재판소 설치

국가재건최고회의는 부정선거 관련자 처벌, 부정축재자 처벌 등을 위해 혁명검찰부와 혁명재판소 조직법을 의결했고, 대통령은 최고회의의 추천에 의해 혁명검찰부장에는 박창암 대령을, 혁명재판소장에는 최영규 대령을 임명했다.

혁명검찰에서는 혁신세력에 대한 대대적인 검거 선풍을 일으켜 추상(秋霜)같은 처단에 주력했다.

혁명검찰은 5개월 동안 586명을 197사건에 관련하여 기소하여, 공소유지율은 73%를 견지했으며 무죄는 36명에 불과했다.

혁명재판은 250건에 697명을 처리했다고 최영규 혁명재판소장은 밝혔다.

도피중인 장경근, 조인구, 김의준, 박기정 등 14명은 미제사건으로 남겨뒀다. 그리고 장건상, 이근직, 최헌길, 이재학, 구용서, 신현학 등 12명을 보석으로 석방했다.

(3) 3. 15 부정선거 관련자와 발포책임자를 단죄

혁명재판부는 3. 15 부정선거 원흉인 28명에 대해 언도했다.

3. 15 부정선거 관련자는 최인규 내무부장관 등 내무부 간부 4명,

송인상 등 국무위원 8명, 한희석 등 전 자유당 기획위원 12명, 김영찬 등 자금조달자 4명 등 28명이다.

최인규(내무부장관), 이강학(치안국장), 한희석(자유당 상임위원회 부의장)에 사형을 선고하고 박용익 무기, 임철호와 이존화 15년, 김영찬, 김진형, 이재학은 각각 12년, 유각경에게는 3년 6월 징역형을 언도했다.

이성우, 이근직, 구용서, 곽의영, 이중재, 조순, 김영휘, 배제인 등은 각각 징역 10년형을 언도받았다.

황병찬, 최재유, 신현확, 손창환, 김일환, 박만원, 정존수는 각각 10년, 정기섭은 7년, 정문흠은 3년 6월 징역형을 받았다.

3. 15 부정선거의 상소심 판결에서 최인규, 한희석의 사형이 확정되고 이강학과 박용익에게는 무기 등 26명 피고에 대한 형이 확정되고, 정문흠과 유각경 피고들은 방면(放免)됐다.

지방에서의 부정선거와 관련하여 임흥순 서울시장에는 징역 12년을, 최헌길 경기도지사에게는 징역 5년을, 이순구 경기도 내무국장에는 징역 3년 6월을 선고했다.

혁명재판소는 정인택 충북도지사, 오림근 경북도지사에게 징역 5년을 각각 선고했다.

혁명재판소는 경무대 앞 발포사건과 관련하여 홍진기(내무부장관), 곽영주(청와대 경무관)에게 사형, 유충열(시경국장)에게 무기, 백남규(시경 경비과장)에게 10년을 언도했다.

경무대 앞 발포사건 상소심에서 곽영주 사형, 홍진기 무기, 유충열 20년, 백남규 3년 6월 징역형을 확정했다.

마산 발포사건과 관련하여 박종표(마산서 경비주임)에게 무기, 김종복(남성파출소 주임), 이종덕(마산서 수사주임)에게 15년 징역형을 언도했다.

혁명검찰은 고려대생 피습사건에서 임화수와 신도환에게 사형을, 나머지 14명의 피고에게도 중형을 구형했다.

고려대생 습격 사건의 항소심 판결에서 임화수 사형, 신도환 무기징역, 유지광에게 20년 징역을 선고했다.

혁명재판소는 고대생 습격사건 상소심에서 임화수와 유지광의 사형을 확정하고, 신도환에게 20년 징역형을 선고했다.

국가재건최고회의 박정희 의장은 최인규, 곽영주, 임화수, 조용수, 최백근의 사형, 한희석, 유지광, 송지영, 이갑영은 무기징역 등 73명에 대한 형을 확정했다.

최고회의는 자유당 정권 때 정권유지를 위해 활약한 양영주, 윤재욱, 이은태, 신영주, 김재황, 조광희, 임차주, 현오봉, 김창동, 정상구, 김수선 등 293명에게 참된 보국(報國)의 기회를 주기 위해 불기소 처분하기로 결정했다.

(4) 부정축재 처리위원회는 477억의 환수액 통고

장면 국무총리는 부정축재들의 처벌한계는 4. 19 이전이 기준이 된다고 밝혔다.

헌법개정에 의해 제정한 부정축재자 처리법은 3.15 정·부통령 선거를 위하여 자유당에 3천 만원이상 제공한 자에 국한하도록 대상자를 대폭 축소했다.

또한 민주당 정부에서는 부정처리법시행령을 제정치 아니하고 부정축재처리위원도 선정하지 아니하여 부정축재자 처리는 요원했다.

국가재건 최고회의는 새로운 부정축재처리법을 의결했으며 이 법에서는 부정축재기간을 1953년 이후 8년으로 한정하고, 정치자금 제공자는 제공액의 벌금을 부과하고, 부정축재자는 부정축재처리위원회에 부정축재액을 신고하도록 했다.

특별검찰부는 부정선거 자금조달자로 이정림(대양양회), 설경동(대한방직), 조성철(중앙산업), 정종원(전 조흥은행장), 신판국(전 산업은행장)을 구속대상으로 결정했다가 부정축재자 26명 모두를 전격적으로 구속했다.

경제계 출신으론 이병철(삼성물산), 이정림(개풍상사), 정재호(삼호방직), 설경동(대한전선), 남궁련(극동해운), 이용범(대동공업), 조성철(중앙산업), 이양구(동양시멘트), 함창희(동림산업), 최태섭(한국유리), 박흥식(화신산업) 등이며, 관료 출신으로는 김태선(서울시장), 백두진(국무총리), 김영선(재무부장관), 김만기(사세청장), 임흥순(서울시장), 송인상(재무부장관), 서정학(치안국장), 박찬일(경무대 비서관), 곽영주(경무대 경무관), 김정호(국방부 관리국장), 군인 출신으로는 양국진(제3군단장), 백인엽(제6군단장), 엄홍섭(공병감), 백남권(제2훈련소장), 이용운(해군참모총장) 등이다.

백남일(태창방직), 안정근(전매청장), 유태하(주일대사)는 체포하지 못했다.

박창암 혁명검찰부장은 부정선거자금과 관련하여 기소된 윤호병, 이정림, 설경동 등 8명을 개전(改悛)의 정을 참작하고 국가에 봉사할 기회를 부여하기 위해 공소를 취하했다.

이병철 삼성재벌 대표는 "국가가 당연한 빈곤 근절의 지상명령을 위해서는 전 사재(私財)를 흔연히 희사할 각오가 돼 있다"면서, "국가재건에 필요하면 조국에 전 재산을 제공하고 협조하겠다"는 각서를 이주일 부정축재처리위원장에게 일본에서 보내왔다.

이에 발을 맞춰 함창희(동립산업), 정재호(삼호방직), 이정림(대한양회), 최태섭(한국유리), 설경동(대한실업), 조성철(중앙산업), 남궁련(극동해운) 등은 재산 일체를 자진하여 헌납(獻納)하겠다고 최고회의에 신고했다.

이병철 회장은 기자회견을 열어 전 재산 자진헌납을 재천명했다.

국가재건최고회의는 이정림, 최태섭, 설경동, 김지태 등 9명의 구속을 해제했다.

최고회의는 은행으로부터 융자를 받고 1년 이내에 제공한 정치헌금만을 부정축재로 한정하는 부정축재처리법시행령을 공포하여 대부분의 부정축재자가 법망(法網)을 피해 나갈 수 있도록 했다.

부정축재처리위원회는 58개 업체에 대한 부정이득 환수액을 통고했다. 삼성 242억환, 삼호 100억환, 개풍 55억환, 동아상사 40억환, 대한산업 33억 환 등이다.

부정축재처리위원회는 처분의 완화방침에 따라 절반을 감액하고

477억 6천만 환의 환수액을 확정했다.

백남일 35억, 이용범 14억, 정재호 49억, 함창희 15억, 홍재선 19억, 설경동 14억, 이한환(대한제분) 21억, 이정림 28억, 이병철 103억 환 등이다.

박흥식(5억), 김상홍(3억), 이정재(5억), 임화수(2억), 최태섭(2억), 구인회(9억), 남궁련(4억), 이양구(8억), 김지태(9억) 등도 환수대상이었다.

(5) 혁명재판부는 부정축재 공무원 등도 처단

부정축재처리위원회는 부정축재자 34명에 대한 최종액을 결정하여 발표했다.

통고액의 총액은 44억 6천만 환뿐이었지만, 정치인 가운데는 오위영, 박해정, 이영언, 조경규 등이 포함됐고 이정재, 임화수도 소액 이자만 통고됐다.

최고회의는 부정축재처리를 위한 부정축재조사단원 중 부정축재자들과 야합하여 5천만 환을 수뢰하여 5억원의 부정이득액의 처벌을 면하게 하는 등 36억 환의 국고손실을 초래했다고 발표했다.

부정축재자 이양구, 설원식 등에게 특혜를 제공한 육군대령 양인현, 김연준 등에게 편의를 제공한 육군소령 김덕재 등을 혁명정부의 위신을 실추(失墜)케 된 반혁명행위자로 구속했다.

혁명재판소는 부정축재, 군부 독직(瀆職) 사건에 연루된 백인엽,

오정근, 이용운, 구본준, 이용범, 곽영주, 김영선, 양국진, 한광석, 강경옥 등 17명의 부정축재와 뇌물수뢰액을 발표했다.

혁명재판소는 부정축재조사단 사건에 관련된 양인현 대령에게 사형, 정태영 소령에게 무기 등 중형을 선고했다.

혁명검찰은 부정 축재와 관련하여 백인엽, 엄홍섭 피고에게 무기징역을, 김영선, 한광석 피고에게 징역 15년을 구형했다.

혁명재판소는 백인엽 피고에 무기징역, 김영선, 이용범, 한광석 피고에게 10년 징역형을, 양국진 피고에게 5년 징역형을 선고했다.

혁명재판소는 7. 29 총선당시 투표함 소각 등 5개지구 난동사건에 대한 최종심에서 오문택 피고에게 징역 15년 등 27명에 대해 징역형을 선고했다.

(6) 5. 16 군부 주도세력은 혁신세력을 초토화(焦土化)

5. 16 군사정변의 주도세력은 진보주의 운동은 용공적이며 국가안보를 위태롭게 하는 활동으로 간주하였기 때문에, 혁신운동을 주도하였던 대부분의 지도자들은 혁명재판에서 소급입법인 특수범죄처벌에관한특별법 제6조(반국가행위)에 의하여 사형을 비롯한 중형을 선고받아 혁신계는 초토화됐다.

사회대중당은 민족자주통일연맹을 조직했고, 통일사회당은 중립통일연맹을 지원했으며, 이들 조직들은 혁신정당을 대신하여 적극적으로 시위운동을 조장하여 장면 정부가 통일에 보다 적극적인 태도를 보일 것을 요구했다.

혁신세력은 민주당 정권에 의해 추진된 반공법과 집회와시위에관한법을 양대 악법으로 규정하고 대대적인 반대투쟁을 벌였다.

혁신계열을 대표하는 민족자주통일 중앙협의회는 즉각적인 남북 정치협상, 외세 배격, 영세중립과 통일방안을 주장하며, 학생들의 남북 학생회담 제의를 적극 지지하여 남북학생회담 환영 및 통일 촉진 궐기대회를 개최했다.

혁신정당과 노조, 학생들 1만여 명이 모여 '밥달라 우는 백성, 악법으로 살릴소냐', '데모가 이적이냐, 악법이 이적이냐'는 프랑카드를 앞세우고 2대 악법 반대성토대회를 개최했다.

성토대회에 참석했던 데모대들은 미국 대사관 앞에서 연좌데모를 벌였고, 횃불데모대는 서울시청 앞을 불야성으로 만들었고, 파출소를 파괴하는 난동을 일삼았다.

혁명검찰은 반공법, 데모규제법 등 2대 악법 반대를 위한 횃불데모를 자행(恣行)하는 등 반국가활동을 찬양하는 혐의로 사회대중당 김달호, 김명세 등 7명을 기소했다.

혁명재판소는 사회대중당의 김달호 위원장에게 15년 징역형, 나머지 피고 6명에게 각각 징역 5년~12년을 선고했다.

혁명검찰은 혁신당 장건상 중앙위원장에게 징역 5년, 권대복, 황귀성 피고들에게 징역 12년을 구형했다.

혁명재판소는 영세중립국으로 평화통일을 주창하고 2대 악법 반대, 미국의 식민지가 되는 것처럼 선전, 선동한 혁신당 장건상 위원장에게 징역 5년, 권대복에게 징역 15년, 황귀성에게 징역 10년을 선고했다.

혁명재판부는 남북 학생회담을 기획 추진하고 데모방지법 등을 검토도 하지 않고 반대함으로써 사회질서를 혼란케 하여 북괴의 목표사항과 동일한 주장을 고무(鼓舞), 동조한 사회당 의안부장 최백근에게 사형을, 당무위원장 문희중에게 징역 15년을, 유한종, 진병호, 김영옥, 이석준 피고들에게 실형을 선고했다.

혁명검찰은 민족자주통일 중앙협의회 사건과 관련하여 반국가단체의 이익이 된다는 것을 알면서 그 단체나 구성원의 활동을 찬양, 고무, 동조한 문한영 조직위원장, 김달수 조사부장, 이종신 상임위원, 기세충 준비위원 등에게 사형을 구형하고 박진 사무총장 등 7명에게도 7년 이상의 징역형을 구형했다.

조용수는 경북 청송에서 5대 민의원 후보에 사회대중당 공천으로 입후보했으나 낙선하자 민족일보를 창간하여 사장으로 취임했다.

김준섭 5대 의원은 혁신계의 대변지인 민족일보가 조총련계로부터 자금을 받아 운영된 것이라고 폭로했다.

조용수는 국가보안법과 데모방지법 반대투쟁 및 남북통일 등을 선봉에서 영도하는 혁신정당의 주요 간부로 활동하면서, 조선일보 편집국장 출신으로 남로당에 가입한 경력을 가진 송지영, 한독당 기관지인 민족신보 편집국장 출신으로 부산대 교수이며 민족일보 편집국장인 이종률, 삼성섬유 사장으로 민족일보 상임감사인 안신규, 고려대 교수인 이건호 등과 공모하여 민주당 정부의 부패, 무능으로 인한 민심이탈, 난동시 데모의 성행, 용공세력의 대두 등의 기회를 언론자유를 방지하여 용공적 행동, 학생층의 정치세력화하고 민족적 자립을 빙자하여 한미유대 이간, 위장 남북통일에 대한 급진적 분위기를 조성했을 뿐아니라, 남한의 공산화가 필연적인 것으로 예단하고 북괴 괴뢰집단의 목적 수행에 적극적으로 협조했다고 피소됐다.

혁명재판부는 민족일보 사건 상소심에서 조용수, 송지영, 안신규에게 사형을 선고하고 이건호에게 징역 5년을 선고했다.

혁명검찰은 민통학련 사건과 관련하여 9명의 피고인들이 "대한민국의 국시에 위배하여 북한 괴뢰집단의 목적사항과 동일한 또는 그 기본노선의 동일한 사항을 선전 선동하여 반국가단체의 활동을 찬양, 고무, 동조한 사실을 지적하고 이수병, 유근일에게 15년 징역을 구형했다.

혁명재판부는 통일사회당 사건과 관련 서상일, 김성숙, 정화암, 이동화, 윤길중, 송남헌, 구익균, 김기철, 조헌식, 이명하, 고정훈, 한왕균, 임갑수 등에게 징역 5년에서 15년 등 중형을 선고했다.

혁명검찰은 마산영세중립회, 경남북유족회, 동래장의위원회 사건에 연루된 김문갑 등 17명에게 무기에서 7년 징역형을, 권중영 등 5명에게는 사형을 구형했다.

혁명검찰에서 27명에게 사형 등 중형을 구형한 경남북유족회사건 등의 선고공판에서 혁명재판부는 이원식 피고에게만 사형을 선고하고, 15명에게 무죄를 선고하는 등 구형량을 낮춰 선고했다.

혁명재판부는 교원노조에 대하여 용공을 선동했다는 죄목으로 강기철 위원장에게 징역 15년 등 간부진 6명에게도 징역형을 선고했다.

3. 군부쿠데타 주체들의 반목(反目)과 권력다툼

(1) 장도영 국가재건 최고회의 의장의 실각과 구속

국가재건최고회의는 국방부장관과 육군참모총장을 겸하고 있던 장도영 육군중장의 겸직을 면하고 육군참모총장은 김종오 중장을 임명하고, 국방부장관은 신응균 차관이 대행토록 했다.

장도영 최고회의의장은 오늘날에는 강력한 정책수행이 수반되어야 하며 국내외적으로 신망이 두터운 인물이 요망되어 사임한다면서 내각수반직과 함께 모든 공직을 사퇴한다는 특별성명을 발표했다.

최고회의는 장도영 의장의 후임에 박정희 부의장을 추대했다.

박정희 최고회의 의장은 송요찬 전 육군참모총장에게 내각수반 임명장을 수여하고 "어려운 시기에 중책을 맡아 혁명과업 완수와 국가재건을 위해 커다란 성공이 있기를 바란다"는 훈시를 했다.

중앙정보부는 장도영 중장 등 44명을 혁명정부에서 의식적인 파벌조성, 주체세력에 대한 암살제거의 모의 등 혐의로 반혁명분자로 규정하여 구속했다고 발표했다.

중앙정보부는 "장도영 중장 일당이 국민의 기대를 배반하고 혁명정부내에 의식적으로 파벌을 조성하고, 혁명주체세력에 대한 모함을 일삼아왔을 뿐더러 박정희 부의장을 비롯한 혁명주체세력의 암살제거와 반혁명 행동을 모의함으로써 국가를 누란(累卵)의 위기

191

에 몰아넣으려던 직전에 발각되어 당국에 일망타진되었다"면서, 5.16 혁명 이후 장도영 장군은 기회주의적 태도와 파벌조성행위를 계속 취해왔다고 비난했다.

반혁명 음모의 주모자는 김일환(대령), 김동수(소령), 김방호(소령), 이회영(대령), 송찬호(준장), 박치옥(대령), 문재준(대령), 최재명(대령), 안용학(대령), 이성운(대령), 김제민(중령) 등이며 박치옥, 문재준, 김제민은 최고회의 최고위원들이다.

혁명재판부는 혁명방해, 정권야욕으로 저지른 장도영 중장 등 군 반혁명행위 4건 26명에 대한 공판을 개시했다.

장도영 피고는 혁명권유를 받은 바 없으며, 혁명이 성공되도록 노력했다면서 공소사실을 대부분 부인했다.

혁명재판부는 박정희 의장의 증언을 청취했다. 박정희 의장은 장도영 중장을 거사전에 여러 번 혁명을 상의했으나, 장도영 중장은 꽁무니를 빼곤 했으며 혁명군 동원을 방해했다고 증언했다.

현석호 전 국방부장관은 "장도영 피고가 혁명을 저지하려고 한 것은 사실이나 무슨 이유인지 소극적이었던 것은 사실이다"라고 증언했고, 장호진 육군본부 특전감은 "장도영 피고가 자기에게 공수단 출동을 중지시키라고 명령했다"고 증언했다.

혁명검찰에서는 계획적 반혁명으로 정상참작의 여지가 없어 엄벌해야 한다면서 장도영, 김일환, 이회영, 송찬호 등에게 사형, 방자명, 정원상, 안용학, 박치옥, 문재준에게 무기징역, 나머지 15명에게도 10년~20년 징역형을 구형했다.

혁명재판부는 장도영 중장은 구(舊)정권 유지를 연연하는 반혁명위원들에게 만일의 경우를 예측하여 대비하라는 추파를 던져 기회주의적 회색태도를 취해 왔으며, 반혁명 불순분자를 규합하여 사벌(私閥) 중심의 불순 부패정권 수립을 기도했고, 자파중심 정권을 기도했다면서 장도영, 이회영 피고에게 사형, 박치옥, 문재준, 김일환, 정윤상 피고에겐 무기징역, 송찬호, 방자명, 안용학 피고 등에게는 징역 15년을 선고했다.

상소심에는 혁명 이전의 것의 과오를 용서하고 장구한 군 복무를 통한 적공(積功)을 참작하여 장도영, 이회영에게 무기징역, 방자명, 안용학, 송찬호, 박치옥, 문재준 등은 상소기각 판결을 했다.

박정희 최고회의 의장은 장도영 전 육군참모총장, 김웅수 전 6군단장, 박치옥, 문재준, 송찬호, 김제민 전 최고위원들은 형 면제 처분을 내렸다.

박정희 의장은 장도영 피고에게 형행 정지 특전을 부여하여 미국에서 평온한 노후생활을 보장했고, 군부쿠데타의 성공을 위해 장도영 육군참모총장을 끌어들여 얼굴마담으로 이용하고서 장 총장이 자파세력을 형성하여 정권장악을 시도하자, 중앙정보부의 정보를 활용하여 장도영 세력을 제거한 하나의 권력다툼이었음을 보여줬고, 관련자들도 대부분 사면되어 평온한 노후생활을 보장받았다.

(2) 장면 전 총리를 구속시킨 구(舊)민주당 반혁명사건

혁명정부 감찰위원회는 유동진 경전(京電)사장으로부터 뇌물을 1백만 환에서 3백만 환을 받은 장면, 주요한, 김영선, 한통숙 등

19명을 고발했으나 유야무야됐다.

중앙정보부는 전 서울시장 김상돈, 민주당 선전부장 김대중, 민주당 조직부장 조중서등을 긴급 구속했다.

김종필 중앙정보부장은 3명이 구속된 이 사건은 어마어마한 내용의 반국가적 사건으로 민주당 간부들이 음모단계를 지나 어느 정도 실행단계가 진행됐으며, 조사가 완료되면 진상을 발표하겠다고 기자회견에서 밝혔다.

김종필 중앙정보부장은 곧이어 김상돈, 조중서, 이성열, 인순창 등 핵심분자들이 40여 차례 밀회하여 무력 쿠데타를 일으키는 동시에 범국민 봉기로 정부를 전복하고 과도정부를 수립하고서, 민정 이양한다는 음모를 꾸며 온 것이라고 발표했다.

이 사건으로 구속된 연루자는 41명이며 김인즉 예비역 대령이 전방의 5개 연대와 고사포대대 포섭전략을 세웠으며, 구민주당 및 이주당 반혁명음모사건으로 74명을 구속했다.

군법회의는 김상돈 전 서울시장 등 40명을 기소하고, 이주당계의 박선철 등 7명은 기소유예 처분을 받았다.

장면 전 국무총리는 반혁명 모의가 성공하는 경우 국무총리에 복귀한다는 조건으로 1백만 환의 자금을 제공한 혐의를 받았다.

피고인들은 군법회의에서 장면 전 총리의 격려금을 받았고 김용옥, 노재도 등 민주당원들은 예비음모를 시인했으나 박정희, 김종필 살해음모는 강력 부인했다.

안병도 피고는 장면 전 총리의 정치고문 워터카가 장면 총리가 "나에게 돈이 왔다 하더라도 지금 때가 때인데 돈을 대느냐"고 말했다고 주장했다. 그러나 김재유 피고는 장면 총리에게 1백만 환을 거사자금으로 받았다고 진술했다.

군법회의는 장면 전 국무총리를 불구속 기소했다가 구형(求刑) 공판에서 구속했다.

군법회의는 조중서, 김용옥, 이성일, 인순창, 김인즉 피고에 사형을, 김상돈 피고에겐 징역 10년을 구형했다.

군법회의는 구이주당사건 관련 장면 전 총리에게 징역 10년을 선고하고 안병도, 이용환 피고는 사형, 황운규 피고는 무기징역, 장면 전 총리에게서 1백만 환의 거사자금을 받았다고 주장한 김재유 피고는 징역 6년을 언도받았다.

고등 군법회의는 민주당계 반혁명 사건에 조중서 피고만 사형을 선고하고 김용옥, 김인직, 인순창 등은 무기징역, 김상돈, 전충식 등 5명에게는 무죄를 선고했다.

반국가 음모사건에 관련되어 구속 중인 김대중 민주당 선전부장도 김훈, 김종길 전 의원들과 함께 석방됐다.

김종오 계엄사령관은 구이주당 및 민주당계 반혁명사건 안병도(한청 중앙위원), 이용환(예비역 육군중령), 조중서(민주당 조직부장)에게는 사형을, 황운규, 김용옥, 이성열, 인순창, 김인즉에게는 무기징역을 확인했다.

장면 전 국무총리는 10년 징역에 대한 불복공소를 제기했지만, 장면 전 총리에게는 형면제처분을 내리고 석방했다.

(3) 군정연장 빌미가 된 박임항·김동하의 반혁명 음모

중앙정보부는 육군병력을 동원하여 박정희 최고회의 의장의 암살을 기도한 쿠데타 음모를 적발했다고 발표했다.

이 음모사건은 3월 15일을 거사일로 예정하고 활동했으며, 헌병감을 지낸 이규광 예비역 준장을 비롯한 20여 명을 구속하고 배후를 추궁중이라고 밝혔다.

박임항 건설부장관도 수사선상에 올랐으며, 송요찬 전 내각수반 구속설도 나돌았다.

중앙정보부장은 박임항 건설부장관, 김동하 전 최고위원, 박창암 전 혁명검찰부장 등의 관련 사실을 발표하고 관련자 19명을 체포했으며, 이들은 정부를 전복하고 박정희 최고회의 의장의 암살을 기도했으며, 송요찬 전 내각수반과는 무관하다고 발표했다.

박병권 국방부장관은 쿠데타 음모 사건에 책임을 지고 사퇴했고, 김현철 내각수반도 사의를 표명했다.

중앙정보부는 김윤근 해군소장, 최주종 육군소장과 민간인 5명을 반혁명사건 관련혐의로 추가로 구속했다.

중앙정보부는 행정수반에 변영태, 육군참모총장에 박임항, 중앙정보부장에 박창암을 내정하고 이규광·박임항 계와 김동하·박창암계가 각기 모의하다가 접선하는 과정에서 발각됐다고 발표했다.

쿠데타 관련자 34명을 군법회의에 송치하면서 박임항 등 24명은 구속하되, 김윤근 등 7명을 불구속했다. 전공(前功)과 소극적인 모의가담을 참작하여 김윤근, 최주종 소장 등을 석방했다.

쿠데타 음모 사건 공판과정에서 피고석에서는 조작(造作)이라는 고함이 터져 나왔다. 김동하 피고는 이 사건은 정부가 이규광에게 돈을 주어 정치적으로 조작한 것이라고 성토했다.

박임항, 이규광 등은 영달(榮達)을 꿈꾸는 불평분자를 규합하여 무력 집권을 기도했고, 병력동원, 요인검거도 모의했으며, 김동하와 박창암은 육사와 해병대 동원을 밀의했고, 총포와 화약류도 불법적으로 소지했다고 공소장에 기재됐다.

김동하 최고위원은 "공화당을 미리 다 만들어 놓고 그 울타리 속에 우리를 하나씩 집어넣으면 우리는 박수부대밖에 되지 못하잖소"라며 최고위원을 사퇴했었다.

"거수기 국회의원 노릇은 할 수 없다", "김종필 씨가 혼자서 당을 만든다면 다른 혁명주체는 허수아비인가"라는 불평불만의 결정체였을 뿐이었다.

군법회의는 박임항, 이규광, 정진 피고인에 대해 혁명과업 방해죄 등을 적용하여 사형을 선고했고, 한민석 등 행동대 5명에게는 무죄를 선고하고 양한섭, 김제영 피고는 징역형을 선고했다.

이규광은 모의를 시인하고 있으나, 정진은 "김용순 전 중앙정보부장이 이규광에 돈을 주어 정치적으로 조작한 것"이라고 주장했다.

박임항은 김종필 제거로 알고 이규광의 조직을 믿었다고 공판정에서 진술했다.

군법회의 문형태 재판장은 박임항, 이규광, 정진 피고에 사형을 구형하고 양한섭, 김제영 피고에게는 15년 징역형을 구형했다.

보통군법회의는 박임항, 이규광, 정진 피고에 혁명과업방해죄 등을 적용하여 사형을 선고하고 양한섭 피고에 10년, 김영제 피고에 7년 징역형을 선고했다.

(4) 중앙정보부는 송요찬 전 내각수반을 전격 구속

중앙정보부는 송요찬 전 내각수반을 살인 및 살인교사 혐의로 구속했다.

송요찬 전 내각수반은 민정이양을 앞두고 동아일보에 게재한 "박정희 의장에게 보내는 공개장"에서, "군인은 국방만 전념하고 박정희 의장은 물러서는 게 애국이다"라고 박정희 의장에게 쓴소리를 쏟아냈다.

송요찬은 "군인은 국방에만 전념해야 하고 부패도 미웁지만 독재는 더 밉다", "나라의 주인은 국민이며 나 아니면 안된다는 것은 위험한 사고(思考)이다", "여기서 물러서는 게 애국이며 어떻게 참신한 정치인을 자처하랴"고 공개장에서 제언(提言)했다.

이후락 공보실장은 송요찬이 내각수반 시절 "박정희 의장이 대통령이 되어야 한다", "군정을 10년 연장하라", "우리가 다소 양보를 해서라도 한일국교를 이룩해야 한다"는 말을 상기시키면서, "3. 15 부정선거 관련자였던 그가 공개장을 내는데 양심의 가책을 받지 않았는지 모르겠다"고 반박했다.

송요찬은 1950년 수도사단장 시절 그의 부하인 조영구 중령을 총살케 했고, 1960년 육군참모총장시절 경무대 어귀와 이기붕 집 앞의 데모대에게 발포지시를 한 혐의였다.

김형욱 중앙정보부장은 송요찬의 정치적 행각과는 무관하며 증거가 드러나면 처벌은 당연하다고 설명했다.

중앙정보부는 송요찬 전 내각수반을 살인 및 살인교사 혐의로 구속했다. 영장에서 밝힌 구속 사유는 6. 25 사변 때 조영구 중령 살인과 4. 19 혁명 때 발표지시 혐의이다.

미국 국무부는 "이미 처리된 걸로 안다"면서, 송요찬 구속에 큰 관심을 가졌고, 김종필 전 중앙정보부장은 송요찬 사건은 군법회의가 아닌 일반법원에서 재판하게 될 것이라고 부연했다.

송요찬의 구속에 여권(輿圈)에서는 사건의 공정한 처리를 확신한다는 반향인 반면, 야권에서는 대통령선거를 앞두고 공포분위기 조성의 인상을 주고 있다고 반응했다.

"송요찬 구속은 졸렬한 정치보복 행위"라며 재야 5당 대변인은 공동성명을 발표했다.

이 성명에서 4. 19 넋이 통곡할 일이며 경쟁자를 가둬 놓고 공명선거라면 소가 웃을 일이며 불의를 계속할 때 극한투쟁을 불사하겠으며 석방 특별위원회를 구성하겠다고 강경입장을 보였다.

자민당에서는 허위사실로 송요찬 대통령 후보를 비방한 혐의로 이후락 공보실장을 고발했다. 또한 자민당은 송요찬 후보 우상화(偶像化)를 위해 대여 폭로전술을 병행했다.

김준연 자민당 대표는 박정희 의장은 송요찬 후보의 정치적 암장(暗葬)을 기도했으며, 대통령 선거에 출마하려 해서 구속했다는 말을 들었다며 박정희 의장에게 공개서한을 송부했다.

박정희 의장은 송요찬 후보의 구속은 정당한 이유가 있을 것이라고 단정하며, 야권의 집요(執拗)한 반대에도 최고회의 의장과 대통령 권한대행직을 가진 채 대통령에 출마하겠다고 선언했다.

송요찬 후보는 자민당과 협의 없이 옥중에서 야권 단일후보 실현을 위해 국민들에게 바른 판단을 호소하며 대통령 후보직을 사퇴선언했다. 야권에서는 송요찬 후보의 용퇴를 찬양하며 애국적 영단에 경의를 표했다.

후보직 사퇴 이후 석방된 송요찬은 자민당의 전국구 후보직을 사퇴하며 자민당을 탈당하고 정계의 뒤안길로 사라졌다.

(5) 헤아릴 수없이 고발되고 검거된 반혁명사건

군정기간 동안 적발한 반혁명사건이 13건에 달했고, 1963년 2월 발족 당시 최고위원 32명 가운데 6명만 남을 정도로 군부내의 암투는 치열했다.

이갑영, 박상훈 피고는 혁명 성공 여부에 의구심을 품고 이상국 사단장에게 밀고했고, 이상국 사단장은 부대의 출동을 방해하는 등 혁명행위를 방해한 혐의로 혁명재판부에 회부됐다.

이갑영 대령은 혁명정보를 누설한 사실이 없다면서 박상훈에게 책임을 전가했으며, 반혁명사건 공판에서 박상훈(대령)의 배반의 경위를 증언했다.

혁명재판부는 군관계 반혁명사건과 관련하여 이갑영(대령)에게 사형, 박상훈(대령)과 이상국(준장)에게 징역 15년을 각각 선고했다.

혁명재판부는 혁명정부의 인사에 불만을 품고 전차부대를 움직여 다시 쿠데타를 일으키려는 반혁명사건과 관련하여 김동복 대령에게 무기징역을 선고하고, 연락책임자인 조상훈 중령에게는 7년 징역형을 선고했다가 상소심에서 집행유예를 받아 석방됐다.

5. 16 혁명 방해예비조로 검거된 선우종원, 한창우 반혁명사건 증인으로 김재순, 조연하 등이 "음모한 것 같지 않았다"고 증언했다.

한창우 피고는 민주당 정권의 회복은 불가능하다고 판단했으며 선우종원 피고와 공모한 사실이 없다고 진술했다.

장면 전 총리는 한창우 피고가 칼메 수녀원에 찾아와서 "혁명이 성공한 걸로 본다. 어서 나와서 사태수습을 하는 게 좋겠다"고 말했다고 증언했다.

장면 전 총리는 한창우의 경향신문이 민주당 기관지라는 것은 당치않은 말이며, 장도영 육군참모총장이 칼멜 수녀원에 쫓아와 같이 나오게 되었다고 진술했다.

혁명검찰은 전 조폐공사 사장인 선우종원에게 사형을 구형하고, 한창우 피고는 공소를 취하했다.

혁명재판부는 5. 16 혁명 방해예비죄로 선우종원 전 국무총리 비서실장에게 징역 10년을 언도했다.

혁명재판부는 혁명군 진압부대 출동을 예비한 전 6군단장 김웅수 소장과 전 8사단장 정강 준장에 대한 공판이 개정됐다.

재판부는 6군단장인 김웅수 피고에게 징역 10년, 8사단장인 정강 피고에게 12년을 선고했다.

혁명재판부는 박정희 의장과 김종필 중앙정보부장 등 요인을 암살하고 이범석을 추대하여 쿠데타를 일으켜 혁명정부를 전복하려는 족청계 반혁명사건의 공판도 개정했다.

족청계 쿠데타 음모사건 판결에서 백동기 피고에게 징역 15년, 김정례 피고에게 12년을 선고했다.

최고회의는 반혁명 및 정부요인암살 등을 목적으로 반국가단체를 조직한 일당 11명을 일망타진했다고 발표했다.

하나는 이매규(민주당원), 고영찬(운전수) 등이 조직한 신흥의열단이고, 하나는 한독당원 주현과 민주당원 이종헌 등이 제2의 5.16을 거사하기로 결정했다고 발표했다.

육군에서는 4. 19 당시 헌병감이었던 이규광 준장을 구속했다.

이규광 준장은 자신과 감정이 있는 손도심 의원 집에 휘발유병을 투척하여 방화케 한 일과 상관인 장성들을 숙청하라는 내용의 삐라를 살포하여 하극상 행위를 사주한 혐의를 추가했다.

(6) 권력쟁투의 암투장으로 돌변한 국가재건 최고회의

정권을 완전히 장악한 장도영 계엄사령관은 우리의 목적하는 바

혁명과업이 성취될 때는 지체없이 정권을 이양하고 본연의 임무에 복귀할 것임을 천명했다.

군사혁명위원회는 장도영, 박정희, 김종오, 박임항, 이성호, 김성은, 김신, 정래혁, 이주일, 한신, 유양수, 한웅진, 최주종, 김용순, 김진위, 김윤근, 채명신, 장경순, 송찬호(이상 장성), 문재준, 박치옥, 박기석, 손창규, 유원식, 정세웅, 오치성, 길재호, 옥창호, 박단빈, 이석제(이상 영관), 고문 김동하와 김홍일 등 32명의 혁명위원을 발표했다.

그리고 혁명내각을 발표했다.

내각수반 장도영, 외무 김홍일, 내무 한신, 재무 백석진, 법무 고원증, 국방 장도영, 문교 문희석, 건설 박기석, 농림 장경순, 상공 정래혁, 보사 장덕승, 교통 김광옥, 체신 배덕진, 국무원사무처장 김병삼, 공보부장 심홍선을 선임하여 장도영 계엄사령관은 군사혁명위원회 의장, 내각수반, 국방부장관, 육군참모총장을 겸임하여 국가원수로 군림하게 됐다.

군사혁명위원회를 개명한 국가재건최고회의는 각료로 진출한 한신, 정래혁, 장경순, 박기석을 최고위원에서 해임하고 김동하(소장), 김재춘(대령), 홍종철(대령), 김형욱(중령), 오정근(중령)을 보강했다.

최고회의는 주미대사에 정일권을 임명하고 김동하(운영), 이석제(법사), 오치성(내무), 유양수(외무), 이주일(재정), 송찬호(문교사화), 김윤근(교통체신) 분과위원장을 선임했다.

장도영 최고회의 의장이 사임하고 박정희 부의장이 의장으로 선임되고 내각수반에 송요찬, 국방부장관 박병권, 육군참모총장은 김종오가 맡게 됐다. 보사부장관을 정희섭으로 교체했다.

장도영 반혁명 음모사건에 연루되어 박치옥, 문재준, 김제민 최고위원들이 영어(囹圄)의 신세로 전락했다.

최고회의는 이주일 소장을 부의장으로 선임하고 한웅진(소장), 채명신(소장), 최주종(준장)의 후임에 조시형(준장), 유병헌(준장), 박태준(준장)을 선임했다.

최고회의는 화폐개혁에 대한 책임을 물어 송요찬 내각수반과 천병규 재무부장관의 사표를 수리하고, 내각수반은 박정희 의장이 겸임하고 경제기획원장에 김현철 전 재무부장관을, 재무부장관에는 김세련 산업은행 총재를, 건설부장관에는 박임항 군사령관을 승인했다.

최고회의는 내각수반에 김현철 경제기획원 장관을, 경제기획원 장관에 김유택 상공부장관을, 상공부장관에는 유창순을 선임했다.

최고회의는 최고위원들의 거취문제를 놓고 양론이 격렬하게 대치했다.

일부 최고위원들은 원대복귀를 주장한 반면, 일부 최고위원들은 민정참여 쪽으로 가닥을 잡고 헌법에 명문화를 촉구하고 있으나, 헌법에 거취의 명문화는 국민들에게 불쾌한 인상을 주게 될 우려 때문에 주저했다.

김현철 내각은 박정희 의장 대통령 출마, 정국 안정, 년내 민정이양, 범국민정당 촉진 등을 최고회의에 건의했다.

최고회의는 한신 내무부장관의 교통사고로 인해 현재 도지사가 현역군인임을 감안하여 박경원 소장을 임명했다.

영관급 최고위원 10명은 "혁명 당초부터 일관해 온 우리인 만큼 혁명이 끝날때까지 계속 행동통일을 해야한다"는 명분론을 내세워 최고위원 전원 비례대표의원을 주장하고 있으나, 지역기반이 단단한 일부 장성급 최고위원들은 지역구에 출마할 뜻을 갖고있어 단결에 금이 갈 것을 우려했다.

또한 민정참여는 혁명공약 제6항에 위배되는 논란으로 고민은 깊어만 갔으나 "다 아는 사실 아니냐"고 딴청을 부렸다.

더욱이 이후락 공보실장은 혁명군들의 정치참여는 공약 위배사항이 아니다라고 강변했다.

최고회의는 윤보선 대통령의 사임을 허가하고 허정 전 내각수반, 유진오 고려대 총장, 변영태 전 국무총리를 검토하다가 박정희 의장이 대행토록 의결했다.

박정희 의장은 최고위원은 군복을 벗고 민간인의 자격으로 민정에 참여하게 될 것이며, 이것이 혁명공약을 보다 충실히 이행하는 것이라고 강변했다.

또한 대통령 출마 여부는 "당이 결정한다면 그 명령에 따라야 할 문제"라며 대통령에 출마할 뜻이 있음을 명백히 밝혔다.

최고위원 25명 중 박정희 의장은 대통령에, 김형욱은 중앙정보부장에, 이주일, 김윤근, 이석제, 오치성, 오정근, 옥창호, 홍종철 등 7명은 비례대표로 출전하고 3군 참모총장과 해병대사령관을 제외한 나머지 12명은 지역구에 출마할 것으로 알려졌다.

김동하(포항), 김재춘(김포), 김용순(하동), 조시형(부산), 길재호

(금산), 강상욱(서울 중구), 박원빈(용산), 박태준(동래), 유병현(청원), 유양수(광주), 정세웅(청주), 김진위(강릉) 등이 거론됐다.

공화당에 참여할 최고위원은 최고위원직을 떠나야 한다는 박정희 의장의 방침에 따라 최고회의는 이석제, 강상욱, 오정근, 김재춘, 조시형 최고위원의 사표를 수리했다.

최고회의 위원들이 대폭 경질되어, 반(反) 김종필 라인으로 알려진 오치성, 김윤근, 박원빈, 정세웅 위원들은 원대복귀하고 김희덕, 강기천, 김용순, 박두선, 박영석, 박현석, 장지수 등 현역군인들이 새로 진출했다.

중앙정보부장은 김용순에서 김재춘으로 교체하고 정보부원들의 정치관여를 철저히 단속하도록 했다.

박정희 의장은 김동하, 박임항 반혁명사건과 관련하여 사의를 표명한 박병권 국방부장관 후임에 김성은을, 외무부장관에 김용식을 임명하고 사의를 표명한 김현철 내각수반을 유임시켰다.

최고회의는 손창규, 유원식 최고위원 사임을 결정하고 김재춘, 김용순 최고위원의 겸직을 해제했다.

박정희 의장의 전역을 앞둔 시점에서 최고위원은 강기천, 김용순, 김희덕, 박원석, 박두선, 이원엽, 장경순, 길재호, 박영석, 박태준, 박현식, 장지수, 김진위, 김종오, 민기식, 이맹기, 장성환, 김두찬 등 장성급이 주류를 이루고 옥창호, 홍종철만 영관급으로 2년 전 영관급이 주류를 이뤘던 시절과는 상전벽해가 됐다.

최고회의는 5. 16 혁명, 국가기관 부인(否認) 언동은 10년 이하의 징역에 처하도록 특별범죄처벌대상을 확대했다.

이에 야권 3당은 민의의 발현을 억압하고 명랑한 정치분위기를 저상(沮喪)할 우려가 있다며 철회를 주장했다.

민정이양을 앞둔 시점에서 최고위원은 박정희 의장, 이주일 부의장을 포함하여 강기천, 김용순, 김희덕, 박원석, 박두선, 이원엽, 장경순, 길재호, 박영석, 박태준, 박현식, 유지수, 옥창호, 홍종철, 김진위, 민기식, 이맹기, 장석환, 김두찬 등 21명이다.

혁명주체들의 단결을 도모하기 위하여 5월동지회가 발족하여 회장에는 박정희를 추대하고 부회장에는 이주일, 김범부가 맡았다.

박암, 김현숙, 이명춘, 이규갑, 육홍표, 송대순, 최윤동, 이매리, 박기석, 방성출, 김태선, 조철재, 원용석, 최덕신, 이석제, 박원빈, 김형욱, 조남철, 김희덕, 김용순, 유양수, 강기천, 홍종철, 박두선, 김재춘, 오치성(총무)회원들이 중추적인 역할을 수행했다.

조시형, 강상욱, 조창대, 유원철, 장동운, 박종문, 남상옥, 신동욱, 이종근 등이 운영위원으로 활동하여 민정이양의 징검다리 역할을 수행했다.

4. 군부정권 2년 7개월의 공과(功過)

(1) 군부쿠데타 주체들의 뜻이 녹아내린 혁명재판

군부 쿠데타의 명분은 부패하고 무능한 정권의 전복에 있었으므로 군부 쿠데타의 주체들은 부패의 청산과 장면 정권을 무능정권으로 몰아간 혁신세력에 대한 철퇴에 중점을 두었다.

그리하여 국가재건 최고회의는 혁명검찰부와 혁명재판부 설치를 의결하여 구악을 일소하려는 뜻을 국민에게 보여주고 싶어 했고, 윤보선 대통령은 혁명재판소장에 최영규 육군대령을, 혁명 검찰부장에 박창암 육군대령을 임명했다.

혁명재판이 개정(開廷)되어 3. 15 부정선거, 고려대 데모대 피습사건, 공무원 부정과 부정선거 자금조달 사건, 민족일보의 특수 반국가행위 사건, 단체적 폭력행위인 깡패 사건 등을 심리했다.

5대 사건 67명의 피고에 대한 심리에 착수했고, 국가재건최고회의는 부정 축재자 34명에 72억 2천만 환을 통고했다.

공무원과 정당인이 대상인 이번 통고에는 김영선(재무부장관), 박해정(교통부장관), 서정학(강원도지사), 고재봉(서울특별시장), 안정근(전매청장), 김만기(사세국장), 곽영주(청와대 경무관), 임흥순(서울특별시장), 송인상(재무부장관), 배제인(한은 총재), 김진형(한은 총재), 윤병칠(고법 부장판사), 강경옥(참의원), 한광석

(참의원), 양일동(국회의원), 유봉순(국회의원), 박용익(국회의원), 김진만(국회의원), 정준모(국회의원), 조경규(국회의원), 국쾌남(국회의원), 이영언(국회의원), 정재설(농림부장관), 김정호(국회의원), 엄홍섭(육군소장), 백남권(육군소장), 백인엽(육군중장), 양국진(육군중장), 이용운(해군중장), 함병선(육군중장), 최응남(육군중장), 이기붕(국회의장), 이용범(국회의원) 등 전직 장관들은 물론 장성, 의원 등이 포함됐다.

이들에 대해 혁명재판에서는 추상같은 일벌백계의 중점적인 처벌, 공정·신속한 재판 등의 기본원칙하에서 상응한 벌금과 징역으로 국민들에게 시원하다는 쾌감을 맛보도록 했다.

혁명재판에서 부정선거와 관련하여 내무부장관인 최인규 장관과 자유당 중앙위부위원장인 한희석에게 사형을 언도하고 국무위원 전원과 자유당 기획위원은 물론 배제인 등 선거자금 조달자와 이병철 등 선거자금 제공자들에게도 중형을 선고했다.

다만 박창암 혁검부장은 부정선거 자금 조달 및 제공자인 윤고병, 이정림, 정재호, 설경동, 최태섭, 남궁련 등 8명에게 개전(改悛)의 정을 참작하여 국가에 봉사할 기회를 부여하기 위해 공소 취하를 결정했다.

고려대 데모학생들의 피습사건과 관련하여 반공청년단장인 신도환에게 사형을 구형하고, 이정재와 유지광 등에게도 중형을 선고했다.

혁명재판은 사회대중당 특수 반국가행위 사건과 관련하여 한국의 영세중립과 남북교류, 외국군 철수, 보안법 반대 등의 주장으로 북한 괴뢰의 목적사항을 고무(鼓舞)하거나 동조한 사실을 인정하여 사회대중당의 대변지인 민족일보를 발간한 조용수와 안신규, 송지영에게 사형을, 김달호 위원장에게 15년을, 김명세 등 6명에게도 실형을 선고했다.

혁명재판은 용공을 선동한 혐의로 교원 노조를 조직하여 악법 반대 투쟁과 남북 학생회담 환영 촉진대회를 개최한 강기철 교원노조 위원장등 5명에게 15년 징역 등 중형을 선고했다.

최영규 혁명재판소장은 반국가, 반민족, 반혁명사건 250건 697명에 대한 심판을 마무리했다.

혁명재판은 249건과 관련하여 696명을 검거하여 사형과 무기 18명, 유기징역 279명, 무죄 및 면소 131명, 영구미제 14명 등이다.

영구미제에는 도피 중인 장경근, 조인구, 박기정, 김의준 피고 등이 포함됐다.

박정희 최고회의장은 최인규, 곽영주, 이정재, 임화수, 조용수, 최백근의 사형을 확인하고 한희석, 유지광, 유지영, 이갑영에게는 무기 등 송치된 16건 73명에 대해 최종 확인했다.

(2) 5개년 경제개발 계획과 재건국민운동

혁명정부는 428만 명을 취역하고 외국 자본 도입도 촉진하여 경제 활동의 자유분위기를 조성하겠다는 긴급경제정책을 수립하여 발표했다.

정부는 농어촌 고리채 신고가 4만 2천여 건에 57억 환에 불과하여 추정액의 10%에도 미달하여 시·도지사에게 경고장을 발부했다.

또한 신고를 하지 않는 채권자도 처벌하겠다고 송요찬 내각수반이 밝혔다.

정부는 경제적 후진성을 극복하고 국민경제의 자립적 성장을 위한 제1차 경제개발 5개년 계획을 발표했다.

1962년을 기점으로 경제성장율은 연 7.1%로 하고 국민총생산을 40.8% 증가시키는데 목표를 두고, 재원은 민간이 44%, 정부가 56%를 분담하게 했다.

총인구는 2,470만명에서 2,920만 명으로 증가할 것으로 예상하며, 목표년도의 2차 산업 비율을 매년 101% 증가시켜 26%까지 끌어 올린다는 것이다.

5개년 계획 2차년도인 1963년 새해 예산규모는 768억 환이며, 통화 증발요인을 제거하고 벼 한 섬당 3,063원 60전으로 고시했다.

미국은 5개년 계획 지원을 위해 우선 1억 5천만 불의 차관을 제공하겠다고 밝혔고, 5개년 계획의 첫 고동(鼓動)으로 혁명정부의 상징적 웅도 건설을 위한 울산공업센터를 기공했다.

박정희 최고회의 의장은 울산에 정유, 제철, 비료공장과 발전소를 건설하여 부산과 대구의 실업자를 수용하는 공업지대로 육성하겠다고 선포했다.

 경제기획원은 5개년 계획 3차년도인 1964년도에는 당초 계획을 대폭 감축하되 수출산업을 육성하는 기본방향을 결정했다.

예산이 줄어 중요사업도 중단위기에 봉착(逢着)했고 물가의 폭등과 인구의 증가도 발목을 잡았다.

장도영 내각은 용공·중립주의를 배격하고 내핍생활을 강행하자는 국민운동 5개항의 대강(大綱)을 발표했다.

정부 주관으로 7만여 명의 시민과 학생이 참여하여 국가재건을 위한 범국민운동 촉진대회를 개최했다.

윤보선 대통령은 "각자 생활부터 개선하여 국가 번영을 위해 새 기풍을 세우자"고 치사(致辭)했고, 장도영 의장은 "민족정기를 바로잡고 능률적 시책을 과감하게 실천하자"고 격려했다.

유진오 재건국민운동 본부장은 "국민운동이 민주주의의 기본원칙인 사생활의 자유를 침범하는 일이 있어서는 안 될 것"이라고 경고했다.

이에 최고회의는 유진오 본부장을 해임하고 서울농대 유달영 교수를 임명했다.

유달영 본부장은 재건운동을 국민운동으로 전환하고 조속한 군정 종식을 위해 국민 스스로 민주 역량을 기르도록 하겠다고 밝혔다.

재건국민운동 요원 훈련 개소식에서 박정희 의장은 "마음에 불을 켜자"며 혁명과업에 분발을 당부했다.

재건국민운동 본부 유달영 본부장은 김범부, 김정기, 김치열, 고황경, 문희석, 박종홍, 윤일선, 이관구, 이청담, 이세기, 장준하, 함석헌 등 50명을 중앙위원으로 위촉했다.

유달영 본부장은 민정 이양시까지 재건운동을 민간 운동으로 전환하겠으며 선거계몽 운동을 펼칠 계획은 없다고 밝혔다.

최고회의는 국민운동의 정치적 중립과 항구화하기 위한 국민운동법을 의결하여 공포했다.

재건국민운동은 새마을 운동으로 발전하여 경제개발의 원동력으로 발전됐다.

(3) 군사정부가 남긴 공룡같은 유물인 4대 의혹사건

군사정권은 민주공화당 사전조직에 필요한 정치자금을 확보하기 위해 세칭 4대 의혹사건을 일으켰다는 국민적 의혹을 받게 됐다.

국민들은 군사정권이 민정 이양을 대비하여 중앙정보부의 비밀공작 아래 정치자금이 필요하게 되자, 4대 의혹사건을 저질러 자금을 충당하고자 했던 것으로 믿고 있었다.

김재춘 중앙정보부장은 박정희 최고회의 의장으로부터 "국민의 의혹을 사고 있는 사건들을 철저히 조사하도록 지시 받았다"면서, "국민의 의혹을 사고 있는 사건이란 증권파동, 워커힐, 새나라 자동차, 빠찡꼬(회전당구) 등"이라고 핵심을 지적했다.

증권파동은 중앙정보부가 대한증권거래소를 직접 장악하여 주가조작을 통해 부당이익을 챙긴 사건이다.

중앙정보부 행정처장인 이영근 등이 농협중앙회장 오덕준 등에게 압력을 넣어 농협중앙회가 보유중인 한국전력 12만 8천 주를 시가보다 낮게 방출시켜 얻은 8억 환을 윤응상에게 주어 증권회사를 설립케 하고, 윤응상이 보유한 주식들의 주가를 폭등시켜 막대한 이익을 챙겼다.

화폐개혁 10일 전에 증권시장에서는 대중주를 비롯한 전 주식이 폭등하여 천정부지로 튀어 올랐으며, 폭등의 여파로 221억 원에 달하는 주식거래의 매수도(買受渡)가 이행되지 않아 증권시장은 수라장이 됐다.

증권 붐에 놀아 난 투자자들은 하룻밤 새에 구덩이 속에 몰아넣은 파동이 되풀이되어 5,340명이 138억 환의 손해를 입어 자살소동을 빚는 등 사회적 물의를 일으켰다.

증권회사에 대한 정부의 한도 외 융자로 내각수반 송요찬과 재무부장관 천병규의 정면 충돌을 가져왔고, 최고회의 특별조사로 국민의 관심사로 떠올랐다.

재무당국의 일관성 결여, 거래소의 시세 폭락 방지책 미비 등 당국의 무능과 무책으로 파동이 일어나게 될 때까지 방치하게끔 하였던 그 이면(裏面)도 의혹의 대상이 됐다.

워커힐은 혁명정부가 16만 평의 대지에 오백만 달러를 들여 착공한 호화판의 맘모스 휴양 시설인 워커힐의 돈이 어디에서 나왔으며 어떻게 쓰여졌는지에 대한 의혹이다.

중앙정보부가 외화를 획득하는 명분으로 동양 최대의 관광단지인 워커힐을 건설하면서, 그 중 상당액수를 중앙정보부가 횡령했다는 사건이다.

공사 도중 산업은행의 융자 거부로 시설 공사가 부진을 면치 못하자, 교통부장관 백춘과 관광공사 사장 신두영이 정부주식 출자금

5억 3,590만 환을 가불(假拂)케 하여 워커힐을 건립케 했으며, 그 중 막대한 공사자금을 워커힐 이사장으로 중앙정보부 과장인 임병주가 횡령했다는 의혹이다.

교통부장관과 육군 공병감에게 압력을 넣어 각종 국군 장비와 군인들을 동원하여 무상노역케도 했으며, 관광사업의 선도적 역할을 자부하면서 무지개 같은 황금의 꿈을 가득 실은 워커힐이 드디어 개관됐다.

19만여평의 대지에 9,500여 평의 건물들이 특색 있는 양식을 지니고 산 아래 굽이쳐 흐르는 한강을 굽어보고 있으며, 건설비가 5억 1천 7백만원이 소요됐다.

새나라 자동차는 일본 자동차 회사와 기술 계약을 맺고 일본산 소형 자동차 부품을 수입하여 조립하고 관세없이 250대를 관광용으로 도입하여 파문을 일으켰다.

새나라 조립차가 9백여 대가 출현하여 1,800여 대의 시발택시는 거리에서 자취를 감추게 되었다.

새나라 자동차 사건은 중앙정보부가 일본제 승용차를 불법 반입한 뒤 이를 시가의 2배 이상으로 판매하여 거액의 폭리를 취한 사건이다.

김종필 중앙정보부장의 알선으로 새나라 자동차를 설립한 안석규는 자동차공업보호법을 만들도록 상공부에 압력을 행사했고, 군사정부는 자동차공업보호법을 제정하여 관세와 자동차세를 5년간 감면케 하는 특전(特典)을 부여하기도 했다.

빠찡고 사건은 법적으로 금지된 도박 기계인 빠찡고 100대를 재일교포의 재산 반입인 것처럼 세관원을 속여 국내에 수입하도록 허용하여 33곳에 빠찡고장 개설을 승인한 사건이다.

회전당구는 민주당 시절 재일교포가 이사(移徙)화물이라는 명목으로 반입되기 시작하여 500백대의 반입을 허가했고, 혁명정부에서 유기장법을 제정하여 2천 대의 도입에 의혹이 제기됐다.

혁명정부에서 회전당구 유기시설에 대한 폐쇄 조치가 내려지자 업계가 발칵 뒤집어졌고, 업자들은 "정부의 시책이 조령모개(朝令暮改)다", "거액의 시설투자에 대한 손해를 보상해 달라"고 행정소송을 제기했다.

김재춘 중앙정보부장은 증권 파동과 워커힐 의혹사건의 수사결과를 발표하면서 증권파동으로 유원식, 천병규, 서재식 등 12명을 구속하고, 워커힐 사건으로 임병주, 정해진 등을 구속했다.

회전당구 관련으로 구속된 3명은 경찰로 이첩하고, 새나라 자동차는 두드러진 부정이 나타난 바 없다고 발표했다.

김재춘 부장은 관련자 전원 군법회의에 회부할 예정이라며, "김종필은 이영근 중앙정보부 차장이 관련되어 도의상 책임을 져야할지 모르나 형사상의 관련이 없어 형사책임이 없다"고 발표했다.

증권파동과 관련하여 이영근, 윤응상 등이, 워커힐 사건과 관련하여 석정선, 임병주, 신두영 등이, 새나라 자동차 사건과 관련하여 석정선이, 빠찡고 사건으로 김태준이 검찰과 군법회의에 송치되었을 뿐 배후인물은 영구미제로 남겨졌다.

군법회의는 증권파동과 관련하여 윤응상 7년, 강성원 5년, 천병규

3년, 유원식 1년 6월 징역을 구형했다.

군법회의 구형량에 야권에서는 용두사미 격으로 암장(暗葬)했다면서 반발하면서 부당이득의 행방을 분명히 하라고 촉구했다.

그러나 군법회의 재판부는 의혹의 원인이 없다면서 피고 전원에 무죄를 선고했다.

민정당, 민주당, 신정당 등 야권에서는 "핵심 못 찌른 수사 아니었나. 거액의 부정이득은 어디로 갔나"라며 진상규명에 공동 투쟁을 벌이겠다며 반발했다.

(4) 영남권 지지표의 확장을 위한 지방행정구역 개편

최고회의는 행정구역 변경안을 의결하여 공포했다.

서울특별시는 인접한 양주군(도봉, 노원), 광주군(강남, 강동), 김포군(양천, 강서), 부천군(구로) 일부를 편입하여 시역(市域)을 확대했으며, 부산은 동래군 구포읍, 사상면, 북면을 편입하고 기장면 송정리를 편입하여 직할시로 승격됐다.

의정부, 천안, 안동, 속초읍을 시로 승격시키고 주민의 불편 제거라는 명분을 두고 시·군간이나 읍·면간의 경계를 대대적으로 조정했다.

인구가 적은 금화군을 폐지하고 철원군에 편입시키는 것도 문제지만, 통일신라시대부터 강원도 관할이었던 울진군을 경북도에 이관하고, 전북도 관할이었던 금산군을 충남도에 이관한 것은 바꿀 이유가 무엇인지를 뚜렷하게 설명되지 않아 논란의 대상이 되었다.

금산군이 전북도청인 전주나 충남도청인 대전과의 거리가 비슷하고, 울진군이 강원도청인 춘천과 경북도청인 대구와의 거리에 크나 큰 차이가 없는 상황에서 1천 년이상 지속되어 온 지역적 연고를 하루 아침에 단절시켜야 할 명분을 찾을 수 없는 것은 명약관화했다.

그리하여 다가오는 대통령 선거전에서 영남 출신 후보자에게 유리하도록 영남 권역을 확대하고 호남 권역을 축소한 것은 분명하지만, 그것을 비판하는 지식인이나 언론인은 아무도 없었다.

당시의 인구 분포는 영남권이 33%, 호남권이 24%, 충청권이 19%, 서울·경기·강원이 24%이었으며 현재의 분포와는 현저한 차이가 있었다.

(5) 군부정권 시절의 세태만상(世態萬狀)

보릿고개에 허덕이는 농촌의 빈곤으로 경북 영주에서는 소작료를 못 내 소작논을 뺏긴 농민이 목을 매어 자살하고, 문경에서는 산을 헤매며 산채를 캐어 팔아 연명한 농부가 산채를 뜯다 언덕에서 떨어져 죽은 비극이 빚어졌다.

진도군 조도면 주민은 7할이 구호대상으로 작년엔 태풍으로 밭에 손도 못 대보고 올해는 5년 째의 흉어로 아사자가 속출했다.

전남 순천에 와룡, 서면의 두 저수지 둑이 타져 사망, 실종자가 190명, 가옥 전파가 7백 호, 이재민이 27,700여 명이 발생한 폭우 참사가 발생했다.

교원에게 법정보수를 주지 못해 전국 6만명의 국민학교 교원생활에 큰 위협이 되고 있으며, 정부는 학교 잡부금의 갹출(醵出)은 막지 못한다고 변명하고 있을 뿐이다.

1962년 수출 목표액은 5천 5백불이지만 달성이 어렵고, 예산규모는 6,900억 환에 불과했다.

미국의 사전동의를 받고 화폐개혁을 단행하여 10환을 1원으로 절하하고 예금을 동결했다.

구(舊)화폐는 천정부지로 떨어졌고 상인들은 대부분 철시했고, 은행 앞은 화폐 교환을 위해 장사진이 펼쳐졌다.

정부는 1원(경제기획원), 12부(외무, 내무, 재무, 법무, 국방, 문교, 농림, 상공, 보건사회, 교통, 체신, 공보), 2처(내각사무처, 법제처), 4청(조달청, 전매청, 국토건설청, 군사원호청) 직제를 발표했다.

정부는 공무원 정원을 일반직 19만 6천 명, 고용직 3만 9천명 등 총 23만 6,852 명으로 확정하고 초과인원 1만여 명은 년내(年內)로 정리하기로 했다.

정부는 군부쿠데타 발생 9개월 만에 문교부장관에 김상협, 법무부장관에 조병일 등 민간인을 등용하고 문희석, 고원중 장관들은 원대 복귀시켰다.

최고회의는 5. 16 혁명을 부인하거나 국가재건 비상조치법에 의해 설치된 국가기관을 부인하는 언행에 대하여 10년 이하의 징역에 해당하는 새로운 입법조치를 단행했다.

박정희 의장은 민주당 정권 하에서 요인들의 반혁명행위가 명백하지만 전비(前非)를 뉘우치는 천선(遷善)의 정이 뚜렷하여 현석호, 조재천, 정재설, 하태환, 김재순, 김형일 등을 구속 5개월 만에 기소유예로 석방했다.

정부는 제6차 한일회담 대표로 배의환(전 한은총재)을 수석 대표로 이한기(서울대 교수)를 고문으로 22명의 대표단을 구성했다.

우리나라는 대일 청구권 12억 달러를 제시한 데 대해 일본은 5억 달러를 고려하고 있으며 이것도 순수 청구권과 공여, 차관 등 3중 지불인 것으로 알려졌다.

이승만 전 대통령은 "호랑이도 제 집에서 죽는다"며 "제발 한국에 데려다 주오"라고 방문한 기자에게 눈물로 호소했고, 박정희 의장은 하와이에 도착하여 꽃다발을 증정했다.

이승만 전 대통령은 "나도 역시 인간이고 인간으로서의 여러가지 약점을 가지고 있는 만큼 크나큰 부끄러움을 금할 수 없다"면서, 한국민에 대하여 심각한 유감을 표하는 바이다라고 사과성명을 발표했다.

4. 19 혁명 때 희생한 186명에 대하여 건국포장을 수여했고, 4. 19 혁명 때 부상자 156명을 원호대상자로 선정했다.

미군들이 행인들을 잡고 까닭모를 주먹질을 하고, 옷을 벗기고 때리는 등 파주와 양주에서 잇따라 린치 사건이 발생했다.

미군들은 농부에 도둑 누명을 씌워 몽둥이질을 벌이는가 하면, 개를 시켜 행인의 전신(全身)을 물어뜯도록 하는 등 미군의 폭행이 도처에서 끊이지 않았다.

서울대, 고려대생들이 한미 행정협정 체결을 촉구하는 시위를 벌였다.

이원우 공보부장관은 한국일보의 자진 정간을 권고했다. 신당 사회노동당의 제목하의 기사로 국가안전상 해로운 결과를 초래했다는 이유로 장기영 한국일보 사장을 구속했다.

"장면 정부가 민주주의 원로에 세계에 유례 드문 과도한 과세를 붙여 자유를 말살하려 들고 있다"고 비난했던 장기영 사장은 편집협회의 탄원과 3일간의 근신 정간으로 관대한 처분을 받았다.

최고회의는 송요찬 내각수반이 사임하여 박정희 의장을 대행케 하여 박 의장은 대통령과 내각수반을 동시에 대행케 됐다.

최고회의는 국제적인 문화 발전에 기여하고 종합연구기관을 지향한다는 명분을 내세우고 5. 16 장학회를 발족시켰다.

최고회의는 정부에서 경비를 보조하는 해외이민법을 통과시키고 1962년도 목표엔 550호를 계획했다.

계엄령 선포 1년 6개월 만인 1962년 12월 6일 계엄령을 해제됐고, 박정희 최고회의 의장은 계엄령의 필요가 다시는 없도록 국민의 가일층 노력이 필요하다고 담화했다.

UN총회는 중공의 유엔 가입안을 찬(贊) 36표, 부(否) 48표, 기권 20표로 부결시켜 가입이 좌절됐다.

우주 비행사 글렌 중령이 4시간 56분에 연 8만 1천리의 우주를 비행했다. 고장을 무릅쓰고 3회전했으며 우주는 무중력 상태였고 마치 날으는 불덩어리 같았다고 회고했다.

5. 군정(軍政) 955일간의 정치상황 일지

(1) 혁명군들의 서슬이 시퍼런 군정 시절(1961년)

○ 2/25 장도영 육군참모총장 임명은 4월 위기설을 발설하고 혁명정신을 모독했다고 의원들이 반발

○ 3/7 국회 공민권 심사위원회는 최치환, 김장섭, 박철웅, 안동준, 송관수등 11명의 공민권을 제한하기로 의결

○ 3/24 신민당은 장면 국무총리 퇴진요구, 반공법 반대 데모대는 점차 폭력적으로 격렬

○ 5/4 민주당 제3차 내각 인선, 내무 조재천, 상공 태완선, 부흥 주요한 등, 소장파그룹 신풍회는 개각인선에 반발

○ 5/14 5개 선거구 보궐선거실시. 김대중, 김사만등 당선

○ 5/16 보리고개에 연이은 비극, 소작료 못 내 자살, 나물캐다 언덕에서 떨어져 죽고, 서울시는 97만 명에 잡곡 특배 방출

○ 5/17 어제 새벽 군부쿠데타 발생, 장면 총리 피신, 장도영, 박정희, 김윤근 등이 쿠데타군 지휘, 전국에 비상계엄령, 새벽 총성에 시민들은 어리둥절

○ 5/18 미국 국무성 침묵, 윤보선과 군사혁명위원회는 내각구성을 협의

○ 5/19 장면 내각 총사퇴 성명, 계엄령도 추인, 육사생들도 혁명 지지 축하 행진, 30명의 군사위원과 고문(김홍일,김동하) 발표

○ 5/20 윤보선 대통령 어제 하야, 군사혁명위원회를 국가재건최고회의로 개칭, 생필품 가격 동결 지시

○ 5/21 혁명 내각 구성, 수반에 장도영 의장, 미국은 군·경 원조를 계속하겠다고 성명, 깡패 700명 검거

○ 5/23 영농자금 140억 환 방출, 송요찬은 "군사혁명은 민주주의 구출을 위한 거사"라고 극찬, 국민운동 5개 대강(大綱) 발표, 용공분자 2,014명 검거, 깡패 두목들은 명패를 붙이고 속죄 행진

○ 5/24 댄스광 47명에 징역 1년 선고, 춤바람에 군법회의의 심판

○ 5/25 긴급 구호양곡 3만석 방출, 서울의 깡패 두목 38명 검거

○ 5/27 농어촌 고리채 정리 발표. 년리 50%를 년리 20%로 조정, 양담배도 단속하여 770건 적발

○ 5/28 비상계엄을 경비계엄으로, 부흥부를 건설부로 개칭

○ 5/29 부정축재자 이병철, 이정림, 정재호, 백두진, 양국진 등 26명을 구속, 일간지 76, 통신사 305, 주간지 453사 폐간 조치

○ 5/31 병역기피 공무원 3천 명 해직조치, 50여 어업조합을 해체

○ 6/2 고교생 머리 깎고 대학생도 제복 입도록 지시, 학생은 유흥장 출입 금지

○ 6/3 사이비 기자 색출에 옥석(玉石) 가리도록 긴급 지시

○ 6/5 축첩(畜妾)공무원 1,385명 적발, 모두 해직 조치

○ 6/7 국가재건비상조치법 공포, 현행 헌법 일부조항 효력 정지, 혁명재판소, 혁명검찰부 설치 규정

○ 6/9 시내버스 차장을 모두 여자로 교체, 민간인 39명을 군사재판에 회부, 시민들은 공포분위에 휩싸여

○ 6/12 병역 미필공무원 9,291명 전원 해임을 결정

○ 6/13 범국민운동 촉진대회, 윤보선 대통령 "국가 번영 위해 새 기풍 세우자"고 격려, 유진오 본부장 "마음의 혁명부터"를 역설

○ 6/15 부정 축재자처리법을 공포, 정치자금 제공자에 동액의 벌금, 상이군경 176명을 64개 업체에 배정

○ 6/17 깡패 등 1,200명을 주축으로 국토건설사업 근로대 발족

○ 6/18 능력재평가고시를 실시하여 공무원 2만 명 감원, 잡부금 등 징수이유로 국민학교 교사 6명 파면 조치

○ 6/19 5·16 군사혁명 기념탑을 남한산성 중턱에 건립

○ 6/20 이병철 전 재산을 헌납하겠다고 최고회의에 각서 제출

○ 6/21 미국 국무성 차관보 "부패 일소, 생활 향상했다"고 혁명정부 시책을 찬양

○ 6/24 공무원 각 관서별로 26% 감원 정리지시, 재건 국민운동 촉진회는 통·반까지 결성

○ 6/26 이병철, 정재호, 최태섭, 설경동 등 부정축재 7대기업, 전 재산 자진 헌납하겠다고 최고회의에 신고

○6/27 공영(公營)주택 1,200호를 서울 정릉에 건립, 영세민에게 공급, 서울의 주택 부족은 77만 호로 추계

○ 7/2 미국 케네디 대통령 "혁명은 불가피한 과업으로 한국의 오늘이 더 좋은 장래를 위한 단계이기를 기대한다"고 격려

○ 7/3 유진오 재건국민운동 본부장은 자발적·자율적 협력을 당부, 무역상을 가장하여 기밀 탐색한 중공계 국제간첩 7명을 일망타진

○ 7/4 "신망 높은 인물 요구됨에 따라"라는 명분으로 장도영 국가재건최고회의 의장 사퇴, 박정희 부의장이 의장직을 승계

○ 7/5 박정희의장은 송요찬 내각수반 임명, "커다란 성공을" 기대

○ 7/6 혁명은 공산방지에 유일한 방도라는 군사혁명 백서를 발표

○ 7/9 박정희 의장은 혁명재판소장에 최영규 준장, 혁명검찰부장에 박창암 대령 임명

○ 7/10 장도영 최고위원회 의장 등 44명을 혁명정부에 의식적 파벌조성, 주체세력 암살모의 혐의 등으로 구속

○ 7/14 장면 부통령 저격사건으로 임흥순과 이익홍은 무기, 김종원엔 15년 징역형을 언도

○ 7/18 송요찬 내각수반은 "집권에 미련 없다. 비상조치법은 헌법 소생이 목적"이라고 옹호. 제헌절 맞아 용공분자 1,293명 석방, 혁신계열에 침투하여 기밀을 탐지한 간첩 2명 체포

○ 7/20 국민학교 교실난 (3부제) 완화에 긴급조치, 국회의원들의 세금 포탈 4억 6천만 환이라고 발표

○ 7/23 경제기획원 신설, 건설부폐지, 경제재건 5개년계획안 발표, 자주경제의 기반 마련, 국민총생산 년 평균 7.1% 성장

○ 7/26 재건국민운동은 아침인사 "재건합시다"로 강제하며, 생활도의와 퇴폐(頹廢)시정운동 전개

○ 7/27 박정희 의장은 "의회 만능의 폐단을 지양", "정부형태는 국민 스스로 선택"이라고

○ 7/27 혁명재판소는 부정선거 원흉 등 67명 심리, 7대 사건에 대한 일제히 공판 개정(開廷)

○ 7/28 이기붕의 재산 21억 환을 몰수하여 실업자 구제에 활용

○ 7/30 혁명재판에서 학정(虐政)의 죄과를 모두 들춰, 피고인들은 표정 없는 얼굴로 머리 조아려

○ 8/1 장티푸스 환자 전국에 1,554명, 사망자도 42명, 예방주사 맞도록 홍보

○ 8/4 최고회의는 "혁명은 필연적인 생존권 발동", "5개년 계획은 한강변의 기적 실현 확신"이라고 성명

○ 8/5 서독은 경협차관과 기술원조 등 방안 제시, 금년 들어 부주의 등으로 768명 익사, 병역미필자 40만 4천여 명 자수 신고

○ 8/8 소련 제2우주선 비행성공, 보스토크 2호 24시간 지구 선회

○ 8/10 삼성 242억 환, 정재호 100억 환, 이정림 55억 환 등 부정축재 처분액 통고, 재벌들은 재조사 감액 신청

○ 8/12 예비역 장교 3천 명 기용하여 국토건설군 창설, 전원과

탄원개발에 동원

○ 8/13 박정희 정권이양 시기와 방법 명시, 총선거는 1963년 5월, 대통령 책임제와 국회 단원제가 기본골격, 혁명검찰은 조용수, 송지영, 신도환 등에 사형 구형

○ 8/14 부정축재처리 확정액 통고, 총 477억 6천만 환, 이병철 103억 환으로 반액 감액

○ 8/15 동독 폭동 저지를 위한 동·서백림 통행 차단, 광복절 특사 5,630명 사면, 세계인구가 30억 명을 돌파

○ 8/16 박정희 최고회의 의장은 "민정을 서두른 자는 정권 야욕만 있을 뿐, 군정 2년은 길지 않다"고 담화

○ 8/18 공포분위기 만들고 갖은 악행, 단체폭력 행위를 인정하여 혁명재판부는 이정재 사형 언도, 통화량 2,617억 환으로 심각해진 재정 인플레 경향

○ 8/19 고리채 신고 겨우 추정액의 10% 수준인 전국에서 57억여 환, 신고 않은 채권자도 처벌하겠다고 엄포

○ 8/26 고대생 피습사건 관련 임화수 사형, 신도환 무기, 유지광 20년 징역 언도

○ 8/28 법관 223명 재임명, 102명은 미발령, 52명은 해임조치

○ 8/29 민족일보 사건관련 조용수, 송지영, 안신규에게 사형언도

○ 9/1 소련은 핵실험 재개를 공표, TNT 1억 톤급 핵폭탄도 제조

○ 9/3 서울 장충동서 축대 무너져 24명 압사, 가옥 9동 매몰, 전

국적으로 축대 붕괴 22곳

○ 9/5 반혁명사건 관련 이갑영 사형, 박상훈 무기, 이상국 15년 징역 언도

○ 9/7 미국도 핵실험 재개 결정, 지하나 실험실에 국한한다고 케네디 대통령 성명

○ 9/8 강제동원 문제로 재건국민운동 본부장 유진오 해임하고, 유달영 임명

○ 9/10 김종필 중앙정보부장 "혁명 역행하는 선동·유혹 백만 학도 경계하라"고 훈시

○ 9/11 외래품 판매 금지 후 바꿔놓을 물품 없어 백화점 등 비명

○ 9/12 유달영 본부장 "조속한 군정 중지 위해 국민 스스로 민주역량 기르도록 하라"고 성명

○ 9/13 뇌염 환자 587명 발생하여 131명 사망

○ 9/17 부정축재 김영선, 곽영주, 송인상, 양일동, 김진만, 조경규, 백인엽, 이기붕, 이용범 등 34명에 처분액 72억 환 통고, 혁명방해 예비혐의로 선우종원에 10년 징역 언도

○ 9/21 부정선거 관련 최인규, 이강학, 한희석에 사형, 박용익 무기징역 선고

○ 9/27 일본으로 밀항자 180명 송환, 개별심사 거쳐 응분의 조치

○ 10/1 경무대앞 발포 사건 관련 홍진기, 곽영주 사형, 마산의거 관련 박종표 무기, 민통학련 사건 관련 유근일, 이수병 무기징역,

김성주 살해관련 원용덕 15년 징역 언도

○ 10/3 정부조직법 공포: 1원 12부 2처 4청으로, 법제처 신설하고 해무청 해체

○ 10/15 민주당 각료 현석호, 조재천, 김재순, 김형일등 8명 석방

○ 10/18 한일회담 재개, 수석대표 배의환, 차석 이동환, 고문 이한기 활약

○ 10/24 자파 중심의 정권을 기도한 장도영을 혁명방해, 정권야욕혐의로 기소,

○ 10/30 알바니아 지원 계속한 중공은 소련 공산당과 메별선언

○ 11/2 공무원 정원 23만 6,852명으로 책정, 초과인원 1만여 명은 연내에 정리키로

○ 11/5 박정희 육군 중장 승진 3개월만에 육군 대장으로 승진, 장도영 공판에 박정희 의장 증인으로 출석

○ 11/8 거제에서 8년간 잠복하며 암약한 북괴 지하조직 110명 체포, 이들이 김영삼 모친 살해

○ 11/12 박정희 의장 방미등정, KAN기로 향일, 수행원 13명

○ 11/12 김범부, 김치열, 고재욱, 윤일선, 이청담, 이세기, 장준하, 함석헌 등 재건국민운동 중앙위원 50명 위촉

○ 11/13 박정희-이케다(泝田) 회담, "청구권에 성의 보이면 평화선에 신축성을 보이겠다"고 제의

○ 11/16 박정희-케네디 회담, 미국은 강력한 원조 확약, 박정희

의장은 민정복귀 공약을 다짐

○ 11/16 제5대 총선 개표장 난동사건 관련 오문택에게 15년 징역 등 28명 단죄

○ 11/17 용공을 선동한 혐의로 교육노조 사건 관련 강기철에게 15년 징역 선고

○ 11/19 사립대 12개교 폐교, 재학중인 학생은 그대로 이수

○ 11/20 1961년 10월 중에 74명이 애정관계나 생활고로 자살, 백인엽, 김영선등 17명을 부정축재, 군사(軍事)모독행위로 공판

○ 11/24 이승만 전 대통령 "제발 한국에 데려다 주오"라고 박정희 의장에게 눈물로 호소

○ 12/3 내년 예산 6천 9백억 환대로 금년 보다 8백억 환 증액으로 확정, 새해부터 단기(檀紀)연호를 서기(西紀)로 변경

○ 12/6 김종필 중앙정보부장 "풍선으로 불온 삐라 보내고 있다. 북괴 선전 속지 말라"고 경고

○ 12/8 최고회의는 자유당 정권 때 각료 등 293명 보국(報國)기회 주기 위해 불기소 처분

○ 12/15 서독과 3,750만 불(弗)규모의 차관 협정 체결, 정부와 민간이 반반 분담

○ 12/17 찬성 68표, 반대 48표, 기권 20표 중공 유엔가입 좌절

○ 12/18 전남 완도 근해에서 풍랑으로 여객선 전복, 52명 중 34명 행방불명

○ 12/22 박정희 의장은 최인규, 곽영주, 임화수, 조용수, 최백근 사형 확인, 송지영, 한희석, 유지광, 이갑영은 무기로 감형

○ 12/23 학사 자격 고시에 18,446명이 응시, 선다형(選多型)의 쉬운 출제로 83%인 15,268명 합격

○ 12/30 대일청구권 12억 불 제시, 일본은 5억 불을 고려

○ 12/31 부정선거자금과 관련된 윤호병, 이정림, 정재호, 설경동 등 8명 공소 취하

(2) 민심이반(離叛)의 진면목이 드러난 군정(1962년)

○ 1/4 동해안 일대 풍랑으로 어선 6척 침몰, 어부 30명 익사, 104명이 행방불명된 참변이 발생

○ 1/7 아프리카 및 중립제국에 중점을 두고 42개국에 공관(公館) 신설하거나 확장

○ 1/11 반혁명사건 관련으로 장도영, 이회영에 사형, 박치옥, 문재준 등에 무기, 송찬호에겐 10년 징역 선고

○ 1/12 울산에 제철, 정유공장 건설하여 종합공업지대 건설

○ 1/14 경제개발 5개년 계획 발표, 3조 2천억 환 투입, 년 평균 7.1% 성장, 실업율을 24%에서 15%로 감축

○ 1/17 부정축재조사단 사건 관련 양인현 사형, 정태영 무기 언도, 대학 입시 첫 국가고시는 4대 1의 치열한 경쟁

231

○ 1/20 미국은 달 로켓트 레인저 3호 발사 66시간만에 착륙예정

○ 1/24 부정축재자 12명에 실형 선고, 백인엽에 무기, 김영선, 이용범, 한광석에 10년 징역

○ 2/11 국유 미간지(未墾地)는 개간자에 우선 불하하고, 20년간 농지세를 면제하는 개간촉진법 발표

○ 2/14 아편을 밀경, 밀조, 밀매한 3,641명을 검거하여 군재회부

○ 2/15 소련과 중공의 양다리 걸친 김일성, 괴뢰의 비애로 양국의 틈서 벅찬 헤엄치기

○ 2/6 혁명재판은 2월내에 1심 마무리 예정, 250건에 828회 공판, 697명 처리

○ 3/6 철저한 학구제(學區制) 실시, 초등학교 1부제 수업의 목표를 설정하고 483학급 증설,

○ 3/15 전 국민의 80%가 회충, 폐와 간디스토마 수두룩, 농촌은 50%가 십이지장충 보유자

○ 3/17 공민권 제한자는 5대의원, 구(舊)정당간부 등을 대상으로 하는 정치활동정화법 의결,

○ 3/17 맥나마라 미국 국무장관 "한국의 혁명정부는 어느 정권보다 과감히 부패 일소하는 훌륭한 업적을 이룩했다 "라고 극찬

○ 3/18 재산청구권에 현격한 견해차(見解差)로 평행선적 주장만 되풀이 하다가 한일정치회담 성과없이 폐막

○ 3/20 알제리아 독립투쟁의 8년, 불란서군 40만 투입으로도 못 꺾어, 처참한 피의 항쟁

○ 3/23 "이 자리 지켜야 할 명분 없다"고 윤보선 대통령 하야, 정치활동 정치법이 동기, 최고회의는 번의(翻意) 간청

○ 3/25 윤보선 대통령 본인의 의사 존중하여 사임 허가, 박정희 의장이 권한대행

○ 3/26 정부와 기관에 파견된 현역군인 1차 148명에 이어 2차로 153명 원대복귀

○ 3/31 정정법(政淨法)심사대상자 1차로 2,907명 공고, 총 4,192명이 대상, 박정희 의장 확인으로 확정

○ 4/1 화천에서 달리는 버스에 불, 9명이 타 죽고 22명이 부상

○ 4/5 4·19 2주년 기념식 대대적 행사키로, 희생자 186명, 부상자도 156명으로 확정 발표

○ 4/14 강원도 정선에서 버스가 150m 단애(斷崖)에서 굴러 7명 죽고 35명 부상

○ 4/16 정정법 추가대상자 307명 공고, 윤치영, 이선근, 원용덕 등도 포함

○ 4/26 미국 케네디 대통령 태평양 해상에서 대기권 핵실험 명령

○ 4/28 혁명재판 상소심 종결, 총 105건에 325명 판결, 마지막 7건 상소 기각

○ 5/2 동아일보는 박정희 의장을 각오와 결행으로 혁명을 영도했

다고 찬양, 6·25 예언했다가 빨갱이로 몰렸다고 포장까지

○ 5/3 박정희 의장은 장도영, 박치옥, 송찬호, 문재준, 김제민 전 최고위원들에 형의 면제처분 등 형집행 확인조치

○ 5/10 혁명검찰부와 혁명재판소 해체, 250건 697명 처리, 미제(未濟)는 3건 14명

○ 5/11 서울에서 자유주의국가 14개국 대표, 7개국 옵저버 참가하여 아세아 반공연맹 총회 개막,

○ 5/16 혁명 한 돌 맞아 복역자 7천여 명을 포함하여 2만 1천 9백 명을 사면,

○ 5/24 김상돈, 김대중, 조중서 등 반혁명사건으로 구속, 김종필 중앙정보부장은 어마어마한 반국가 음모라고 발표

○ 5/29 유달영 본부장은 선거 계몽할 생각은 없다면서 민정이양 기까지 민간 중심으로 전환하겠다고

○ 5/31 정치활동 적격자 1,336명을 구제(救濟), 거물급은 거의 제외하고 5대의원 22명 포함,

○ 6/2 어마어마한 반국가사건 진상 발표, 김상돈, 조중서 등이 주동하여 미아리와 망우리로 서울 진격을 계획

○ 6/5 미국 군인이 행인 잡고 까닭모를 주먹질, 양주와 파주에서 계속된 린치사건 발생

○ 6/7 두 곳에서 몇지않은 미군들의 폭행, 한미행정협정 체결을 촉구하며 고대생들이 시위, 미국도 행정협정 촉진을 표명

○ 6/11 화폐개혁 단행, 10환을 1원으로 절하, 동사무소와 은행은 신고군중으로 일대 혼잡, 천정부지로 구화거래, 사이다 1병 5백환

○ 6/15 김종필 중앙정보부장, 학생간첩단 검거 발표, 행정협정 촉구 데모를 간첩들이 이용

○ 6/17 송요찬 내각수반 사표 수리, 박정희 의장이 겸임

○ 6/19 생지옥 무급 갱생원(更生院), 멀쩡한 양민 납치, 감금과 몽둥이질로 금품 갈취

○ 6/18 구민주·이주당의 반혁명사건으로 74명 구속했다고 중앙정보부에서 발표

○ 6/30 결핵환자 10만 명 등록, 무료로 약품 주고 치료까지 병행

○ 7/2 알제리아 132년간의 불란서 지배에서 해방, 드골 대통령 독립을 선포

○ 7/11 내각수반에 김현철, 기획원장에 김유택, 상공부장관에 유창순 기용

○ 7/19 여름방학에 군사훈련, 전국 16개 종합대학 ROTC생 야영 훈련 176시간

○ 7/23 "미국 실험으로 부득이 한다"고 소련 핵실험 재개를 발표

○ 7/29 일본은 유안(硫安) 비료 15만톤 수출 대가로 한국 쌀 4만 톤 구입키로 결정

○ 8/2 동해남부선에서 열차와 관광버스가 충돌하여 12명 즉사, 44명 중경상

○ 8/13 소련의 세 번째 우주인이 열 바퀴째 지구를 돌고 있고 달 여행도 가까워졌다고 발표

○ 8/25 인도네시아 자카르타에서 아시아 경기대회 화려한 개막식

○ 8/28 전남 순천에 폭우 참사, 저수지 둑 터져 사망자 131명, 실종 59명, 가옥 전파 7백 호, 구례서도 20명 사망

○ 9/27 이주당 반혁명사건 관련하여 장면에 10년 징역 선고하고 구속, 안병도와 이용환은 사형 구형

○ 9/29 민주당계 반혁명 사건 관련 조중서 사형, 김인직은 무기, 김상돈 등 5명은 무죄 선고

○ 9/29 후진국의 고민인 군부쿠데타, 아르젠틴, 버마, 콩고, 에티오피아, 이란, 파키스탄, 터키, 시리아 등 28개국에서 발생

○ 10/4 미국 3명의 우주인이 지구를 6바퀴 선회(旋回)하고 남태평양 외딴섬에 귀환

○ 10/15 승소 여부에 불구하고 계엄사는 장면 석방, 교통사고로 내무부장관을 한신에서 박경원으로 교체

○ 10/17 박정희 의장 한일현안 조속타결을 강조하는 친서를 김종필 중앙정보부장을 통해 일본 수상에 전달

○ 10/22 중공은 인도 국경 전면 공격, 7개 군사 거점(據點)을 점령, 인해전술로 요새를 돌파

○ 10/23 케네디 대통령, 쿠바 해상 봉쇄로 소련의 핵공격기지 구축을 저지, 전 세계 미군에 대기령

○ 10/25 소련 선박 큐바행 항로 변경, 전쟁 위기는 사라져, 핵 병력의 불균형으로 유지되는 평화

○ 10/31 중공의 유엔 가입 좌절, 찬성 42표, 반대 56표, 기권 12표로 13번째의 고배

○ 11/5 개헌안 공고, 전문 5장에 121조, 대통령중심제, 국민투표로 확정, 개헌안이 부결되면 군정을 연장하며 민주정치의 기초 확립이라고 자화자찬

○ 11/14 새해 예산액 768억 원, 현년도 예산보다 7억 원 감소, 통화 증발 요인을 제거, 국방부 예산은 212억 원으로 27.6% 차지

○ 11/15 행정구역 변경안 확정, 부산은 직할시로, 전북 금산군은 충남으로, 강원 울진군은 경북으로 변경

○ 11/16 평년작보다 2백 만석 감수 예상으로 600만 석 부족, 미국 잉여농산물 도입에 기대

○ 11/29 한국일보에 자진(自進) 정간 경고는 무기 정간을 의미, 장기영 사장이 사로당 기사 게재지시로 구속

○ 11/29 내년엔 미국 원조 7천 5백 만불 줄어, 수출 늘려 달라 벌어 메꿔야 보충

○ 12/4 이민 제1호 브라질에 30가구 오랜 교섭이 결실, 한 가구에 2백 불씩 지원

○ 12/5 정치 분위기 완화 목적으로 선포 1년 6개월만에 계엄령 해제

○ 12/6 최고회의는 헌법개정안을 의결, 정당(政黨)규정등을 신설

○ 12/12 한국 단독초청안 채택, 찬성 65표, 반대 9표, 기권 26표, 북괴 초청안은 반대 56표로 거부

○ 12/14 박정희 의장은 군의 순수성을 지키기 위해 국정 참여로 선회, 전우는 군에 복귀 못한다고 천명

○ 12/15 문서화된 김종필과 오히라의 메모에서 무상 3억불, 차관 2억불, 민간차관 1억불이라고 일본 신문에서 보도

○ 12/17 새 헌법안에 주권행사인 국민투표, 투표율은 85%, 찬성율은 78%로 헌법개정안 확정

○ 12/21 윤보선은 대통령 선거에는 출마 않겠다고 선언하고, 정정법 해당자 모두 풀어줘야 한다고 성명

○ 12/25 일본은 사회당의 발악적 반대 회피 위해 한일국교를 1964년으로 연기할 듯

○ 12/25 3·15 부정선거 관련자인 이재학, 신현확 등 6명 가석방

○ 12/27 박정희 의장은 민정이양 스케줄 전모를 발표, 당에서 공천하면 대통령 출마, 구정치인 170명 구제 방침

○ 12/28 호남비료 나주공장 준공, 요소비료 년 8만 5천 톤 생산

(3) 오락가락하다가 민정에 참여한 박정희 (1963년)

○ 1/1 정정법 추가 구제 정치인 171명 발표, 곽상훈, 김정열, 박순천, 윤치영 등 포함

○ 1/1 김종필은 새 정당 명칭은 재건당이며 강력한 지도체계로 대의정치를 뒷받침하고, 이념이 같은 구정치인은 포섭하겠다고

○ 1/3 군인당에 맞설 단일야당 추진 행동화, 윤보선, 김병로, 이인, 전진한이 4자회담 개최, 박순천은 불참

○ 1/4 박순천, 홍익표 중심으로 구민주당계 행동통일을 결정, 군인당과 맞서겠다는 민정당이 윤보선 중심으로 태동

○ 1/7 이리 갈까 저리 갈까 망설이지만 여당에 시집갈 수밖에 없는 청조회(淸湖會)출신 의원들

○ 1/8 김병순, 황숙현 등 구자유당계 8명의 전직의원들 재건당에 참여하겠다고 선언

○ 1/10 김종필, 김정열, 김재순, 박현숙 등 모임갖고 재건당 발기문 발표

○ 1/12 국회의원 175명으로 결정, 지역구 131명, 비례대표 44명

○ 1/14 청조회는 세 갈래로, 전휴상, 김재순 등 11명은 재건당에, 조윤형, 이상신 등 4명은 야당으로, 박준규는 "쉬겠다"고

○ 1/15 민주계에서 윤보선 등 6인의 대통령 불출마 요구로 단일야당 중대 시련 고비

○ 1/16 박정희 의장은 정정법 해당자 전면 해제, 선거 연기 등 야측의 요구를 모두 거부

○ 1/16 유원식 전 최고위원은 김종필 중심의 재건당은 파당에 불과하다며 야당에 적극 참여하겠다고 선언

○ 1/16 와해(瓦解) 반보 전의 단일야당, 대통령 후보를 두고 동상이몽의 불협화음 3중주.

○ 1/18 재건당을 민주공화당으로 개명하고 발기를 선언, 임시의장 김종필 선출

○ 1/18 전남 목포 앞바다에서 돌풍 만나 여객선 침몰, 100여 명의 승객들이 익사

○ 1/22 김종필 플랜에 대한 반기로 김동하 사퇴 성명, 순풍만은 아닌 공화당의 항해, 최고회의안과 김 플랜의 대결

○ 1/24 공화당 혼선에 책임 느껴 김종필 군인당이 싫어 구정치인들을 많이 포섭했다면서 공화당 의장 사의 표명,

○ 1/28 민정당 발기인대회 발기인 349명 발표, 대표에 김병로, 6인 지도위원제 채택

○ 2/1 정정법 규제자 275명 추가 구제, 허정, 권중돈, 민관식 등 저명인사들 거의 포함

○ 2/1 민주당 창당준비대회, 대표에 노진설과 박순천, 군사통치 연장을 반대

○ 2/18 박정희는 각 정당이 9개 조건만 수락한다면 민정에 참여 않겠다고 선언, 윤보선은 군인다운 결단이라고 박정희를 찬양

○ 2/19 박병권 국방부장관은 민의에 의한 민간정부 지지, 군인이 정치 관여시 가차(假差)없이 차단할 터라고 경고

○ 2/21 "공화당 산파역은 내가 맡은 소임 못 돼"라며 김종필은 공화당 의장직을 사퇴

○ 2/23 김재춘 중앙정보부장은 중정을 체질개혁하고 4대 의혹사건 규명에 착수하겠다고

○ 2/25 김종필은 박정희 의장의 특명 전권 순회대사로 외유 등정, 버마와 터키 등 역방(歷訪)

○ 2/26 공화당 창당대회 개최, 총재 정구영, 당의장 김정열 선임, 대통령 후보 지명은 연기

○ 2/27 박정희 의장 시국수습 선서식, 정치 목표 실패를 자인하고 민정불참 공식 천명,

○ 2/28 정정법 규제 대상 정치인 2,322명 해금, 김도연, 장택상, 이범석, 오위영 등 포함하되 269명은 제외

○ 3/4 민주당은 허정 신당인 신정당에 합류키로 의결, 자유당계는 이승만의 이념을 계승하여 행동을 통일하기로 결의

○ 3/6 중앙정보부는 증권파동 관련 유원식, 천병규 등 15명 구속

○ 3/10 박정희 의장 암살 기도한 쿠데타 음모 적발, 박임하, 김동하, 박창암, 이규광 등 19명 검거

○ 3/16 박정희 의장은 앞으로 4년 동안 군정을 연장할 것을 제의하고 국민투표를 실시하겠다고 선포

○ 3/19 박정희 의장은 국민들의 규탄 받은 정치인 물러선다면 번의(翻意) 용의가 있다고 재야지도자와의 회담에서 언명

○ 3/20 군정연장 반대 관철을 위해 재야 정치인들은 공동전선을 결성하여 범국민운동 전개키로 결의

○ 3/22 3군 지휘관 비상회의에서 군정 연장을 지지, 재야정치세력들은 민주구국 선언대회를 개최하고 군정 연장을 절대 반대

○ 3/26 미국 국무성은 군정연장은 정국 안정의 위협이라며 합리적 민정이양 희망을 발표

○ 3/29 서울대생들 군정연장 반대,정치인 자숙결의하는 궐기대회

○ 3/30 박정희, 윤보선, 허정 3자회담 결렬, 더 굳어진 양극분화

○ 4/8 박정희 의장 국민투표 9월 말까지 실시보류 선포, 재야는 3·16 성명 변형에 불과하다고 폄하(貶下)

○ 4/15 재야지도자 11인은 2·27 선서를 실천하자고 대정부 성명

○ 4/29 신정당 창당 준비대회 개최, 위원장 허정, 부위원장 이상철, 이갑식을 선임

○ 5/6 군정연장 반대연설회에 3만 청중 운집, 윤보선, 박순천, 이범석, 장택상 등 등단 연설

○ 5/9 이후락 공보실장 "년내 민정이양, 가을 총선은 최고회의의 확고한 방침"이라고 발표

○ 5/13 신정당 민주계가 집단이탈의 결의로 치명적 난국에 봉착, 허정은 갈 사람은 가야지라며 난파선에 안주

○ 5/14 민정당 창당 대회, 대표에 김병로, 대통령 후보엔 윤보선

○ 5/17 미국 우주선 7호 지구 22회전(回轉)성공, 쿠퍼 소령 귀환

○ 5/22 김동하계, 박임하계 따로 쿠데타 음모사건 공판 개정, 피

고석에서 조작이라고 고함(高喊)

○ 5/24 이후락 공보실장 "박정희 의장 대통령 출마는 상식화된 것, 공화당에서 후보로 추대하면 수락키로 내략했다"고 발표

○ 5/27 공화당 전당대회에서 대통령 후보에 박정희 의장을 지명, 박 의장도 수락(受諾) 표명

○ 6/1 범국민정당인 국민당 창당 발기위해 20명 모여 기획위를 개최

○ 6/3 김재춘 중앙정보부장 "범국민정당도 대통령에 박정희 의장을 추대한다"고, 공화당과의 합병에 박 의장이 조정을 시도

○ 6/8 민정당의 소선규, 조영규 등 20여 명 범국민정당에 합류키로 선언

○ 6/10 범국민정당 발기를 선언하고 준비위원장 소선규, 부위원장 김용우 선임

○ 6/12 민우당 발기를 선언하고 고문에 이범석, 이윤영 추대하고, 준비위원장에 안호상 선출

○ 6/13 5월동지회 창립총회, 회장 박정희, 부회장은 이주일, 김범부, 정치단체 아님을 천명

○ 6/18 5월동지회와 재건운동본부 알력 확대, 이관구 본부장 "동지회 가입은 안 된다"고 선언

○ 6/27 박정희 의장은 여하한 일이 있더라도 국민을 굶기지 않겠다면서 미국에서 소맥 20만 톤 공급 약속을 받았다고 발표

○ 6/27 증권파동사건 피고 전원에 의혹의 원인이 없다면서 무죄 선고, 야권은 진상규명에 공동 투쟁키로 결의

○ 7/5 재야 단일후보 논의 위해 윤보선 대통령 후보 사퇴. 허정과 단일야당 후보 원칙에 합의

○ 7/5 친여세력 단일화에 박정희 "아집(我執) 계속하면 여계(與系)로 안 본다"고 범국민정당에 최후통첩

○ 7/10 긴 장마로 비바람이 설치고 간 뒤 썩은 보리 말리며 가난과 주림과 한숨만이 전국을 휩쓸어, 형편없이 부족한 구호 식량

○ 7/13 중앙정보부장 김재춘을 김형욱으로 교체, 최고회의 운영위원장 장경순 급부상

○ 7/15 민정, 신정, 민우당 무조건 통합키로 3당 영수회담에서 합의, 민주당은 단일후보에만 찬성

○ 7/15 자민당도 양분될 국면에, 비주류계는 무조건 공화당과의 합병을 주장, 주류는 합병 주창자를 제명으로 응수할 태세

○ 7/18 민주당 창당대회, 총재에 박순천, 박정희 의장 출마하면 대통령 후보 안 내기로 의결

○ 7/27 박정희 의장 민정이양 일정을 정식 발표, 대통령선거 10월 중순, 국회의원 선거 11월 하순

○ 8/1 국민의당 창당준비위원회 결성, 대표위원에 김병로, 허정, 이범석, 군정종식과 악법개정 등 주장

○ 8/5 재야 5당 공명선거투쟁위원회 구성, 박정희 의장의 공직

사퇴와 선거 중립내각 수립을 주장

○ 8/8 송요찬 전 내각수반 박정희 의장에게 보내는 공개장에서 "나라의 주인은 국민, 나 아니면 안 된다는 것은 위험한 사고, 지금 물러서는 게 애국(愛國)"이라고 제언

○ 8/9 "재직시 말과 딴판"이라며 이후락 공보실장 공개장 반박

○ 8/10 쿠데타 사건에관련하여 혁명과업 방해죄를 적용하여 박임항, 이규광, 정진 등에 사형을 구형

○ 8/12 6·25 때 조영구 중령 사살사건과 4·19 때 발포지시 관련하여 살인과 살인교사 혐의로 송요찬 구속,

○ 8/16 김현철 내각수반 "박정희 의장 출마는 결정적, 65% 득표로 당선 확실"하다고 희희락락

○ 8/22 국민의당 난항 거듭, 민정당 법통싸고 신정당·민우당의 대립 격화, 이범석 대통령에 출마 않겠다고 선언

○ 8/27 민정당은 국민의당에 거당적으로 참여, 김도연을 대통령 후보로, 윤보선은 출마 포기하고 김도연 지지 호소

○ 8/28 통·반장 시켜 입당을 권유하여 물의 일으킨 공화당의 당원 배가운동

○ 8/29 정민회 창당대회, 변영태 총재를 대통령 후보로 지명

○ 8/30 박정희 대장 전역식, 강원도 철원에서 "혁명의 악순환 없는 조국 재건위해 민정에 참여키로 결심했다"고 성명

○ 8/31 박정희 공화당 총재는 대통령 후보 수락, 자주자립의 새

245

날 위해 선전 선투할 것을 약속

○ 9/2 민주당은 박정희 의장의 공화당 입당은 헌법과 국회법 위반이며 지명수락도 무효라고 주장

○ 9/3 자민당 창당대회, 대표엔 김준연, 최고위원엔 소선규, 송요찬, 김봉재, 김재춘을 추대

○ 9/4 재야지도자·야권연대에서 허정을 천거하자 민정당은 김도연을 사퇴시키고 윤보선을 대통령 후보로 번의하여 결정

○ 9/5 국민의당 창당대회, 김병로, 허정, 김도연, 이범석, 이인을 최고위원으로 선출, 대통령후보 선출은 난항을 거듭

○ 9/6 자민당 대통령 후보에 송요찬 지명, 송요찬은 "자유민주주의 소생을 위해 지명을 수락", 김재춘은 돌연 외유

○ 9/12 국민의당 창당대회는 시종 난장판, 민정계의 국민의당 해체결의 제의로 옥신각신

○ 9/12 민정당 전당대회, 윤보선 대표를 대통령 후보로 재지명, 김법린, 이인 후임으로 나용균, 신각휴 최고위원 보선, 중앙선거위원회에 416명 서명으로 국민의당 해체결의서 제출

○ 9/14 상처뿐인 국민의당 대의원대회에서 대통령 후보에 허정 지명, 민정계는 불참

○ 9/16 대통령 후보 7명(장이석, 송요찬, 박정희, 오재영, 윤보선, 허정, 변영태) 난립

○ 9/19 송요찬 구속은 저열한 정치보복행위, 4·19의 넋이 통곡할 일이라고 재야 5당 대변인 공동성명

○ 9/28 김형욱 중앙정보부장 "여순사건 관련자 정부에 없다. 황태성은 영남폭동 주동자로 북괴 무역성 부상(副相)"이라고 해명

○ 10/1 윤치영은 "송요찬, 김재춘은 총살 마땅", "썩은 구정치인이 집권하여 다시 혁명이 일어난다"는 발언은 당연한 말이라고 강변

○ 10/2 허정은 난립하면 군정 재집권 분명하다면서 대통령 후보직 사퇴하고 야당 단일후보 성취에 앞장서겠다고

○ 10/7 자민당 간부와 협의 없이 야권 단일후보 실현 위해, 국민에 바른 판단 호소하며 송요찬 후보 사퇴

○ 10/9 경찰에서 "선거법 위반 언동 할 것이다"면서 공명선거투쟁위원회 강연회 불허

○ 10/12 민족을 구출할 능력이 없고 위헌·위법·부정선거 자행하여 박정희 후보 하야를 촉구하는 재야 5당 공동성명 발표,

○ 10/15 대통령에 민주공화당 박정희 후보 당선, 윤보선 후보와 15만 표차, 추풍령(秋風嶺)을 분수령으로 대결한 셈

○ 10/19 자민당 노선이 뚜렷해졌기 때문이란 이유로 김도연, 서민호 자민당 입당

○ 10/23 김종필 귀국, 오치성, 강상욱, 조창대 등 5월동지회 회원들 공화당 입당

○ 10/24 여주에서 나룻배 침몰로 소풍갔던 어린이 등 49명 익사

○ 10/30 공화당 공천자 발표 계기로 낙천자들 반발, 윤치영계와 자민당 탈당파가 가장 반발 심해

○ 11/1 창당이념 크게 벗어난 공화당 2차 공천, 부정선거 관련자와 독직(瀆職)자 포함되고 세대교체, 체질 개선은 포기

○ 11/2 월남 쿠데타 성공, 고딘디엠 대통령 자살, 불교도 구금자 석방, 전 부통령 뉴엔 곡 토가 새로운 수상으로

○ 11/16 목포경찰서 정보반장 경찰 부정선거 사례 폭로, 별도 예산으로 유권자 포섭하고 지서별로 현금을 살포했다고

○ 11/21 경기도 양주군청 직원이 각 동에 직원 보내 선거운동하라는 지령을 했다고 폭로

○ 11/22 정창운 검찰청 차장은 공무원 선거관여 밝혀지면 관련자 즉각 구속하라고 현지 검찰에 지시

○ 11/22 평택경찰서 윤 모 순경은 마음 놓고 운동을 하라며 지시하고 부정선거 관계서류 소각했다고 폭로

○ 11/23 케네디 미국 대통령 달라스에서 피격 급서, 범인은 오스왈드, 존슨 부통령 대통령 취임

○ 11/24 박정희 의장 케네디 대통령 장례식 참석차 향미, 오스왈드도 피살

○ 11/27 공화당 압도적인 우세로 원내 안정세력 유지, 공화당 110석이지만 민정당 등 야당 65석일 뿐

○ 12/2 공화당은 새로운 당의장에 김종필 지명

○ 12/3 민주, 자민, 국민의당 원내교섭단체 단일화하기로 합의했으나 3당통합엔 양론

○ 12/6 야당은 정치에 참여했던 군인들의 원대복귀는 군(軍)의 순수성을 들어 부당하다며 반대

○ 12/9 국무총리에 최두선, 수락거부면 이용희나 정일권 물망, 국회의장에 이효상, 국회부의장 장경순 내정

○ 12/13 새 내각 조립, 부총리 김유택, 외무 정일권, 내무 엄민영, 농림 원용석, 총무처 이석제 기용

○12/14 정정법해당자 192명 추가해제 장면, 김상돈 등 74명 제외

○ 12/17 제3공화국 탄생, 박정희 대통령에 취임, 겨레의 충복(忠僕)으로 봉사 다짐, 제6대 국회 개원

[제3부] 민정으로 이양하고 재집권에 성공한 박정희

제1장 제5차 개헌으로 민정이양을 위한 준비

제2장 사상논쟁(思想論爭)의 격전에서 승리한 박정희

제3장 민주공화당이 국회 의석의 63%를 점유

제1장 제5차 개헌으로 민정이양을 위한 준비

1. 민정 참여와 민정 불참을 오락가락한 박정희

2. 정치활동정화법으로 입맛에 맞는 정치인 선발

3. 헌법개정안을 확정하고 선거관계법 정비

4. 군부정권을 계승(繼承)할 민주공화당 창당

5. 단일야당의 꿈은 사라지고 4분 5열된 야권

1. 민정 참여와 민정 불참을 오락가락한 박정희

(1) 일본과 미국을 방문하여 정상들과 환담

박정희 최고회의 의장은 유양수 최고위원, 최덕신 외무부장관, 천병규 재무부장관, 박병권 국방부장관, 원충연 공보실장 등 13명의 수행원을 대동하고 KAN기로 한·미 정상회담을 위해 일본을 향했다.

박정희 의장은 일본 이케다 수상과 만나 청구권에 성의를 표시하면 평화선에 신축성을 보이겠다면서 한일간의 현안(懸案) 해결에 계속 노력하겠다고 약속했다.

박정희 의장은 미국 케네디 대통령과의 회담에서 민정복귀를 다짐하고 미국은 강력한 원조를 확약했다.

미국은 국군현대화의 지원을 확약했으나, 경제개발 5개년 계획의 전폭적인 지원을 위한 23억불 원조는 거절했다.

박정희 의장의 방미는 성공적이었으며, 혁명정부 위신 앙양에 보탬이 되었으나, 미국 원조는 작년보다 2천만 불이 감소됐다.

박정희 의장은 귀국 기자회견에서 미국도 군사혁명의 불가피성을 충분히 인식했다고 주장했다.

미국 케네디 대통령은 정일권 주미대사와의 대담에서 "한국의 오늘이 더 좋은 장래를 위한 단계이기를 기대한다"면서, "혁명은 불가피한 과업"이라고 묵인했다.

박정희 의장은 미국 군용기 편으로 귀국했으며, 김포가도 40리에 태극기의 인파가 구름처럼 몰려들어 환영 일색이었고, 모터케이트 경호대열이 이채로웠다.

(2) 원대복귀와 민정참여를 결정하지 못한 박정희

박정희 의장은 5. 16 한돐 기념사에서 국민 스스로 헌법을 개정하되 혁명과업이 조속히 완수되면 민정이양의 시기를 단축하겠다고 약속했다.

박정희 의장은 광복절 기념사에서 "비양심적이고 비국가적인 인사들에게 아무런 보장도 없이 정권을 선사(膳賜)하기 위해서 국군장병들이 생명을 걸고 혁명을 하지는 않았다"면서, "군정 2년이 너무 길다고 하는 사람이 있으나 이 나라에 다시는 부정과 부패의 재발이 없도록 하고 국가 백년대계의 확고부동한 토대를 닦기 위한 것이라면 몇 달 동안의 기간을 단축하거나 연장하는 것이 커다란 문제가 될 수 없다"면서, 군정 2년은 길지 않고 민정이양을 서두는 자는 정권에 대한 야욕(野慾)만 있을 뿐이라고 비난했다.

송요찬 내각수반의 사표를 수리하고 대통령과 내각수반을 겸임한 박정희 의장은 "이 동안에 정책수립기관 최고회의와 집행기관인 내각 사이에 불필요한 시간 및 노력의 낭비를 덜기위한 방법을 연구해서 능률적이고 원활히 일이 진행될 수 있도록 시정하겠다"고 다짐했다.

박정희 의장은 "좋든 싫든 얼마동안 정치에 관여했는데 순수성을 지녀야 할 군에 다시 돌아가는 것은 맞지 않은 일이라고 생각한다. 따라서 정권이양 후에 다시 군복을 입고 군으로 돌아갈 생각은 없다"고 밝히자, 이후락 공보실장은 "박정희 의장이 차기 대통령이 되는 것이 국민의 절대적인 여론이라면 국민을 위하여 혁명을 일으킨 박 의장 자신도 이러한 여론을 무시하지 않을 것이다"라고 해설했다.

영단(英斷)과 결행의 인간, 책임과 각오의 인간, 대중의 편에 서는 인간이라고 박정희 의장을 동아일보에서도 극찬했다.

박정희 의장은 정권이양의 시기와 방법에 대해 8. 15 이전에 발표하겠다고 기자회견에서 밝혔고, 계엄해제는 시기상조라고 덧붙였다가 민정 이양의 시기와 방법을 발표했다.

1963년 5월에 총선거를 실시하고, 1963년 1월 초부터 정당활동은 허용하되 구정치인은 제외하며, 정체(政體)는 대통령책임제이며 국회는 단원제로 하고 의석은 100~120석으로 한다고 밝혔으며, 윤보선 대통령은 논평을 거부했다.

박정희 의장은 민정이양 스케줄 전모(全貌)를 발표하며, 당에서 공천하면 대통령에 출마하겠다고 밝혔다.

박정희 의장은 "국민투표를 위해 계엄령을 해제 않는다. 구정치인들 구제계획은 현재는 없다. 구정치인들은 아직도 반성을 안하고 정부만 비방하고 있다"고 비난했다.

박정희 의장은 국정에 참여한 군인은 군의 순수성을 지키기 위해 군으로 복귀 못한다는 성명을 발표하면서, 최고위원의 민정의 참여는 군복을 벗어야 하며, 년내에 구정치인 170명 내외를 구제하겠다고 선언했다.

정치활동은 1963년 1월 1일부터 허용하며 범국민여당을 구성하되 사회주의 정당은 환영않는다고 덧붙였다.

최고위원 일부가 혁명과업 도상(途上)에서 군복을 벗은 것은 부당하다며 군복을 입고 국회의원 출마를 주장했고, 박정희 의장은 신중한 검토를 밝혔다.

그러나 김형욱 최고위원은 "최고위원은 군복을 벗고 출마해야 할 것이다"고 주장했다. 열쇠는 박정희 의장의 결단에 달렸다.

박정희 의장은 민정이양 때에는 "혁명정부의 과업을 이어받을 양심적인 인물이 기어이 나오도록 해야겠다"면서, "만약 차기정권이 또 부패하거나 무능할 때는 재혁명을 하여서라도 바로 잡아야겠다"고 권력의지의 민낯을 드러냈다.

정부는 박정희 소장을 중장으로, 채명신, 장경순, 노재현, 양찬우, 이세호, 김용순, 윤태일 준장을 소장으로, 김재춘, 유원식, 박태준, 정승화, 최영두 대령을 준장으로 무더기 진급시켰다.

박정희 의장은 중장 진급 3개월 만에 대장으로 승진했다.

(3) 시국 수습을 위한 선서식에서 민정불참 천명

1963년 2월 박정희 의장이 갑자기 각 정당이 9개안을 수락한다면 민정에 참여하지 않겠다고 선언했다.

군의 정치적중립 견지, 4·19와 5. 16 혁명정신의 계승, 혁명주체는 개인의 의사에 따라 정치참여나 군에 복귀, 일체의 정치보복 금지, 공무원들의 신분보장, 유능한 예비역 군인들의 기용, 모든 정당들은 정쟁지양, 새 헌법의 권위보장, 한일회담의 협조 등을 제시했다.

이에 민정당과 민주당은 "전폭적으로 환영한다"고 수습방안을 찬성했고, 윤보선 전 대통령은 "이 난국을 타개하기 위한 고충과 군인다운 결단"이라며 찬사를 보냈다.

박병권 국방부장관은 민의에 의한 민간정부를 적극 지지하며 군의 긍지를 견지하여 국민에 보답토록 하라고 긴급 지시하면서, 군인들이 정치관여시 가차(假差)없이 처단할 것이며, 전 장병은 즉각적인 실천을 촉구했다.

한편 정치구도는 전면 재편될 전망이며, 공화당은 모함잃은 함재기(艦載機)같은 고민에 휩싸이게 됐고, 송요찬 전 내각수반은 공화당의 해체는 마땅하며 모든 정치인은 박정희 의장의 제안을 수락할 것을 촉구했다.

1963년 2월 27일 정당 대표, 정치지도자, 각 군 참모총장이 참석하여 시국 수습에 대한 역사적인 선서식을 시민회관에서 개최했다.

박정희 의장은 정치 목표의 실패를 자인하고, 일대 각성이 없으면 다시 위기가 초래될 수 있다고 경고하면서, 민정 불참을 공식적으로 천명했다.

정정법 해당자를 전면 해금하고 대통령과 국회의원 선거는 여론에 따라 연기하여 실시할 것도 약속했다.

(4) 정국을 긴장시킨 4년간 군정(軍政) 연장 성명

1963년 3월 16일 민정불참 서서식 거행후 17일만에 박정희 대통령권한대행은 모든 정치활동을 중지시키고, 군정 4년 연장에 대한 가부(可否)를 국민투표에 붙이겠다고 선언했다.

이에 이인 등 재야(在野)정객들은 국민들의 여론을 주시하면서 비공식 회합을 갖고 진로를 협의하며, 3. 16 성명의 철회를 요청하기로 합의했다.

민정이양을 백지화한 3.16 성명은 제2의 혁명이라는 반응이며, 구태의연한 혼란은 있었으나 서서식 이후에는 자숙했다는 평가도 받았다.

그러나 군정연장 선언은 혁명공약과 2. 27 선서 위배이며 국민투표가 공정하게 실시될지 의구심을 갖게 했다.

박정희 의장은 재야 지도자와의 회담에서 국민들로부터 규탄(糾彈) 받은 정치인이 물러선다면 3. 16 성명을 3월 말까지 보류하겠다고 밝혔다.

미국 국무성은 박정희 의장의 군정연장 성명에 반대하여 대한경제원조 중지를 고려중으로 알려졌으며, 유창순 경제기획원장관은 이와 관련하여 사의를 표명했다.

박정희 의장과 면담한 윤보선, 김준연, 김병로, 이범석, 장택상, 김도연 등 6인은 구정치인들이 선거에 참여하지 않고 신진인물로 대체한다면 3. 16 성명을 철회하겠다는 박정희 의장의 조건부 타협안을 일체 거부키로 하고, 3. 16 성명 철회를 요구한 국민운동을 전개하기로 합의하고 서명날인을 추진하기로 했다.

민정당과 신정당 대표자 회의에서도 초당적 항쟁에 합의했으며, 어떠한 희생도 각오하며 뜻을 관철키로 했다.

정치인들은 3. 16 성명은 국민앞에 한 선서의 위배이고, '나 아니면 안 된다'는 식의 사고는 위험한 발상이며, 때가 묻고 안 묻고의 여부를 일정한 선을 그을 수 없다는 입장인 반면, 박정희 의장은 정치적 혼란을 모른체할 수 없으며, 나라가 망한 뒤에 애국자보다는 나라 살리기 위한 역적(逆賊)의 길을 선택했다고 변명했다.

군정이냐, 민정이냐의 극과 극의 평행선 대립으로 타협의 기미(幾微)는 전혀 없는 가운데, 윤보선과 허정의 가두(街頭)산책에 수많은 군중이 뒤따르는 사태로 계엄령과 범국민 데모로 맞설 가능성도 점쳐졌다.

윤보선, 변영태, 김준연, 김도연, 백두진, 박순천 등이 참가하여 군정 연장을 절대 반대하는 '민주구국 선언대회'를 개최하고, 시가행진을 감행했다.

3군 지휘관 비상회의에서는 3. 16 성명의 절대지지를 천명하고, 박정희 의장도 구정치인들을 통렬히 비난하며, 3. 16 성명에는 추호(秋毫)의 변동이 없다고 단언했다.

현역장교 60여 명은 최고회의 앞에서 계엄선포와 군정 연장을 주장하며 시위를 벌였다.

이에 박정희 의장은 "혁명은 5. 16이 마지막이다"라며, 여하한 동기나 목적에도 불구하고 불법적인 데모는 엄단하겠다고 경고했다.

4월 혁명 기념탑앞에서 서울대생 수천 명은 군정 연장 반대와 정치인 자숙 등을 결의했고, 케네디 미국 대통령은 한국의 민주적 정부의 복귀를 열망한다고 선언했고, 주한 버거 미국대사는 군정 연장의 반대 입장을 박정희 의장에게 전달했다.

미국 국무성은 군정 연장이 한국의 안정을 위협하므로 합리적인 민정 이양을 희망한다면서, 한국 정부의 재검토를 확신한다는 메시지를 전달했다.

이에 이후락 공보실장은 군정 연장 여부는 한국 국민이 판단한다고 반발했고, 김현철 내각수반이 주재하는 시국수습회의는 공화당, 민정당, 신정당, 자유당과 거물 정치인이 불참한 가운데 "때 묻은 정치인이 후퇴하지 않으면 3. 16 성명 그대로 시행한다"고 밝혔다.

시국수습회의가 공전됨에 따라 시국수습의 최종협의를 위한 박정희, 윤보선, 허정의 3자 회담이 탐색(探索)됐으나, 박정희 의장은 정치혼란상이 재연되는 상황에서 민정 이양의 연장은 불가피하다며 3. 16 성명을 그대로 강행할 것을 재천명했다.

2. 27 선언에 참석한 22명은 혼란이 있다면 군정 당국이라며 3. 16 성명철회를 위한 서명운동을 전국적으로 펼쳐 나가도록 했다.

군정 연장을 위요(圍繞)한 혁명정부와 재야 정치세력과의 시국수습을 위한 최종협상이 박정희, 윤보선, 허정의 3자 회담에서 시도됐고, 군정 연장 보류조건으로 내세운 국민의 지탄받은 구정치인의 자진 은퇴의 실현 방식이 구체적으로 논의됐다.

은퇴 정치인 기준으로 부산 정치파동, 부정선거 책임자 등이 거론된 것으로 알려졌다.

참신하고 양심적인 정치인에게 정권을 이양하겠다는 혁명공약에 대해, 박준규 전 의원은 "세속에서 격리되어 아무런 오점없는 백설 같은 순결성 보다는 모진 시련과 유혹 및 풍상에 시달리고 시간과 인간의 때가 묻으면서도 자기를 지키는 양심을 택해야 할 것이다"라고 강조했다.

그가 주동이 되었던 청조(淸潮) 운동의 그것과 혁명정부가 하는 언행이 흡사한 것이 많으나 선비의식조차 없다고 한탄했다.

그는 군정이 섣불리 성급한 민정이양을 했다가 다시 군부가 나서지 않을 수 없었던 버마(마안마)의 예를 들면서, 새로운 굳건한 엘리트층을 만들어 놓고 민정이양을 해야 한다고 주장하다가 민주공화당에 누구보다 앞장서서 입당했다.

(5) 군정연장 국민투표를 보류(保留)한 4·8 성명

1963년 4월 8일 박정희 의장은 군정연장에 대한 국민투표를 9월 말까지 보류하고 정당활동 재개를 허용하는 시국수습에 대한 최종 단안을 발표했다.

그러나 재야의 정계에서는 3. 16 성명의 변형에 불과하다고 의구심을 표시했고, 최고회의측은 박정희 의장의 대통령 출마를 위한 포석이라고 해석했다.

김현철 내각수반도 현행법에 저촉되지 않으면 누구든 출마할 수 있다면서 박정희 의장의 대통령 출마를 시사했다.

재야 정계에서는 군정연장 반대를 위해 각 당 협의체를 구성하여 전국적인 서명 날인운동을 전개하고 있으나, 이후락 공보실장은 재야 정치인들의 행동은 유감이며 여하한 양보도 안한다는 대결국면에서, 윤보선 전 대통령은 군정 연장을 철회한다면 12월 민정이양도 무방하며 4년간 초당파 내각도 주장했다.

결국 4. 8 성명은 모든 중대성명을 백지화시킨 중대성명으로 정계에서의 반향은 정략 냄새가 짙으며, 정국혼란을 씨 뿌린 그저 착잡할 뿐이라는 반응이었다.

결국 박정희 의장이 미국의 압력에 굴복하여 군정 4년 연장안을 취소했다는 것이 정설이고, 김준연은 맞대놓고 박정희 의장더러 물러나라고 못한 것은 용기가 없었다고 술회했다.

박정희 의장의 대통령 출마 여부는 가까운 시일내에 밝힐 듯하며 어느 때보다 심각하게 검토했다.

혁명주체세력은 출마를 확신하고 있고 범국민정당 성패가 결정적인 영향을 끼칠 것으로 보이며, 일부에서는 박정희, 윤보선, 허정의 제휴 가능성도 제기됐다.

변영태는 현재의 시국은 최대의 국난이라며 구정치인을 전원 해금하고 무소속 출마 허용을 국민투표로 결정하라는 등의 6개항 수습책을 제시하고, 영단이 없으면 군정과 당쟁의 악순환이 계속될 것이라고 예단했다.

이후락 공보실장은 박정희 의장 출마 반대운동은 극히 비정상적인 정치활동이며, 박 의장 불출마 결심을 스스로 하였듯이 출마는 자신의 결정에 따를 것일뿐이다라고 밝혔다.

결국 성급한 2·27 민정 불참선서에 따른 반작용으로 4년간 군정연장을 선언한 3·16성명이 발표됐고, 미국과 재야의 반발로 박정희 의장의 민정참여의 변형인 4·8 선언으로 마무리됐다.

2. 정치활동 정화법으로 입맛에 맞는 정치인 선발

(1) 최고회의는 4,681명을 정정법 심사대상으로 선정

국가재건최고회의는 민주당 시절 제정한 공민권제한법을 폐지하되 공민권 제한자, 5대 민의원과 참의원, 주요정당 간부들 모두를 대상으로 정치활동의 적부(適否)를 심사하는 정치활동정화법(政淨法)을 의결했다.

국가재건최고회의는 정치활동 적격 심판대상자로 1차로 4,178명 중 2,907명을 공고했다. 대상자로 발표된 자는 공고된 날로부터 15일 이내에 적격심판을 청구할 수 있다.

여기에는 초대 참의원 56명, 5대 민의원 240명, 민주당 집권시절의 국무총리, 국무위원, 대사, 공사, 심계원장, 감찰위원, 민주당 간부 734명이 포함됐고, 신민당 간부 605명과 반민주행위자, 공민권제한법 해당자 1,257명이 포함됐다.

적격판정을 받지 못한 대상자는 1968년 8월 15일까지 일절(一切)의 정치활동을 할 수 없게 되어있다.

부정축재자 32명, 혁명방해자 50명을 포함하여 정정법 대상자를 2차로 1,285명을 공고하여, 4,192명이 심사대상이 됐다.

허정, 김성곤, 최석채, 장준하, 양호민 등 언론인이 포함됐고, 부완혁, 고재호, 진헌식, 양우정, 신태악, 태륜기, 육완국, 박태선, 정현모, 장도영, 박치옥, 이회영, 강영훈, 이한림, 오제도, 배의환, 선우종원, 나학진, 박흥식, 김용안, 정재호, 김만기, 양국진, 백인엽, 김달호, 이동화, 고정훈, 김창숙, 조경한, 김학규, 박권희, 정상구 등도 포함됐다.

심사대상자 215명이 추가되거나 정정되어 적격 심사대상자 총수는 4,374명이 됐다. 윤치영, 이선근, 유태하, 원용덕, 박영출, 유근일, 백성욱 등이 추가됐다.

최고회의는 적격심판 추가대상자 307명을 공고했다. 여기에는 정치부패자 108명, 민주당원 84명, 신민당원 61명, 혁신계 인사 53명이 포함됐다.

정치규제자들은 6년간 공직선거에 후보로 출마하거나 선거운동에 종사하거나 정치집회의 연사가 되거나 정당활동을 하는 것 등의 제반(諸般)활동이 금지되었다.

이 법은 군부가 본격적으로 정치일선에 나서기 위해 일정기간 동안 구정치인들을 정치무대에서 격리시키는데 그 목적이 있었다.

따라서 규제 기간을 6년으로 잡는 데는 그 사이 치러질 대선과 총선에서 국민들에게 자신들을 인식시키고, 경제개발계획의 성과를 바탕으로 국민적 신망을 얻을 수 있다는 계산이 깔려 있었다.

이주일 정치정화위원장은 적격심사위원회 기준에 대하여 혁명과업 수행에 현저한 공헌이 있거나, 개전의 정이 현저하거나, 타인에 의해 부정을 강요당한 자 등 9개항목 해당자는 적격 판정하고, 3. 15 부정선거나 7.29 총선거를 계획했거나 실시한자, 정치적 파쟁이나 혼란을 야기(惹起)하거나 조장한 자 등 15개 항목에 해당하는 자는 부적격 판정을 받을 것이라고 발표했다.

(2) 윤보선 대통령 하야와 군정(軍政)에 대한 반기

1965년 8월 12일까지 재직할 수 있었던 윤보선 대통령이 취임 후 19개월 10일만인 1962년 3월 23일 사임하여 청와대를 떠나 안국당 사저로 옮겨갔다.

윤보선 대통령의 사퇴로 박정희 최고회의 의장이 대통령 권한대행을 맡게 됐다.

윤보선 대통령은 "내가 언제까지나 이 자리를 지켜야 할 명분이 있는 것도 아니라는 사실을 잘 알고 있기 때문에 항상 그 자리를 물러날 적당한 시기를 택(擇)하려 했었다"고 밝혔다.

윤보선 대통령은 정치활동정화법에 대한 자신의 우려가 기우(杞憂)에 불과했다는 것을 입증한다면 다행으로 생각한다면서, 야당에 힘이 된다면 도울 생각이지만, 대통령 선거에는 출마하지 않겠다고 선언했다.

그는 정정법 해당자 모두를 풀어줘야 하고, 정정법은 필요 없는 것이라고 주장했다. 그의 하야는 정치활동정화법이 동기로 알려졌으며, 정부와 국민이 단결하여 국가재건을 이루도록 당부했다.

(3) 박정희 최고회의 의장은 몇 차례에 걸쳐 구제자 발표

최고회의는 정정법 해당자 4,067명 중 2,768명의 심판청구서가 접수됐다고 발표했고, 이주일 최고회의 부의장은 신청자의 60%는 구제될 것이라고 밝혔다.

신청자에 대한 적격판정은 45%이고 5대 민의원 가운데 22명(민주당 3명, 신민당 11명, 무소속 8명)에 불과하며, 참의원은 8명(신민당 4명, 무소속 4명)에 불과했다.

유명인사로는 김성곤(동양통신 사장), 고재호(중앙선거위원장)이며 자유당 출신으로는 김종철, 이응준, 박현숙, 손재형, 황숙현, 안용대, 김정근, 이상룡, 박상길, 유기수, 이사형, 김두진, 최규하, 최세황, 박도언, 김치열, 강경옥 등이고 5대 민의원은 홍광표, 이종린, 정길영, 신하균, 조윤형, 김창수, 홍춘식, 유청, 유진, 김상흠, 박준규, 오상직, 이상신, 유광열, 전진한, 김석원, 장익현, 정인소, 전휴상, 이교선, 윤종수, 김성환 등이다.

참의원은 김용성, 윤치형, 백낙준, 하상훈, 이효상 김형두, 김달범, 이인 등이고, 재야 인물로는 신숙, 김용식, 유재흥, 전예용 등 총 1,336명을 구제했다.

박정희 의장은 1,340명의 정치활동 적격심판자를 확인했고 여기에는 최규남, 이교선, 박준규, 김석원 등이 포함됐다.

적격심판을 받은 박준규, 김재순 등 민주당 시절 청조회 멤버들은 박정희 의장이 군복을 벗고 지도자에 나서야 한다며 대통령 추대 운동을 추진했다.

박정희 의장은 구정치인 171명을 추가로 구제했고, 여기에는 5대 의원 10명, 참의원 5명을 포함하여 전 국무위원 11명도 포함됐다.

곽상훈 민의원 의장을 비롯하여 김정열, 최규남, 홍익표, 박순천, 윤치영 등이 구제됐으며 혁명정부의 포섭대상인 허정은 제외됐다.

김남중, 최상채, 김장섭, 김병로, 송관수, 정낙훈, 김원전, 함재훈, 서태원, 박준선, 김옥형, 박종길, 서정귀, 김재순, 김응조, 김윤기 등이 구제되었으며 이들의 소속은 자유당 출신 76명, 민주당 출신 31명, 신민당 출신 38명, 무소속 26명이다.

(4) 국민들의 여론에 굴복하여 정정대상자 269명만 묶어

최고회의는 2월 1일자로 구정치인 373명을 추가 해금조치했다.

여기에는 허정 전 국무총리, 백남훈 신민당 전당대회의장, 민관식, 권중돈, 조한백, 이갑식, 이정래 전 의원들이 포함됐다.

소속별로는 무소속 81명, 자유당 77명, 민주당 54명, 신민당 47명, 군소정당 16명이다. 곽태진, 이영권, 박용만, 유옥우, 이충환, 권성기, 송원영, 이은태, 김철안, 양영주, 김종갑, 오재영, 김주묵, 이옥동, 홍순희, 유용식, 구흥남, 손석두, 이동녕, 이정희, 김기섭, 장석윤, 최용근, 서임수, 박희현, 정헌조, 신의식, 박기운, 정긍모, 정문갑, 권동철, 이원만, 신상초, 민관식, 김재곤, 안동준, 이종순, 조일환, 오정국, 우돈규, 이병하, 김세영, 김영삼, 최치환, 김명윤, 최준길, 고담룡, 민영수, 문달식, 김학규, 이종준, 강재량, 장영모, 윤형남, 이상돈 등도 해금됐다.

대통령 선거를 앞두고 최고회의는 김도연, 김준연, 장택상, 이범석, 서민호, 오위영, 조재천, 주요한 등 2,322명을 해금됐다.

해금된 4,363명 중 1차와 2차에서 1,772명이 해금되고 269명 만을 제외하고 나머지 전원이 해금됐다.

부정선거 관련자 등 미해금된 269명 가운데는 이승만, 장면, 이재학, 한희석, 김상돈, 김영선, 이병철, 윤길중, 임철호, 손도심, 이철승, 양일동 등이 포함되어 있다.

대선과 총선 이후에도 정정법 규제 대상자 192명을 추가 해금했다.

다만 이승만, 김영선, 양일동, 장경근, 이존화, 김의준, 손도심, 신도환, 장면, 조중서, 이철승, 윤길중, 박기정, 김정례, 김달호, 하태환, 송남헌, 고정훈, 권대복, 유근일 등 74명은 1968년까지 정치활동이 규제됐다.

3. 헌법개정안을 확정하고 선거관계법 정비

(1) 제5차 개헌안 확정으로 제3공화국 출항 준비

정부는 전문 5장 121조 부칙 9조의 제3공화국 헌법 개정안을 공고했다.

23명(해외에 나가 있는 오정근, 김종오 제외)의 최고위원이 발의한 개헌안은 우리나라 헌정사상 처음으로 실시되는 국민투표에 붙여 가부가 확정된다.

개헌안은 강력한 대통령중심제에 단원제 국회, 대통령과 국회의원 입후보의 무소속 배제, 개헌의 국민투표 규정 등을 주요 골자로 하고 있다.

박정희 의장은 이번 개헌안은 민주정치의 기초를 확립하고 국민기본권 등을 최대한 보장했다고 제안(提案)설명했다.

경향신문 여론조사에서 국민들은 대통령직선제를 압도적으로 찬성하고, 유명무실했던 양원제엔 실망하여 150명 내외의 단원제를 선호하며, 1963년 6월이 민정이양 시기라고 응답했다.

김종필 중앙정보부장은 국민투표 결과의 여하(如何)에 불구하고 민정이양의 스케줄은 불변이며, 1962년 내에는 모든 정치활동을 불허하겠다고 밝혔다.

최고회의 이후락 공보실장은 헌법개정안은 최고회의 의결을 거쳐 국민투표로 확정되며, 헌법심의를 불능케 하는 것은 혁명을 부정하는 것이며, 악의적인 언론 논조에 대해서도 조치를 취하겠다고 경고했다.

정부는 박정희 의장 재가를 얻어 대통령 선거는 10월 15일, 국회의원 선거는 11월 26일로 결정하여 발표했고, 박정희 의장은 5.16 혁명의 마지막 장식을 위해 모범선거를 다짐했다.

대통령 후보 등록은 9월 15일까지이고, 공무원은 8월 31일까지 사임해야 한다.

1,241만 2,798명 유권자 중 85.3%인 1,058만 5,998명이 투표했고, 찬성은 78.8%인 833만 9,323명의 찬성으로 헌법 개정안이 확정됐다.

국민들은 혁명 후 처음 실시하는 주권행사인 국민투표에 적극 참여하여 유권자의 85.3%가 참가하여 혁명정부에 고무적이었다.

헌법개정안의 확정으로 민정이양의 발판을 마련했고, 박정희 의장은 민주주의 새 전통을 확립했다고 자화자찬했다.

높은 투표율과 찬성율은 군사정부에 대한 신임도 크게 작용되었고, 군사 정권에게 자신감과 밝은 청사진을 그릴 수 있게 되었다.

박정희 의장은 과반수 이상의 투표, 과반수 이상의 찬성으로 개헌안이 가결되었음을 선포하고, 혁명정부가 내놓은 개헌안에 국민들이 많은 관심과 지지를 보여준 데 대해 감사하며, "국민들의 기대와 여망(輿望)에 어긋나지 않게 봉사정신을 굳건히 하여 각자 맡은 바 책임을 다하여야 할 것"이라고 강조했다.

(2) 정당법, 대통령선거법, 국회의원 선거법 등을 정비

최고회의는 무소속의 입후보를 봉쇄하기 위해 정당공천 제도를 채택하고, 당적(黨籍)을 잃은 의원은 의원직을 상실케 하는 정당법의 기초를 마련했다.

최고회의는 정당법의 등록 요건을 완화하여 법정 지구당수를 40개 지역구로, 지구당 당원수를 50명 이상으로 낮추었다.

유권자는 투표는 한 번 하지만 정당과 후보자를 병기(倂記)하여 득표수는 개인별, 정당별로 이중(二重) 집계되어 전국구 후보자를 위한 득표순위를 결정한다.

국회의원 선거법에서 지역구는 128개구, 비례대표는 40석으로 하고, 정당의 등록요건은 법정지구당수 43개(지역구의 3분의 1), 법정당원 수는 2,150명 이상으로 규정했다.

지역별 지역구는 서울 14, 부산 7, 경기 13, 충북 7, 충남 13, 전북 11, 전남 18, 경북 19, 경남 15, 강원 9, 제주 2개구이다.

당초 선거구를 128개 구로 확정하고 비례대표 40석으로 낙착됐다. 그러나 최고회의 심의과정에서 도서(島嶼)지역 발전을 위해 거제, 진도, 완도를 독립선거구로 책정하여 131개구를 확정하고 비례대표도 44석이 됐다.

국회의원 선거구를 충북, 전남, 경북에서 각각 1개구를 증설하여 131개구로 하고, 비례대표는 44석으로 175명의 정원이며, 출마예상자는 1963년 2. 28까지 공직에서 사임해야 한다.

전국의 득표 수가 총 투표자의 5% 미만이거나 획득 의석수가 3석 미만일 때는 비례대표 배정 대상에서 제외된다.

제1당의 득표수가 50% 미만일 때는 의석의 1/2을 우선 제1당에 배정하고, 나머지 의석을 득표비율에 따라 정당별로 배정한다.

다만 제2당은 나머지 의석(22석)의 3분의 2(14석)을 우선 배정받고, 나머지 8석을 제3당 이하가 비율대로 배정받게 되어 제1당과 제2당에게 특혜를 주는 국회의원 선거법을 의결했다.

무소속 출마 허용은 정국에 새롭게 혼란을 초래하고 입법취지에도 어긋난다며 최고회의에서 반대론이 지배적이었다.

민정당은 헌법 개정없이 불가능하다는 입장인 반면, 번영태, 이범석, 서민호 등은 무소속 출마 허용을 찬성한 입장이다.

박정희 의장의 지시로 타당(他黨)후보 선거운동을 가능케 하고, 선거관리 위원회에 정당 대표가 참여할 수 있도록 선거법이 개정되어 야권의 환영을 받았다.

그러나 최고회의는 타당 후보 운동을 불허하고, 야당 선관위 참여도 정치적 배려만 하기로 했다.

4. 군부정권을 계승(繼承)할 민주공화당 창당

(1) 김종필이 주도한 재건당은 민주공화당으로 개명

김종필 중앙정보부장은 1963년 1월 하순경 가칭(假稱) 재건당 주비위를 출범하고, 이번 정부에서는 강력한 지도체계로 대의정치를 뒷받침하겠다고 밝혔다.

최고위원은 되도록 지역구 후보로 공천하고, 이념이 같은 구정치인을 대량으로 포섭하겠다고 선언했다.

재건당은 민정(民政)으로 달리는 제1열차로 박정희 의장을 정점으로 혁명주체세력의 결집체이며, 민주당 시절 김재순, 박준규 등 청조회 회원들이 합세했다.

가칭 재건당 발기인 10명이 회합을 갖고 주비대회 준비를 논의했다. 이 회합에는 김종필, 김동환, 윤주영, 김정열(전 국방부장관), 윤일선(전 서울대 총장), 김재순(전 의원), 김원전(전 의원), 박현숙(전 의원), 서태원(전 의원), 조응천(전 체신부장관), 김성진(전 보사부장관), 이원순 등이 참석했다.

정정법에서 해제된 이상룡, 박상길, 김진원, 안용대, 김병순, 황숙현, 이형진, 김두진 등 자유당계 전직의원들은 5. 16 군사혁명을 민족혁명으로 간주하며 동 혁명의 완수를 행동기준의 원칙으로 삼겠다면서, 주체세력이 주동하는 재건당에 참여하겠다는 성명서를 발표했다.

재건당 모임에 윤치영, 전예용, 서갑호 등도 참여했고, 재건당을 민주공화당으로 개명하고, 발기인은 장후영, 이갑성, 정구영, 이호범, 김병순, 최규남, 신기석, 허 섭, 김용태 등이 선정됐다.

새로 창당된 재건당은 당 총재에 박정희, 당의장 또는 간사장에 김종필 중앙정보부장, 사무총장에는 김동하 주미공사가 유력한 것으로 알려졌다.

또한 대통령 선거에서 박정희 의장이 실패할 경우 원내에서 야당으로 투쟁하겠다고 선언했다.

78명이 참가하여 민주공화당 발기인 대회를 개최하여 임시의장에 김종필을 선출했다.

발기인으로는 강상욱, 고재필, 김동하, 김동환, 김성진, 김우경, 김용우, 김용태, 김용채, 김원전, 김재순, 김재춘, 김정열, 김치열, 김창근, 박준선, 박현숙, 서갑호, 서상린, 서태원, 손창규, 신기석, 신윤창, 오원선, 오정근, 오학진, 윤치영, 윤일선, 이상룡, 이석제, 이성수, 이종극, 이종근, 이호범, 이해랑, 장동운, 전예용, 조창대, 조주영, 정구영, 최규남, 최영두, 허 섭, 현정주 등이 선정됐다.

김종필 의장은 대통령 후보엔 박정희 최고회의 의장을, 비례대표는 지역구에 출마하지 않은 최고위원들에게 우선권을 주겠다고 밝혔다.

김종필 중앙정보부장는 5. 16 주체세력을 중심으로 혁명이념의 계승과 민족적 민주주의 구현을 표방하면서 창당 준비를 서둘렀다.

정치활동이 재개(再開)된지 18일 만에 공화당의 발기인대회가 열리자 쿠데타 주체 사이에서 거센 반발이 일어났다.

그동안 김종필이 중앙정보부장이라는 직위를 배경삼아 민주공화당만을 사전조직 하는 등 독주를 거듭하다 쿠데타 주체세력들의 거센 비판을 받게 됐다.

최고위원회 내에서 유원식, 김동하 등 반김(反金)라인이 형성돼 친김(親金)라인과 일촉즉발의 대치상태로 발전했다.

결국 김종필 공화당의장에 대해 4대 의혹사건과 공화당의 이원화 조직에 대한 비판이 제기됐다.

김동하 최고위원이 국민을 배신할 수 없다는 결론에서 최고위원직과 당직을 사퇴했다. 이에 김종필 당의장은 당우위체제를 백지화하고 최고위원을 공화당과 최고회의 담당으로 양분하여, 공화당 담당은 지역구에, 최고회의 담당은 비례대표로 출전토록 했다.

한편 영향력 있는 구정치인을 대량으로 포섭하여 386명을 창당준비위원으로 선임했다.

공화당은 시·도 조직책으로 김홍식(서울), 예춘호(부산), 김영호(경기), 김우영(강원), 정태성(충북), 정인권(충남), 김호칠(경북), 박규상(경남), 박노선(전북), 성동준(전남), 박승택(제주)를 선정하여 임명했다.

김종필 위원장은 "단 한 사람이 남는 한이 있더라도 나는 공화당에 남아 공화당과 운명을 같이 하겠다"고 언명했으나, 박정희 의장의 조건부 민정불참 선언 후 김종필은 당의장직을 사퇴했다.

(2) 박정희 최고회의 의장의 중재로 가까스로 파국 모면

유원식 최고위원은 "지금 김종필 씨가 조직하고 있는 정당은 다수 국민의 지지를 받고있는 것이 아니라, 김종팔씨와 그 추종자들이 모인 한 파당(派黨)에 불과하다"면서, "군사정부는 대의정치의 절차를 밟아서 집권한 정부가 아니고 민정이양을 약속한 정부였다는데 주의를 환기한다"고 반발했다.

"혁명이념을 이어 나갈 당을 만드는 자리에 혁명주체세력인 최고위원들이 한 사람도 참여하지 않는다는 것은 부자연스럽다"며 최고위원들은 불만을 쏟아냈다.

그러나 군인당이라는 인상을 없애기 위한 의식적인 노력이 좀 과잉한 때문이었을 것이라며 김동하, 김재춘, 이석제, 강상욱, 오정근 최고위원들이 재건당 발기대회에 참가하기 위해 예편했다.

김종필 중앙정보부장 주도에 대한 반기와 발기인 구성, 이원적 기구 등에 불만을 가진 최고위원들은 김종필의 당직 사퇴, 중앙정보부 직원의 정당참여 반대, 당기구 일원화 보장 등을 요구했다.

창당 준비대회까지 못 열리게 되자, 그동안 혼자의 힘으로 공화당 조직의 사전준비를 다해왔고, 사실상 민주공화당의 영도자격인 김종필이 "군인당 소리가 싫어 나도 고충이 있었다"며 볼멘소리를 하다가, "뜻하지 않은 여러가지 오해로 말미암아 공화당에 혼선을 일으켰기 때문"이라는 명분을 내걸고, 민주공화당 당직에서 물러나겠다고 선언했다.

최고위원들의 독자적인 창당추진설과 민주공화당 해체론, 발기인 재편론이 난무한 가운데 김동하 최고위원도 사표를 제출했다.

김종필 공화당의장의 사의를 둘러싸고 최고회의와 공화당간 사표

반려와 사퇴확정으로 이견(異見)이 여전했다.

박정희 의장은 공화당에 참여할 위원은 최고위원직을 그만두도록 조치하여 공화당과 최고위원직을 분리하는 단안을 내렸다.

그러나 양파협상은 이틀째 공전을 거듭하고, 감투싸움 아닌 이념투쟁이라고 명분을 쌓고서, 사무원을 두면 방대한 당비는 어디서 마련하느냐는 불만도 쏟아졌다.

김종필, 김동하 사표를 반려하고 임시 당무회의를 구성하여 창당까지 김종필이 전권을 장악하도록 양파가 합의했고, 이석제, 강상욱, 오정근, 김재춘, 조시형 최고위원들은 최고위원직을 사임하고 공화당에 입당했다.

(3) 박정희 의장의 권유로 김종필 공화당의장은 외유길에

공화당 창당준비대회에서 김종필을 위원장에, 부위원장에 정구영을 선출하고, "조국의 민주주의적 발전을 위해 모든 희생을 감수하고 우렁차게 전진하겠다"고 성명했다.

민주공화당은 사무총장에 김동환을 선임하고 분과위원장에 김성진(기획), 김정열(조직), 김동성(선전), 오정근(정책), 이원순(조사) 등을 위촉했다.

정정법에서 해금된 자유당계 22명은 "국정이 가져 온 개혁적인 제 업적과 의욕적인 민족재건의 구상에 공명(共鳴)했다"면서, 공화당 참여를 결의했다.

이들은 장석윤, 김종신, 이종준, 구홍남, 김기섭, 김원태, 이동녕, 이은태, 이정희, 손석두, 양영주, 유영준, 유용식, 조광희, 최용근, 원용석, 정긍모 등이다.

"단 한 사람이 남더라도 공화당을 지키겠다"고 공언한 김종필 민주공화당 의장은 "공화당 산파역은 내가 맡을 소임이 못 된다"며 당의장직을 갑작스럽게 사퇴했다.

증권파동과 나는 무관하며 외국에 갈 생각은 추호도 없다고 공언했던 김종필은 박정희 의장의 특명 전권순회대사로 버마, 터키, 구주 등을 역방(歷訪)하며 50일 예정으로 외유길에 올랐다.

김종필은 의혹사건에 관련이 있다면 달게 심판을 받겠으며, 외유 중에 혁명과업에 도움이 될 자료를 얻겠다는 포부도 밝혔다.

국민들은 김종필의 외유기간 동안 새나라자동차, 빠찡코, 워커힐, 증권파동의 4대의혹이 속 시원하게 풀릴지 궁금할 뿐이었다.

김종필 민주공화당 의장이 외유길에 오른 다음 날 민주공화당은 1,399명의 전국 대표자들이 참가한 가운데 창당대회를 개최하여 총재에 정구영, 당의장에 김정열을 선출하고, 대통령 후보지명은 당분간 보류했다.

민주공화당은 당을 해체해서 체질개선의 모범을 보이자는 의견이 대두되어 분열의 위기에 놓였으며, 일부에서는 군정 연장을 위한 국민투표를 반대하는 태도를 명백하게 밝히자는 주장도 있었다.

민주공화당을 해체하고 적당한 시기에 재창당하자는 주장이 많았으나, 김정열 당의장은 공화당은 굳건히 존속할 것이라고 호언(豪

言)했다.

김종필 민주공화당 의장의 외유로 침체상태에서 당 해체를 모색한 민주공화당은 전당대회를 개최하여 총재에 정구영을 추대하고, 당 의장에 윤치영, 사무총장에 김동환 체제를 유지했다.

신윤창, 민병권, 백남억, 성인기, 김성진, 이 활, 이원순, 전예용, 조효원, 김우경, 서인석, 정치갑, 오학진, 최용관, 이종극, 고광만, 박현숙, 김 훈, 박준규, 이효상, 박준선, 홍춘식, 김용태, 서상린, 오원선 등이 당내에서 주요역할을 수행했다.

(4) 야권의 분열을 노린 김재춘의 범국민정당 추진

박정희 의장은 앞으로 10년간 정국 안정을 위해 범국민정당 출현이 필요하고, 과거의 계보나 파벌에 집착됨이 없이 민족·민주세력은 뭉쳐야 한다고 강조하여 새로운 국민정당 창당을 모색했다.

박정희 의장은 과거의 계보나 파벌에 집착됨이 없이 민주·민족세력이 뭉쳐 앞으로 10년간 정국안정을 위한 범국민정당 출현이 필요하다며, 1963년내로 민정이양 가능성을 비쳤다.

범국민정당 추진을 계기로 혁명주체 세력의 재결집이 시도됐다.

김상협, 김용우를 추대한 범국민정당 추진공작이 전개됐으며, 민정당 대표인 김병로는 범국민정당은 공허(空虛)한 짓으로 민주공화당의 변형일 뿐이다라고 폄하했다.

김재춘 중앙정보부장은 김도연, 김준연 등 정계의 중진들이 많이 호응했으며, 박정희 의장도 추진상황을 잘 알고 있다면서 6월 초에 창당대회를 개최하겠다고 밝혔다.

범국민정당은 민·참의원 출신들 365명의 찬동을 받았으며, 민주·신민계의 30여 명의 민의원이 참여했으며 김준연도 범국민정당 가담을 시인했고, 5·16 혁명을 하나의 정치현실로 부인치 않은 인사들이 모여 집국(集國) 체제를 갖추게 될 것이라고 기대했다.

민주공화당의 박정희 의장 옹립 기도에 범국민정당에서는 민주공화당은 민정을 이어받을 자격이 없다면서 반발했다.

김재춘 중앙정보부장이 앞장선 범국민정당은 박정희 의장이 불출마할 수 있다는 언질을 주고, 최고회의 일부 반발이 있었지만 김도연 대통령 옹립으로 야권 일부의 찬동을 얻어 냈다.

민주공화당과 범국민정당은 박정희 의장을 서로 업으려 각축전을 전개했다. 박정희 의장은 범국민정당의 민주공화당 합류는 지시할 단계가 아니라는 상황에서, 정구영 민주공화당 총재는 범국민정당은 실패하여 박 의장의 추대에 판정승했음을 공개했다.

민주공화당과 범국민정당의 박정희 의장을 서로 업으려 공작을 벌이는 와중에, 혁명이념을 이을 정당은 민주공화당이라는 이후락 공보실장의 발언은 파문을 일으켰다.

이후락 공보실장은 범국민정당은 민주공화당과 뭉쳐야 하며, 혁명이념을 이을 정당은 민주공화당으로 민주공화당이 박정희 의장을 대통령 후보로 추대하면 수락하기로 내락(內諾)했다고 발표했다.

김재춘 중앙정보부장의 범국민정당 추진은 박정희 의장의 불출마를 할 수 있다는 언질을 주고 자유당, 민주당, 민정당, 공화당 일부의 호응을 받아 야당 단합을 교란(攪亂)시키는 역할을 충실히 수행하고 토사구팽(兎死狗烹)신세로 전락했다.

김재춘 전 중앙정보부장이 "범국민정당 추진은 정치적 비극을 막기 위해 결심했다"면서, "대통령 선거가 끝난 뒤에 돌아오겠다"고 말하고 돌연 외유길에 나섰다.

(5) 범국민정당과의 줄다리기에서 승리한 민주공화당

민주공화당은 김재춘 중앙정보부장 주도의 범국민정당 태동이 도리어 전화위복되었으며, 범국민정당 추진은 야당단합을 교란시키는 부수적인 소득을 얻었다.

정구영 민주공화당 총재는 범국민정당이 실효를 거두지 못하고 있기때문에 박정희 의장은 민주공화당의 대통령 후보를 수락할 것을 확신한다고 공언했다.

민주공화당은 대통령 후보에 박정희 의장을 지명하고, 박 의장도 수락 의사를 표명했으나 예편까지의 시간을 요청됐다.

박정희 의장의 영입한 시점에서 정구영 총재는 "그렇잖아도 물러가려는 늙은 사람들을 이렇게 대접할 수 있느냐"고 화를 내며 사의를 표명했고, 윤치영 민주공화당 의장을 제외한 전 당무위원이 사퇴에 동의했다.

박정희 총재를 선출한 민주공화당은 당의장 윤치영, 중앙위의장 김성진, 정책위의장 백남억, 사무총장 장경순 체제를 구축하고, 윤치영, 이원순, 전예용, 민병기, 김준태, 김성진, 백남억, 장경순, 이종극, 김동환, 신윤창을 당무위원으로 위촉했다.

민주공화당은 야당의 태동에 한발 앞서 131개 지역구 위원장을 발표하고 대통령 선거에 돌입했다.

지구당위원장은 김동성, 윤치영, 민관식, 고진영, 정봉중, 박준규, 주영만, 홍기현, 김재전, 최규남, 유근홍, 김익준, 이영섭, 이명수, 김낙제, 예춘호, 조의창, 이종순, 정상구, 박창덕, 유승원, 김숙현, 이병희, 이진용, 유인상, 김용채, 이백일, 서상린, 최명환, 권오석, 최국현, 황찬룡, 황우동, 김우영, 홍순철, 최병원, 이승춘, 장준영, 이종현, 김종호, 조동현, 김세형, 정태성, 신범식, 이종근, 육인수, 김진성, 송석하, 오원선, 김종무, 정인권, 김용태, 이병주, 양순직, 김종호, 김종갑, 지성벽, 박선병, 나창헌, 백낙준, 이영진, 이성근, 박성호, 박영기, 김용택, 김성철, 최영두, 전휴상, 한상준, 황영근, 김성환, 김병탁, 이병옥, 이은섭, 김철중, 최인권, 차문석, 유경식, 서정욱, 박승규, 문제갑, 김호경, 신형식, 임미준, 김현주, 김덕남, 최서일, 홍광표, 배길도, 이교은, 박종태, 정헌조, 오규열, 송관수, 백홍롱, 김종환, 이효상, 김장섭, 최병준, 정완수, 이홍직, 김광정, 김희룡, 권오훈, 송인명, 손석우, 이 활, 박준현, 신동욱, 이용수, 조재봉, 김창근, 김종기, 김여원, 이진갑, 김진배, 김석환, 천병식, 최병춘, 정대수, 조판석, 어윤련, 임기태, 이만조, 김택수, 이홍수, 민병권, 임병수, 김찬익 등이다.

말썽많고 다기(多岐)한 60만 민주공화당원들은 반김라인 분규가 없었더라면 민정이양은 번의없이 순조롭게 이루어졌을 것이라며 아쉬워했고, 당내에선 윤치영과 김동환의 주도권 다툼이 당의 단합을 방해했다는 것이 중론이다.

5. 단일야당의 꿈은 사라지고 4분 5열된 야권

(1) 범야 단일정당 출범을 기대했으나 협상 결렬

무소속의 출마가 봉쇄되면 '자격알선당'의 난립이 예상되고, 8. 15 해방이후와 같이 우후죽순처럼 정당이 쏟아져 나올 것이 우려된 상황에서, 야권인사들이 결속하기에는 시간적 여유가 없고 창당할 자금도 없지만, 무엇보다 범야권을 지도할 인재가 없다는 인식하에, 군인당에 맞설 민간인당을 목표로 단일야당 추진을 행동화하기 위해 윤보선, 김병로, 이 인, 전진한 4자회담이 개최됐다.

이들은 "민정의 기초를 확고히 하기 위하여 범국민의 대동단결로 새 정당의 창설을 촉진하자는데 의견의 일치를 보았다"면서, "명실상부한 민정이양을 위해서는 민간인들이 한데 뭉쳐 선거에 이겨야 한다"는 공동성명을 발표했다.

"우선 국민의 용서를 받기도 전에 새로운 당을 만든다고 해도 내킬 수가 없다"면서 박순천은 4자 회담에 불참했다.

자유당계 전 의원인 김종규, 김달수, 김택술, 함재훈, 이규갑, 송우범, 한건수, 백종덕, 김정식, 이활 등이 모여 행동통일을 모색했다.

범야 단일정당 결성을 위한 각파 5인위원회(김재학, 우갑린, 이상규, 한몽연, 김종규)는 정권의 평화적교체를 당의 기본노선으로 합의하고, 대통령 후보와 당 총재는 분리하기로 결정했다.

민주당계 대표는 윤보선, 김병로, 이인, 전진한, 박순천, 김법린 등은 단일야당 형성을 위한 교량적(橋梁的)역할을 수행하고, 대통령 후보로는 출마하지 않겠다는 것을 보장해야 한다고 주장하여 중대 시련을 맞게 됐다.

윤보선이라는 강력한 대통령 후보를 가지고 있다고 자부하며 무소속과 손을 잡아 단일야당이라는 명분상 이점을 움켜잡은 구(舊)신민당계, 뭉쳐놓고 보자는 명분론의 무소속계, 윤보선등 6명의 대통령 불출마 주장을 굽히지 않은 민주계가 협상을 벌였으나 단일야당 협상은 결렬됐다.

김병로, 김도연, 김법린, 김준연, 박순천, 백두진, 윤보선, 이범석, 이인, 전진한, 정일형 등 재야지도자들은 3·16과 4·8 성명을 철회하고 2·27 선서를 실천하라면서 군사정부 독선의 결과로 전례 없는 민생고를 초래했다고 주장했을 뿐 범야권 단일화는 요원했다.

(2) 민주당계를 제외하고 단일야당인 민정당(民政黨)출범

단일야당 출범을 위한 끈질긴 협상이 결렬되자, 정정법에서 가장 많이 회생(回生)한 구(舊)신민당계가 중심이 되어 창당을 서둘렀고 가칭 민정당은 창당준비 발기인 150명을 발표했다.

여기에는 김병로, 윤보선, 이인, 김법린, 전진한, 서정귀, 강필선, 고형곤, 김종규, 김상흠, 김용성, 김재학, 김수선, 김창수, 김제만,

김경인, 문부식, 박한상, 박명서, 박왕식, 손도성, 신하균, 신숙, 양회수, 우갑린, 유청, 유진 등이 포함됐다.

민정당은 발기인 150명을 추가했으며 유기수, 이상신, 이종린, 이태구, 이원형, 이중재, 장병준, 정길영, 정진동, 정태윤, 조윤형, 조기항, 한몽연, 함재훈, 함덕용, 홍종남, 홍경선, 황호현 등이 포함됐다.

민정당은 김명윤, 박진, 백남훈, 김옥선, 송정섭, 유연국, 채영석 등을 추가하여 발기인 359명을 확정했다.

민정당은 발기인대회를 개최하여 김병로를 임시의장으로 선출하고, 제야세력의 기선을 제압하는 출범(出帆)신호를 선포했다.

가칭 민정당은 정정법 해당 구정치인의 전면적인 해제, 조기선거 반대 등 결의문을 정부에 전달했다.

민정당은 군인은 정치에서 손을 떼고 선거기일을 연기해야 한다고 주장했고, 육사 8기생으로 예비역 장병인 조재진, 이봉서, 이규영 등 20명은 집단으로 민정당에 입당했다.

민정당은 창당대회를 개최하고 대표에 김병로, 대통령 후보에 윤보선을 추대하고 백남훈, 김도연, 이인, 전진한, 김법린을 최고위원으로 선출했다.

민정당은 중앙위의장에 신각휴를, 간사장엔 소선규와 줄다리기를 한 유진산이 아닌 이영준을 선임했고, 중앙상무위원회는 의장에 윤제술, 부의장에 황남팔을 선출했다.

상산 김도연의 범국민정당 참여설은 민정당의 뿌리를 흔들어 재야 보수세력의 붕괴라는 심각한 위기감을 조성했다.

김도연의 "관계한 바 없다"는 부인에도 불구하고, 군부세력의 대야 교란작전의 일부라고 우려의 목소리도 높았다.

민정당 내부에서는 윤보선·유진산과 김도연·소선규의 집안싸움 등으로 당내 화합을 이뤄내지 못했다.

민정당의 중추세력으로 윤보선을 지지하는 진산계는 윤제술, 송필만, 신각휴, 김광준, 서범석, 유옥우, 김명윤, 이영준, 유청, 신하균, 고흥문, 정운근, 함덕용, 김의택, 정해영, 이충환, 곽경봉, 고형곤 등으로 알려졌다.

윤보선 대통령 시절 각별하게 지원했던 청조회는 전휴상, 김옥형, 장익현, 홍춘식, 박준선, 이교선, 서태원, 백남은, 김정환, 서국신 등 11명은 민주공화당으로 조윤형, 이상신, 김창수, 김용성 등 4명은 야당으로 방향을 잡았고 박준규는 야당에 참여하지 아니하고 쉬겠다고 선언했다.

윤보선 대선 후보는 재야의 단일후보 선출을 위한다는 명분을 내걸고 대통령 후보직을 사퇴했고, 국민의당 대선 후보에도 윤보선이 아닌 김도연을 추대했다.

그러나 대선후보 선출 하루 전에 민정당 간부회의에서 윤보선 후보를 밀기로 결의하여 김도연은 후보직 사퇴 성명을 발표하고, 당원은 행동통일하에 윤보선을 지지하도록 지령했다.

국민의당과 메별(袂別)한 민정당은 전당대회를 개최하여 윤보선의 대통령 지명 사퇴를 반려하고 재지명하여 대통령 후보로 추대하고, 김병로 대표의 사표도 수리하고 당수직도 겸직토록 했다.

최고위원도 사퇴한 김법린, 이인의 후임으로 나용균, 신각휴로 최고위원에 보임했다. 백남훈, 전진한, 서정귀, 김도연을 최고위원으로 추대하여 7명의 최고위원들이 민정당을 운영토록 했다.

윤보선 대통령 시절 국무총리에 지명했던 김도연이 총선을 앞두고 민정당을 떠나 자민당으로 옮겨 대표와 전국구 1번 자리를 꿰찼다.

(3) 윤보선을 반대한 세력의 결집체인 민주당(民主黨)

군사혁명 이후 1년 7개월 동안 침묵을 지켜 오던 구(舊)민주당계인 박순천, 홍익표 등 30여 명은 회합을 갖고 행동통일을 하기로 결정했다. 이들은 곽상훈, 서정귀, 김재순에게도 동조할 것을 교섭했으나 소득은 없었다.

단일 야당운동에서 이탈하여 민정당과 몌별한 민주당은 창당준비대회를 열고 변영태, 허정을 대통령 후보로 내세워야 한다고 주장했다.

민주당에서 84명의 창당준비위원을 발표했다. 고병현, 김상현, 김수한, 김태룡, 노진설, 민영수, 박순천, 송원영, 이상규, 조홍만, 최극, 최훈, 홍익표 등이 이름을 올렸다.

민주당은 창당준비대회를 갖고 노진설(전 대법관), 박순천(민주당 최고위원)을 대표로 선출했다. 상임위원장에는 홍익표, 부의장엔 장덕창을 선임했다.

민주당은 "정국 안정을 위해 신정당과 손을 잡아야 한다"는 합류파와 정일형 중심의 "민주당의 전통을 지켜야 한다"는 고수파의 대결로 분열이 불가피했다.

민주당은 창당대회를 갖고 총재에 박순천을 선출하고 박정희 의장이 출마하면 야권 단일후보를 적극 지원하기 위해 대통령 후보를 내지 않기로 결의했다.

민주당은 야권 단일후보나 야권 통합운동을 외면하고 현 세력의 유지에만 주력했고, 최희송, 장덕창, 이춘기, 김용진, 조재천, 홍익표, 정일형 등이 버팀목으로 활약했다.

(4) 과도정부 수반인 허정의 신정당(新政黨)은 깨어지고

민주당과의 제휴에 실패한 허정 전 국무총리는 신당 결성을 선언함으로써 민주공화당, 민정당, 민주당, 자유당, 허정 신당 등 5개 이상의 정당 난립 경향을 드러내게 됐다.

민주당은 기성조직을 사실상 백지화하고 허정 신당에 합류키로 결정했다.

허정 신당은 당명을 신정당으로 결정하고 주비위원회를 구성했다.

신정당은 민주당계에 의한 발기위원 배정(配定) 인원수에 불만을 가진 자유당계의 반발로 진통을 거듭했다.

신정당은 주비위원장에 허정을 선출하고 홍익표, 이상규, 김대중, 송원영, 장덕창, 김수한, 박찬현, 조연하, 우희창, 조흥만, 김판술, 신상초, 이춘기, 최영근, 손원일, 이해익, 정준, 윤재근, 태륜기, 송방용, 이갑식, 정운갑, 박세경 등이 참여했다.

그러나 신정당은 민주당계, 자유당계, 무소속계의 갈등과 반목으로 구성 멤버의 인선이 계속 지연됐다.

안정과 번영과 희망을 구호로 내걸고 야당과의 협상, 여당에 대한 비판의 양면작전을 전개할 계획이지만, 구민주당계와 구자유당계의 상쟁(相爭)의 가능성은 상존했다.

신정당은 창당 준비대회를 개최하고 2. 27 선서 준수, 4대 의혹사건의 철저한 조사를 요구했다. 신정당은 위원장에 허정, 부위원장에 이상철, 이갑식을 선출했다.

신정당은 변진갑, 이병헌 등을 고문으로 장기영, 이하영, 장홍염, 이민우, 신정호, 유기수, 송방용, 김수한, 박기운, 정준, 이호, 한몽연, 송원영, 박세경, 조홍만 등이 실무위원으로 참여했다.

재야세력에서는 선거법 등을 개정하지 않으면 선거를 보이콧하겠다고 강경한 태도를 보였고, 공명선거를 기대할 수 없다면서 전체 야권세력이 결속하여 투쟁을 전개하며 군정연대 반대 연설회도 개최했다.

민정당과 신정당은 단일안을 모색하고 있으나, 최고회의는 강경태도 불변으로 대치상태가 지속됐고, 민주계, 자유계, 무소속계 모두 허정의 영도력을 불신하고 반발했다.

신정당은 허정 추대에는 합의했으나 구성 멤버의 인선 지연으로 답보상태였다. 민주계는 해금자 전원 발기위 참가를 주장하고, 자유계는 신진인사에 발기인의 과반수를 주도록 고집했다.

민주계는 지탄(指彈)대상자 사퇴요구 거부 등에 불만을 갖고 집단이탈을 결의했다. 그리하여 신정당은 치명적인 난관에 봉착했고,

박순천 민주당 대표는 환영의 뜻을 표명했다.

허정은 "갈 사람은 가야지"하며 타협할 도리가 없다고 체념했다.

야권의 대통령 후보는 윤보선, 허정의 싸움이라는 흐름 속에 민주당계와 자유당계 그리고 무소속 전 의원들이 의기투합했으나 허정 집권은 깨어진 꿈이 되고 결국 극과 극은 합쳐질 수 없었다.

이상(理想)에 집착한 허정과 배타적인 이상철, 홍익표 등 민주계는 책임을 서로 전가하며 정치적 부상자로 전락했다.

(5) 범국민정당은 자유민주당(自由民主黨)으로 변신 출범

김재춘 중앙정보부장은 범국민정당에서도 대통령 후보에 박정희 의장을 추대할 것이라고 밝히면서, 박정희 의장의 공직 사퇴는 부당하며 10월 초에 대통령 선거가 실시될 것이라고 전망했다.

민정당의 소선규, 김산, 조영규 등 전 국회의원 20여 명이 범국민정당에 합류키로 했다.

군(軍)과 민(民)이 합동하여 안정세력을 지향하는 범국민정당 발기를 선언했다. 각 정파에서 57명이 참가하여 준비위원장에 소선규, 부위원장에 김용우를 선임하고 지도위원에는 김준연, 이갑성, 조정환을 내정했다.

소선규 위원장은 파벌을 없애기 위해 강력한 통제가 필요하며, 혁명주체 세력도 참여하게 될 것이라고 밝혔다.

범국민정당 창당 발기대표 20명이 참석하여 기획위원회를 발족시켰다. 자유당계에서는 김원태, 이형모, 김종신, 조정환, 문종두 등이, 민주당계에서는 주도윤, 허길, 강을순 등이, 신민당계에서는 정중섭, 윤영선, 최달선, 엄민영 등이 참석했다.

범국민정당이 박정희 의장 지지를 요구하는 수습회의파와 창당과업의 선행(先行)을 주장하는 소선규 위원장파의 대립으로 난관에 봉착했다.

당의 성격을 싸고 두 갈래로 나뉘어졌지만, 범국민정당이 박정희 의장 지지를 요구하면서도 일부에서는 창당과업을 선행했다.

범국민정당은 당명을 자유민주당(自民黨)으로 결정하고 김원태, 조영규, 엄민영, 김봉재 등을 집행부서 책임자로 선정했다.

자민당 김용우 부위원장은 친여세력의 단합을 위해 합류교섭을 해 온다면 언제든지 응하겠다며 당의 성격을 친여임을 명백히했다. 이후락 공보실장은 민주공화당과 범국민정당의 합작을 바라는 박정희 의장의 심경은 변화가 없다고 밝혔고, 박정희 의장도 민주공화당을 중심으로 친여세력의 합류 방안을 지시했다.

민주공화당과 자민당의 합류 공작은 김재춘 중앙정보부장이 전담했다. 김재춘 중앙정보부장이 김형욱으로 교체되면서 공화당, 자민당 통합을 멀어지고 공화당은 자민당 간부진에 대한 개별 포섭에 치중했다.

자민당의 합류파에서 무조건 공화당과 합작을 주장하여 양분될 국면에 접어들었으며, 고수파에서는 제명으로 응수할 태도를 보였다. 김재춘 전 중앙정보부장은 "이제 내 임무는 끝났다"면서, 혁명이념

계승정당에 합류를 확신한다면서 기약없는 외유길을 떠났다.

민주공화당 정구영 총재는 친여세력은 곧 단합해야 한다고 역설했고, 이후락 공보실장은 자민당이 공화당과 합쳐질 것이라며 합당을 확신했다.

자민당 주류파는 민주공화당과의 1대 1 요직의 안배 등 4대 조건을 마련하여 적극적 자세로 합당에 매달렸다.

민주공화당과 자민당의 수뇌접촉이 성과가 없어 당명, 요직 안배, 공화당의 이원조직 문제 등 합작조건에 더욱 거리가 멀어졌으며 자민당의 단독 창당을 서둘렀다.

자민당이 창당대회를 갖고 대표에 김준연, 최고위원에 소선규, 송요찬, 김봉재, 김재춘을 선임했다. 대통령 후보는 중앙위원회에 위임했다.

물에 술 탄듯, 술에 물 탄듯 여도 야도 아닌 방향없는 항로에 오른 자민당은 마치 공천을 찾아 뭉친 인상이 짙었다.

자민당은 대통령 후보에 송요찬을 지명하고 상임위 의장에 주도윤, 간사장에 조영규를 선임했다. 송요찬은 자유민주주의 소생을 위해 대통령 후보 지명을 수락한다는 옥중 성명을 발표했다.

미국 국무성도 송요찬의 구속은 불안을 조성하여 자유선거가 의심스럽다는 특별성명을 발표했다.

자민당 주류는 엄민영, 하태환, 최달희, 안동준, 한종건 등을 제명하고 공화당과 연합전선을 구상했다.

소선규 자민당 대표는 "박정희 의장에 대한 신망이 지금처럼 떨어져 있어서야 도저히 그를 대통령 후보로 밀 수 없다"고 주장했고, 이후락 공보실장은 민주공화당과 자유민주당 합작을 바라는 박 의장의 심경은 불변하다고 밝혔다.

박정희 의장은 친여세력 단일화에 방안을 지시하고 민주공화당 명칭 변경, 잠정적 조직 일원화 등의 방안을 제시하며 아집을 계속하면 여당계로 안 본다고 선언했다.

소선규 위원장은 민주공화당의 의혹을 불식하기 전엔 합류는 어려울 터라며 자민당은 양론의 소지(素地)가 마련됐으니 가자와 가고 싶은 사람은 가라고 윽박질렀다.

민주공화당은 밑져봐야 본전으로 해석하고 자민당이 안 오면 단일여당을 표방키로 했다.

자민당은 혁명정신을 계승하기로 당의 진로를 채택했으나 박정희 의장의 민주공화당과 자민당의 합당지시는 참을 수 없는 모욕으로 중지하지 않으면 집단탈당하겠다고 으름장을 놓았다.

자민당원 742명이 집단으로 민주공화당에 입당했다. 민주당계의 김준태, 이양호, 이규영, 한종건, 심종석, 우돈규, 허길, 최성욱, 문명호와 자유당계의 하태환, 나판수, 권복인, 정상열, 함두영, 안상한, 김달수, 이사형, 박덕영, 손석두, 김진원, 이유선, 원장길 등 전 의원들이 대거 민주공화당으로 이동했다.

여(與)도 야(野)도 아닌 회색색채를 띠우던 자민당이 드디어 야권으로 회전했으며, 소선규 위원장이 김준연 대표로 교체됐다가 서민호 전 국회부의장과 김도연 민정당 최고위원이 영입됐다.

김준연 대표의 선양(禪讓)으로 김도연 대표체제가 되고 대통령 후보였던 송요찬은 전국구 후보직을 사퇴하고 자민당을 탈당했다.

(6) 민정당, 신정당, 민우당의 합당으로 국민의당 출범

민정당(김병로), 신정당(허정), 민우당(이범석)은 3당 영수회담에서 무조건 통합키로 합의했다. 절차는 중견급에 위임했지만 민주당은 단일후보에만 찬성하되 통합은 끝내 반대했다.

민정당은 선조직, 후단일화를 주장한 반면, 신정당은 가칭(假稱) 당명아래서 합당을 주장하고, 민우당은 동수(同數) 비율로 지구당 조직을 주장했다.

3당 통합회담에서 당명은 국민의당으로 의견일치를 보았다.

그러나 신정당은 선 백지화를 주장하고, 민정당은 법통 이용을 양보하지 않아 3당 통합은 난관에 봉착했다.

그리하여 3당 중진들이 막후 교섭을 벌였다. 이들은 대통령은 무조건 단일후보로 하되 의원후보 공천은 파벌을 떠나 역량을 우선하기로 합의했다.

국민의당 창당준비위원회를 결성하여 김병로(민정), 허정(신정), 이범석(민우)을 대표위원으로 선임하고 군정종식, 악법개정 등을 주장했다.

여망에 따라 7전 8기하여 논란 끝에 이루어진 국민의당은 지구당 조직책과 대통령 후보 선정이라는 새로운 파란이 기다렸다.

국민의당 대표위원들은 김도연, 이 인, 이응준, 안호상을 지도위원으로 선임했고, 전진한, 이상철, 유진산, 박찬현, 최규옥, 손원일, 황남팔, 김문평 등을 기획위에, 김의택, 김창동, 유홍, 김공평, 정규상 등을 총무위에, 정성태, 정운갑, 서범석, 조흥만, 이병하, 박제환 등을 조직위에, 이충환, 송원영, 김사만, 김수한, 서태원, 이필선, 김영삼 등을 선전위에 이호, 이민우, 황호영, 이교선 등을 재정위에 신태악, 박세경, 이태구, 이갑식, 윤용구, 정해영, 신인우, 박한상 등을 정책위에 배정했다.

국민의당은 총무(김의택), 조직(송방용), 선전(이충환), 재정(이호), 정책(신태악) 위원장을 선출했다.

김병로 대표는 지구책과 의원 후보는 별개이며 공천은 대통령 선거 득표율로 결정한다고 발표했으나, 조직책 심사위원회는 회합도 못 열고 답보(踏步)상태였다.

국민의당은 131개 지구당의 조직책을 선정하여 제1의 난관을 돌파했다. 경합이 심한 25개 지구는 보류한 채 106개 지구 조직책을 선정했으며 계파별 비율은 민정 47지구, 신정 32지구, 민우 17지구, 기타 10지구로 분포됐다.

70개 지역구 조직책 확보를 목표로 하고있는 민정당은 조직책 선정에 반발하고, 신정당에서 25개 지역구 조직책을 양보해야 한다고 주장했다.

국민의당은 조직책은 의원 후보 공천과는 무관하다면서 8월 31일 창당대회 개최를 선언했다.

민정당측에서 법통 이용과 지구당 조직책 복수제를 주장하며 반발하자, 신정당측과 민우회측에서 펄쩍 뛰어 국민의당 창당은 기로에 섰으며 세 당 영수의 역량에 기대할 수밖에 없게 됐다.

민정당 측의 법통 이용과 연장자 위원장안에 신정당 측에서 거부하여 국민의당 조직책 선정이 난항(難航)을 겪게 됐다.

이범석 지도위원은 "대통령에 출마 않겠다"면서 야권 단일후보를 빨리 지명토록 촉구했고, 민정당은 민정당의 모든 당원은 국민당원이 된다는 자동적 당원에 대한 준칙을 시행하지 않으면 불참을 고려하겠다고 통보했다.

대통령 후보 경선 여부에 대한 질문에는 당의에 따르겠다는 윤보선은 자동당원 원칙의 시행을 강력하게 주장했다.

민정당에서 등록당원으로 후퇴하여 모든 난관을 배제코 통합하고 창당을 강행하기로 했고, 재야 정계에서는 국민의당에서 단일후보를 지명토록 촉구했다.

유진산은 사퇴 표명 인사도 차별을 줄 수 없다면서 야권 단일후보를 위해 민정당 대통령 후보직을 사퇴한 윤보선의 재등장의 불씨를 살리면서, 국민들의 여망을 살펴 결정되기를 기대했다.

송원영 신정당 대변인은 윤보선 사퇴선언, 유진산의 롤백작전은 그들이 정치적 사술(詐術)을 가지고 국민을 우롱하려는 것이라고 혹평했다.

국민의당 창당대회는 김병로, 허정, 김도연, 이범석, 이인을 최고위원으로 선출하고 대통령 후보 문제로 소란 끝에 중단되고 연기됐다.

국민의당 최고위원들은 대표에 김병로, 간사장에 박찬현을 선임했고, 이윤영, 이응준을 고문에 안호상, 이구하, 김종규를 지도위원에 위촉했다.

국민의당 사무장에 전 민주당 창당 대표였던 노진설을, 선대위원장에 송방용을 선임했다.

대통령 후보에 대해 사전조정과 실력대결로 맞서며 창당대회가 유산되자 김도연, 이범석, 이인 최고위원들이 사퇴했다.

이인은 "추잡한 짓 계속되면 우리는 패배한다"고 경고했고, 이범석은 "김병로씨 내세워 윤보선, 허정 대결 피하자"고 주장했다.

윤보선은 "건강좋은 사람으로 박정희 의장과 싸우자"고 김병로, 허정보다 연소함을 내세웠다.

민정당은 국민의당 창당대회에 거당적으로 참여하겠다고 발표하고 윤보선은 나라를 위해 개인과 민정당의 희생을 각오하겠다며 대통령 후보에 김도연를 지명했다. 그리하여 전당대회에서 허정, 김도연의 대통령 후보 지명경쟁이 불가피하게 됐다.

재야 정계에서는 단일후보를 국민의당에서 지명토록 촉구하고 대통령 후보는 허정 후보로 결정했다.

그리하여 대통령후보가 허정으로 기울자, 민정당 간부회의에서 대통령 후보를 윤보선으로 번복하고 당원들은 행동통일하여 지지하도록 지시했다. 이에 김도연은 후보직 사퇴 성명을 발표했다.

야권 연석회의에서 허정을 결정하였는데 민정계가 거부하고 윤보선을 결정한 데 대해 장택상은 "그들이 양식이 있다면 우리의 결정을 받아들이지 않을 수 없다"고 유감의 뜻을, 김대중 대변인은 이번 범야단일후보 결정은 범야단일후보의 성격을 갖고 있으므로 이 결정이 존중되어야 한다고 주장했다.

민정계가 불참한 가운데 국민의당 중앙위원회에서 허정을 대통령 후보로 지명했다.

무조건 단합, 단일후보, 군정종식의 구호는 구두선(口頭禪)으로 전락했고 상처뿐인 국민의당은 출범했다.

민정당은 국민의당 중앙위원회의 후보결정은 위헌이라고 주장하고 창당등록정지 가처분 신청을 밝히고 있으나, 최고위원회는 합법이라는 성명을 발표했다.

비민정계는 창당등록을 강행키로 했으나, 민정계선 당 해체 결의도 불사하겠다는 입장으로 국민의당은 와해 직전으로 달려갔다.

국민의당 양파는 따로 대통령 후보 지명전을 개최하여 대결했다.

선거관리위원회에 민정계 416명의 대의원이 서명하여 중앙위원회의 후보 결정은 무효라며, 국민의당 해체결의서를 제출했다.

정치정화법에서 풀린 정객 홍수로 정계재편의 진통이 예상되고 과열로 인한 혼란도 예견된 것이 사실이었다.

범야세력이 연합전선을 형성하고 단일후보 옹립에는 의견일치를 보았지만, 모두들 동상이몽(同床異夢)으로 타협할 줄 모르는 각파 주장만 되풀이하고 폭언, 비난만 오고갔다.

선구국(先救國)후정치(後政治)는 공염불로 국민의당 창당대회장은 난장판이었으며 현실보다 이상만 앞세운 결과였다.

민정계의 국민의당 해체 결의와 소송에도 중앙선거위원회는 국민의당 창당의 합법성을 인정하여 허정 후보가 대통령 후보로 확정되자, 난장판을 주도한 민정계는 재빨리 재창당대회를 개최하여 윤보선을 민정당 대통령 후보로 지명했다.

그리하여 정통성을 갖춘 국민의당 허정, 재창당한 민정당 윤보선 후보의 대립은 불가피했고, 여도 야도 아닌 자민당 송요찬과 독불장군 정민회 변영태 후보의 난립은 필패를 향해 달려갔다.

단일 야당을 목표로 야권의 통합을 시도한 국민의당은 60여 일간 정계의 관심을 집중시켰으나, 상처만을 남기고 아무런 소득도 없이 엉뚱한 데로 표류(漂流)했다.

(7) 장택상의 자유당(自由黨), 변영태의 정민회도 출범

정쟁법에서 풀린 자유당계 전직 27명 의원 중심의 400여 명은 행동통일을 다짐하고, 과거 자유당 정권의 실정에 대한 죄책(罪責)을 사죄하고 자유당원들의 단결을 호소했다.

이들은 조경규, 강성태, 인태식, 정준모, 김철안을 임시의장단으로 선출했다.

'범국민정당'을 표방한 자유당이 48명이 참석하여 창당발기인 대회를 개최했다. 발기인에는 이규갑, 한건수, 김택술, 윤치형, 염우량, 황경수 등이 참석했다.

이범석을 후보로 장택상을 대표로 추대하자는 조경규안과 허정 신당에 합류하자는 인태식안이 대립하여 자유당 창당을 백지화하고 범국민정당 합류를 선언했고, 영도자로 이범석, 장택상을 추대키로 했다.

구자유당계는 신당을 결성하여 이범석, 장택상, 김준연, 이윤영 등을 당 지도자로 결의했다.

이승만 대통령의 이념계승을 목표로 47인의 대책 위원회를 구성하여 창당 협의했다.

한갑수, 정명섭, 오범수, 남송학, 조경규, 강성태, 인태식, 정준모, 김철안 등이 참석했으나 종국에는 이갑성, 이윤영의 불참으로 자유당 재건을 포기했다.

우여곡절 끝에 군정종식을 부르짖고 자유민주주의를 부활하겠다는 목표를 세우고 자유당이 72개 지구당 721명이 참석하여 창당대회를 갖고 장택상을 수석 최고위원으로 선출했다.

남송학, 조경규, 염우량, 김철안, 유지원을 임시의장단으로 선출하고 "4. 19 학생 의거와 5. 16 군사혁명을 통해 교체된 두 정권이 나약하고 무능력하여 정치적 혼란을 초래하고 경제적 파탄을 가져와 민생이 도탄에 빠진 것을 좌시할 수 없어 다시 궐기하기로 결심했다"는 선언문을 채택했다.

군정종식을 부르짖으며 야당의 기치를 들고 나온 정민회는 86개 지구당 대표 706명이 참석한 가운데 창당대회를 개최하여 변영태를 당 총재와 대통령 후보로 지명했다.

정국이 변화무쌍한 이 때 요청이 있으면 변할 수 있다면서 대통령 지명수락이 잠정적임을 분명히 했다.

인태식, 윤재근, 송중근을 임시의장단으로 선출했다.

균권정치, 균등교육, 균점경제로서 민주적 민족이념을 실현하여 복지사회 건설을 목표한 민우당이 발기를 선언했다.

민우당은 준비위원장에 안호상, 고문에 이범석, 이윤영을 추대하고 김창동, 김재황, 김공평, 김사만 등이 참여했으나 결실을 보지 못했고, 허정의 신정당, 민정당 내의 김도연계, 이범석의 민우당, 조경규의 자유당을 한데 묶어 새로운 보수 정당을 만들려는 막후 교섭이 활발하게 전개됐으나 무산됐다.

자유당의 장택상 후보는 대통령 후보직을 사퇴했으나, 정민회 변영태 후보는 야당 단일후보의 여망을 외면하고 대통령 선거에서 완주했다.

제2장 사상논쟁(思想論爭)의 격전에서 승리한 박정희

1. 군복을 벗고 현직 대통령대행 직함으로 출전한 박정희

2. 정책대결보다 사상논쟁(思想論爭)이 펼쳐진 선거전

3. 야권후보단일화의 악재를딛고 당선을 일궈낸 박정희

1. 군복을 벗고 현직 대통령대행 직함으로 출전한 박정희

(1) 박정희 의장의 대통령 출마에 대한 시시비비(是是非非)

박정희 최고회의의장의 3. 16 성명과 4. 8 성명 등 일련의 태도 변경은 2. 27 선서인 불출마 선언의 번복(飜覆)조치로 재야정계의 극한 투쟁을 벌여오게 했다.

재야정치인들은 박정희 의장의 대선 출마는 실질적인 군정연장 기도로 보고 출마를 반대키로 결의를 하고, 4대 의혹사건에 대한 공개적인 해명도 촉구했다.

재야세력은 실정(失政)을 했으니 출마가 부당하다며 박정희 의장 출마 반대운동을 전개하는데 연합전선을 형성하고, 끝끝내 나올 경우에는 야권 단일후보를 추대하기로 협의했다.

최고회의 이후락 공보실장은 재야의 군정연장 반대투쟁은 비정상적인 정치활동이라고 비난하고, 박정희 의장의 출마를 반대하는 정치인들은 그들 스스로가 정권욕에 사로잡혔거나 열등의식에서 오는 비겁(卑怯)한 수법을 쓰고 있다는 비난을 받지 않을 수 없다고 강조했다.

이후락 공보실장은 박정희 의장의 대통령 출마는 상식화된 것이라며, 김재춘 중앙정보부장이 추진중인 범국민정당은 민주공화당과 뭉쳐야 하며 민주공화당에서 대통령 후보로 추대하면 박정희 의장이 수락키로 약속했다고 말했다.

민주공화당의 박정희 의장을 대통령 후보로 전격적인 추대와 박 의장의 수락 표명은 친여 주도권쟁취에 선수를 쳤으며 범국민정당의 향배가 주목되었다.

박정희 의장은 민주공화당과 범국민정당 합류를 위해 양당 관계인사들을 최고회의 의장공관에 초치하여 조정에 착수했으며 합당을 곧 발표할 것으로 알려졌다.

민주공화당은 3차 전당대회에서 박정희를 민주공화당 총재와 대통령 후보에 추대되고 정구영 총재는 고문으로 추대됐다.

"다시는 이 나라에 본인과 같은 불운한 군인이 없도록 합시다"라는 말을 남기고 군복을 벗은 박정희 의장은 대통령 후보 수락연설에서 "역사상 최초로 공명정대한 선의의 경쟁과 정책의 대결로서 우리의 뜻을 펴고 민주공화당의 기치를 드높여 국민의 공당으로서 그 진면목을 내외에 과시할 때는 바로 지금이다"라고 포효(咆哮)했다.

최고위원회, 내각, 공화당이 연석회의를 개최하여 박정희 의장 당선 대책을 숙의했다.

박정희 의장 전역식이 강원도 철원에서 거행됐으며, 박 의장은 "혁명의 악순환없는 조국을 재건하기 위해 민정에 참여키로 결심했다"고 밝혔다.

국방부 주관하에 3부요인과 각계인사 6백여 명이 참석했으며 21발의 예포(禮砲)가 울러퍼지는 가운데 당당하게 진행됐다.

2년동안 육군소장에서 육군대장으로 두 계단 승진하고 전역(轉役)했지만 대통령 권한대행. 국가재건최고회의 의장이라는 공직을 지닌 채 대통령 선거에 나설 예정이다.

야권에서는 실정을 책임지고 정치에서 손을 떼는 것이 마땅하며 대통령에 나올려면 공직을 내 놓아야 한다고 주장했다.

민주당은 박정희 의장의 공화당 가입은 헌법과 국회법 위반일뿐 아니라 지명 수락도 무효라고 주장했다.

자주, 자립의 새 날을 위해 선전, 선투할 것을 약속한 박정희 민주공화당 총재는 공직을 가진 채 출마하고 군인 출신 각료도 선거때까지 경질하지 않겠다면서, 송요찬의 구속은 정당한 이유가 있을 것으로 안다고 첫 기자회견에서 밝혔다.

(2) 대통령에 도전하는 7명 후보들의 프로필

추첨에 의한 대통령 후보는 1번 신흥당 장이석, 2번 자민당 송요찬, 3번 공화당 박정희, 4번 추풍회 오재영, 5번 민정당 윤보선, 6번 국민의당 허정, 7번 정민회 변영태 등 7명이 난립했다.

평북 영변 출신인 장이석 후보는 구주제대 중퇴로 전국 45개 지역구를 가지고 출전했다. 직업도 가져본 적이 없고 정부를 공격하지 않겠다면서 도의(道義)민주주의를 주장했다.

옥중 출마한 송요찬 후보는 박정희 후보에 대한 반항적 성격을 띠고 있다.

친여계의 하나였던 범국민정당 후신인 자민당이 박정희 의장으로부터 버림받은 불우와 공개장(公開狀)이후 구속된 송요찬의 반감이 결합되어 대선후보로 출마하게 됐다.

송요찬 후보가 제1군사령관 시절 박정희 후보가 그의 참모장이었고, 송요찬이 육군참모총장 시절 박정희를 군수기지사령관에 임명했다. 5. 16 혁명이후에는 박정희가 송요찬을 국방부장관과 내각수반에 임명하여 관계가 역전됐다.

충남 청양 출신인 송요찬은 석두(石頭)라는 별명을 갖고 있지만 군인 출신다운 성격으로 강직하고 고집이 세며 직감력이 뛰어나며, 6. 25 동란때는 수도사단장으로 큰 공을 세웠다.

경북 선산군 구미 출신인 박정희는 인간적인 의리가 깊고 인정이 많다는 평가를 받고 있으며, 민정당 서정귀 최고위원과는 오랜 친구지간이다.

박정희 의장은 어떤 일이 있더라도 국민을 굶기지 않겠다며 미국에서 소맥 20만톤을 긴급 구매하기도 했다.

'나는 사꾸라가 아닙니다'는 오재영 후보는 3대의원에 무소속으로 입후보하여 경찰의 탄압 덕분에 당선되고서 자유당에 입당하여 4대의원을 지냈다.

지금도 이승만 박사를 존경하고 있다는 그는 국민학교 4학년 중퇴로 무식영웅은 있어도 유식영웅은 없다는 신조를 되뇌이고 있다.

무식하고 돈은 없지만 빼짱과 창의력과 판단력이 있다는 그는 이시영 초대부통령 비서관을 지냈으며, "숨막히는 이 겨레에 불어라 추풍(秋風)아"를 선거구호로 내걸었다.

후덕한 사람, 복인으로 온후한 성품과 평탄한 길을 걸어온 윤보선 후보는 짧은 동안이나마 제2공화국 국가원수로 있었기 때문에 후보에 오를 수 있었다.

"유혈과 내전을 방지하기 위하여 국군통수권을 발동하지 않았다"는 그는 5. 16 혁명을 합법화시켰다는 비난을 벗어날 수는 없었다.

영국 신사라는 귀족풍을 풍기고 있는 그는 한민당 총무, 민중일보 사장을 거쳐 서울특별시장, 상공부장관, 대한적십자사 총재, 민국당 중앙위의장을 역임했다. 장면 대표와 함께 민주당 최고위원도 지냈다.

"추잡한 현실과 타협하기보다는 차라리 이상론을 존중하겠다"는 허정 후보는 민주당과의 통합 실패, 야당통합의 무산(霧散)이라는 쓰디쓴 잔을 마시게 되었는지도 모른다.

그의 이상주의는 파벌의식, 권모술수, 개인이해를 정계에서 배격해야 한다는 것인데 현실과는 조금 동떨어져 있다.

정치현실에 타협할 줄 모르는 그의 성격은 오히려 그의 생활이 당인적(黨人的)인 것보다는 관료적이었다는 데서 길러졌을 것이다.

부산에서 제헌의원에 당선된 그는 교통부장관, 국무총리 서리, 서울특별시장, 외무부장관, 국무총리를 역임했다.

정당을 도당시(徒黨視)하고 정치인을 비양식인으로 혐기(嫌忌)하던 변영태 후보가 정민회를 창당하여 대통령 선거에 나선 것은 "생리에 맞지 않으면 무슨 일이든 하지 않는다"는 그의 생리에 분명 커다란 변혁이다.

왕도(王道)정치관을 가진 정치인, 현실을 모르는 정치인이란 평을 듣기도 하는 그는 가식(假飾)도 제스츄어도 모른 이상주의자로 불리기도 한다.

군정의 종식과 구정치에의 환원도 막아야 한다는 그는 유엔대표로 갔다 돌아와서 남긴 여비를 국고에 반납한 에피소드는 유명하다.

신흥군관학교 출신으로 외무부장관, 국무총리를 지낸 그는 "나의 주의와 주장을 받아 주는 이가 단일후보가 되면 몰라도"라는 도피로(逃避路)를 마련해 놓고 야당 단일후보를 외면해 버렸다.

(3) 민정당 윤보선 후보의 출전 욕망이 야권의 지리멸렬로

윤보선 민정당 대표는 박정희 최고회의 의장이 출마하면 야당에서는 단일후보를 내야 승산이 있다면서, 박정희 의장의 공직 사퇴와 관리내각 반대는 부정선거를 하려는 것이라고 기자회견에서 밝혔다.

재야 정치인회의에서는 박정희 의장의 출마를 실질적인 군정연장이기 때문에 반대키로 결의했고, 4대 의혹사건에 대한 공개해명도 촉구했다.

야권에서는 "공화당은 불법적인 조직이며 3권을 쥐고 출마하면 공명선거 보장 안 된다"는 홍보에 매달리자, 민주공화당은 민주공화당의 사전조직 운운은 낭설이며 승산이 없어 떼쓰는 언동에 불과하다고 폄하했다.

이러한 와중에 민정당 윤보선은 재야 단일후보를 위해 대통령 후보직을 사퇴했다.

신정당 허정은 "단일야당 출범에 희망을 주었다"고 환영했고, 민주당 박순천은 "야권의 단일후보는 이루어져야 한다"고 화답했다.

윤보선의 후보직 사퇴는 고차원적인 전략이라는 소리도 있지만, 야당 통합의 급진전을 가져와 민정당, 신정당, 민우당이 통합하여 국민의당 창당으로 이어졌다.

그러나 민정당은 흡수통합을, 신정당은 대등통합 등 통합방식, 요직안배, 공천 등 난관이 많아 결실을 기대하기에는 회의적이었다.

야당 통합협상을 위한 6개 정파 회의를 개최하였지만 민정당과 신정당은 단일야당 형성을 주장한 반면, 민주당과 민우당은 연합전선을 주장하여 이견을 보였다.

민주당은 단일야당을 반대하며 통합보다 연합전선을 주장했다.

재야 5당은 선거내각 수립과 박정희 의장의 공직사퇴를 주장하며 공명선거투쟁위원회를 구성했다.

김병로, 허정, 박순천, 이범석, 변영태를 지도위원으로 선정한 투쟁위원회는 주장이 관철 안 될 때에는 선거 거부도 불사하겠다는 강경입장을 보였다.

윤보선·김도연이 회담을 갖고 윤보선이 출마를 포기하고 김도연을 대통령 후보로 지지를 호소하며 국민의당 참여를 독려했다.

그러나 국민의당 창당대회에서 대통령 후보에 김도연이 아닌 허정으로 내정되자, 민정당계 지지자들이 창당대회를 아수라장으로 만들고 후보 지명을 반발하여 탈당을 감행했다.

국민의당을 탈당한 민정당계는 민정당을 재창당하고, 대통령 후보를 김도연에서 윤보선으로 변경하여 후보등록을 선점했다.

그리하여 야당 단일후보라는 오랫동안의 야권의 숙제(宿題)는 무산되고, 6명의 후보들이 서로 표를 쪼개며 단일 여당후보와 맞서는 선거가 되었다.

선거의 전투장비도 마련하지 못하고 선거운동원의 전투의식조차 갖추지 못한 국민의당의 추태는 "자기의 국회의원 선거를 희생시키지 않기 위해 자기 보스를 팔아먹은 결과"라는 냉혹(冷酷)한 평가를 받았다.

국민의당이 출범하면 공천을 못 받게 된 인사들이 어떻게든지 단일 국민의당을 깨고 당의 공천을 확실히 받을 수 있도록 당 고수의 강경론을 펼쳐 윤보선, 허정의 출마 양보를 막는 데 끈덕진 작용을 했다는 것이다.

민정당과 국민의당 대선후보 지명대회의 만세소리는 어쩔 수 없는 공허감과 허탈감이 감돌았고 왕성한 투지를 찾을 수는 없었다.

국민의당 송원영, 김수한, 채문식, 서태원, 이교선과 민정당의 김영삼, 조윤형, 이중재 등은 자파의 보스들에게 양보를 진언(進言)한 것으로 알려졌다.

2. 정책대결보다 사상논쟁(思想論爭)이 펼쳐진 선거전

(1) 강력한 여당후보에 맞선 지리멸렬(支離滅裂)한 야권

혁명정부는 대통령 후보등록은 9월 15일까지이며 대통령 선거는 10월 15일에 실시하고, 공무원은 8월 31일까지 사임해야 한다고 발표했다.

또한 국회의원의 선거일은 11월 26일이며 공무원은 9월 30일까지 사임해야 한다고 공고했다.

박정희 최고회의 의장은 이번 선거를 5·16 혁명의 마지막을 장식하는 모범선거를 치루겠다고 선언했다.

통·반장을 시켜 입당을 권유하는 사례가 적발되어 공화당의 당원 배가운동이 계속적으로 물의를 일으켰으나, 공화당은 1백만 당원을 확보하고 60% 득표율을 목표로 총력을 전개하며, 지방유세를 위해 170명의 연사를 확보하여 사전(事前)교육을 실시했다.

행정, 사법, 입법 등 3권을 쥐고 2년 동안 군부정권을 이끌어 온 박정희 의장을 내세운 민주공화당이 치밀한 조직과 광범위한 선거 지원기구, 풍부한 자금 등의 뒷받침으로 강력한 포진을 구축했다.

군부정권 시절 정치활동정화법을 제정하여 정치인들의 일부는 퇴출하고 일부는 포섭하는 분열(分裂)통치를 펴면서, 혁명자금을 확보하기 위해 통화개혁을 단행하는 등 대통령 선거에서의 승리를 위한 모든 준비를 갖췄다.

그러나 야권에서는 단일후보 지명과 재야세력 단합을 목표로 했던 국민의당 통합운동이 추잡한 분규로 끝장을 냄으로써, 지리멸렬의 선거전에 빠진 채 난립하고 있어 고전이 예상됐다.

충분히 전열(戰列)이 감돌지 않은 채 백병전에 임해야 할 야권진영은 무엇보다 연합전선의 형성이 긴요했고, 내란을 겪고 지친 야당들은 이제 숨을 돌려야 할 만큼 집안싸움에 정력을 소비했다.

야당이 뛰질 않으니 선거전이 무르익지 않아 전례없는 초단거리 경주의 기형(畸形)선거가 전망됐다.

전투장비도 마련 못하고 전투의식 조차 감돌지 않은채 백병전에 임해야 하는 재야진영은 투표일 직전이라도 야당 단일후보를 남기고 사퇴하는 극적(劇的)사태를 예상할 수밖에 없었다.

극적사태인 기적이 아니면 야권이 이기기엔 너무나 불리한 여건으로 조직, 선전, 자금에 흡족한 여건을 가지고 독주해 온 민주공화당에 비해 진용(陣容)조차 정비하지 못한 채 후보자만 난립한 야당이 선거체제를 갖추지 못하여 유권자들의 외면(外面)속에 선거 분위기는 차갑게 식어갔다.

야당의 분열로 유권자들은 냉담해졌으며 여당의 선전(宣傳)도 외면하여 극장표, 친목회 등 선심공세가 이어지고 있으나 민주공화당의 유세는 인기가 없었다.

작년부터 터전을 닦아 온 민주공화당에 비해 즐비하게 늘어선 야당들이란 대개가 한두 달에 급조한 남제당(濫制黨)이다.

지구당에 법정액은 커녕 5천만원 지원을 염두에 두고 있는 민정당은 돈을 적게 들이는 산병(散兵) 유세계획을 수립하고, 조직과 투쟁경력을 과시하며 일사불란한 행동통일에 기대를 걸었다.

윤보선 후보는 7천여 명이 모인 목포의 첫 유세에서 군정 2년 동안의 실정을 규탄하며, 민주주의 재건을 위한 새 질서확립을 역설하면서, 군정 종식을 위해 앞장서서 투쟁하겠다고 다짐했다.

야권 단일후보에 대해서는 "국민적 견지에서 박정희 의장을 제압할 수 있는 사람, 국민의 지지를 많이 받고 그를 떠받들어 직접 싸움에 나설 당세가 큰 후보로 결정해야 한다"고 강조했다.

그는 한강 백사장 같은 데서 박정희 후보와 합동연설회를 갖고 싶다고 말했다.

민주공화당의 선심(善心)공세에 국민의당 허정 후보는 물가고와 실정폭로에 중점을 두고 연합전선으로 약체성의 만회를 시도하면서 최후의 단일후보 추진에 기대를 걸었다.

허정 후보는 일본 잡지를 인용하여 "간첩 황태성의 조언(助言)에 따라 민주공화당을 사전조직하고 그것도 이원조직했으며 한·일 회담을 미끼로 일본 기업으로부터 거금을 받았다"는 의혹을 해명하라고 촉구하면서, 박정희 후보는 후보직을 사퇴하고 공명선거를 실시하여 정권의 평화적 이양을 완수해야 한다고 주장했다.

최고회의와 민주공화당은 박정희 의장의 승산이 흔들리지 않고 있다는 단정(斷定)아래 야당 후보들에게 조치를 가하여 유권자들을 자극시키는 것보다는 침묵을 지키는 게 옳다는 속셈에서 조용한 선거전략을 구사했다.

자민당 송요찬 후보는 "자유민주주의를 위해 희생해 온 거룩한 넋을 따라 생명이 있는 한 이 땅위에서 싸울 것을 맹세한다"고 선언했고, 자민당은 대여 폭로전술에 자신을 갖고 송요찬 후보의 우상화에 매달렸다.

정민회 변영태 후보는 현수막 하나 걸지 않고 발과 입으로 운동을 하였고, 추풍회 오재영 후보는 농촌에서 나팔 불며 운동을 펼치면서 하루 60회 강행군도 벌였다.

신흥당 장이석 후보는 지방헌금에 의뢰하고 합동정견발표회도 모색했고, 후보를 배출하지 아니한 민주당은 "법이 허용하는 범위안에서 단일화된 야당 후보를 위하여 최대의 노력을 다할 것"을 공식 선언하여 윤보선 후보를 지원했다.

윤보선 후보의 목포, 광주 유세의 성공으로 차가운 선거붐이 서서히 일어나는 뚜렷한 징후를 보이자, 민주공화당은 흠 안 잡힐 방비책을 마련하여 치밀하게 추진했다.

(2) 송요찬 후보의 구속과 석방이 선거초반 이슈로 등장

재야 5당 대변인은 송요찬 후보의 구속은 졸렬한 정치보복 행위로 경쟁자를 가둬 놓고도 공명선거라면 4. 19의 넋이 통곡할 일이며 불의를 계속하면 극한투쟁도 불사하겠다고 공동성명을 발표했다.

수감중인 송요찬 후보는 "대통령 후보등록을 철회하면 공소를 취

하해 주겠다"고 모처에서 교섭이 왔다고 폭로하면서, "대통령 후
보를 사퇴하면 내보내준다고 하지만 끝까지 법정 투쟁을 벌이겠다"
고 선언했다.

그러나 이후락 공보실장은 "송요찬 후보가 살인죄를 취하해 주면
출마를 포기하겠다"고 변호사를 통해 교섭해 왔다며 반대의 사실
이라고 반박하자, 자민당은 "그들의 잔인무도(殘忍無道)한 정략성
을 발휘하는 것"이라고 응수했다.

"허위사실로 송요찬 후보를 비방"한 혐의로 이후락 공보실장을 고
발한 자민당은 재야 6당이 합세하여 400여 명이 사흘째 농성을
계속했다.

외국의 언론에서는 송요찬 후보의 구속은 '중대한 도전을 받자 독
재적 압력'이라고 비난하며, 공명선거에 대한 우려를 표시했다.

군법회의는 송요찬 후보의 보석 신청을 기각하고, 방송녹음도 결
정권이 없다고 불허했다.

재야세력은 공명선거투쟁위원회를 매개체로 공동보조를 모색하고
송요찬 후보의 석방 등을 요구하며 전국적 규모로 대정부 투쟁을
결의했으며, 투옥될 각오로 투쟁할 것도 협의했다.

한편 오재영, 윤보선, 허정, 변영태, 장이석 후보들은 박정희 의장
에게 면담을 요청하고 송요찬 후보의 석방을 건의했다.

자민당 김용성 대변인은 송요찬 후보의 병보석 신청을 기각한 것
은 법률적으로 이해할 수 없는 정치적 보복 탄압이며, 언론의 자
유를 부정하고 헌법을 유린하는 벙어리 선거가 강요되고 있다고
비난했다.

자민당은 서울시내 길거리에서 벌이고 있는 송요찬 장군 석방 서명운동은 24만 명이 넘어섰고, 옥중녹음 연설발표회도 가졌다.

그러한 자민당 송요찬 후보가 돌연 야권 단일후보 실현을 위해 무조건 사퇴한다는 성명을 발표했다.

그의 사퇴는 군정 종식에 있다고 말하고, 국민에게 올바른 판단과 영웅적인 용기를 가져달라고 호소했다.

조재천 민주당 간사장은 송요찬 후보가 유망한 후보자임에도 불구하고 대국을 위해서 애국적 용퇴를 한데 대해서 경의를 표한다고 환영했다.

정민회 대변인도 군정종식과 정국수습을 위해서 일보 진전사태라고 반겼으나, 변영태 후보는 사퇴하지 않고 완주했다.

민주공화당 서인석 대변인은 "선거도중 송요찬 후보가 사퇴한 것을 보면 정계를 혼란시키기 위해 옥중 입당과 입후보한 연극을 연출했다고 본다. 사퇴는 그를 지지하는 유권자에 대한 배신이며 그 동안 군(軍)을 분열시키고 민족을 분열시키는 언동을 자행한 대가(代價)는 씻을 수 없을 것이다"는 성명을 발표했다.

(3) 박정희 후보의 민족적 민주주의가 사상논쟁의 시발

박정희 후보는 구정치인과의 대결은 "민족적 이념을 망각한 가식(假飾)의 자유민주주의 사상과 강력한 민족적 이념을 바탕으로 한 자유민주주의 사상과의 대결"이라고 주장한 데 대해, 윤보선 후보는 "누가 민주주의 신봉자가 아니냐는 것이며 누가 공산당이며 누가 공산당이 아닌가는 각자의 경력을 캐어보면 알 수 있다"고 사상논쟁(思想論爭)의 불씨를 살려냈다.

더욱이 윤보선 후보는 "박정희 후보가 저서에서 서구의 민주주의는 한국에 맞지 아니하고, 나셀 이집트 대통령을 찬양하고 독일 히틀러를 쓸 만한 사람이라고 추켜 올린 박정희 의장이 민주주의 신봉(信奉)여부가 더욱 의심스럽다"고 비난했다.

최고회의는 윤보선 후보의 발언에 비상한 관심을 갖고 긴급회의를 소집했고, 민주공화당은 "정권 이양을 위한 선거시기에 대통령이 되겠다는 인사가 맥카시즘의 악랄한 수법을 쓰게 되었다는 것은 선거 분위기를 극도로 해치려는 의도에서 나왔다고 볼 수밖에 없다"고 반박했다.

민주공화당 서인석 대변인은 "우리는 과거에 정적(政敵)을 빨갱이로 몰아넣은 악랄한 수법에 의해 많은 피해를 보았고, 또 정국은 혼란을 거듭한 쓰라린 경험을 갖고있다"면서, 윤보선 후보가 진정한 민주주의와 가식한 민주주의를 곡해(曲解)하는 것은 가소(可笑)로운 일이라고 덧붙였다.

최고회의는 윤보선 후보의 발언을 국가안보 차원에서 대처키로 하고, 공화당은 "윤보선 후보가 대통령에 재직하고 있을때부터 5. 16 사태를 미리 알고 있었다"고 폭로하여 이중인격자라고 비난했다.

윤보선 후보는 5. 16 혁명을 사전에 알고 있었다는 공화당의 주장은 허무맹랑한 소리라고 부인하고, "김재춘 전 중앙정보부장을 소환하여 공화당의 정체인 사전조직과 자금루트를 증언케 하라"고 촉구했다.

국민의당 허정 후보도 "합헌정부를 전복하고 쿠데타를 감행한 그의 사상적 근거가 자유민주주의냐"고 추궁했다.

민주공화당은 "박정희씨의 민주신념이 의심스럽다"는 윤보선 후보를 허위사실 유포혐의로 검찰에 고발하고, 허정 후보의 고발도 김갑수, 홍승만, 고재필 법률고문들의 검토에 들어갔다.

2만여 명이 모인 공명선거투쟁위원회의 집회에서 박순천 민주당 대표는 "군정당국은 민주주의를 불구(不具)로 만들어 놓고 교도(敎導)민주주의라는 주사를 놓으려한다"고 비난했다.

허정 후보는 "박정희 의장이 한일회담에서 양보한 대가로 일본 민간회사로부터 거액의 수표를 받았다는 설이 있다"고 폭로했다.

최고회의 이후락 공보실장은 허정 후보의 기자회견 내용은 전혀 터무니없는 조작(造作)이라고 일축했다.

민정당에서 "박정희의 사상은 이질적이며 위험한 존재"라는 성명을 발표하면서 이번 이념대결을 계기삼아 야당은 조직, 자금 등 양면에서 독주를 계속하던 민주공화당에 대하여 선전전에서 결정적인 대반격전을 감행했으며 민주공화당을 수세에 몰아넣었다는 성과를 거두었다.

서울 시내에는 "간첩 황태성의 책략에 의해 공화당의 2원제(二元制)사전조직이 추진되었으며 밀봉(密封)교육이 실시되었다"는 삐라가 뿌려져 사상논쟁을 부채질했다.

김형욱 중앙정보부장은 간첩 황태성이 박정희 의장을 만났거나 공화당의 조직과 관련이 있다는 것은 허무맹랑한 소리이고, 여·순사건 관련자가 정부내에 있다는 것도 터무니없는 소리라고 일축하고, 이러한 주장은 혁명정부 고위층과 국민 사이를 이간시키려는 북괴의 고등전략에 휩쓸려 들어가는 결과를 가져온다고 경고했다.

민정당을 탈당하고 민주공화당에 입당한 장홍염 전 의원은 "공화당은 민주사회주의를 지향하는 정당이므로 혁신계의 동지들과 이념적으로 노선이 같아 공화당에 입당했다"고 입당경위를 설명했다.

민주공화당은 윤보선 가족에 월북한 공산당원이 있다, 민정당의 전진한도 간첩과 접선 혐의가 있다고 폭로했다.

이에 윤보선 후보는 누나는 없으므로 월북한 누나가 있다는 공화당의 폭로는 거짓이라고 해명했다.

민정당은 김사만의 "부산과 대구는 빨갱이가 많은 곳"이라는 발언은 "생각조차 할 수 없는 개인적인 의견으로 보고 공식으로 사과한다"고 김영삼 대변인으로 하여금 발표토록 했다.

(4) 박정희 후보의 남로당적(黨籍)이 선거쟁점으로 대두

민정당 윤보선 후보는 "여수·순천 반란사건의 관련자가 정부에 있다는 사실을 상기하자"면서, "여·순 반란사건은 민족주의와 민주주의 신봉자에 의하여 일어난 것이 아니었다"고 공세를 강화했다.

여수에서 찬조연사인 윤제술 의원은 "이곳은 여·순 반란 사건이란 핏자국이 묻은 곳이다. 그 사건을 만들어 낸 장본인들이 죽었느냐, 살았느냐. 살았다면 대한민국에서 지금 무슨 일을 하고 있는가를

여러분은 아는가, 모르는가. 여러분이 모른다면 저 종고산(鐘鼓山)은 알 것이다"라고 공격했다.

공명선거투쟁위원회 집회에서 자민당 김준연 대표는 뉴욕타임즈를 인용하면서 "박정희 의장은 내가 여·순 반란사건을 조직했다는 과거를 떳떳이 밝혀라"고 외치면서, "박정희 소장(少將)은 전에 공인된 공산주의자였고 남조선노동당 당원이었다. 그는 여·순 사건을 일으키는데 협력했다. 그래서 그는 군법회의에서 사형선고를 받았다. 그러나 그는 전향하여 반란군에 관한 정보를 제공하고 사형을 면제받았다. 그는 지금 분명히 강력한 반공주의자라고 주장하고 있다"라고 포문(砲門)을 열었다.

박정희 후보는 "여·순 반란 사건에 관련됐다는 야당의 주장은 허무맹랑한 일이어서 해명할 필요조차 없으며 법이 가려낼 것"이라고 가볍게 응수했다.

민주공화당은 여·순 반란사건 진압작전을 지휘한 헌병사령관 출신인 원용덕 장군을 내세워 "박정희 의장은 여·순 사건에 관련이 없으며 토벌작전 참모로서 공을 세웠다"는 주장을 펼치도록 했다.

최고회의에서는 윤보선 후보를 구속하자는 의견이 대두되기도 했으나 인지(認知) 사건으로 수사한다는 선에서 일단락되고, 선거전은 끝까지 정책대결 아닌 사상논쟁이 전개됐다.

자민당 조영규 전 의원은 "여·순 반란사건 때 심판관이 아직도 살아 있고 그 당시 박정희씨는 소령으로 사형선고를 받았고, 국방경비대 시절에는 남로당원이었다는 것이 미군 군정(軍政)기록에 남아 있다"고 송요찬 후보가 그의 변호사에게 말했다고 폭로했다.

민정당은 1949년 2. 13일 여·순반란 사건 군법회의 조사자료를 공개하여 박정희 후보는 당시 육군소령으로서 남로당의 지령에 의하여 육군 군부대조직을 담당한 사람으로서 군법회의에서 사형을 선고받았다고 폭로했다.

박정희 소령은 국방부장관 이범석 장군의 명령으로 공산당 세포조직 숙군령에 따라 최남근, 오동기, 이재복 등이 체포되자 정보국장 백선엽 중령에게 자수했고, 백선엽 중령은 박정희 소령이 공산당원 명단을 제공하여 공산당 숙군에 공로가 크다며 구명(救命)운동을 전개하여 사형이 무기징역으로 감형됐다고 지적했다.

그후 국방부장관의 조치로 무기징역형이 형집행이 정지되고 파면형은 확정되었지만 장도영, 정일권 등 만주군 출신들의 도움으로 정보국 문관으로 고용되었다며 6. 25 발발 직후 육군소령으로 복직되었다고 폭로했다.

민주공화당은 "민정당의 자료제시는 조작 폭로전술로써 악랄한 인신공격"이라고 응수하고, "이는 최후의 순간에서 공화당에 해명의 시간적 여유를 주지않음으로써 국민의 이목을 현혹(眩惑)시키려는 짓"이라고 비난했다.

(5) 박정희 후보의 민주공화당 입당 시기와 후보수락 시비

민주당은 박정희 의장의 민주공화당 입당이 합법적이라는 중앙선거위원회가 유권해석을 내린데 대해, 그러한 터무니없는 법해석(法解釋)은 즉시 취소하고 시정하라고 요구했다.

김대중 민주당 대변인은 박정희 의장은 8월 30일 철원에서 전역식을 마치고 민주공화당에 입당하고, 8월 31일 대통령 후보로 지명된 후 수락 연설까지 했는데 9월 4일 입당은 있을 수 없다고 말했다.

민주당이 9월 2일 박정희 의장의 민주공화당 입당은 헌법위반을 적시(摘示)하자, 9월 4일 입당이라고 중앙선관위가 유권해석하고 있지만, 8월 30일 입당 사실이 확인되면 입당, 지명, 등록이 모두 무효라고 주장했다.

중앙선거위원회는 "박정희 후보가 공화당에 입당한 것이 9월 4일이며 9월 3일에 개정된 국가재건비상조치법 및 정당법에 저촉되지 않는다"고 유권해석하고 있으나, 당시 국가재건비상조치법은 최고위원은 정당에 가입할 수 없도록 되어 있었다.

재야 6당은 공명선거투쟁위원회를 구성하고 박정희 의장의 공직 사퇴와 선거내각 수립을 주장했다.

투쟁위원회는 지도위원에 김병로, 허정, 박순천, 이범석, 변영태를 추대했고, 전국유세를 결정하고 민심 유도작전을 전개했다.

재야 6당 공명선거 투쟁위원회는 박정희 의장은 현행 헌법에 따라 정당에 가입할 수 없음에도 8월 30일 공화당적번호 06611호로 공화당에 입당하고, 대통령 후보 수락연설까지 했다고 비난했다.

그러나 민주당이 불법사실을 지적하자, 9월 3일 비상조치법을 개정하고 9월 4일 입당한 것 같이 가장(假裝)하여 등록케했으므로 등록처분의 취소를 청구했다.

자민당 조영규 전 의원은 "선거법을 위반하여 공화당에 입당했으므로 박정희 후보는 당선되어도 무효이다"라고 주장했다.

서울고법 조규대 판사는 박정희 후보의 등록 및 후보효력정지 가처분 신청사건을 행정소송 대상이 안 된다며 기각 결정했다.

(6) 윤치영 민주공화당 의장의 망언으로 선거판세가 요동

윤치영 민주공화당 의장은 광주에서 "만약 썩은 정치인들이 정권을 붙잡는다면 몇 달안에 또 혁명이 일어날 것이며, 혁명이 일어나지 않는다면 나라도 혁명을 일으키겠다"면서, "2. 27 선서에 참여한 모든 정치인들은 다 썩은 정치인들"이라고 기자회견에서 매도한데 대해, 야권에서는 "이번선거가 무의미하다는 것을 입증하는 중대발언"임을 지적하고 해명을 요구했다.

김영삼 민정당 대변인은 "더 이상의 혁명을 원치않은 전 국민이 이번이야말로 자유롭고 평화적인 정권교체를 갈구(渴求)하고 있는 이 시점에서, 윤치영 씨가 그러한 망발(妄發)을 토하는 것은 하늘을 무서워하지 않는 처사이다"라고 논평했다.

윤치영 민주공화당 의장은 "광주의 발언은 정치인으로서 지극히 당연한 말을 한 것뿐이며 말하고 나니 통쾌하다"면서, "5. 16 혁명이 마지막 혁명이 되어야 한다는 공화당의 소신과 야당의 비열한 선전공세에 대항하기 위해 스스로 한 말이므로 취소하거나 정정(訂正)할 생각이 없다"고 다짐했다.

또한 그는 "별을 서너개 씩이나 달고 국가기밀을 외부에 누설시킨 송요찬이나 김재춘은 총살(銃殺)되어 마땅하다"고 주장하며, 자기는 부패하거나 때 묻지않은 정치인이므로 무슨 이야기든지 할 수 있다면서, "허정은 서울에 큰 집과 우이동에 수 만평의 땅이 있다"고 폭로했다.

박정희 민주공화당 총재는 윤치영 당의장을 소환하면서 "박 총재는 5. 16 혁명이 최후의 혁명이어야하며, 이번 선거에 있어서는 지는 한이 있더라도 사상 유례없는 공명선거를 치러 평화롭고 순조롭게 민정이양을 기해야 한다는 이념을 윤치영 당의장은 벗어났다"고 말했다고, 서인석 대변인이 밝혔다.

윤치영 당의장은 쿠데타 재발 운운은 말한 일 없다고 변명하고, 강경파에서는 윤치영을 후퇴시키자고 주장했다.

야권에서는 윤치영씨의 발언은 그들이 민주주의 신봉자가 아니라 쿠데타주의자라는 것을 스스로 폭로한 것이다라며 날카로운 십자포화(十字砲火)를 퍼붓고, 선거가 무의미하다는 것을 입증한 것이라며 공세를 강화하고, 민주공화당에서도 문책을 싸고 내분이 재연되어, 윤치영 당의장의 입지가 좁아져 침묵으로 일관했다.

(7) 대구 수성천변 청중수가 야권 단일화를 촉진

윤보선 후보는 대구 수성천변에서 8만명이 모인 인파 속에서 "이번 선거는 대통령 선거만이 아닌 국운을 결정하는 선거"라고 포효했고, 허정 후보는 2만여 명이 운집한 대전역 광장에서 "군정은 국민 전체를 죄인시(罪人視)했다"고 절규했다.

허정 후보의 대구 수성천변 연설이 끝나고 청중 수의 우열이 8만명과 4만명으로 가려지자, 민정당과 국민의당에서 단일후보 협의가 활발하게 전개했다.

허정 후보는 "그동안 군정 종식이라는 목표를 달성하기 위해 단일 야당을 선두에서 제창했다"면서, "이번 지방유세를 통해 단일후보에 대한 국민의 여망(輿望)이 절실함을 알았으나 정치적 협상으로선 이룩될 것 같지 않아서 내가 물러서는 길만이 단일후보를 성취한 길이었음을 알았다"면서, 이 기회에 야당 단일후보가 반드시 이루어지길 호소했다.

야권에서는 단일후보 옹립을 위한 실질적인 연합공동전선 구축에 나섰다. 국민의당 소장파는 국민의당 발기당시 시점으로 환원하든가 실질적인 조직 합류를 주장하지만 당내 이견도 만만찮다.

야당 단일후보 옹립의 기운이 짙어지자 민주공화당은 추풍회의 오재영, 신흥당 장이석 후보들이 사퇴하지 말도록 공작하기로 결정하여 이면공작(裏面工作)을 벌였다.

민주공화당은 "단일후보를 위해 다른 후보들이 모두 사퇴하면 공화당의 고전이 예상되므로 오재영, 장이석 후보만이라도 사퇴하지 않도록 권유키로 했다"고 토로(吐露)했다.

영예로운 자퇴로 높이 평가받은 허정 후보의 사퇴는 저조했던 야당 선거전선과 단일후보 결정을 바라던 국민에게 생기와 희망을 불어넣어 주었다. 그리하여 민정당은 민주공화당과 본격적인 막상막하의 겨뤄 볼 태세를 완비하게 됐다.

야당계 후보들이 난립하여 서로 표를 깎고 찢고하니 누워서 떡 먹 듯 대통령 선거를 치르게 됐다는 민주공화당은 허정 후보가 사퇴 하자 충격을 받고 고전을 각오하며 긴장감에 쌓였다.

공화당은 표면적으로는 "예상했던 사퇴가 왔을 뿐"이라고 태연한 척하지만, 뒷전으로는 "정신 바짝 차리지 않으면 큰 일이다", "이 젠 젖 먹던 힘까지 짜내야 한다"며 불안한 표정을 감추지 못했다.

서인석 민주공화당 대변인은 "패배를 자인하는 허정씨에게 동정이 가며 이합집산을 예사로 삼는 구정치인의 추악상을 재연하는 것" 이라는 논평은 켕기고 배 아픈 심사를 드러냈다.

(8) 공화당 박정희, 민정당 윤보선 후보의 한판 승부

국민의당 허정, 자민당 송요찬 후보들의 사퇴로 야권 단일후보에 옹립된 민정당 윤보선 후보와 공화당 박정희 후보의 건곤일척(乾 坤一擲) 한판 승부가 펼쳐졌다.

윤보선 후보는 "집권하면 정치적 보복은 절대 없다"면서 초당파 거국내각 구성을 밝혔다.

박정희 후보는 야당의 사상공세는 낡은 매카시즘의 수법이라고 반 박하며 범법자는 선거 후에 처단하겠다고 밝혔다.

10만 명이 운집한 남산 야외음악당 연설회에서 윤보선 후보는 "혁 명정부는 총칼로 국민을 불안과 공포속에 몰아넣고 무력으로 온갖 부정을 감행했다. 박정희는 바로 반혁명분자이다"라고 비난하고,

"삼천만의 이름으로 박정희씨의 사상을 규탄한다"며 대학의 비밀결사조직과 민주공화당의 사전창당을 비난했다.

윤보선 후보는 "이번 선거에서 집권할 경우 국무총리는 당외인사를 기용하겠으며, 박정희 후보의 남로당(南勞黨)관련기사는 정부 간행물에도 있다"고 발표했다.

윤보선 후보는 "공화당은 공산당의 돈을 가지고 공산당식으로 조직한 정당이고, 김종필은 황태성의 20만 달라를 가지고 점선식(點線式)조직으로 공화당을 조직했다"고 폭로했다.

민의는 군정의 종식에 있다는 윤보선 후보는 "난국 극복을 위해 온 국민이 지혜를 모아야 한다"고 호소하고, 당선되면 재야 의견을 적극 반영하겠다고 약속했다.

윤보선 후보는 "밀가루와 시멘트에서 막대한 이익이 어디로 갔느냐"며 민주공화당의 청중동원을 위해 식권을 나눠줬다고 공격했고,

민정당에서는 민주공화당이 일부 지역에서 돈을 뿌려 동원하고 있다고 비난하면서, 강원도에서 6인조 부정투표계획을 수립하여 실시했다고 폭로했다.

정민회와 막후교섭은 결렬됐으나, 민주당에서도 윤보선 후보를 지원하기로 민주당 기획위에서 공식 결의했다.

박정희 후보는 "황태성은 김종필 장인이며 박정희 후보 형의 친구로서 형수(兄嫂)를 만나려다가 체포됐다"고 해명하고, 윤보선 후보의 발언은 모략이라고 반박했다.

민주공화당은 여·순 사건 조사단장 박철현 예비역 대령을 내세워

"박정희 후보는 여·순 사건과 관련이 없다"고 기자회견을 개최했다.

박정희 후보는 "1948년 공산주의자가 선동한 육군반란에 관련되었다는 비난은 이미 오래전에 심사를 받았으며 근거가 없는 것으로 판명되었다"고 선언했다.

박정희 후보는 "정국안정을 위해 힘써야 한다. 정적을 빨갱이로 모는 악습은 없애야 한다"고 절규하고, 당선되면 숨은 인재를 구하겠다고 선언했다.

 당선되면 정치범을 석방하고 구걸식 원조를 받지 않겠다고 선언한 박정희 후보는 "누가 집권해도 당장 잘 살 순 없다. 피땀 흘려 일할 것을 요구할 터", "정적을 빨갱이로 모는 악습은 없애야 한다"라고 밝혔다.

박정희 후보는 군정이 끝나면 행정에 참여한 군인은 전원을 원대복귀하고 당선되면 거국정부를 수립하겠다고 약속했다.

재야 5당은 박정희 후보는 민족을 구출할 능력이 없고 위헌, 위법, 부정선거를 자행하고 있다며, 하야를 촉구하는 공동성명을 발표했다. 야권에서는 공명선거투쟁위원회 강연회를 선거법 위반언동을 할 것이라며 경찰에서 집회 불허는 고의적인 집회 방해라고 반박했다.

검찰은 허가되지 않은 대전집회에서 연설한 박순천, 김준연 등을 입건했다.

민주공화당은 경찰방침은 당연하다고 옹호하며 외국 간행물 내용에 대한 폭로는 공산당의 음모공작에 의한 것이라고 비난했다.

민정당은 재건국민운동촉진회를 통해 민주공화당 집회에 강제동원을 지령한 구체적 계획을 입수했다고 폭로했다.

천태만상의 선거사범이 속출했으며 공무원들의 음성적인 선거운동은 선거의 자유분위기를 침해하여 말썽을 빚기도 했다.

야권 후보들의 난립으로 승리를 낙관했던 민주공화당은 허정, 송요찬 후보들의 잇달은 사퇴로 충격, 초조, 불안에 휩싸였으며 고전이 예상되기도 했다.

유권자들의 날카로운 관심은 박정희 후보의 사상문제가 많은 화제거리가 됐다. 민주공화당은 야당 붐의 둔화와 저지에 총력을 쏟아 반격전에 총동원했다.

그리하여 여·야 후보 간에 막상막하의 대결이 예상됐으며 야권에서는 매표공작, 대리투표 방지에 총력을 기울였다.

밀가루를 쏟아붓고 고무신이 난무한 선거전의 승패는 도시보다는 농촌표의 향배(向背)가 갈림길이 될 것으로 예상됐다.

박정희 후보의 공정한 선의의 경쟁 다짐에도 불구하고 공명선거 분위기가 승패의 갈림길이었으며 민주공화당은 조직, 선전, 금력을 총동원하도록 전 민주공화당원에 지령을 내렸다.

민주공화당은 막판 득표전에 총력을 경주한 반면, 민정당은 단일전선으로 국지를 침투했다.

3. 야권후보 단일화의 악재를 딛고 당선을 일군 박정희

(1) 영남 유권자들의 결속력에 힘입어 박정희 후보 당선

민주공화당 박정희 후보와 민정당 윤보선 후보는 아슬아슬하게 백중하고 있어 대세는 예측을 불허하는 개표상황을 연출했다.

당선은 15만 표 내외의 극히 근소한 차로 결정될 것으로 예상했다.

민정당 주류의 오랜 기반인 호남지방에서 우세하리라는 윤보선 후보가 의외의 약세로 드러났고, 군인들의 표가 주류를 이루고 있는 강원도에서 박정희 후보가 참패의 고배를 마시게 된 결과에 대해 의외로 받아들여졌다.

박정희 후보는 앞으로 정국안정, 자립경제의 달성, 지도체계 확립을 위해 노력할 것이라고 당선소감에서 밝혔다.

윤보선 후보는 박정희 후보에게 "당선을 축하하고 선거를 통해 나타난 민의를 존중하며, 민주정치 발전에 노력하기 바란다"는 전문(電文)을 보냈다.

윤보선 후보가 많은 지지표를 얻은 것은 그를 지지한다는 것 보다도 차라리 군정에 대한 항의와 보다 큰 정치적 자유의 요구라고 해석하여야 한다고 외국 언론에서는 논평했다.

예상을 뒤엎고 지리산을 분수령으로 하는 동서 경계보다는 추풍령을 분수령으로 하는 남북 경계선이 훨씬 굳다는 것을 보여줬다.

그것은 보수적 기질과 자유주의적 기질, 이른바 사상논쟁을 액면 대로 긍정적으로 받아들이는 기질 대 비판적이며 소극적으로 소화하는 기질의 대결로 유추할 수 있다.

서울은 현실적인 필요로 반박정희, 반군정의 길을 재촉했고 공화당의 금성탕지(金城湯池)인 강원도는 선거사상 처음으로 만년 여당의 감자바위의 오명을 씻었다. 특히 휴전선 부근의 군인표가 많은 곳에서 박정희 후보의 패배는 사상논쟁의 결과였을 것이다.

"박정희 사상이 의심스럽다"라는 말이 야당의 트집이라 해도 대통령은 그런 의심을 받아서는 안 된다는 충청도의 보수기질이 나타났으나 충북 옥천, 영동은 박정희 후보의 처가(妻家)라는 인연이 깊게 묻어 나왔다.

박정희 후보의 고향인 경북보다 경남의 지지율이 낮은 것은 경남은 경북보다 6. 25 피해를 덜 받았고 거창, 산청 등 지리산 빨치산의 피해지구가 있는 것이 투표에 반영됐다.

부산을 중심으로 우리나라 혁신세력의 본거지가 경상도 출신인 박정희 후보의 지지로 돌변했고, 호남지역이 윤보선 후보의 말을 액면대로 받아들이지 않고 혁명정부의 중농정책에 영합한 기질이 박 후보의 지지로 돌아섰다.

그리고 여·순사건에 대한 역효과가 나타났다.

유권자 수는 1,298만 5,015명으로 확정했고, 서울의 유권자는 167만 6,262명이고 부산의 유권자는 66만 5,545명이다.

유권자는 서울, 경기, 강원 등 중부권과 영남권이 각각 31% 수준이고 충청권이 15%, 호남권이 23% 수준으로 영남권의 비중이 높은 편이다.

중부권에서 윤보선 후보는 박정희 후보에게 77만 9천여 표 앞섰으나 영남권에서 66만 1천여 표 뒤져 역전패의 빌미가 됐다.

영남정권이 공고(鞏固)하여져 호남 푸대접론이 야기될 것을 예상했더라면, 호남권에서 40만여 표를 박정희 후보를 지지하여 박 후보의 당선을 도와주지 아니하였을 것이다.

만약 민정당이 야권으로 분류된 정민회 변영태 후보와의 협상이 결렬되지 아니하고 사퇴하여 윤보선 후보의 지지를 얻어냈더라면 변영태 후보의 22만 4천여 표 중 70%인 15만여 표를 끌어왔더라면 승패는 분명하게 엇갈렸을 것이다.

승패의 분수령은 소백산맥을 경계로 한 영남과 호남의 결집이 아닌 추풍령을 경계로 한 중부·충청권과 호남·영남권의 결집이 승패를 결정지었다.

□ 시·도별 득표상황

	계	공화당 박정희	민정당 윤보선	추풍회 오재영	정민회 변영태	.신흥당 장이석
합계	10,081,200 (득표율)	4,702,642 (46.6)	4,546,614 (45.1)	408,664 (4.1)	224,443 (2.2)	198,837 (2.0)
서울	1,231,578	371,627	802,052	20,634	26,728	10,537
경기	1,163,849	384,766	661,984	54,770	34,775	27,554
강원	749,873	296,711	368,092	35,568	24,924	24,528
소계	3,145,300	1,053,104	1,832,128	110,972	86,427	62,619

	(31.2)	(33.5)	(58.2)	(3.5)	(2.8)	(2.0)
충북	509,767	202,789	249,397	26,911	15,699	14,971
충남	993,102	405,077	490,663	47,364	26,639	23,359
소계	1,502,869 (14.9)	607,866 (40.4)	740,060 (49.2)	74,275 (4.9)	42,338 (2.8)	28,330 (2.6)
전북	826,473	408,556	343,171	37,906	18,617	18,223
전남	1,338,142	765,712	480,800	51,714	17,312	22,604
제주	116,503	81,422	26,009	3,859	2,207	3,006
소계	7,281,118 (22.6)	1,255,690 (55.0)	849,980 (37.3)	93,479 (4.1)	38,136 (1.7)	43,833 (1.9)
부산	503,601	242,779	239,083	11,214	7,106	3,419
경북	1,504,330	837,124	543,392	58,079	31,113	34,622
경남	1,144,032	706,079	341,971	60,645	19,323	16,014
소계	3,151,963 (31.3)	1,785,982 (56.7)	1,124,446 (35.7)	129,938 (4.1)	57,542 (1.8)	54,055 (1.7)

(2) 윤보선 후보와 박정희 후보의 승패의 갈림길

윤보선 후보의 패배의 원인은 한마디로 단일야당 형성의 실패와 소위 구정치인이 빚어낸 국민의 여망을 버린 데 있었다.

아귀(餓鬼)다툼으로 끝내 파국을 가져 온 국민의당 분열 때 야권의 승리를 바라기 힘들 것으로 전망됐다.

허정, 송요찬 후보들의 사퇴가 사흘만 일렀어도 승패의 결말이 달라졌을 것이며, 허정과 송요찬 후보의 대국적 용퇴가 아니었다면

시소게임은 어림도 없었다.

오재영, 변영태, 장이석 후보들의 표가 예상 밖으로 많이 나와 적어도 정민회의 변영태 후보라도 사퇴시켰더라면 승패는 분명 오리무중(五里霧中)이었을 것이다.

민정당이 재야의 규합(糾合)을 시도하는데 고자세였다는 것이 고전을 겪어야 했던 주인(主因)이었다.

민주당의 지원은 소극적이었으며 국민의당은 물론 자민당의 지원은 전혀 받지 못했으며, 더구나 민정당 내에서도 국민의당 통합부터 주류와 비주류의 분규는 급기야는 원조(元祖) 한민당 이래의 굳은 호남기반이 송두리째 무너져 내렸다.

민주공화당이 호남평야에 그 어디보다도 조직과 선전에 주력하고 선심을 썼다는 것이 주효했을지도 모르지만, 김도연과 소선규 등의 이탈이 빚어낸 한민당계열의 분열이 패배의 원인으로 다가왔다.

영남, 호남에서 김사만의 빨갱이 발언은 커다란 반작용으로 윤보선 후보의 표를 깎았다는 것은 부인하지 못할 것이다.

시간적 여유도 자금사정도 법적여건도 압도적으로 불리했지만, 야권(野圈)이 일치단결해서 보조만 맞췄더라면 승리할 수도 있었다는 것이며. 윤보선 후보의 패배는 전근대적 자세의 자기모순이 빚어낸 비극이었다.

박정희 후보는 방대한 조직, 풍부한 자금, 집권여당이라는 유리한 조건도 있긴 하지만, 야당에서 물고 늘어진 도발에 끝까지 조용한 분위기를 살려 나간 작전이 성공적이었다. 사상논쟁으로 야당 거물급을 구속했더라면 대패(大敗)했을 것이란 것이 중론이다.

허정과 송요찬 후보가 사퇴했을 때 민정당은 군소후보들을 경시했지만, 민주공화당은 줄기차게 사퇴방지에 노력했던 것도 승리의 요인이었다.

민주공화당의 아슬아슬한 승리는 혁명정부가 2년 치정(治政)에서 저지른 많은 의혹과 함께 민주공화당 형성자체에 대한 의혹, 그리고 혁명주체 세력간의 내분이 가장 큰 원인이었다.

서울에서의 참패는 혁명정부 자체와 강력시책에 대한 부정적 태도의 반영이고, 강원도에서의 패배한 군인정치에 대한 군인들이 냉혹한 의사표시로 추측된다.

그러나 5. 16 쿠데타는 군부가 정치에 개입하여 무력으로 정권을 장악하는 좋지못한 선례(先例)를 한국 현대사에 남기게 되었으며, 그 선례는 이후의 군부 지도자들에게도 권력에 손을 대게 하는 충동(衝動)을 뿌리치지 못하게 했다.

(3) 윤보선 후보는 뒤늦게 당선무효 소송을 제기

민정당은 민주공화당의 박정희 후보 대구강연에 버스를 대절하거나 식권을 나눠주는 등 청중을 강제동원했다고 비난하고, 공명선거를 치루겠다던 군사정부의 약속이 틀렸다고 발표했다.

민정당은 박정희 후보의 부산 연설회에 재건국민운동촉진회를 통해 강제동원을 지령한 구체적 계획서를 입수했다고 발표했다.

민정당은 민주공화당 강원도 지역에서 6인조 부정투표계획을 수립했다고 폭로하면서, 민정당 대변인은 윤보선 후보의 집을 수십 명의 기관원들이 포위하여 연금(軟禁)상태에 있다고 비난했다.

윤보선 후보는 공무원과 중앙정보부원까지 동원하는 불법행위와 3.15 부정선거를 재연하지 말라며 민주공화당을 비난했다.

선거법 위반 언동을 할 것이라며 경찰이 공명선거투쟁위원회 강연을 불허하자, 야권에서는 고의적인 집회방해라고 맹박하고 군산에서 유세를 강행키로 하여 충돌이 불가피했다.

중앙선관위는 공명투쟁위원회 시국강연회는 무방하나, 특정인의 찬·반 선전은 부당하다고 유권해석하여 어리둥절하게 했다.

공명선거투쟁위원회 대전연설회가 당국의 집회금지 지시로 역전사용을 거절하여 대전 유세가 좌절됐다.

박정희 후보는 민주공화당 국회의원 후보 여수 지원유세에서 "지난 대통령 선거 때 윤보선 후보가 나를 여·순 반란 사건에 관련된 자라고 말하고 신문사를 매수하여 나를 빨갱이로 몬 일에 대해 해명하겠다"면서, 당시엔 육사 교관으로 근무했으며 반란군 토벌을 위해 송호성, 원용덕 장군의 작전참모로 근무했다고 밝혔다.

그 동안 말 같지 않은 모략이어서 해명치 않았다고 덧붙였다.

이에 윤보선 후보는 "박정희 후보는 재판기록을 공개하여 사실을 밝히라"면서, "박 후보는 유세 때 국민을 기만해서 당선된 사람이니 국민 앞에 사죄를 청하는 것이 마땅하다"고 강조했다.

윤보선 후보는 박정희 후보의 당선무효 소송을 제기했다. 윤 후보는 "박 후보는 입후보 당시 최고회의의장으로 피선거권이 없고, 정당 가입금지 규정에 위반되어 대통령 후보등록은 무효이다", "유·무효표에 계산 착오 등 개표관리의 불충분으로 인하여 투표수 산정에 과오가 있었다", "공무원의 선거동원, 선심공여, 호별방문, 밀가루 배급 등 선거법 위반행위가 속출, 빈발(頻發)했다"고 소송 제기 사유를 적시했다.

윤보선 후보는 먼 훗날에도 "지난 번 대통령 선거에서 투표에 이겼으나 개표에 졌다"고 주장했다.

제3장 민주공화당이 국회의석의 63% 점유

1. 혁명주체와 구(舊)정치인들의 연합체인 공화당

2. 야당 단일후보 협상이 결렬되어 각개전투

3. 지지율 33.5%지만 63%의석을 점유한 공화당

4. 제3공화국 의정(議政)을 담당할 별들의 모습

1. 혁명주체와 구(舊)정치인들의 연합체인 공화당

(1) 5월동지회의 흡수 등 범여권의 대통합을 추진

당초의 선거 전망과는 달리 근소한 표차로 대통령 선거에서 승리한 민주공화당은 안정세력 구축을 목표로 한 국회의원 선거태세로 돌입했다.

박정희 대통령은 국회의원 공천은 실력 위주로 당선가능성이 큰 사람에게 우선권을 줄 것이며, 혁명주체 세력만을 특별히 우대하는 일은 없을 것이라고 대통령 당선소감에서 밝혔다.

김종필의 귀국에 민주공화당은 거당적으로 환영하고 있으나, 야당은 4대 의혹사건 등을 들어 대여공세의 표적(標的)을 삼을 예정이며, 민주공화당의 사전조직도 재논란이 예상됐다.

민주공화당 사무당료파에겐 뿌리깊은 반감을 품고 있는 5월동지회는 김종필 복귀에 대한 반작용으로 자민당과의 합류를 모색케됐다.

5월동지회가 복지민주당 창당을 서두르자, 자민당은 5월동지회에 30개 지역구를 할애하겠다며 협상에 적극적이었다.

서민호 전 국회부의장의 자민당 입당으로 5월동지회의 단독적인 창당 내지는 자민당과 합류 여부가 정가의 관심사로 떠올랐다.

김종필이 5월동지회에 가입하여 반공화계의 결집을 완화하는데 기여했고, 5월동지회 오치성, 강상욱, 조창대, 장동운 등이 민주공화당에 입당하여 정치적 미아(迷兒)로서의 종지부를 찍었다. 그러나 반공화계로 뭉친 80만 회원의 향배가 주목됐다.

박정희 의장은 야당과의 연립내각을 구상해 본 일이 없다며 안정세력 구축을 자신하며, 총선이 끝나면 사상논쟁에 대한 시시비비를 가리겠다고 선언했다.

영남과 호남지방을 돌면서 공화당 후보들을 지원해 온 박정희 민주공화당 총재가 8일 만에 민정당이 대통령 당선 무효소송을 제기하자 돌연 지방유세를 중단했다.

이는 안정세력 확보에 대한 자신감의 발로인지, 과반의석의 차지가 희박하여 재야세력과의 정치적 협상 등 대비책 마련을 위한 것인지 궁금증을 자아냈다.

민정당 윤보선 대표는 쿠데타와 부정선거로 집권한 박정희 정권을 부정한다면서 구국(救國) 국민운동을 전개하자, 민주공화당은 정부 전복 국제음모단이 암약하고 있으며 국내 야당인사와도 접촉한 사실이 있다고 맞불을 놓았다.

재야 4당은 국제공작단은 공포분위기를 조성하기 위한 음모라며 정체를 안 밝히면 명백한 연극이라고 반박했다.

재야 4당 대여공동투쟁협의회는 "김현철 내각수반이 공무원의 선거간섭 중지에 미온적이고 무성의하다"고 비난했다.

선거를 하루 앞두고 최고회의는 한희석, 홍진기, 이강학, 유충열, 신도환, 유지광을 포함하여 88명의 석방대상자를 검토하고, 정정법 해당자 전원의 해금을 검토하고 있다고 전격 발표하여 선거판세를 좌우했다.

(2) 군인·민간인 통합으로 인한 공천진통은 불가피

민주공화당이 1차 공천자 72명을 발표하자, 낙천자들이 노골적으로 반발하여 당이 크게 동요했다.

공천에서 거의 제외된 윤치영계와 자민당 합류파의 반발이 가장 심한 편이며, 윤치영은 그가 밀었던 성인기, 송석하, 반성환 등이 모두 탈락하자 당무회의도 불참했다.

송요찬을 고발하여 구속케 한 조영구 중령 형인 조용구는 공천에서 탈락하자 민주공화당을 탈당했다.

"별은 유성처럼 땅에 떨어지고 말똥(영관)은 공천을 땄다"는 유행어는 송석하, 윤춘근 등 소장(少將)들은 낙천하고 영관급이지만 혁명주체거나 중앙정보부 등에 관여한 이병희, 서상린, 방성출, 길재호, 최영두 등의 공천을 두고 회자(膾炙)됐다.

당외인사를 대량으로 포섭한 2차 공천자가 발표되자 이탈하거나 공천반대 등 반발이 절정을 달했다.

"부정한 인사들을 공천한 공화당에 그대로 남을 수 없다"면서 조헌수, 서곤수, 전만중, 이사형, 김두진, 손석두, 김종신, 이형진 등이 탈당을 벼르고, 사무당원들은 "부정부패한 구정치인에게 치중한 것은 혁명이념을 망각한 처사"라며 사무처리를 거부했다.

이들은 김선주(광양-구례), 김광준(울진-영양), 신영주(창녕), 김성탁(울산-울주), 윤병구(예산)의 공천무효를 주장하며, 박정희 총재에게 건의할 태세이다.

부정선거 관련자와 독직(瀆職)으로 지탄을 받았던 이들을 포함하여 26명의 기성정치인이 당선가능성이 높다는 이유만으로 공천된 것은 방향감각을 잃은 것이라는 비난을 받았다.

민주공화당은 당외인사들을 포섭하여 공천을 주도록 주도한 장경순, 김우경, 김용순의 후퇴를 주장하는 목소리가 높았고, 당무회의에서는 남은 지역구의 공천과 비례대표에 참신한 신진인사의 진출을 요구했다.

민주공화당 3차 공천은 세대교체와 체질개선도 포기하고 구자유당계 일색이며, 부정선거 관련과 독직으로 지탄받던 이들이 많아 창당이념에서 벗어났다고 반발하며, 장경순과 김용순에 대한 책임추궁에 나섰다.

"뉴 푸론티어의 기수가 되겠다"고 다짐한 김종필이 지켜보는 가운데 최하영, 신영주, 김성탁, 최석림, 김장섭의 공천은 민주공화당을 창부(娼婦)로 전락하려는 징조라고 통탄했다.

당외인사의 포섭으로 허섭(마포), 이원영(이천), 하갑청(창녕), 김여원(진주-진양), 이진갑(통영-고성), 손석우(울진-영양) 후보들이 다 차려논 밥상을 내어 주게 됐다.

혁명대상 정권인 민주당이라는 구악(舊惡)과 싸우기 위해 또 하나의 다른 구악(자유당)과 손을 잡았다는 비난을 면할 수는 없었다.

재조정 건의가 박정희 총재에 의해 거부되자, 사무당원들은 등록 방해작전을 펼쳤다.

사무당원들은 최석림, 김성탁, 신영주, 김광준, 김병순의 후보등록을 저지시킬 것과 등록저지가 안 되는 경우 일체의 협조거부를 지시했다.

그러나 박정희 총재가 "60%의 이상론과 40%의 현실론을 조화시켜 공천했다. 세대교체는 이번 선거에서는 완수할 수 없었다"고 호소하며 무마(撫摩)전략을 구사했다.

(3) 혁명주체의 혁명대상인 구정치인을 64명이나 공천

민주공화당 131명의 지역구 후보 가운데 전직 의원 39명과 지방의원 출신이 6명이며, 지난 총선에 출전했던 20명이 포함되어 구정치인은 65명으로 전체의 절반인 50%를 점유하고 있다.

전직 의원 39명의 소속은 자유당 출신이 23명이고, 민주당이 5명, 신민당 출신이 6명이며 무소속 출신이 5명을 차지했다.

민주당이나 신민당 출신은 민관식(동대문갑), 박준규(성동), 김재순(철원-화천-양구), 홍춘식(천안-천원), 김성환(정읍), 홍광표(해남), 오상직(의성), 김준태(경산-청도), 이양호(창원-진해) 후보들과 참의원 출신인 이원만(대구 동), 백남억(김천-금릉) 후보 등 11명이다.

자유당 출신으로는 조주영(서대문 갑), 최규남(서대문 을), 최하영(이천), 최용근(강릉-명주), 김진만(삼척), 정상희(충주-중원), 안동준(괴산), 박충식(공주), 김창동(청양-홍성), 윤병구(예산), 인태식(당진), 구흥남(화순-곡성), 김장섭(포항-영일-울릉), 김성곤(달성-고령), 이동녕(문경), 구태회(진주-진양), 최석림(충무-통영-고성), 신영주(창녕), 김성탁(울산-울주), 최치환(남해), 현오봉(남제주), 황호현(평창-황성), 여운홍(종로) 후보 등 23명이며, 최하영, 안동준, 최치환 후보 등은 공민권 제한처분을 받았고, 박충식, 김장섭, 최석림, 신영주, 김성탁 후보들은 부정선거로 곤혹을 치뤘다.

무소속 출신으로는 전휴상(진안-무주-장수), 한상준(임실-순창), 정헌조(영광-함평), 송관수(대구 중), 이효상(대구 남) 후보들을 들 수 있고 지방의원 출신으로는 신중달(부산 서), 이윤용(평택), 이우헌(여수-여천) 이교은(나주), 김중한(영덕-청송), 이상희(서산) 후보들을 들 수 있다.

지난 5대 총선에서 김익준(용산), 이용남(영등포 갑), 예춘호(영도), 양극필(동래), 엄정주(영월-정선), 김종갑(서천-보령), 김용택(군산-옥구), 이병옥(부안), 조경한(순천-승주), 김선주(구례-광양), 신형식(고흥), 최서일(완도), 이남준(진도), 김봉환(선산-군위), 권오훈(안동), 이활(영천), 변종봉(합천-산청), 노재필(동래-양산), 김택수(김해), 임병수(제주-북제주) 후보들이 출전하여 낙선한 경력을 지니고 있어 구정치인이 전체 공천자 131명의 49.6%인 64명을 차지하여 혁명주체와 구정치인의 연합체 성격이 짙었다.

(4) 혁명주체들의 대부분은 비례대표에 발탁된 행운을

전국구의 추천신청을 받은 민주공화당은 44명의 비례대표 추천에 있어 신진 정치인에게 우선권을 줄 것인지 아니면 구정치인을 많이 배정할 것인지를 둘러싸고 당내 이견이 속출했다.

민주공화당 원로급으로는 정구영 전 총재, 윤치영 공화당의장을 비롯하여 김성진, 윤일선, 김동성, 이규갑, 이갑성, 조경한, 전예용 등이 신청을 했으며 200명이 넘는 신청자가 쇄도했다.

전국구는 박정희 총재에 의해 능력평가와 논공행상 그리고 치열하게 경합되는 지역구 사정 등을 고려한 다음 공표할 예정이다.

조병일, 윤주영, 정치갑, 최용관, 엄민영, 장동운, 윤일선, 김홍식, 노명우, 김호칠, 임송본, 최세경, 김동성, 김갑수, 조효원 등이 후보로 거명됐다.

지역구 공천에서 세대교체를 팽개쳐 버린 민주공화당은 전국구 선정에서도 전시효과를 노린 원로, 혁명주체의 대거진출, 지역구에서 낙천된 자를 무마하기 위한 정략으로 선정된 흔적이 엿보였다.

특히 15번 김병순 후보는 당초 홍광표 후보를 21번에 배치했으나, 자유당 출신인 김병순 후보의 공천에 반발하여 등록을 방해하고 홍광표 후보가 등록하자, 등록을 하지 못한 김병순 후보를 15번에 배치하는 해프닝도 연출했다.

당선안정권에 김동환, 신윤창, 오치성, 강상욱, 조창대, 이종근, 오학진, 김우경, 조남철, 차지철 등 혁명주체들을 전격배치하고, 공화당 창당에 기여한 정구영, 윤치영, 김성진, 이종극, 민병기 등을 상위 순번에 배치했다.

2. 야당은 단일후보 협상이 결렬되어 각개전투

(1) 12개 정당 847명이 등록하여 경쟁률은 6.5대 1

정당의 공천을 받아야 입후보가 가능한 이번 총선에는 847명이 등록했다. 민주공화당과 민정당이 131명으로 전 지역구에, 민주당 120명, 자민당 116명, 국민의당 110명이다.

또한 보수당 78명, 자유당 42명, 정민회 36명, 추풍회 33명, 신민회 29명, 신흥당 11명으로 평균 경쟁률은 6.5대 1이다.

입후보를 낸 12개 정당이 기호 추첨을 하여 1번 자유당, 2번 신민회, 3번 자유민주당, 4번 신흥당, 5번 한국독립당, 6번 국민의당, 7번 보수당, 8번 민주당, 9번 민정당, 10번 정민회, 11번 추풍회, 12번 민주공화당으로 결정됐다.

전직 의원이 231명으로 입후보자 847명의 27.3%을 차지하고 있으며 민주당 구파, 민주당 신파, 자유당의 재대결이 예상됐다.

민주공화당 후보 131명 중 전직 의원이 39명으로 30%, 지방의원 출신이 6명으로 45명이 구정치인들이다.

군인 출신이 22명으로 군인당의 냄새를 풍기고 있다.

그 얼굴이 그 얼굴이라는 야당의 전직 의원은 민주당이 57명, 민정당이 51명, 국민의당 54명, 자민당이 32명이다.

자유당 출신 전직의원들은 62명으로 공화당에 23명, 민정당에 5명, 국민의당에 26명, 자민당에 8명 등으로 분산됐다.

민주당 출신 전직의원은 88명으로 민주공화당에 5명, 국민의당에 12명, 자민당에 7명이 참여하고 56명은 민주당에 잔류했다.

신민당 출신 전직의원은 50명으로 민주공화당에 6명, 국민의당에 1명, 자민당에 11명이 분산되고 32명은 민정당에 주류로 포진됐다. 무소속 출신 전직의원 40명은 민주공화당에 14명, 민정당에 5명, 국민의당에 15명, 자민당에 6명이 흡수되었으나 민주당에는 한 명도 없다.

최고령 후보는 민주공화당의 여운홍 후보가 72세이고, 최연소 후보는 자민당 정원찬 후보로 26세이다.

(2) 후보를 공천한 12개 정당의 면모와 선거전략

1번 자유당은 대통령 후보에 장택상을 내세웠으나 등록을 하지 않았으며, 이승만 전 대통령의 정치 이념을 계승하겠다며 단결을 결의했던 의원들이 민주공화당과 국민의당 공천으로 대부분 출전하여 명목상 지위만을 갖게 됐다.

41명의 후보자를 내세운 자유당은 개인의 지역적인 기반을 토대로 선거를 치루고 있고, '새 뜻 뭉친 자유당 다시한번 찍어 주자'는 구호를 내세운 자유당은 선거광고를 내본 적은 없다.

장택상(성주-칠곡) 후보를 비롯하여 박제상(시흥-부천-옹진), 김선우(옥천-보은), 조정훈(남원), 김철안(김천-금릉), 김상도(영천),

조경규(함안-의령) 후보 등 전직(前職)의원들이 포진됐다.

사쿠라가 아님을 강조한 2번 신민화는 지구당수 84개로 지역구 후보 29명, 전국구 후보 6명을 추천했고 2석은 얻을 수 있을 것 같다고 전망했다.

"여도 때리고 야도 때리고 있지 않느냐"며 민주공화당의 전위단체가 아님을 재강조했으며 김공평(논산) 전 의원의 출전이 이채롭다.

한국의 정치 풍토가 낳은 사생아적 입장에 섰던 3번 자민당은 박정희 의장으로부터 받는 서자(庶子)의 설움을 안은 채, 야당의 기치를 선명히 든 이후 김도연, 서민호를 입당시켜 당세를 정신적으로 확장시켰다.

지역구에 116명을 공천한 자민당은 민주당 출신 7명, 신민당 출신 11명, 자유당 출신 8명, 무소속 출신 6명 등 32명의 전직의원들을 포진시켰다.

대통령 후보로 장이석을 내세워 선전한 신흥당은 지역구 11명, 비례대표 1명을 공천했으나 장이석 후보도 출전하지 않아 아무리 면모를 훑어봐도 틀림없다고 단언할 유력한 후보자는 찾아보기 어렵다. 다만 박경수(원주-원성), 박영출(의성) 후보들이 신흥당 공천으로 출전했다.

12개의 정당 가운데 가장 소수의 후보자를 낸 5번 한독당은 지역구에 9명, 전국구에 7명 등 16명을 공천했다.

김구 선생 서거 후 기반을 상실하여 2~3명의 당선조차 기대하기는 힘들고 눈에 띄는 후보조차 없었다.

대전에 출전한 이범석, 달성에 출전한 전세덕 후보들이 사퇴하여 109명이 출전한 6번 국민의당은 민정당의 합당에 실패하자 신정당을 중심으로 자유당, 민주당, 무소속의 탈락세력이 엉킨 뿌리 없는 이질(異質)세력의 결집체로 어수룩하다는 평가이다.

그러나 54명의 전직의원들이 출전하고 있으며 이들의 소속은 자유당 26명, 민주당 12명, 신민당 1명, 무소속이 15명이다.

79개 지역구 후보를 공천한 7번 보수당은 권위주의와 네임밸류 위주의 민정당 운영에 반기를 들고 독립한 후 정계의 세대교체를 부르짖어 왔다.

후보자들에게 7만원을 배정한 자금 출처에 세간에서 구구한 쑥덕 공론이 떠들었다.

김명윤, 김창수, 고담용, 은종관 등 소장인사들이 보수당 창당대회를 개최하고 "현실 위해 미래를, 보수 위에 창조를 구현한다"는 슬로건을 내걸었다. 대표에 김명윤, 최고위원에 김창수, 고담룡을 선출했다.

보수당 공천으로 출전한 후보들은 서유석(서울 중구), 양재범(인천 갑), 홍종남(춘천-춘성), 최선규(강릉-명주), 엄재선(횡성- 평창), 김창수(청주-청원), 은종관(정읍), 고기봉(구례-광양), 배섭(김천-금릉), 황병우(청송-영덕), 고담룡(제주-북제주) 후보 등이다.

지역구 후보당 5만 원을 지급한 8번 민주당은 유력후보에게는 40만원까지 지급했다. 민주당은 재야의 어느 정당보다도 강력한 투지력과 통합력으로 조직의 힘을 발휘하고 있다.

박순천 대표의 전국유세는 만만치 않은 붐을 일으켰으며, 57명에 달하는 전직 의원의 조직복구와 투쟁의지에 기대를 걸고 있다.

대통령 선거에서 민주공화당 박정희 후보와 박빙의 승부를 펼쳤던 윤보선 후보를 대표로 갖고 제1야당을 자처하고 있는 민정당은 야권이 난립해 버리면 민주공화당이 기성 조직과 네임밸류면에서 비록 약세라 하더라도 피부선거, 일종의 실리선거라는 강점을 갖고 있기 때문에 고전이 예상되지만, 제1야당으로서 야당성향표의 결집을 기대하고, 전국구 14석의 확보가 예상되어 온갖 정치꾼들이 운집했다.

민정당이 지역구에 공천한 51명의 전직의원들의 소속은 신민당 32명, 자유당 5명, 무소속 5명 등이다.

지역구에 36명, 전국구에 5명을 내세운 10번 정민회는 대통령 선거 여파로 인태식, 정명섭 후보를 잃었다는 것이 큰 손실이다. 그러나 3, 4명은 아무리 불리해도 틀림없다는 분석이다.

변영태 후보는 출전을 포기했지만 진복기(성북 갑), 송석화(부산 서), 윤재근(김포-강화), 양건주(춘천-춘성), 김지준(청양-홍성), 이옥동(진안-장수-무주) 후보들이 정민회 공천으로 출전했다.

귀족정치를 때리고 서민정치를 내세운 추풍회는 지역구에 33명, 전국구에 15명을 내놓았다. 대선 때 오재영 후보가 득표한 42만 표를 되살리면 비례대표 2석은 무난하다는 분석이다.

안타깝게도 지역구 후보는 오재영(용인-안성), 심봉섭(경주-월성) 후보들만이 지명도를 가지고 있을 뿐이다.

지역구에 131명 전 지역구에 빠짐없이 공천하고 전국구에도 44명 전원을 공천한 민주공화당이 운 좋게도 12번을 배정받아 승세를 굳혀 나갈 수 있었다.

그러나 민주공화당은 원내 안정세력 구축에 지나치게 초조한 나머지 그들 스스로의 표적(標的)이던 구악으로 지목된 정치인들까지 받아들여 박정희 의장이 입버릇처럼 되뇌이던 세대교체와 체질개선 그리고 새정치풍토 조성이라는 명제(命題)를 스스로 공염불로 돌려버렸다.

(3) 1여 11야의 대결구도는 야권 필패(必敗)의 선거구도

이번 선거에서 연합공천은 탁상공론화될 가능성이 높고, 골육상쟁(骨肉相爭)으로 민주공화당에 어부지리를 줄 것으로 예상됐다.

야당은 각 정당 후보자들의 우열이 가려지면 중앙에 재야협의체를 구성하여 조정하자는 안(案)과 후보자 자신들의 재량에 맡기자는 대여 투쟁방안이 속출됐다.

국민의당이 공식 제의했던 야당후보 단일화를 위한 상설기구 설치에 대해 민정당, 민주당, 자민당 대표들이 전폭적인 지지를 표명했으나, 윤보선 민정당 대표는 종반전에 가면 자연적 추세로 야당 단일후보가 가능하다고 낙관하며 인위적인 단일화에 반대했다.

다만 민정당 윤보선 대표는 박순천 대표가 출마한 마포의 민정당 후보 사퇴를 지시했다. 그러나 민주당 이춘기 선대사무장은 민정당은 믿을 수 없다고 성토했다.

민정당 정해영 선대위원장은 국민의당이 서류 창당했다고 "종이 조각당"이라고 비하하자, 국민의당은 민정당은 왔다갔다한 "번의(翻意)당"이라고 반박했다.

"영남과 호남에서 또 표 안 나오지 않을까요. 윤제술, 권중돈 등 중견 투사들조차 삼남(三南)을 버리고 서울로 도망쳐 오는 판인데", "어쨌든 농촌에선 금력, 조직으로 공화당이 힘을 쓸 것이고 도시에선 야당후보들과 피나는 경쟁을 해야 하고"라며 고전(苦戰)을 예감한 민정당은 공화당과 정부의 전횡 내지 철권정치를 견제하기 위해 지지를 호소했다.

구정치인, 신정치인, 신민당, 민주당, 자유당, 군인 누구든지 흡수할 수 있는 당이 자민당으로 모든 파벌이 다 모였기 때문에 파벌이 없는 건 대한민국에 유일한 당이라고 김용성 선전부장의 다두(多頭)당 자찬을 늘어놓았다.

허정의 신정계와 이범석의 민우계가 주도권 다툼을 벌인 국민의당 김병로, 허정, 이범석, 이윤영 최고위원들이 최고위원직을 사퇴한다는 성명을 발표했다가 하룻밤만에 이를 번의하고 철회하는 소동을 벌였다.

다만 안호상은 최고위원은 비례대표가 될 수 없다는 당헌에 따라 최고위원직을 사퇴하고 비례대표 1번에 안착했다.

(4) 민주공화당의 부정 선거를 맹렬하게 규탄했지만

민정당은 정부가 지방공무원들에게 부정선거를 하도록 지시했다고 비난하고 그 증거물로 지시문을 입수하여 공개했다.

함평-영광의 김의택 후보는 군수가 지시한 "여, 야의 고정세력을 부락별로 가라고 부동세력을 포섭하는데 전력을 다하라"는 부정선거 지시문을 공개하면서 전국적인 현상으로 보인다고 설명했다.

국민의당은 문경경찰서장이 유력자들의 집을 호별방문하면서 민주공화당 후보의 지지를 호소했다고 폭로했다.

재야 4당은 경찰의 부정선거와 관련하여 진상의 철저한 규명과 내각수반의 책임을 따지기 위해 투쟁하기로 결의했다.

목포경찰서 나승원 경사는 대통령 선거와 이번 총선에서 경찰이 민주공화당 후보 당선을 위해 불법행위를 자행했다고 폭로했다.

나승원 경사는 지난 대선에서 전남 도경에서 3만원, 민주공화당에서 3만원의 공작금을 받았고, 이번 총선에도 전남 도경에서 20만원, 민주공화당에서 3만원을 받아 호구조사부를 만들어 유권자 성분을 조사한 사실 등을 폭로했다.

검찰은 나승원 경사가 폭로한 부정선거 지령을 사실상 확인했다. 김대중 목포 민주당 후보는 공개 안 된 원본도 갖고 있다고 주장했다.

 박정희 최고회의 의장은 공무원의 선거 개입을 엄단하고, 나승원 경사 사건은 검찰에서 규명토록 지시했다.

파주군청 윤태원은 경기도청에서 파주군청에 보낸 선거관여 지시 내용을 폭로하면서 "각 동에 직원을 보내 공화당의 선거운동을 지원했고 공화당에 부재자 선거인명부를 주었다"고 폭로했다.

평택경찰서 윤선홍 순경은 "경찰과 공무원에게 마음놓고 선거운동을 하라는 상부지시를 받았다"고 폭로했다. 또한 지시를 어기면 어느 귀신이 잡아갈지 모른다는 협박이 있었고, 나승원 경사의 폭로 이후 관계 서류를 소각하라는 지시도 받았다고 말했다.

이에 정창운 검찰총장은 공무원 선거관여가 밝혀지면 관련자 전원을 즉각 구속하라고 긴급지시했다.

부정선거에 대한 도의적인 책임을 지고 박경원 내무부장관, 이소동 치안국장의 사표가 수리됐으나, 김현철 내각수반은 "나는 책임이 없다"고 변명했다.

부정선거 지령을 폭로하기 위해 상경한 김제경찰서 백낙인 순경이 피납되고, 안동시청 김재송은 시장의 지시에 따라 공무원이 유권자 포섭에 나서고, 밀가루 등 구호양곡이 부동(浮動) 유권자들에게 배분됐다고 주장했다.

부산 부산진구에서 개표원에 공작비를 지급하여 2천여 표를 환표했다는 민주공화당원의 부정선거를 폭로하기도했다.

이번 선거도 돈, 권력, 부정 등이 난무하는 불법선거가 성행하여 한 표에 몇 백원씩이 오갔으며, 관공서는 대부분 선거운동으로 텅 텅비어 있어 야권에서는 선거무효 주장도 폈다.

(5) 민정, 민주, 자민, 국민의당 전국구 후보 선정의 뒷모습

야권의 전국구는 각 정당의 논공행상에 의해 순서가 결정될 수도 있기 때문에, 인물위주보다는 정당 간부들의 정실(情實)과 당리당략에 치우치는 직업정치인들이 독차지하기 쉬었다.

야권은 정당 원로나 중견을 비례대표로 출마시켜 지역구 출마자들을 엄호(掩護)한다는 원칙으로 결정했다.

민정당은 "원내 투쟁과 정당 운영에 필요 불가결한 정치요원의 확보"를 기준으로 설정하고, 당선가능성이 있는 후보는 지역대표로 내세워 원내의석을 하나라도 더 확보한다는데 방점을 두었다.

부산진 을구에서 박찬현 후보와 경쟁한 정해영을 선거사무장으로 발탁하여 비례대표를 할애하고, 전국적인 선거유세를 위해 유진과 윤제술을 고려했다.

자금면에서 큰 몫을 해 온 정운근, 고흥문은 발탁될 예정이며 신각휴, 백남훈, 송필만, 권중돈, 김의택, 유홍 등 정당원로급도 고려됐다.

충남 금산에 공천을 받은 유진산은 혁명주체인 길재호와의 대결을 피하기위해 보다 효과적인 전국유세를 하기 위한다는 명분을 내걸고 전국구에 안착했다.

"원내 제1당의 낙관"이라는 말과 달리 5석이내의 비례대표 당선을 예상하고 있는 국민의당은 허 정, 김병로, 이범석 최고위원들이 손사례를 치고있는 상황에서 암중모색의 상태였다.

종로 출마를 끝내 고사한 허정과 이범석계의 승강이를 벌인 국민의당은 마감 30분 전까지 전국구 순위를 결정하지 못해 아슬아슬하게 등록했다. 8번의 이응준 장군은 후보직을 사퇴했다.

민주당은 박순천 대표가 지역구 출마로 선회함에 따라 최희송, 이춘기, 장덕창, 성원경, 이태용, 계광순, 조재천, 현석호, 김문옥, 이만희, 박충모, 최의남 등이 거명되었다.

민주당은 1번에서 5번까지 실업계의 중진에게 내 주어 선거자금을 마련하기 위한 수단으로 활용했고, 민정당도 정해영, 고흥문, 정운근 등을 상위 순번에 배치하여 자금 조달에 활용했다.

그러나 민주당은 재계 출신들과의 교섭 실패로 지역구 출전을 양보한 중진들로 충원됐다.

"잘해 봐야 5석 내외인데 비례에 주력할 수야 없지 않느냐"는 자민당은 송요찬, 김재춘을 간판스타로 내세울 예정이지만, 새로 입당한 김도연, 조영규를 희망하는 부류도 많았다.

확실한 지역적 기반이 없는 김재위, 김선기, 이원홍 당료들도 비례대표를 희망한 것으로 알려졌다.

자민당에서는 3위의 송요찬 후보가 탈당하고 8위 김선기, 9위 김동명의 사절로 이름만 내걸은 후보들로 교체됐다.

3. 지지율 33.5%이지만 63%의석을 차지한 민주공화당

(1) 누구도 예상치 못한 의외의 총선 결과

이번 선거결과 공화당 110석, 민정당 41석, 민주당 13석, 자민당 3석, 국민의당 2석을 차지했고 득표율은 공화당이 33.5%, 민정당이 20.2%, 민주당이 13.6%, 자민당이 8.1%, 국민의당이 8.8%, 기타 정당이 15.8%를 점유했다.

민주공화당이 원내 과반수를 차지하기 힘들 것이라는 누구도 의심 않던 선거전의 예상은 어이없이 뒤집혔고, 이에따라 민주공화당이 원내 안정세력을 얻지 못했을 경우의 정쟁(政爭) 국회시대의 도래에 대한 걱정만은 가신 셈이다.

그러나 경찰의 선거관여 지령과 군(軍)의 부정선거 지령설 등의 연달은 폭로로 어수선한 분위기에다 보기드문 기권표, 그리고 민주공화당에 승리를 헌납한 야당끼리의 끈덕진 난립 및 도처에서 벌어지고 있는 민주공화당 후보의 무더기표로 인한 개표 중단사태 등은 또 하나의 정쟁의 씨를 뿌려 놓았다.

잇달아 터져 나온 선거부정 폭로와 민주공화당 후보에게 유리하게 꾸며진 무더기표와 표묶음 바꿔치기가 적발된 데서 빚어진 개표 중단 소동 등 비판적인 자료도 많은 편이다.

강력한 단일여당과 소수파로 갈라진 야당이 맞설 새 정국은 우선

정쟁에서 안정으로 향하는 첫 징조라고 볼 수 있다.

이번 국회에서는 특이하게도 예비역 장교 출신이 30명이 넘어 군정의 연장임을 나타내 주고 있다.

이번 국회에서 자유당 출신 20여 명이 기지개를 펴게됐으며, 민주공화당에 18명, 야당에도 2명이 포진하게 됐다.

이번 국회에는 초선 의원이 122명으로 70%에 근접하고 있고, 40대가 81명으로 과반에 근접하고, 대학 졸업생이 85%로 학력이 높아졌다.

정당별 득표율은 민주공화당이 33%인 반면, 야권 4당이 50%를 득표하여 민주공화당을 압도하고 있으나, 의석의 3분의 2를 민주공화당이 차지했다.

무소속은 1대에는 85석, 2대에는 126석, 3대에는 67석, 4대에는 27석, 5대에도 49석을 차지했으나, 이번 총선에는 군소정당 후보는 1명도 당선되지 못했다.

(2) 야권 4당은 139석을 예상했지만 45석을 겨우 차지

야권 단일후보에 실패한 야권 4당은 최소 139석에서 최대 185석을 예상했다.

민주공화당은 최소 50석에서 최고 70석을, 민정당은 45~60석을, 민주당은 45~55석을, 국민의당은 35~45석을, 자민당은 14~25석을 예상했다.

민주당은 중구(정일형), 동대문갑(이석기), 동대문을(최계명), 성동갑(유성권), 성북을(김준섭), 마포(박순천), 용산(김원만), 영등포을(윤명운), 부산 중구(김응주), 영도(이만우), 동구(윤병한), 부산진갑(이종남), 군산-옥구(김판술), 이리-익산(윤택중), 완주(배성기), 임실-순창(홍영기), 남원(양해준), 정읍(김상술), 대구 서-북(조일환), 포항-영일-울릉(최태능), 경주-월성(김종해), 군위-선산(최형배), 의성(우홍구), 안동(박해충), 청송-영덕(한국원), 상주(홍정표), 예천(윤호근) 등에 기대를 걸었다.

민정당은 종로(전진한), 동대문을(이영준), 성동갑(김제윤), 성북갑(조윤형), 성북을(서범석), 서대문갑(김재광), 서대문을(윤제술), 전주(유청), 군산-옥구(고형곤), 임실-순창(엄병학), 정읍(나용균), 김제(조한백), 고창(김상흠), 부안(김용대), 인천갑(송병무), 인천을(김은하), 수원(홍길선), 의정부-양주(강승구), 광주-이천(신하균), 평택(유치송), 고양-파주(황인원), 청주(이민우), 옥천-보은(신각휴), 영동(정희택), 진천-음성(이충환), 제천-단양(조종호)에서 승전보(勝戰報)가 울릴 것을 기대했다.

자민당은 성동갑(김용성), 서대문을(김산), 용산(서민호), 성북을(조영규), 강릉-명주(김산), 충주-중원(이희승), 대덕-연기(송우범), 경주-월성(황한수), 경산-청도(서국신), 산청-합천(이상신), 광주을(이필호), 여수-여천(이은태), 영암-강진(김준연), 해남(민영남), 나주(정명섭), 제주-북제주(강재량) 지구를 우세지구로 전망했다.

국민의당은 대구 중구(이병하), 김천-금릉(김세영), 의성(이하영), 청송-영덕(윤용구), 경산-청도(반재현), 영주-봉화(황호영), 장성-담양(변진갑), 광양-구례(이갑식), 고흥(송경섭), 장흥(박석교), 완도(오동권), 성동을(김재황), 서대문갑(송방용), 영등포을(윤재욱), 동대문갑(송원영), 서울 중구(손원일), 청양-홍성(이상철), 천안-천원(김종철), 의정부-양주(김종규), 시흥-부천-옹진(박제환), 원주-원성(함재훈), 철원-화천-양구(황학성), 부산진을(박찬현), 진천-음성(정운갑), 김해(서정원) 지구에서 당선되어 22석은 틀림없다고 선대위원장 장기영, 선대위 고문 이재형, 사무장 이호, 대변인 박용만이 입을 모았다.

투표 결과 60석을 기대한 민정당은 41석을 차지했고, 55석을 기대한 민주당은 13석을 차지하는 데 머물렀다.

민정당의 약진(躍進)은 전국구의 절반인 22석의 3분의 2인 14석을 배분한다는 정당법의 선물이었다.

45석을 기대한 국민의당은 2석에 머물렀는데, 이는 허정과 이범석 최고위원들의 불출마로 전국구 의석 배분에서 제외되었기 때문이며 25석을 기대한 자민당이 전국구 3석에 힘입어 9석을 차지했다.

교섭단체 구성요건인 20석에 미달한 민주당, 자민당, 국민의당의 원내 통합은 불가피하며 삼민회(三民會)를 결성하기로 가까스로 합의할 수밖에 없었다.

(3) 민주공화당 압승과 야권 참패의 넋두리

영남과 호남에서는 공화당의 낙승이 예상되고 낙승했지만, 박정희 후보 반대지역인 충남북과 강원도가 공화당의 밭으로 돌아섰다.

전진을 위한 안정세력 구축과 견제를 위한 야당육성이란 두 명제에 대한 유권자의 선택이지만, 야권에서는 민주공화당의 조직과 돈의 힘 그리고 그것이 저질렀을 개연성(蓋然性)이 짙은 선거부정에 더 크게 연유됐다고 단정했다.

이승만 정권 이래 어느 지역보다도 정치의식이 앞섰고 혁신성향이 높은 대구와 부산에서 민주공화당이 압승한 사실은 박정희 영남정권에 대한 환호 즉 지역감정(地域感情)의 발로로 표현할 수밖에 없다.

80%를 오르내리던 투표율이 71%대로 떨어진 것은 야당에게 이롭지 못한 결과를 가져왔다.

야당성향으로 기울기가 일쑤인 부동표의 기권은 아슬아슬한 표차로 승패가 엇갈린 김천, 청주, 수원, 인천 등 중소도시의 야당후보들에게 아쉬움으로 다가왔다.

스스로 야당단일화를 이룩하지 못하고 유권자들의 몰표에 의한 단일화에 기대했던 야당의 타성(惰性)과 당선욕은 야당 전체의 파국을 맞이하게 됐다.

야당의 참담한 패배는 야당단일화의 과제를 남겼고, 스스로 주체하기 힘들 만큼 비대해진 민주공화당은 새로운 분파작용의 싹을 키웠다.

케네디 미국 대통령의 암살과 박정희 의장의 방미도 안정희구세력의 결집에 호재로 작용했다.

첫째의 패인은 야당의 난립에서 오는 산표로서 공화당이 어부지리를 얻었다. 또한 민주공화당은 30%의 고정조직표를 동원한 것이 주효했다.

경상도에서는 기왕 봐주는 김에 끝까지 봐주는 게 의리라는 기조가 민주공화당 압승을 가져온 요인이었다. 야당 후보라는 부수적인 효과를 민정당이 독차지했다.

경찰의 선거관여 지령설이 폭로됐지만 공무원과 경찰들이 조직적으로 민주공화당의 운동을 한 것도 승패를 결정지었다.

선거법에서 마이크로 가두 선전을 못 하게 한 것과 호별방문 금지도 야권에게는 결정적 패인이었다.

야권에서는 예상이 뒤집힌 원인을 선거 막판에 가서 물 쓰듯 돈을 뿌려졌을 테니까라는 민주공화당의 자금 공세 덕분으로 돌렸다.

당선 가망이 없는데도 끝내 사퇴를 안 한 것은 전체적인 정당 득표수를 올리려 했기 때문이다. 후보자의 희생정신보다 비례대표로 나선 정당 중진들의 만류가 크게 작용했기 때문이다.

(4) 총선 이후 소용돌이치는 정국의 방향

이번 국회는 정쟁없는 국회라는 청신호가 전망되지만 살얼음판 위의 안정이 될 가능성이 짙다.

구악의 대표적 인물들을 대량공천하여 비대해져 버린 민주공화당은 김종필라인과 반김종필라인의 반목은 해소되지 않은 채 남았다.

민주공화당은 국회의장과 원내총무를 놓고 윤치영-장경순 안과 정구영 -민관식 안을 놓고 이견이 속출했다.

민주공화당내에서는 구자유당계, 민주당계, 청조회가 있는가 하면 혁명주체계와 사무당료계가 있고 또한 김종필 라인과 반김 라인이 종단(縱斷)했다.

박정희 총재는 김종필을 민주공화당 의장으로 지명함으로써 민주공화당 지도체계 정비를 일임했지만, 민주공화당내 파벌 간의 경쟁은 걷잡을 수 없는 심각한 지경에 이르렀다.

사무당료계는 혁명주체인 김동환, 신윤창을 필두로 김용태, 예춘호, 이병희, 정태성, 신관우, 이상무, 김창근, 김택수, 길전식, 오학진, 서인석, 이만섭 등이 포진되어 있고, 정구영, 윤치영, 김성진 중진들과 길재호, 조시형, 양순직 등도 이 파벌에 소속되어 있다.

구정치인계는 자유당, 청조회, 신풍회 등 다양하여 강력한 결속력은 없으나 동료적인 친밀감이 있으며 민관식, 이효상, 박준규, 김재순, 오상직, 전휴상, 최치환등으로 대야 완충역할이 기대된다.

비주류계는 장경순 사무총장 취임을 계기로 김용순, 김우경, 오치성, 강상욱, 조창대, 조남철 등 반김종필라인 주체세력의 지원을 받고 있다.

구자유당계는 송관수, 김성곤, 김종환, 김장섭, 구태회, 이동녕, 현오봉, 김진만, 안동준, 인태식, 김정근, 박현숙, 김유택 등으로 생리차는 천차만별이지만 동류적인 점에서 분류되고 있다.

공화당은 국회의장 정구영, 원내총무 민관식, 사무총장에 윤천주가 내정된 것으로 알려지자 윤치영은 국회의장 쟁탈전은 아직도 계속되고 있다고 반발했다.

그러나 박정희 총재는 국회의장에 제4후보인 이효상 전 참의원 의원을, 부의장에 장경순 전 농림부장관, 김동환 사무총장을 지명하고 원내총무에는 김종필 당의장과 가까운 김용태를 발탁했고 최치환, 예춘호를 부총무로 내정했다.

부의장 1석은 야당 몫으로 할애했지만 분과위원장은 법사(백남억), 외무(김동환), 내무(길재호), 재경(김유택), 국방(김종갑), 농림(권오훈), 문공(최영두), 상공(정태성), 보사(정헌조), 교체(박승규), 건설(김택수), 운영(김용순) 등 12명의 상임위원장을 민주공화당이 독점했다.

야당통합의 실패가 가져온 비참한 패배가 원천적인 실책이었으며, 민주당, 자민당, 국민의당의 대 민정당 혐오증(嫌惡症)은 대단하여 민정당을 젖혀 놓은 3당 통합론이 논의됐다.

민주당, 자민당, 국민의당은 원내 교섭단체를 단일화 시키기로 합의에 다달았으며, 3당은 삼민회(三民會)를 결성하여 원내대책은 단일화하되 3당통합은 요원한 것으로 알려졌다.

야권은 국정 2년의 감시와 4대 의혹사건에 대한 규명 등 원내투쟁을 전개할 것으로 예상되지만, "목숨을 내걸고 싸울 뿐이라는 말을 앞세울 뿐" 사실상 앞날이 막연했다.

금산 지역구 후보로 공천을 받았다가 비례대표에 백남훈을 최고위원을 바꾼 유진산 진상을 규명하자는 주장이 대두되자, 정해영은 전국유세를 해야 할 필요성 때문이라고 해명했고, 윤보선은 백남훈 최고위원 탈락은 유진산이 책임질 일이 아니라고 두둔했으나 제명론까지 대두됐다.

민정당은 국회부의장에 나용균(정읍) 의원을 추천했다.

(5) 대선과 총선의 승리를 딛고 제3공화국 출범

1963년 12월 17일 제3공화국 출범을 앞두고 국무총리 인선을 둘러싸고 조각협의가 정돈상태가 들어갔으며, 물망에 오른 백두진과 임병직에 대한 당내 반대가 높아 제3의 인물물색론이 대두됐다.

드디어 국무총리는 백두진과 이용희로 압축된 것으로 지상에 발표되기도 했다. 그러나 이용희와 양유찬이 거론되었으나 대한적십자사 총재인 최두선이 예상을 뒤엎고 발탁됐다.

최두선이 총리직을 수락하지 않을 경우 정일권, 이용희가 물망에 올랐다.

부총리 겸 경제기획원장관 전예용, 재무 이정환, 상공 신현확, 농림 박동묘, 외무 정일권, 내무 엄민영, 문교 고광만, 국방 김성은, 법무 장영순 등으로 알려졌으나 최종 협의과정과 민주공화당의 반발로 조각 발표가 지연됐다.

마지막 조율 과정에서 건설 손창식, 보사 최규남, 공보 김동성, 총무처 이석제가 거명됐다. 부총리에 장기영이 물망에 오르고 건설, 법무 등의 새 각도 인선이 불가피하여 인선 발표는 늦어졌다.

그리하여 재무 박동규, 법무 최세황, 농림 정남규, 상공 김의창, 보사 박주병, 교통 홍현표, 체신 조동필, 무임소 김용식이 입각됐다.

출범 3일을 앞두고 발표된 내각에는 경제기획원 김유택, 법무 민복기, 농림 원용석, 상공 이병호, 건설 정낙은, 교통 김윤기, 체신 홍헌표, 무임소 김홍식으로 변경되거나 추가됐다.

보수성이 짙은 새 내각은 민심 수습과 경제난 타개라는 첫 시련을 극복하고 군정 뒷치닥거리에 수명을 걸어야 할 것으로 보인다.

정치에 참여했던 군인들의 원대복귀는 부당하고, 군의 순수성을 들어 야당 반대와 건전한 군발전 파괴될 우려가 제기됐다.

민주공화당 의장에 김종필이 지명되고 이주일, 이원엽, 박태준, 홍종철, 옥창호는 예편하고 강기천, 김희덕, 박원석, 박두선, 장지수, 박현식, 박기석은 군 복귀로 결정했다.

4. 제3공화국 의정(議政)을 담당할 별들의 모습

(1) 33.5%의 득표율로 67.2%인 88석을 점유한 민주공화당

민주공화당은 혁명주체세력을 중심으로 5월동지회를 통합하고, 구 정치인들을 대량으로 포섭하여, 군·민 연합체를 형성하여 진군한데 반하여, 야권은 민주당 구파로서 신민당의 주축을 이뤘던 윤보선, 윤제술, 전진한, 김영삼 등 민정당, 민주당 신파를 계승한 민주당, 김재춘 중앙정보부장이 주도했으나 공화당과의 합당이 결렬되고 박정희 의장 추대에 실패하고도 당명을 계승한 소선규, 김준연 등에 김도연, 서민호가 가입한 자민당, 단일야당의 기치를 내걸고 국민의당 창당을 서둘렀으나 민정계의 불참으로 뼈대만 남은 허정, 이상철 등의 국민의당으로 4분 5열 되어 33.5% 득표에 머물은 공화당에 67%가 넘는 88석을 헌납했다.

민주공화당: 88명

○ 서울(2명) : 민관식(동대문갑), 박준규(성동을)

○ 경기(7명): 유승원(인천갑), 이병희(수원), 이백일(여주-양평), 서상린(용인-안성), 권오석(화성), 이돈해(김포-강화), 옥조남(시흥-부천-옹진)

○ 부산(6명) : 조시형(중구), 예춘호(영도), 이종순(동구), 김임식(부산진갑), 최두고(부산진을), 양극필(동래)

○ 강원(7명) : 신옥철(춘천-춘성), 이승춘(홍천-인제), 김재순(철원 -화천 -양구), 김종호(속초- 양양-고성), 황호현(횡성-평창), 김진만(삼척), 엄정주(영월-정선)

○ 충북(6명) : 정태성(청주), 신관우(청원), 육인수(옥천-보은), 김종무(제천-단양), 안동준(괴산), 이동진(영동)

○ 충남(8명) : 김용태(대덕-연기), 양순직(논산), 김종필(부여), 김종갑(서천-보령), 길재호(금산), 이상희(서산), 이영진(아산), 인태식(당진)

○ 전북(7명) : 김성철(이리-익산), 유광현(남원), 전휴상(진안-장수 -무주), 한상준(임실-순창), 이병옥(무안), 장경순(김제), 최영두(완주)

○ 전남(12명) : 정래정(광주을), 이우현(여수-여천), 조경한(순천-승주), 김선주(구례- 광양), 신형식(고흥), 배길도(무안), 정헌조(영광-함평), 최서일(완도), 길전식(장흥)

○ 경북(19명) : 송관수(대구 중), 이원만(대구 동), 이효상(대구 남), 김종환(대구 서-북), 김장섭(포항-영일-울릉), 백남억(김천-금릉), 이상무(경주-월성), 김성곤(달성-고령), 김봉환(군위- 선산), 오상직(의성), 권오훈(안동), 이활(영천), 김준태(경산-청도), 송한철(성주-칠곡), 김정근(상주), 이동녕(문경), 정진동(예천), 김창근(영주 -봉화), 김중한(청송-영덕)

○ 경남(12명) : 구태회(진주-진양), 최석림(충무-고성), 김주인

(거제), 김용순(삼천포-사천-하동), 방성출(함안-의령), 신영주(창녕), 변종봉(산청-합천), 이재만(밀양), 노재필(양산-동래), 김택수(김해), 최치환(남해), 민병권(함양-거창)

○ 제주(2명) : 임병수(제주-북제주), 현오봉(남제주)

민정당: 27명

○ 서울(7명) : 전진한(종로), 이영준(동대문을), 조윤형(성북갑), 서범석(성북을), 김재광(서대문갑), 윤제술(서대문을), 박한상(영등포을)

○ 부산(1명) : 김영삼(서구)

○ 경기(5명) : 김은하(인천을), 신하균(광주-이천), 유치송(평택), 황인원(고양-파주), 강승구(의정부-양주)

○ 충북(1명) : 이충환(진천-음성)

○ 충남(3명) : 진형하(대전), 박찬(공주), 이상돈(천안-천원)

○ 전북(4명) : 유청(전주), 고형곤(군산-옥구), 나용균(정읍), 김상흠(고창)

○ 전남(3명) : 정성태(광주갑), 이정래(보성), 양회수(곡성-화순)

○ 경북(1명) : 진기배(영양-울진)

○ 경남(2명) : 강선규(마산), 최수룡(진해-창원)

民主党: 8명

○ 서울(4명) : 정일형(중구), 유성권(성동갑), 박순천(마포), 한통숙(영등포갑)

○ 경기(1명) : 홍익표(포천-가평-연천)

○ 강원(1명) : 박영록(원주-원성)

○ 전남(1명) : 김대중(목포)

○ 경남(1명) : 최영근(울산-울주)

자유민주당: 6명

○ 서울(1명) : 서민호(용산)

○ 강원(1명) : 김 삼(강릉-명주)

○ 충북(1명) : 이희승(충주-중원)

○ 전남(3명) : 김준연(영암-강진), 민영남(해남), 정명섭(나주)

국민의당: 2명

○ 충남(2명) : 이상철(청양-홍성), 한건수(예산)

(2) 민주공화당과 민정당의 야합으로 두 당이 전국구 의석의 82%를 점유

우리나라 선거 역사상 최초로 도입된 전국구 제도는 지역구에서 3명이상이 당선되거나 전국의 득표율이 5%이상 득표한 정당에 배분하게 되어 있다.

다만 제1당이 50% 미만의 득표율이었을 때는 전국구 의원의 2분의 1인 22석을 차지하고, 제2당이 나머지 의석의 3분의 2인 14석을 차지하게 되어 있는 제1당인 민주공화당을 위한 선거법에 제2당이 확실하게 예상되는 민정당에 특혜를 듬뿍 주었다.

그리하여 제1당인 민주공화당과 제2당인 민정당은 득표율이 60%에도 미치지 못했지만, 전국구 44석의 82%를 차지하는 특혜를 받게 됐다.

민주공화당 : 22석

1. 정구영(전 당 총재)   2. 윤치영(당의장, 3선의원)

3. 김성진(보사부장관)   4. 이종극(변호사)

5. 민병기(내무부장관)   6. 김동환(당 사무총장)

7. 신윤창(당 사무차장)   8. 오치성(최고위원)

9. 박현숙(4대의원)   10. 강상욱(최고위원)

11. 조창대(치안국 과장)   12. 이종근(혁명주체)

13. 오학진(당 정책연구실장)   14. 김우경(당 조직부장)

15. 김병순(3대, 4대의원)   16. 서인석(당 대변인)

17. 이만섭(동아일보 기자)   18. 김유택(경제기획원장)

19. 조남철(해병 준장)   20. 한태연(서울대 교수)

21. 최정기(조선대 총장)   22. 차지철(육군중령)

민정당 : 14석

1. 윤보선(4대 대통령)   2. 정해영(3대, 5대의원)

3. 유진산(3선의원)   4. 고흥문(회사장)

5. 김익기(4선의원)   6. 강문봉(2군 사령관)

7. 김형일(육군참모차장)   8. 정운근(참의원 사무총장)

9. 박삼준(대한상의부의장)   10. 함덕용(상공부차관)

11. 방일홍(기자)   12. 유홍(2대, 4대의원)

13. 유진(5대의원)   14. 이중재(동기흥업 사장)

민주당 : 5석

1. 조재천(3선의원)   2. 김성용(제네바 공사)

3. 유창열(경신산업 사장)   4. 장치훈(운수 회사장)

5. 최희송(4대의원, 참의원)

자유민주당 : 3석

1. 김도연(당 대표)   2. 소선규(참의원 부의장)

3. 손창규(최고위원)

[제4부] 지역구별 불꽃 튀는 격전의 현장들

제1장 여촌야도(與村野都)의 전형을 보여 준 수도권

제2장 반골기질을 버리고 군부정권을 환호한 영남권

제3장 민주공화당 광풍(狂風)이 휩쓸어버린 비영남권

제4장 국민들에게 너무나 생소(生疎)한 전국구 의원

제1장 여촌야도(與村野都)의 전형을 보여 준 수도권

1. 도시 선거구의 77.7%를 점령한 야권 후보들

2. 수도권 27개 지역구 불꽃 튀는 격전의 현장으로

1. 도시 선거구의 77.7%를 점령한 야권 후보들

(1) 5대 의원들의 귀환율은 21.3% 수준에 불과

이번 총선에서 수도권의 선거구는 서울이 14개 선거구, 인천을 포함한 경기도가 13개 선거구로 합쳐 27개 선거구로 전국 131개 선거구의 20% 수준에 불과하다.

민주공화당이 농촌 지역을 휩쓸었지만 9개 선거구만을 차지했고, 민정당이 12개 선거구를 차지하여 수도권에서는 제1당의 지위에 올라섰다.

민주당이 서울의 중구(정일형), 성동갑(유성권), 마포(박순천), 영등포갑(한통숙)과 경기도 포천-가평-연천(홍익표)에서 당선자를 배출했고, 자민당이 서울 용산(서민호)를 차지했을 뿐이다.

지난 5대 총선에서는 서울이 16개 선거구, 경기도가 25개 선거구로 전국 233개 선거구의 17.6%인 41개 선거구를 가졌었다.

민주당이 41개 지역구의 70.7%인 29개 선거구를 석권하고 무소속 후보들이 12개 선거구에서 당선됐다.

재·보궐선거에서 당선된 6명을 포함하여 5대 의원 47명 가운데 서울에서 전진한(종로), 정일형(중구), 민관식(동대문갑), 이영준(동대문을), 유성권(성동갑), 조윤형(성북갑), 서범석(성북을), 경기도에서 신하균(광주-이천), 강승구(의정부-양주), 홍익표(포천-연천-가평) 후보 등 10명이 당선되어 국회에 재입성했다.

재입성율은 21.3%에 불과하며, 조윤형 후보는 양주 갑구 보궐선거에서 당선되고서 지역구를 서울 성북 갑구로 옮겼다.

성동 을구에서 당선된 박준규 후보는 경북 달성에서 민주당으로 5대 총선 때 당선됐으나 선거구를 서울로 옮기고 정당도 민주공화당으로 옮겨 당선됐고, 서대문 을구에서 당선된 윤제술 후보는 5대 총선 때 전북 김제 을구에서 민주당으로 당선됐으나 민정당으로 옮겨 당선됐다.

마포의 박순천 후보는 지난 5대 총선에서는 부산 동구 갑구에서 민주당 공천으로 당선됐으나 선거구를 옮겼고, 용산 을구의 서민호 후보는 지난 5대 총선 때 무소속으로 전남 고흥 을구에서 당선됐으나 지역구와 정당을 옮겨 당선됐다.

전진한 후보는 윤보선 의원의 대통령 당선으로 인한 보궐선거에서 당선되어 지역구의 주인 자리를 차지했고, 한통숙 후보는 지난 5대 총선 때 민주당 공천으로 참의원에 당선됐다가 이번 총선에서는 지역구 의원으로 당선됐다.

지난 5대 의원으로 이번 총선에 입후보했으나 신상초(마포), 홍용준(성동을), 김산(서대문을), 김원만(용산을), 윤명운(영등포갑), 김재곤(인천갑), 김훈(인천병), 홍길선(수원), 최하영(이천), 허산(연천), 박주운(여주), 김윤식(용인), 이병헌(평택), 서태원(화성을), 박상묵(화성갑), 황인원(파주), 허길(김포), 윤재근(강화), 박제환(부천) 후보들이 지역의 주인 자리를 되찾지 못했다.

또한 자신의 지역구를 버리고 서울로 올라 온 정인소(음성), 이석기(부여갑), 조영규(영광), 김준섭(화천), 정준(김포) 등 5대 의원들과 참의원 출신인 여운홍(종로), 김용성(성동), 송방용(서대문) 후보들도 모두 고배를 마셨다.

또한 전직 의원인 김재황(3대), 조주영(2대), 최규남(4대), 함두영(3대), 윤재욱(3대), 구철회(4대), 김종규(3대), 유용식(4대), 오재영(3대, 4대), 홍봉진(4대) 후보들도 세월의 무상함을 한탄했다.

(2) 수도권 당선자 대부분의 득표율은 30%대

1여(一與)다야(多野)로 군웅이 대결을 펼치다 보니 높은 득표율보다 대부분 30~40% 대에서 당선자가 결정됐다.

수도권에서 가장 높은 득표율로 당선은 민주당 박순천(마포) 후보로 67.7%를 기록했고, 민정당 조윤형(성북갑)과 전진한(종로) 후보가 54.1%와 50.2%로 50%를 넘겨 당선됐다.

40% 대의 당선자는 평택의 유치송(44.3%), 광주-이천의 신하균(43.7%), 수원의 이병희(43.0%), 성북을의 서범석(42.4%), 서대문갑의 김재광(40.2%), 서대문을의 윤제술(40.0%) 후보들로 대부분 민정당 후보들이다.

반면 30% 득표율도 올리지 못하고 당선을 일궈 낸 후보는 영등포갑구의 박한상(29.6%), 동대문 갑구의 민관식(29.6%), 성동구의 유성권(27.9%), 화성의 권오석(26.6%), 시흥-부천-옹진의 옥조남(26.6%) 후보들이다.

민정당의 이영준, 김은하, 황인원, 강승구 후보와 민주당의 정일형, 한통숙, 홍익표 후보, 그리고 자민당의 서민호 후보는 30%대 득표율로 당선됐다.

민주공화당의 박준규, 유승원, 서상린, 이돈해, 이백일 후보들도 30%대 득표율로 당선되어 무려 13명의 후보들이 30%대 득표율로 당선을 일궈냈다.

(3) 수도권에 출전한 공화당 후보 37명의 진면목(眞面目)

민주공화당은 혁명주체 등 군인 출신들로는 당선이 어렵다는 판단으로 구정치인들을 마구잡이로 포섭하고 공천하여 군·민 협동체제를 구축했으며, 대학교수 등을 영입하여 신선함을 보여주기 위한 노력도 엿보였다.

민주공화당은 서울 지역에서 혁명주체 세력이 뿌리내리기에는 어렵다고 판단하여 대부분 경기 지역에 집중했다.

서상린(용인-안성), 이백일(여주-양평), 권오석(화성) 후보를 비롯하여 유승원(인천갑), 이병희(수원), 김용채(포천-연천-가평), 고진영(동대문을) 후보들은 군인 출신들이다.

공민권 제한처분을 받은 최하영(광주-이천) 후보를 비롯하여 이윤용(의정부-양주), 조주영(서대문갑), 최규남(서대문을) 후보들은 자유당 출신이고, 민관식(동대문갑)과 박준규(성동을) 후보들은 민주당 출신이며, 여운홍(종로), 김익준(용산), 이용남(영등포갑) 후보들은 무소속 출신으로 군인 출신이 7명이며 구정치인들이 9명으로 27명 가운데 16명으로 60%를 차지했다.

우만형(성북갑) 후보는 내무부차관 출신이고, 우종봉(고양 - 파주) 후보는 고양군수, 이돈해(김포-강화) 후보는 교육감 출신이며, 김숙현(인천을), 옥조남(시흥-부천-옹진), 변우창(마포) 후보들은 교수 출신이다.

윤치영 민주공화당 의장 대타로 출전한 박인각(중구) 후보는 지구당 사무국장, 정봉중(성동갑) 후보는 재건국민운동 성동구 촉진회장 출신이다.

홍기현(성북을) 후보는 의사 출신이고, 성인기(영등포을) 후보는 한국일보 주필을 지냈으며, 이진용(의정부-양주) 후보는 영화사 사장으로 공천을 받았다.

2. 수도권 27개 지역구 불꽃 튀는 격전의 현장으로

| 서울특별시 |

〈종로〉 국민의당 허정 후보의 종로 출마설으로 한때 긴장했었으나 윤보선 전 대통령의 아성을 이어받아 지켜 낸 민정당 전진한

지난 5대 총선 때는 종로구는 갑구와 을구로 나뉘었다. 갑구에서는 영국 에딘바라대 출신으로 서울특별시장을 지낸 민주당 최고위원인 윤보선 후보가 군의관 출신인 무소속 박선규 후보와 경성제대 출신으로 진도, 무안군수를 지낸 사회대중당 문작지 후보들을 큰 표차로 꺾고 3선의원이 됐다.

윤보선 의원의 대통령 취임으로 실시된 보궐선거에서는 초대 사회부장관을 지낸 무소속 전진한 후보가 민주당 공천을 받은 경기여고 교장 출신인 박은혜, 김좌진 장군의 아들로 3대의원을 지낸 무소속 김두한, 대한변호사회 회장을 지낸 무소속 장후영 후보들을 꺾고 4선의원이 됐다.

을구에서는 일본 명치대 출신으로 4대의원을 지낸 한근조 후보가 민주당 공천을 받고 미국 빅토리대 출신으로 대한중석 사장을 지낸 무소속 장기영, 소년직업학교 교장인 무소속 최주열, 이화여중

강사인 무소속 김재호 후보 등을 꺾고 재선의원이 됐다.

을구의 한근조 의원이 출전을 포기한 이번 총선에서 민주공화당은 미국 우스터대 출신으로 2대의원과 참의원(경기도)를 지낸 여운홍 후보를 공천했고, 종로 갑구 보궐선거에서 당선됐던 전진한 후보가 민정당으로 출전하여 5선의원을 향해 달려갔다.

마포에서 김상돈 의원의 서울시장 출전을 위한 사직으로 실시된 보궐선거에서 당선됐던 신상초 후보가 민주당 공천으로 뛰어들어 3파전을 전개했다.

지난 5대 총선에도 출전했던 자유당 최주열, 서울시의원을 지낸 자민당 박수형, 협동연구원장인 신흥당 원일, 예비역 육군중령인 보수당 박노일, 예비역 육군 중위인 추풍회 이세열 후보들도 출전했다.

윤보선 대통령의 취임으로 실시된 보궐선거에서 당선된 민정당 전진한 후보가 수성(守城)의 입장에서, 김상돈 서울시장 진출로 실시된 보궐선거에서 당선된 민주당 신상초 후보가 공성(攻城)의 입장에서 격돌했다.

이론가이며 능변가인 신상초 후보가 보수 색깔이 묻어 난 노동운동의 대부인 전진한 후보의 벽을 넘어 새 바람을 일으킬지는 미지수이며, 72세의 최고령 후보자인 여운홍 후보는 육사 8기 혁명주체인 한상용을 사무장으로 활용하는 것 이외에는 지역기반이 전무이다.

국민의당 허정 후보가 종로 출마설이 나돌았을 때 긴장한 전진한 후보는 생애 최후 일전을 벼르는 민주공화당의 여운홍 후보를 가볍게 제압했다.

민주당의 신상초 후보는 학생, 지식인들에 어필해 온 특유의 매력과 민주당의 조직으로, 자민당의 박수형 후보는 서울시의원의 관록으로 기염을 토해 보았지만 역부족이었다.

전진한 후보는 노동계의 대부로서 4선의원이라는 관록을, 신상초 후보는 세대교체, 체질개선의 선풍(旋風)을 등에 업고 진보적인 중견 정객임을 호소하여 맞장을 기대했었으나, 5. 16 이후에도 정성껏 가꾸어 온 윤보선 대통령의 아성으로 윤보선의 아성을 물려받은 전진한 후보에게 힘없이 무너졌다.

자유당의 최주열, 추풍회의 이세열 후보는 세대교체를 강조했으며 보수당의 박노일, 신흥당의 원일 후보는 좋은 투쟁경험을 쌓은 첫 무대일 수밖에 없었다.

□ 득표상황

후보자	정당	연령	주요 경력	득표 (%)
전진한	민정당	62	4선의원(1,2,3,5대)	36,123 (50.2)
신상초	민주당	41	5대의원(용산)	16,264 (22.6)
여운홍	민주공화당	72	참의원, 2대의원	14,998 (20.8)
박수형	자유민주당	43	서울시의원	1,404 (2.0)
최주열	자유당	36	직업중학교장	1,078 (1.5)
원 일	신흥당	47	협동연구원장	878 (1.2)
박노일	보수당	40	육군 중령	766 (1.1)
이세열	추풍회	32	육군 중위	443 (0.6)

〈중구〉 제헌의원은 윤치영 후보가 당선됐지만, 2대 총선 때부터 실향민들의 지원을 받아 5연속 당선을 이어간 정일형

이 지역구도 지난 5대 총선에서는 갑구와 을구로 나뉘었다. 갑구에서는 동아일보 편집국장 출신으로 민주당 정책위의장 출신인 주요한 후보가 일본 중앙대 출신으로 서울변호사회 회장 출신인 무소속 신태악 후보와 대한노조 서울지부위원장 출신인 한국사회당 김파우 후보들을 가볍게 제압하고 재선의원이 됐다.

을구에서는 미국 뚜류대 출신으로 철학박사인 민주당 정일형 후보가 대한노조부위원장을 지낸 무소속 김헌, 태평약품 사장인 자유법조단 최대용 후보들을 꺾고 4선의원이 됐다.

주요한 의원이 정계를 은퇴한 이번 총선에서 민주공화당은 윤치영 당의장의 출전이 예상됐으나 전국구 2번에 안착시키고, 지구당 사무국장 출신인 박인각 후보를 내세웠고, 을구에서 당선된 정일형 후보가 민주당으로, 갑구에서 차점 낙선한 신태악 후보가 민정당으로 출전하여 3파전을 형성했다.

공군준장 출신인 자유당 노중신, 중외통신 편집국장인 신민회 김경석, 국민도의선양회 이사인 자민당 김재인, 국방부장관을 지낸 국민의당 손원일, 남만주의대 출신으로 병원장인 정민회 이몽필, 합동시보사 이사인 추풍회 경춘하 후보들도 출전했다.

이 지역구의 주민 40% 이상이 이북(以北) 출신인 점을 감안하여 민주당 정일형, 민정당 신태악, 국민의당 손원일, 민주공화당 박인각 후보 모두 이북 출신으로 "이북 출신이 이북 피난민표를 갈라먹는다"는 풍문이 나돌았다.

"네 번이나 이곳에서 당선되었지만 정일형 씨 덕 본 것이 무엇입니까?"라는 다른 후보들의 공격에 아랑곳하지 않고, 정일형 후보는 지역구를 이태영 여사에게 맡기고 전국 유세에 나섰다.

신태악 후보는 "정일형 후보가 다시 나온다는 것은 안 되죠. 차라리 주요한 씨같이 잠시 은퇴를 선언하고 근신해야 할 게 아닙니까"라고 정 후보를 공격하고, 손원일 후보도 "민주당은 집권할 자격과 태세를 갖추지 못했다"고 공격에 가담했다.

유권자들의 "만일에 공화당이 이곳에서 당선되면 우리는 보따리 싸 짊어지고 이사를 가야지"하는 농담에서 어느 당이 야당다운 참 야당이냐를 부각시키는 것이 승패의 갈림길로 보인다.

공무원 출신인 민주공화당 박인각 후보는 박정희 후보가 얻은 2만 5천 표를 민주공화당의 조직을 활용하여 사수할 뿐 아니라, 민정당 신태악과 국민의당 손원일 후보들이 선전하여 야권성향표를 분산시키는 전략만이 이 지역구의 터줏대감인 민주당 정일형 후보를 꺾은 유일한 길이라고 생각하고 전략을 수립했다.

영락교회, 충현교회 등이 즐비하여 기독교인들의 표가 승패를 좌우할 수 있으나, 박인각과 손원일 후보는 장로교이고 정일형 후보는 감리교로 분산은 불가피했다.

한 때 출마설이 나돌았던 윤치영 민주공화당 의장이 제헌과 3대의원에 당선되었을 뿐, 4선의원인 정일형 후보의 아성을 무너뜨리기에는 민주공화당 박인각과 민정당 신태악 후보의 분전이 기대되었으나 역부족이었다.

☐ 득표상황

후보자	정당	연령	주요 경력	득표 (%)
정일형	민주당	59	4선의원(중구)	19,278(33.4)
신태악	민정당	61	변호사회장	15,307(26.5)
박인각	민주공화당	47	지구당 사무국장	13,966(24.2)
손원일	국민의당	55	국방부장관	6,123(10.6)
김재인	자유민주당	45	사법서사	993(1.7)
이몽필	정민회	51	병원장	713(1.2)
노중신	자유당	40	공군준장	617(1.1)
김경석	신민회	37	중외통신 편집국장	408(0.7)
경춘하	추풍회	50	서울합동시보 이사	349(0.6)

〈동대문 갑〉 김종필 민주공화당 의장과의 결전을 피하여 상경한 민주당 이석기 후보의 도움으로 민주공화당으로 변절하고도 4선의원에 등극한 민관식

지난 5대 총선에서는 일본 경도제대 출신으로 고려시보 사장을 지낸 민주당 민관식 후보가 근로인민당 중앙위원을 지낸 사회대중당 김일우, 언론인 출신인 한국사회당 승명천, 회사원인 무소속 맹수영 후보들을 가볍게 제압하고 3선의원이 됐다.

이번 총선에서는 민주당에서 전향(轉向)한 민관식 후보가 민주공화당 공천을 받고서 장면 국무총리 비서관을 지낸 국민의당 송원영, 일본 중앙대 출신으로 충남 부여에서 3선의원을 지낸 민주당

이석기, 서울시의원을 지낸 변호사 출신인 민정당 조기항 후보가 4파전을 전개했다.

회사원인 자유당 김진태, 충북 음성에서 5대 보궐선거에서 당선된 자민당 정인소, 항일 독립운동을 펼친 한독당 서상덕, 회사 중역인 정민회 김윤일 후보들도 출전했다.

"서울에서 한 석도 아니 한 표라도 공화당에 주어서는 안 됩니다"며 큰 소리친 이발소 주인의 말은 10년 동안 공들인 민관식 후보의 기반이 무너지느냐의 시금석으로 떠올랐다.

국민의당 대변인으로 눈 부시게 떠오른 송원영 후보는 날카로운 독설(毒舌)과 열정어린 기백(氣魄)으로 민관식 후보의 공든 탑에 맹폭을 가하고 중폭격기 엔진처럼 달아오르고 있고, 이에 민관식 후보는 "이제까지 모든 게 계획대로 잘 돼 왔다"면서 태연히 여유를 보였다.

카이젤 수염으로 서민들의 표밭을 누비고 있는 민정당 조기항, 3선을 한 지역구를 김종필 민주공화당 의장에게 양보했다는 이러쿵 저러쿵 말이 많은 민주당 이석기 후보의 출현은 민관식 후보의 도우미로 전락했다.

느닷없이 늘어난 유권자 수, 중앙정보부의 촉발로 공포 분위기 조성, 막대한 자금을 풀어 매표(買票)가 성행됐다는 야당의 주장은 돌아오지 않은 메아리일 뿐이었다.

민주당 출신인 민관식 후보가 민주공화당으로 전향하자, 국민의당 대변인인 송원영 후보가 매스컴을 통한 지명도 높이기와 야당 성향표의 조직 침투에 열중했다.

그리하여 민관식 후보와의 한판 승부가 기대된 가운데, 충남 부여에서 김종필 후보와 맞서리라고 알려졌던 민주당 이석기 후보가 타도(打倒) 민관식을 외치며 이 지역구에 낙하했다.

수년 간 개인이 쌓아 놓은 조직과 민주공화당의 지지표를 묶은 민관식 후보에게 송원영, 이석기, 조기항 후보들이 각축이라는 기현상을 이루면서 단일화를 모색하여 보았으나 공염불에 불과하여 민관식 후보에게 어부지리를 헌납했다.

청조회를 조직하여 민주당 소장층을 대표하여 민주당 정권을 흔들었던 민관식 후보는 지난 5대 총선에서 38,092표를 득표했었으나 민주공화당으로 변절하여 1만 8천 표가 날아갔으나, 3선의원으로 민주당 원내총무를 지낸 이석기 후보의 출현으로 4선의원 당선이라는 열매를 맺을 수 있었다.

이석기 후보가 득표한 절반만 송원영이나 조기항 후보에게 힘을 실어 주었다면 승패는 엇갈렸을 것이다.

□ 득표상황

후보자	정당	연령	주요 경력	득표 (%)
민관식	민주공화당	45	3선의원(동대문 갑)	20,606 (29.6)
송원영	국민의당	35	국무총리 비서관	16,602 (23.9)
조기항	민정당	54	서울시의원	15,902 (22.9)
이석기	민주당	56	3선의원(부여)	11,772 (16.9)
정인소	자유민주당	55	5대의원(음성)	2,401 (3.5)
김진태	자유당	51	회사 고문	827 (1.2)
김윤일	정민회	48	회사 중역	754 (1.1)

| 서상덕 | 한국독립당 | 62 | 국문학 연구 | 667 (1.0) |

〈동대문 을〉 3선의원과 국회부의장의 관록으로 고진영, 최계명 등 정치신인들을 가볍게 제압하고 4선의원에 등극한 이영준

지난 5대 총선 때 이 지역구는 의사 출신으로 제헌의원과 4대의원을 지낸 민주당 이영준 후보가 대학교수인 무소속 강성국, 회기동장을 지낸 무소속 박용화, 변호사인 사회대중당 조헌식 후보들을 가볍게 제압하고 3선의원이 됐다.

이번 총선에서 민주공화당은 송대순 대한상의회장, 강성국 서울시의회 의장, 김홍열 예비역 장군, 조양환 국회 전문위원의 공천을 검토하다가 육군사관학교 출신으로 출판사 사장인 고진영 후보를 내세워, 민정당으로 출전한 이영준 후보를 꺾어보고자 했다.

공무원 출신인 민주당 최계명, 경성부(京城府)의원을 지낸 자유당 이창업, 정당 활동을 한 자민당 김경운, 대학강사인 신흥당 조영래, 대학교수인 국민의당 신정욱, 회사장인 정민회 이종선, 회사원인 추풍회 김운식 후보들도 출전했다.

대선 때 박정희 후보의 지지표를 오롯이 움켜쥐기 위해 동분서주하고 있는 민주공화당 고진영 후보가 서울시 내무국장 시절 쌓은 인연을 찾아 나섰고, 민주당의 정통을 호소한 민주당 최계명 후보가 관록과 기존의 조직으로 군림하고 있는 민정당 이영준 후보에게 야멸차게 도전하고 있으나, 이영준 후보의 옹벽을 넘어서지 못

하고 은메달 경쟁에 머물렀다.

 세브란스 의전 출신으로 동대문 을구에서 제헌의원에 당선됐던 이영준 후보는 지난 4대 총선 때는 민주당 공천을 받고 자유당 정기원, 재선의원인 장홍염, 검찰총장 출신인 한격만 후보들을 꺾고 고토를 회복했었다.

 송대순, 강성국, 박용희, 김홍열, 정창운, 이상호, 조양환 후보들의 꿈을 잠재우고 민주공화당 공천을 받아 낸 고진영 후보의 도전은 도전에 머물렀을 뿐이다.

□ 득표상황

후보자	정당	연령	주요 경력	득표 (%)
이영준	민정당	67	3선의원(동대문 을)	24,219 (38.8)
고진영	민주공화당	49	출판사사장, 육사졸	16,624(26.6)
최계명	민주당	51	서울시 내무국장	13,936(22.3)
이창업	자유당	67	경성부의회 의원	2,239(3.6)
신정욱	국민의당	43	대학 교수	1,327(2.1)
이종선	정민회	44	회사장	1,099(1.8)
김경운	자유민주당	44	정당원	1,067(1.7)
조영래	신흥당	29	대학 강사	1,043(1.7)
김운식	추풍회	30	회사원	833(1.3)

〈성동 갑〉 지난 4대 총선 때 자유당 임흥순 후보를 꺾은 기세를 이어 기라성 같은 후보들을 가볍게 제압한 민주당 유성권

지난 5대 총선 때에는 4대의원인 민주당 유성권 후보가 일본 조도전대 출신으로 부산에서 3선의원에 등정했던 한국사회당 전진한, 미국 콜롬비아대 출신으로 저술로 명성을 쌓은 흥사단 장아욱, 제헌의원인 무소속 김재학 후보들을 꺾고 재선의원이 됐다.

이번 총선에서 민주공화당은 재건국민운동 성동구 촉진회장인 정봉중 후보를 내세워 민주당으로 출전한 유성권 후보와 자웅을 겨루도록 했다.

여기에 서울시의원을 지낸 민정당 김제윤 후보가 충청권 유권자들의 지지를 업고 정봉중, 유성권 후보와 난타전을 전개했다.

경기도에서 참의원에 당선된 김용성 후보는 자민당으로, 정치인으로 활동한 윤경빈 후보는 한독당으로, 서울시 부시장을 지낸 김주홍 후보는 국민의당 후보로 출전하여 후발주자 3파전을 전개했다.

재선의원인 민주당 유성권 후보와 자민당 대변인으로 참의원에 당선된 김용성 후보가 각축을 전개할 것으로 예상됐으나, 재건국민운동 촉진회장으로 민주공화당의 조직을 활용한 정봉중, 서울시 부시장을 지낸 국민의당 김주홍, 서울시의회 의장 출신으로 조직과 재력을 구비한 민정당 김제윤 후보들이 선전하여 김용성 후보를 앞질렀다.

박순천 대표의 지원유세에 힘을 얻은 유성권 후보가 지난 4대 총선 때 서울시장을 지낸 자유당 임흥순 후보를 더블 스코어로 꺾은 기세를 이어가면서 수성에 성공했다.

☐ 득표상황

후보자	정당	연령	주요 경력	득표 (%)
유성권	민주당	48	2선의원(성동 갑)	18,764 (27.9)
김제윤	민정당	41	서울시의원	18,572 (27.6)
정봉중	민주공화당	47	재건국민운동 지회장	16,264 (24.1)
김주홍	국민의당	49	서울시 부시장	6,353 (9.4)
김용성	자유민주당	39	참의원(경기)	5,563 (8.3)
윤경빈	한국독립당	41	정치인	1,733 (2.6)

〈성동 을〉 경북 달성을 김성곤 후보에게 빼앗기고 상경(上京)하여
토박이 서울시의원과 국회의원들을 꺾어 버린 공화당 박준규

이 지역구는 지난 5대 총선에선 서울시의원을 지낸 홍용준 후보가 민주당 공천을 받고서 평론가로 명성을 날린 한국사회당 김철, 대한변호사회 부회장을 지낸 자유법조단 이병린 후보는 물론 영국 옥스포드대 출신으로 국제학술원장인 무소속 이동원, 서울시의원을 지낸 무소속 최봉수 후보 등 9명의 후보들을 제압했다.

이번 총선에서 민주공화당은 미국 콜롬비아대 출신으로 경북 달성에서 민주당 공천으로 당선됐으나 민주공화당 품속을 찾아 든 박준규 후보를 공천하자, 민정당도 민주당 공천으로 이 지역구에서 당선된 홍용준 후보를 내세워 맞불작전을 전개했다.

서울시의원을 지낸 민주당 최덕남 후보와 지난 5대 총선에도 출전했던 서울시의원 출신인 자민당 최봉수 후보가 등록하여 민정당 홍용준 후보의 뒷덜미를 잡아챘고, 이 지역에서 3대의원으로 당선

됐던 국민의당 김재황, 서울대 교수 출신인 보수당 김종순, 출판업자인 추풍회 이석구 후보도 출전하여 민주공화당 박준규 후보의 당선을 도와줬다.

조병옥 박사의 지역구인 이 지역구는 네임밸류 있는 야당 후보가 없는 가운데 신민당 출신이지만 민주공화당으로 전향하여 경북 달성에서 상경한 박준규 후보가 박정희 후보가 득표한 표만 사수하면 당선이 무난하다고 장담했다.

5대 의원인 민정당 홍용준 후보는 윤보선 후보에게 던진 표가 야당이 난립해도 오롯이 민정당에 결집될 것을 기대했다.

서울시의원 출신인 민주당 최덕남, 자민당 최봉수 후보들도 나름대로 조직과 재력을 동원하여 추격전을 전개했다.

박준규 후보는 조병옥 박사와의 인연을 내세워 추모표 훑기 작전을 전개하고 있으나 민정당 홍용준과 국민의당 김재황 후보들은 야당의 붐을 조성하여 이를 표로 접목시키고자 혈안이 되었고, 윤보선 후보 지지표가 결집되느냐, 분산되느냐가 승패의 갈림길이 될 것으로 전망했다.

민정당의 홍용준, 국민의당 김재황, 민주공화당 박준규 후보들이 혼전양상을 펼쳐 도토리와 상수리 격이라는 비유를 받았다.

뜨내기라는 집중 공격에 시달린 박준규 후보는 "야당이라는 망망대해에 떠 있는 고도(孤島)에 상륙한 사람 심경 같다"면서 "공화당 보다도 개인을 내세우면서 한층 야당적인 입장에서 독재와 부패방지에 힘쓰겠다"고 포부를 밝혔다.

그러나 주민들은 "아무리 사람이 똑똑해도 공화당이래서야"라는 시큰둥한 반응이었다.

민주당 시절 청조회 활동과 UN 총회 한국 대표로 활약한 민주공화당 박준규 후보가 고향인 달성 지역구를 김성곤 후보에게 자의 반 타의 반 빼앗기고, 서울로 올라 와 조병옥 박사 비서 출신임을 내세워 이 지역구를 찾아 들어 토박이로 서울시의원을 지낸 최덕남, 최봉수 의원과 3대의원과 5대의원을 지낸 김재황과 홍용준 후보들의 도토리 키재기식의 경쟁을 뚫고 재선의원으로 솟아 올랐다.

박준규 후보는 떠돌이 정객이 토박이 정치인들을 가볍게 제압하고 지역구를 차지하는 전형을 보여줬다.

□ 득표상황

후보자	정당	연령	주요 경력	득표 (%)
박준규	민주공화당	38	5대의원(달성)	22,302 (32.2)
홍용준	민정당	44	5대의원(성동 을)	19,355 (27.9)
최덕남	민주당	38	서울시의원	15,473 (22.3)
김재황	국민의당	52	3대의원(성동 을)	7,301 (10.5)
김종순	보수당	38	서울대 교수	1,989 (2.9)
최봉수	자유민주당	41	서울시의원	1,949 (2.8)
이석구	추풍회	40	출판사 사장	887 (1.3)

〈성북 갑〉 조병옥 박사의 추모열기에 힘입어 경기도 양주에서 지역구를 옮겨 와 터전을 마련한 민정당 조윤형

지난 5대 총선에서 성북구는 단일 선거구였다. 경기도 옹진에서 2대의원에 당선되었으나 6. 25 동란 이후 지역구를 옮겨 4대의원에 당선된 민주당 서범석 후보가 일본 명치대 출신으로 육군 법무관을 지낸 민권수호연맹 태륜기, 언론인으로 반혁명운동을 활발하게 전개한 무소속 고정훈, 개성부윤을 지낸 무소속 이성득 후보들을 꺾고 3선의원이 됐다.

이번 총선에서 성북구가 갑구와 을구로 분구되자 성북구의 터줏대감인 서범석 의원이 을구를 선택하자, 민정당은 조병옥 박사의 아들로서 지난 5대 총선 때 경기도 양주 갑구 보궐선거에서 당선된 조윤형 후보를 공천했다. 이에 민주공화당은 내무부차관을 지낸 우만형 후보를 내세웠다.

서울시의회 의장을 지낸 자민당 홍순우, 서울시의회 부의장을 지낸 민주당 방동석, 회사장인 신흥당 표문화, 보사부 노동국장을 지낸 국민의당 한몽연, 정치인으로 활동한 보수당 김갑임, 회사원인 정민회 장두원 후보들도 출전했다.

조병옥 박사 아들 조윤형 후보가 민정당 공천을 받고 터전을 마련한 가운데 내무부차관과 국회 사무차장을 지낸 공화당 우만형 후보가 통,반장을 주축한 점조직을 통한 조직으로 조윤형 후보를 맹렬하게 추격했다.

조병옥 박사 열혈 팬으로 이 지역구의 터줏대감인 서범석 후보의 전폭적인 지원과 이 지역에 뜻을 두고 출전을 저울질 했던 김용성 참의원 의원이 조병옥 박사와의 인연으로 성동 갑구로 옮겨가는 등 조병옥 박사의 추모 열기로 조윤형 후보가 50%가 훨씬 넘은 득표율로 터전을 마련했다.

정기원, 주영만, 표문화 후보들을 제치고 민주공화당 공천을 받은 우만형 후보는 박정희 후보 지지세 결집에 총력을 경주했으나 역부족이었다.

□ 득표상황

후보자	정당	연령	주요 경력	득표 (%)
조윤형	민정당	31	5대의원(양주 갑)	29,881 (54.1)
우만형	민주공화당	51	내무부차관	12,454 (22.5)
방동석	민주당	40	서울시의원	5,348 (9.7)
홍순우	자유민주당	57	서울시의원	2,382 (4.7)
한몽연	국민의당	46	보사부 노동국장	2,125 (3.8)
김갑임	보수당	31	정치인	1,060 (1.9)
장두원	정민회	54	회사원	1,013 (1.8)
표문화	신흥당	55	회사장	999 (1.8)

〈성북 을〉 전남 영광에서 상경한 조영규, 강원도 화천에서 옮긴 김준섭 후보들을 가볍게 제압하고 4선의원에 등극한 서범석

이번 총선에서 분구된 이 지역구는 성북구의 터줏대감인 서범석 후보가 민정당 공천으로 수성에 나서자, 민주공화당은 김익전, 양상룡, 최웅열 후보들을 제치고 대한의사회 성북지회장으로 활동한 홍기현 후보를 공천했다.

전남 영광에서 제헌, 3대, 4대, 5대의원을 지낸 조영규 후보는 자민

당으로, 강원도 화천에서 5대 총선 때 당선된 김준섭 후보는 민주당으로 출전하여 3명의 5대 의원들이 격돌하게 됐다.

제헌과 2대의원인 자유당 이진수, 지구당위원장인 국민의당 최순권, 카이젤 수염으로 군산시의원 출신인 정민회 진복기, 난민갱생회 회장으로 활약한 추풍회 장기창 후보들도 출전했다.

"내 기어코 서범석이란 사람을 입으로 조져버리겠다"는 독설가인 자민당의 조영규 후보가 정들었던 고향을 함평의 김의택 후보에게 양보하고 이곳에 터전을 마련코자 둥지를 틀었다.

또한 국회에서 반공과 청년운동에 선봉역을 해 온 민주당 김준섭 후보도 동료였던 민주공화당 김재순 후보와의 경쟁에서 승산이 없자 강원도에서 상경하여 서범석 후보 저격에 나섰다.

야당이면서도 재력이 풍부하다는 민정당 서범석 후보는 "너희들 떠들어라. 나는 그 통에 표를 줍겠다"는 우보(牛步) 전술을 펼쳤다.

국민의당 최순원 후보, 정민회 진복기 후보 등 군소정당 후보들은 "독설과 돈만이 제일이 아니다"며 포위득표법을 전개했다.

성북의 성주(城主)격인 민정당 서범석 후보에게 영광에서 상경한 자민당 조영규, 화천에서 상경한 민주당 김준섭이 난공불락의 성곽 공격에 나섰으나 역부족을 실감했다.

"이 주둥이 하나만으로도 서울시민이면 나에게 표를 던질 겁니다"는 조영규, 반공학생연맹 이사로 젊은 학생들의 지지표를 기대한 김준섭 후보 외에도 10여 년간 개업의로서 인술(仁術)기반을 앞세운 홍기현 후보들이 힘겹게 추격전에 나섰다.

여유로운 서범석 후보는 인접구인 갑구의 조윤형 후보 당락에 더 큰 관심을 보이고 있을 뿐이다.

강원이나 전남에서 상경한 뜨내기 전직의원들의 득표력은 보잘 것 없었으며, 4대 총선 때 고려대 법정대학장인 신기석, 제헌의원인 홍성하, 이 지역구의 터줏대감으로 3대의원인 김일 후보들을 꺾고 터전을 닦은 민정당 서범석 후보가 40%가 넘는 득표율로 수성에 성공하여 4선의원에 등극했다.

□ 득표상황

후보자	정당	연령	주요 경력	득표 (%)
서범석	민정당	61	3선의원(옹진, 성북)	23,299 (42.4)
홍기현	민주공화당	52	의사협회 성북지회장	13,358 (24.3)
김준섭	민주당	40	5대의원(화천)	6,869 (12.5)
조영규	자유민주당	50	4선의원(영광)	5,116 (9.3)
최순권	국민의당	26	지구당위원장	2,763 (5.0)
이진수	자유당	63	2선의원(양주)	1,894 (3.4)
진복기	정민회	46	군산시의원	1,004 (1.8)
장기창	추풍회	56	난민갱생회장	662 (1.2)

〈서대문 갑〉 서울시의원 시절의 조직을 활용하여 조주영과 송방용 뜨내기 후보들을 가볍게 제압한 민정당 김재광

지난 5대 총선 때에는 미국 콜롬비아대 출신으로 국회 부의장을

지낸 김도연 후보가 민주당 공천을 받고 동아일보 논설위원으로 활약한 무소속 신상초, 해군 소령으로 예편한 무소속 최영훈, 독립시보 발행인인 무소속 장순덕 후보들을 가볍게 제압하고 3선의원이 됐다.

김도연 후보의 전국구 진출로 무주공산이 된 이 지역구에 민주공화당은 서용기와 김재권 후보들을 저울질하다 일본 명치대 출신으로 경남 남해에서 2대의원에 당선됐고, 체신부장관을 지낸 조주영 후보를 영입하여 공천했고, 민정당은 서울시의원을 지낸 김재광 후보를 내세웠다.

서울시의원을 지낸 강을순 후보는 자민당 공천으로, 전북 김제 출신으로 2대와 3대의원을 거쳐 참의원에 당선된 송방용 후보는 국민의당으로, 남경대 출신으로 마귀오회의 대표를 지낸 김동호 후보는 민주당 공천으로 출전하여 선두권을 향해 달려갔다.

대한신문 사장인 자유당 최진원, 국민경제 연구소장인 보수당 강남식, 일본 명치대 출신으로 상해 임시정부 요원이었던 추풍회 계성범, 중앙정경연구소 부소장인 신민회 김대석 후보들도 출전했으며, 김대석 후보는 중도 사퇴했다.

김제에서 상경한 국민의당 송방용, 남해에서 2대의원에 당선된 공화당 조주영 전직의원에 서울시의원 출신인 민정당 김재광 후보가 텃세를 내세워 3파전을 전개했다.

송방용과 조주영 후보들은 "일부 야당인사들이 신문이나 잡지에 이름이 올랐다고 시골의 지역구를 버리고 서울로 기어오른 못된 버릇이 있다"는 김재광과 강을순 후보들의 비판을 이겨내야만 했다.

서용기 지구당위원장을 제치고 낙하산 공천을 받은 조주영 후보는 고령으로 민주공화당의 조직을 원활하게 활용하지 못하고, 영남 출신들의 결집에서 성과를 내지 못하여 추격다운 추격을 전개하지도 못했다.

민정당 조한백 후보와 민주공화당 장경순 전 농림부장관과의 3파전에서 승산이 없다고 판단되자 봇짐을 싸들고 상경한 송방용 후보는 터전을 마련할 여건이 성숙되지 못했고, 호남표의 결집도 이뤄지지 못해 표의 확장성에 한계를 노정(露呈)했다.

김도연 전 의원의 조직을 오롯이 물려 받은 민정당 김재광 후보는 서울시의원 시절 닦아 논 조직을 활용하고, 윤보선 대선 후보 지지표를 결집시켜 대승을 거둘 수가 있었다.

□ 득표상황

후보자	정당	연령	주요 경력	득표 (%)
김재광	민정당	41	서울시의원	24,139 (40.2)
조주영	민주공화당	67	2대의원, 체신부장관	12,462 (20.7)
송방용	국민의당	50	참의원(전북), 2선의원	9,327 (15.5)
김동호	민주당	57	국제회의 대표	7,057 (11.7)
강을순	자유민주당	41	서울시의원	5,131 (8.5)
최진원	자유당	49	대한신문 사장	776 (1.3)
강남식	보수당	38	국민경제연구소장	729 (1.2)
계성범	추풍회	64	상해임정 요원	482 (0.8)
김대석	신민회	56	정경연구 부소장	사퇴

〈서대문 을〉 장경순, 조한백 후보들과의 대결을 피하고 상경하여 4대의원인 최규남, 5대의원인 김산 후보를 격파한 민정당 윤제술

지난 5대 총선에선 남경 금릉대 출신으로 사회사업과 교육사업을 펼쳐 오다 민주당 공천을 받은 김산 후보가 세브란스 의대 출신인 무소속 김재전, 일본대 출신으로 회사 중역인 무소속 김두만, 서울대 출신으로 농민학교 교장을 지낸 무소속 한왕균, 일본 조도전대 출신으로 한국 마사회장을 지낸 무소속 나명균, 대일건업 사장인 무소속 이준희 후보들을 꺾고 의정 단상에 올랐다.

김산 후보는 4대 총선 때에는 자유당 이기붕 국회의장과 맞대결을 펼치려다가 공정증서 원본 부실기재 및 명예훼손 혐의로 구속되어 뜻을 이루지 못했다.

이번 총선에서 김산 후보는 자민당 공천으로, 남성중고 교장 출신으로 전북 김제에서 3대, 4대, 5대의원을 지낸 윤제술 후보는 민정당 공천으로, 서울대 총장 출신으로 자유당 공천으로 이 지역구에서 4대의원에 당선된 최규남 후보가 민주공화당 공천으로 출전하여 3파전을 전개했다.

춘천대 재단이사인 신민회 김병규, 사업가인 국민의당 임춘재, 정치학사원 원장인 보수당 한창열, 대학 강사인 민주당 노지언 후보들도 출전했다.

지난 4대 총선 때 서울에서 유일하게 자유당 공천으로 당선된 민주공화당 최규남 후보는 서울대 출신 제자들의 전폭적인 지원을 기대하며 그동안 가꾸어 온 조직을 가동하여 민주공화당의 기대주

로 성장했다.

전북에서 상경한 민정당 윤제술 후보는 자민당 김산 후보의 반 텃세 반 시기(猜忌)로 인한 어깃장에 "그 사람 쇠가 쇠를 깎아 먹는 짓을 해 보았자 결과는 공도동망(共倒同亡)밖에 안 온다"고 볼멘소리를 해 댔다.

국민의당 임춘재 후보는 영천시장 상인표에, 민주당 노지언 후보는 인텔리와 학생표에 기대를 걸었다.

민주공화당 최규남 후보는 "서로 책도 빌려 보고 흉금을 털어 얘기하는 친구와 싸우자니 정책대결 이외의 공격이야 할 수 있나"며 민정당 윤제술 후보와 친한 사이임을 되풀이했다.

김산 후보는 "쇠가 쇠를 깎아 먹는 야당 경쟁에 진땀을 흘리고 있다"고 속내를 털어 놓고, 윤제술 후보는 작은 윤보선이라고 자칭하며 윤보선 후보 지지표 사수에 온 힘을 쏟았다.

김산 후보의 발악적인 열변과 윤제술 후보의 만담, 최규남 후보의 학자적 위풍과 논리정연한 정책연설이 주민들의 관심을 집중시켰다.

호남표를 결집시키고 윤보선 후보 지지표를 움켜잡은 윤제술 후보가 이 지역구에서 4대의원에 당선된 최규남, 5대의원에 당선된 김산 후보들을 가볍게 제압하고 4선의원에 등극했다.

□ 득표상황

후보자	정당	연령	주요 경력	득표 (%)
윤제술	민정당	59	3선의원(김제)	27,404 (41.0)

최규남	민주공화당	65	4대의원(서대문)	17,544 (26.3)
김 산	자유민주당	65	5대의원(서대문)	12,777 (19.1)
노지언	민주당	45	대학 강사	4,232 (6.3)
임춘재	국민의당	46	국민의당 선대위원	3,047 (4.6)
한창열	보수당	52	정치학사원 원장	976 (1.5)
김병규	신민회	37	춘천대 재단이사	813 (1.2)

〈마포〉 신상초 후보를 종로로 밀쳐 내고 지역구에 안착하여 변우창, 박인출, 정준 후보들에게 대승을 거둔 민주당 박순천

지난 5대 총선에서는 일본 명치대 출신으로 제헌, 3대, 4대의원을 지낸 김상돈 후보가 민주당 공천을 받고 파리대 출신으로 경북 김천에서 2대의원을 지낸 한국사회당 우문, 일본 명치대 출신으로 현대시평 편집인인 무소속 오세경, 일본 중앙대 출신으로 마포 중고 교장을 지낸 박인출, 육군 군의관 출신인 사회대중당 김학규, 중앙통신 주간인 자유당 유근홍 후보들을 가볍게 제압하고 4선의원에 등극했다.

김상돈 의원의 서울시장 진출을 위한 사퇴로 실시된 보궐선거에는 16명의 후보들이 난립했다.

동아일보 논설위원 출신으로 서대문 갑구에서 김도연 후보에게 패배한 신상초 후보가 민주당 공천을 받고 신민당 공천으로 출전한 신민국, 지난 5대 총선에 출전하여 낙선한 오세경, 박인출, 김학규 후보들을 꺾고 당선의 기쁨을 맛보았다.

군의관인 김윤수, 변호사인 원복범, 동장 출신인 황영재, 일본 중앙대 출신인 신현성, 황해도 연백군 전매지국장 출신인 윤관석 후보들도 출전했었다.

이번 총선에는 대한부인회 회장 출신으로 2대에는 종로 갑구에서, 4대와 5대에는 부산 동구 갑구에서 당선되고 민주당 총재에 오른 박순천 후보가 민주당 공천으로 출전하자, 민주공화당은 대학교수인 변우창 후보를 내세웠다.

경기도 김포에서 4선의원에 당선된 정준 후보가 국민의당으로, 지난 5대 총선에도 얼굴을 비추었던 대학교수인 박인출 후보가 자민당으로 출전했다.

대선에서 윤보선 후보를 지원하여 윤보선 민정당 대표의 지시로 황영재 후보가 사퇴를 선언하게 될 것이라는 풍문이 나돌았다.

자유당 공천으로 3대의원에 당선된 자유당 함두영 후보는 승산이 없어, 지난 총선과 보궐선거에 출전했던 민정당 황영재 후보는 중앙당의 지시로 등록했다가 중도에 사퇴했다.

치맛자락에서 휘파람 소리가 나도록 다른 후보들의 응원 연설에 돌아다녀도 민주당 박순천 후보는 전국 최고득표자로 손꼽혔다.

김포에서 4선의원으로 성장한 국민의당 정준 후보는 고향을 버리고 이곳에 터전을 마련코자 한 것은 박순천 대표가 이곳을 선택하리라고는 짐작을 못 했기 때문이다.

민주공화당 변우창 후보는 박순천 후보가 휩쓸 것이라는 전망에 "마포구민은 조직도 없고 이념도 없고 정책도 정당도 모르는 허수아비냐"면서 안일하게 방심했다가는 참변을 당할 것이라고 전망했지만, 마포의 터줏대감인 김상돈 전 서울시장의 선거참모였던 인사는 "지금까지의 관측으로는 함두영, 정준, 변우창 후보의 시합은 결국 차점의 경합에 불과하다"고 평가했다.

김상돈 의원의 사퇴로 보궐선거에서 당선된 신상초 후보를 종로로 밀쳐 내고 지역구에 안착한 박순천 후보가 신상초 후보와 한판 승부를 펼치려던 4선의원인 정준 후보와 세 번째 도전한 박인출, 유근홍과 조시원 후보들의 꿈을 꺾고 도전한 변우창 후보들을 가볍게 제압하고 4선의원에 등극했다.

□ 득표상황

후보자	정당	연령	주요 경력	득표 (%)
박순천	민주당	65	3선의원(종로, 부산)	50,250 (67.7)
변우창	민주공화당	49	대학 교수	12,941 (17.4)
박인출	자민당	49	대학 교수	5,691 (7.7)
정 준	국민의당	48	4선의원(김포)	5,365 (7.2)
함두영	자유당	59	3대의원(마포)	사퇴
황영재	민정당	52	민정당 중앙상무위원	사퇴

〈용산〉 국회부의장이란 관록과 오랜 감옥생활의 명성으로 자유당 황성수 국회부의장을 꺾어버린 김원만 후보를 제압한 서민호

지난 5대 총선 때에 용산구는 갑구와 을구로 나뉘었다. 갑구에는 뉴욕 맨헷턴대 출신으로 주미대사와 부통령을 역임한 민주당 장면 후보가 미국 네부라스카 주립대 출신으로 전문대 강사인 노정일,

일본대 출신으로 보사부 원호국장을 지낸 김득황, 미국 마사츄세스대 출신으로 대학 강사인 이동영, 육당사업회 상임위원으로 시인인 김관식, 서울대 법대 출신으로 변호사인 김춘봉 후보 등 8명의 후보들을 가볍게 제압하고 제헌의원에 이어 재선의원이 됐다.

을구에는 회사장을 거쳐 4대의원인 김원만 후보가 민주당 공천을 받고서 경성일보 논설위원으로 대학교수인 김익준, 대한수리조합연합회장인 주석균, 예비역 육군중장인 양국진 후보 등을 꺾고 재선의원이 됐다.

이번 총선에서 민주공화당은 지난 5대 총선에서 무소속으로 출전하여 8,003표를 득표하여 낙선한 김익준 후보에게 설욕할 기회를 주었고, 을구에서 당선된 김원만 후보는 민주당 정부 시절 내무부 차관을 지낸 경력을 활용하여 수성 의지를 불태웠다.

전남 고흥에서 재선의원으로 성장하여 국회부의장을 지낸 서민호 후보가 자민당으로, 지난 5대 총선에는 용산 갑구에 출전하여 낙선한 김춘봉 후보는 국민의당으로, 민정당 중앙상무위원인 민정기 후보는 민정당으로 출전했다.

자민당 서민호 후보의 네임밸류, 민주당 김원만 후보의 조직, 공화당 김익준 후보의 입심의 대결이 펼쳐졌다.

용산 을구에서 두 번이나 당선된 김원만 후보는 엄상섭과 장면의 조직 기반을 물려 받아 토박이 행세를 하면서, 1만여 명의 카톨릭 신자들의 표를 얻기 위해 가톨릭에 입문했다.

지방 유세에 바쁜 서민호 후보는 "신문 등을 통해 이미 선택한 지 오래다"는 유권자들의 투표에 기대를 걸었고, 김익준 후보는 해방

촌 일대의 월남 주민과 기독교인을 상대로 푸짐한 선심(善心) 공세를 펼쳤다.

국민의당 김춘봉 후보는 똑똑한 변호사답게 날카롭게 좌충우돌하고 있으며, 민정기 후보는 윤보선 지지표가 민정당 후보에게 몰표로 몰려오기를 기대했다.

육중한 관록이 있지만 발판이 별로 없는 자민당 서민호 후보가 후진들과 겨루게 되어 서울 시민들의 권위주의에 대한 평가 자세를 가늠할 수 있는 이색 지구이다.

두 차례의 출전 경험을 가진 공화당 김익준 후보와 2선의 관록을 앞세우는 민주당 김원만 후보가 수성의 태세를 갖추고 있는 가운데, 장면 전 총리와 한바탕 씨름을 벌였던 국민의당 김춘봉, 정치 신인인 민정당 민정기 후보도 나름대로 선전을 기대했다.

민주당 구파의 조직이 신민당을 거쳐 민정당으로 옮기는 동안 하나도 흔들리지 않았다는 민정기 후보는 당선 자신이 있다고 장담하고 있으나, 호남세를 등에 업고 국회부의장 관록을 자랑하고 있는 서민호, 박순천 대표의 지원사격에 기대를 걸고 있는 김원만 후보들이 버겁기만 하다.

강연회 한번 열지 않고 숨을 죽이고 있는 민주공화당 김익준 후보는 막바지에 역전승을 기대하고 있고, 차분한 논리를 전개하고 있는 김춘봉 후보는 기둥 뿌리가 몇 번인가 흔들거린 국민의당의 당세 위축이 안타깝기만 할 뿐이다.

윤보선 후보 지지표의 결집을 기대한 민정기 후보와 군정연장 반대 분위기를 격파하지 못한 김익준 후보의 득표는 한계를 보였다.

철새와 텃세의 공방전을 펼친 선거전은 국회부의장이란 관록과 자유당 독재정권 시절 감옥 생활한 경력을 내세운 서민호 후보가 자유당 시절 자유당 황성수 국회부의장을 더블스코어로 꺾어버린 기백이 충만한 김원만 후보를 5천여 표차로 어렵게 따돌렸다.

□ 득표상황

후보자	정당	연령	주요 경력	득표 (%)
서민호	자유민주당	60	2선의원(고흥)	27,384 (31.3)
김원만	민주당	55	2선의원(용산)	21,686 (24.8)
김익준	민주공화당	47	대학교수	19,772 (22.6)
민정기	민정당	40	민정당 중앙상무위원	12,556 (14.4)
김춘봉	국민의당	39	변호사	5,228 (6.0)
최병호	한국독립당	27	사회사업가	861 (0.9)

〈영등포 갑〉 체신부장관과 참의원이란 네임밸류를 내세워 정치신인인 공화당 이용남, 민정당 김유근 후보들을 꺾어 버린 한통숙

지난 5대 총선에서 영등포 을구에서는 일본 육사 출신으로 육군소장을 거쳐 성남중고 교장인 무소속 김석원 후보가 4대의원으로 민주당 공천을 받은 유홍 후보를 꺾고 서울에서 유일한 무소속 후보 당선자가 됐다.

대한전선 사장인 무소속 엄규진, 중앙대 교수인 사회대중당 유병묵, 서울대 출신으로 육사 교수인 이용남 후보들도 출전했다.

이번 총선에서 구획조정으로 갑, 을구가 뒤바뀌었고 민주공화당은 서울대 출신으로 내외문제 연구소 연구위원인 이용남 후보를, 자민당은 군수와 구청장을 섭렵한 김기용 후보를, 국민의당은 서울시의원을 지낸 홍성유 후보를, 민주당은 체신부장관과 참의원을 지낸 한통숙 후보를, 민정당은 지구당 부위원장인 김유근 후보를 내세웠다.

독도개발협회 이사인 자유당 최익환, 고려진흥 사장인 보수당 엄규진, 캠부릿지 학원장인 정민회 문주복 후보들도 합류했다.

이번 총선에서는 이영섭과 김여산 후보들을 꺾고 공천을 받은 민주공화당 이용남 후보는 권위의식에 도전한다는 구호를 내걸고 조직을 추수리고 있지만, 민주당 한통숙 후보의 얼굴과 유홍 4대의원의 출마의지를 꺾고 민정당 공천을 받은 김유근 후보의 탄탄한 조직의 대결로 3파전을 전개할 것으로 예상됐다.

민정당의 김유근 후보는 "나의 매력인 동시에 강점은 바로 신인으로 때 묻지 않았다는 사실입니다"라고 자랑했다.

보수당 엄규진 후보는 4대와 5대 총선에서 고배를 마셨기 때문에 동정표에 기대를 걸었고, 8천여 표의 카톨릭 표가 고스란히 넘어오면 압승이 틀림없다는 민주당 한통숙 후보는 큰 기침을 하였다.

장관과 참의원 출신이라는 네임밸류를 내세운 한통숙 후보가 박순천 대표의 지원유세에 힘입어 유홍 전 의원의 조직을 오롯이 인수하지 못한 김유근 후보와 육군사관학교 교수 출신으로 조직구축이 미비한 이용남 후보들을 가볍게 꺾고 국회 등원에 성공했다.

□ 득표상황

후보자	정당	연령	주요 경력	득표 (%)
한통숙	민주당	57	체신부장관, 참의원	23,416 (32.7)
이용남	민주공화당	39	내외연구소 연구원	16,323 (22.8)
김유근	민정당	33	정당인	15,893 (22.2)
홍성유	국민의당	41	서울시의원	8,452 (11.8)
엄규진	보수당	49	고려진흥 사장	4,084 (5.7)
김기용	자민당	47	군수, 구청장	2,329 (3.3)
문주복	정민회	27	학원장	1,114 (1.5)
최익환	자유당	60	독도개발 협회이사	사퇴

〈영등포 을〉 인권변호사, 민정당 후보라는 강점을 내세워 5대 총선에서 23,218표 차로 승리한 윤명운 후보에게 설욕한 박한상

지난 5대 총선에서 갑구에서는 서울시경국장 출신으로 4대의원인 윤명운 후보가 민주당 공천을 받고서 치과의사로 제헌·3대의원을 지낸 자유당 윤재욱, 동경대 출신으로 대학교수인 무소속 유진순, 서울대 출신으로 변호사인 박한상, 서울시의원을 지낸 무소속 김재순 후보들을 가볍게 꺾고 재선의원이 됐다.

이번 총선에선 지난 5대 총선 때 갑구에서 혈전을 전개한 후보들이 소속 정당을 바꿔 출전했다.

민주당으로 당선된 윤명운 후보는 민주당으로, 무소속으로 낙선한 유진순 후보는 자민당으로, 자유당으로 낙선한 윤재욱 후보는 국민의당으로, 자유법조단으로 낙선한 박한상 후보는 민정당으로 출

전했다.

덕성여대 교수인 신민회 길봉기, 경성방직 직원인 보수당 이강섭, 한국 직업기술학교 이사장인 추풍회 황상기, 조도전대 출신으로 조선일보와 한국일보 부사장을 지낸 민주공화당 성인기 후보들도 출전했다.

민주당 원내 부총무를 지낸 민주당 윤명운, 이범석의 족청계로서 2선의원의 관록을 지낸 국민의당 윤재욱, 언론계의 노장으로 때묻지 않은 정치신인을 자처하고 나선 민주공화당 성인기, 인권옹호 전선에 이름을 팔리고 민정당 조직에 올라 탄 박한상 후보들이 4파전을 전개했다.

보수당의 이강섭 후보는 다혈적인 선거운동을 펼쳐 정열이 대단하다는 중평속에 흰 광목으로 만든 코트에 "몰아내자 신구악"이라는 보수당의 구호를 써 붙이고 거리를 산책하는 운동을 펼쳤다.

민주당 윤명운 후보는 "윤보선씨는 비례대표에서 떨어지면 동장이나 할 사람"이라고 폄하했고, 민정당 박한상 후보는 "영등포는 서울 문안 사람들한테 핫바지 취급을 받고 있다"며, 주민들의 정서를 자극했다.

파평 윤씨 종친인 윤재욱와 윤명운 후보는 4대와 5대 총선에서는 민주당 공천을 받은 윤명운 후보가 자유당으로 출전을 윤재욱 후보를 연거푸 꺾었으나 이번 총선에서 동반하여 낙선했다.

지난 5대 총선에선 자유법조단 공천으로 출전하여 1,460표의 득표에 머물렀던 박한상 후보가 인권변호사라는 입소문과 윤보선 후보의 지지표를 결집시켜 서울 시경국장 출신으로 지난 5대 총선에서 민주당 공천을 받고 24,678표를 득표하여 재선의원 고지를 점령한 윤명운 후보를 꺾고 금뱃지를 인계 받았다.

조선일보 주필과 한국일보 부사장 출신으로 출마 의지를 불태운 이명수와 민동기 후보들을 낙하산으로 꺾고 출전한 성인기 후보의 득표력은 조직 재건의 미비로 한계를 보여줬다.

□ 득표상황

후보자	정당	연령	주요 경력	득표 (%)
박한상	민정당	41	인권옹호 협회장	22,461 (29.6)
윤명운	민주당	52	2선의원(영등포)	16,688 (22.0)
성인기	민주공화당	56	한국일보 주필	13,469 (17.8)
윤재욱	국민의당	53	2선의원(영등포)	11,130 (14.7)
유진순	자유민주당	45	서울대 교수	8,387 (11.1)
길봉기	신민회	47	덕성여대 교수	1,449 (1.9)
이강섭	보수당	66	경성방직 직원	1,369 (1.9)
황상기	추풍회	49	직업기술학교장	803 (1.0)

경기도

〈인천 갑〉 혁명주체로 중앙에서의 관직보다 인천시장을 선택하여 지역 기반을 닦아 국회 입성에 성공한 민주공화당 유승원

인천시는 지난 5대 총선 때는 갑, 을, 병구 체제였으나 이번 총선에는 갑, 을구 체제로 통폐합됐다.

지난 5대 총선 때 갑구에서는 3대와 4대의원을 지낸 김재곤 후보가 민주당 공천을 받고 민주당 공천에서 탈락된 인천시의원 출신인 김은하, 의사 출신으로 민주당 인천시당위원장을 지낸 허이복 후보들은 물론 경도 입명관대 출신으로 경기도의원을 지낸 무소속 한도련, 동경중앙대 출신으로 외자관리청 국장을 섭렵한 무소속 송병무, 인천시의원을 지낸 무소속 김광석, 일본 구주제대 출신으로 한은 총재, 주영대사를 지낸 무소속 김유택 후보들을 꺾고 3선의원이 됐다.

을구에서는 4선의원으로 민주당 최고위원과 민의원 의장인 곽상훈 후보가 세종시보 주간인 무소속 함효영, 일본대 출신으로 대학교수인 무소속 최우정 후보들을 가볍게 꺾고 5선의원에 등정했다.

곽상훈 의원이 정계를 은퇴한 이번 총선에서 인천 갑구는 3선의원인 김재곤 후보가 민주당으로, 지난 5대 총선 때 무소속으로 낙선한 송병무 후보가 민정당으로, 인천시장을 지낸 유승원 후보가 민주공화당으로 출전하여 한판 승부를 펼쳤다.

4월혁명동지회 경기도 위원장인 신민회 양기환, 국방통신 지사장인 한독당 김일성, 인천시의원 출신인 국민의당 이민, 경기도의회 의장을 지낸 보수당 양재범 후보들도 출전했다.

토박이보다 충청도에서 이주한 타지방 출신이 많은 이 지역구는 인천시장 2년 동안에 지역사회개발을 위한 치적, 개인적 기반, 민주공화당의 조직을 활용한 유승원, 10년 동안 닦아 놓은 강인한 조직망을 구비하고 혁명 후 흩어졌던 옛 동지를 규합하여 전열을 재정비한 김재곤 후보가 건곤일척 한판 승부를 벌이고 있는 가운데, 출전 하마평이 나돌던 허이복, 김재홍 후보들을 잠재우고 제1야당인 민정당의 공천을 받은 송병무 후보가 추격전을 전개했다.

혁명주체로서 중앙에서의 화려한 관직을 사양하고 인천에 내려 와 인천시장으로 봉직하여 지역기반을 닦은 민주공화당 유승원 후보가 자유당 시절에도 자유당 공천을 받고 출전한 신태범, 인천시의원 조직을 활용한 무소속 김은하 후보들을 꺾었던 민주당 김재곤 후보를 1,636표 차로 꺾고 국회 입성에 성공했다.

윤보선 후보가 박정희 후보를 크게 앞선 데 고무되어 윤보선 후보 지지표를 결집시킨 민정당 송병무 후보는 결과적으로 김재곤 후보의 4선의원 등극을 막아 내는 1등 공신이 됐다.

□ 득표상황

후보자	정당	연령	주요 경력	득표 (%)
유승원	민주공화당	42	인천시장	24,948 (34.7)
김재곤	민주당	51	3선의원(인천 갑)	23,312 (32.4)
송병무	민정당	47	외자청 배정국장	19,195 (26.7)
양재범	보수당	47	경기도의회 의장	1,766 (2.5)
김일성	한국독립당	40	국방통신 지사장	1,168 (1.6)
이 민	국민의당	52	인천시의원	1,118 (1.6)
양기환	신민회	41	4월혁명동지지회장	404 (0.5)

〈인천 을〉 4대와 5대 총선에서 낙선한 데 따른 동정여론, 윤보선 후보 지지표를 결집시켜 당선을 일궈 낸 민정당 김은하

지난 5대 총선 때 인천 병구에서는 4대의원인 김훈 후보가 민주당

공천을 받고서 동경 중앙대 출신으로 대학교수인 교수협회 조규동, 국제사회사업 대표인 무소속 허섭, 인천시의원 출신인 무소속 양재범, 한성일보 편집국장을 지낸 사회대중당 조규희, 중학교사 출신인 무소속 심동기, 언론인 출신인 자유당 노재기, 중경 임시정부 특파원 출신인 백창섭 후보들을 꺾고 재선의원이 됐다.

이번 총선에서 인천 을구는 재선의원인 민주당 김훈, 지난 5대 총선 때에는 갑구에서 무소속으로 낙선한 민정당 김은하, 일본 조도전대 출신으로 단국대 교수인 민주공화당 김숙현 후보가 3파전을 전개했다.

5대 총선에도 출전했던 자민당 허이복, 고려중 교장인 보수당 신응섭, 백의군정 사령관을 지낸 정민회 백창섭 후보들도 출전했다.

공장 지대인 부평이 소재한 인천의 병구에서 재선의원으로 성장한 민주당 김훈 후보와 갑구에서 민주당 공천을 기대했으나 무산되자 무소속으로 4대와 5대 총선에 출전하여 낙선한 김은하 후보가 소지역주의 대결을 펼치고 있는 가운데, 민주공화당의 조직을 변호사로서의 기반으로 묶고 있는 김숙현 후보가 끼어들어 당선권을 넘나들었다.

인천시의원의 지역기반을 공고히 하고 연거푸 낙선에 따른 동정여론, 무엇보다 열렬하게 지원하여 준 윤보선 후보 지지표를 결집시킨 민정당 김은하 후보가 두 번이나 당선을 일궈 낸 민주당 김훈 후보를 꺾고 꿈에 그린 국회 단상에 오르게 됐다.

□ 득표상황

후보자	정당	연령	주요 경력	득표 (%)
김은하	민정당	40	인천시의원	24,658 (37.3)

김숙현	민주공화당	46	단국대 교수, 변호사	18,654 (28.2)
김 훈	민주당	54	2선의원(인천 병)	17,179 (26.0)
허이복	자유민주당	58	의사	2,114 (3.2)
백창섭	정민회	48	임정 내무부 직원	2,043 (3.1)
신응섭	보수당	37	고려중학 교장	1,450 (2.2)

〈수원〉 혁명주체들의 전폭적인 지원과 중앙정보부 서울지부장의 위력으로 4선의원을 무너뜨린 민주공화당 이병희

지난 5대 총선에서는 제헌, 2대, 4대의원인 홍길선 후보가 민주당 공천을 받고서 동경 입교대 출신으로 4대의원을 지낸 자유당 구철회, 일본 동북제대 출신으로 경기도지사와 농림부장관을 역임한 무소속 이해익, 대학교수인 무소속 지영린, 수원 상공회의소 회장인 무소속 차준택, 민주당 감찰위원회 부장출신이지만 낙천하자 무소속으로 출전한 박대의 후보 등을 가볍게 제압하고 4선의원이 됐다.

이번 총선에서는 4선의원인 민정당 홍길선 후보가 5선을 향해 질주한 상황에서, 중앙정보부 서울지부장 출신인 이병희 후보가 민주공화당 공천으로 출전하여 길목을 지켜 냈다.

경기도의원 출신인 자민당 김희동, 4대의원을 지낸 국민의당 구철회, 지구당위원장인 민주당 윤응열, 수원시의원 출신인 추풍회 장기수 후보들도 출전했다.

예비역 육군대령 출신으로 어느 후보보다 많은 당원을 가지고 조직을 통한 득표 공세를 펴고 있는 민주공화당 이병희 후보가 혁명주체의 이념을 실천하겠다는 굳은 신념과 지역 발전에 헌신하겠다는 공약을 내세웠다. 특히 서울에 소재한 경기도청의 이전 문제를 선점하여 선두권을 유지했다.

민의원의 관록과 광범위한 남양 홍씨의 혈연과 오랫동안 가꾸어 온 지연을 갖고 있는 민정당 홍길선 후보는 과거의 득표 수준을 유지하기 위해 심혈을 기울였으며 윤보선 대표의 지원 유세에 힘을 얻었다.

"말을 잘 한다"는 세평을 듣고 있는 국민의당 구철회 후보는 민의원의 경력을 내세우고 있으나, 여러 차례 당을 옮기게 된 해명에 급급했다.

혁명주체 세력의 지원과 중앙정보부의 막강한 정보, 방대한 민주공화당 조직을 활용한 이병희 후보가 압승을 거두었고, 제헌의원 시절부터 터전을 마련하여 3대 총선 때 자유당 정존수 후보에게 패배했을 뿐 연승을 구가하여 왔던 민정당 홍길선 후보는 초라한 성적을 거두었다.

정치신인인 민주당 윤응열 후보에게도 무너진 것은 15년 간 유권자의 뇌리속에 깊이 새겨진 지명도가 오히려 식상(食傷)함으로 돌변한 결과로 보여진다.

□ 득표상황

후보자	정당	연령	주요 경력	득표 (%)
이병희	민주공화당	37	중앙정보부 지부장	15,493 (43.0)

윤응열	민주당	40	지구당위원장	9,429 (26.2)
홍길선	민정당	59	4선의원(수원)	6,689 (18.6)
김희동	자유민주당	47	경기도의원	2,171 (6.0)
구철회	국민의당	48	4대의원(용인)	1,838 (5.1)
장기수	추풍회	41	수원시의원	379 (1.1)

〈의정부 - 양주〉 재선의원인 민정당 강승구 후보가 양주 갑구의 조윤형 의원 조직을 인수하여 3선의원에 등극

이 지역구는 제헌의원 때부터 양주 갑구와 양주 을구로 나뉘었다.

5대 총선 때 양주 갑구는 육군대학 출신으로 4대의원인 강영훈 후보가 민주당 공천을 받고 양주군수를 지낸 자유당 김종규 후보를 비롯하여 상해 남방대 출신으로 2대의원을 지낸 조시원, 일본 중앙대 출신으로 치안국장 서리를 지낸 김병완, 경기도의원을 지낸 박인조, 의정부 전매서장을 지낸 신도균, 연세대 출신인 정정훈 후보 등 11명의 후보들을 제치고 재선의원이 됐다.

그러나 강영훈 의원의 사망으로 실시된 보궐선거에서 재미 유학생회장 출신으로 조병옥 박사의 아들인 조윤형 후보가 민주당으로 출전하여 민주당 지구당위원장 출신인 임승학, 판사 출신 변호사인 민주당 강봉근 후보들의 민주당 내 각축전에서 승리하여 국회 등원에 성공했다.

농림부 기획과장을 지낸 무소속 김명수, 양주군수를 지낸 무소속

남승희, 자유당으로 3대의원을 지낸 무소속 김종규, 주미 농무관을 지낸 무소속 김현진 후보들도 출전했다.

양주 을구에서는 3대의원을 지낸 강승구 후보가 민주당 공천을 받고서 경기도의원을 지낸 민주당 신흥균, 예비역 육군중령인 무소속 황석규, 육군대령 출신으로 변호사인 무소속 조승각, 예비역 육군대령인 무소속 남상선, 제헌과 2대의원을 지낸 무소속 이진수, 일본 조도전대 출신으로 건국대 강사인 무소속 김동환 후보들을 꺾고 재선의원이 됐다.

조윤형 의원이 서울로 지역구를 옮긴 이번 총선에선 3대의원을 지낸 국민의당 김종규, 경기도의원을 지낸 민주당 신흥균, 재선의원인 민정당 강승구, 한양영화사 회장인 민주공화당 이진용 후보들이 4파전을 전개했다.

대학교수인 자민당 진병식, 사업가인 추풍회 박찬정 후보들도 참전했다.

4대 총선 때 자유당 강성태 후보에게 현역의원의 이점을 살리지 못하고 900여 표차로 석패했지만, 3대와 5대 총선 때 당선된 민주당 강승구 후보가 갑구의 조윤형 의원이 성북구로 옮겨가고 조직을 완벽하게 인수하였을 뿐만 아니라, 윤보선 대선후보 지지표를 결집시켜 비교적 여유있게 승리할 수 있었다.

혁명주체의 전폭적인 지원을 업고 방대한 민주공화당 조직을 추수린 이진용 후보가 지명도에 뒤져 승리를 놓쳤고, 양주군수 출신으로 3대의원을 지낸 국민의당 김종규 후보는 자유당 공천으로 4대 총선과 5대 총선, 그리고 무소속으로 보궐선거 등 4연속 패배했으며, 민주당 신흥균 후보도 5대 총선에 이어 연패의 늪에서 빠져나오지 못했다.

□ 득표상황

후보자	정당	연령	주요 경력	득표 (%)
강승구	민정당	60	2선의원(양주 을)	24,175 (33.3)
이진용	민주공화당	43	한양영화사 사장	17,855 (24.6)
김종규	국민의당	59	3대의원(양주 갑)	14,923 (20.6)
신홍균	민주당	38	경기도의원	12,271 (16.9)
진병식	자유민주당	39	대학 교수	1,884 (2.6)
박찬정	추풍회	34	회사원	1,427 (2.0)

〈광주 - 이천〉 전근대적인 선거전에서 회고적(回顧的) 감정을 되살려 민주공화당 최하영 후보를 꺾어버린 민정당 신하균

광주군과 이천군을 통합한 이 지역구는 신익희 국회의장의 아들로 3대와 5대의원을 지낸 민정당 신하균 후보와 심계원장 출신인 민주공화당 최하영 후보가 광주와 이천의 자존심을 걸고 한판 대결을 펼쳤다.

개발사업가인 자유당 엄유섭, 세무서장을 지낸 자민당 권오전, 농촌운동을 전개한 국민의당 박종진, 임정 때 군수를 지낸 보수당 강태연, 원주군수를 지낸 민주당 장동국 후보들도 출전하여 파수꾼 역할을 했다.

5대 총선 때 광주에서는 신익희 대선 후보 사망에 따른 3대 의원

보궐선거에서 당선됐던 신하균 후보가 민주당 공천을 받지 못했지만 신익희 선생의 후광(後光)을 업고, 민주당 공천을 받은 원주군수 출신인 장동국, 농촌진흥사업을 펼쳐 온 무소속 이진묵, 육사 교수인 무소속 김명진, 경성제대 출신인 원양어업 사장인 무소속 이원영, 은광중고 교장인 무소속 이강목, 장면 부통령 지역선거사무장을 지낸 홍기복, 조도전대 출신으로 미량(米糧)시장 사장인 강태연 후보들을 꺾고 재선의원이 됐다.

이기붕 국회의장의 지역구였던 이천은 5대 총선 때 심계원장을 지낸 최하영 후보가 무소속으로 출전하여 민주당 공천을 받은 백두현, 재무부장관과 국무총리를 역임한 무소속 백두진 후보 등 13명의 후보들을 기적처럼 꺾고 국회에 등원했다.

민주당 낙천에 반발한 전명호, 양정고 교사인 전원영, 회사장인 김남수, 양주군 설성면장을 지낸 박병은, 경기도의원을 지낸 조종호, 동해주조 사장인 서준호, 황해염업 사장인 장한정 후보들도 참전했다.

최하영 의원의 공민권 제한에 의한 의원직 상실로 실시된 보궐 선거에서는 재무부장관과 국무총리를 지냈지만, 민주당 입당이 거절되어 무소속으로 출전한 백두진 후보가 민주당 공천을 받은 서준호 후보 등 23명의 후보들을 꺾고 국회 입성에 성공했다.

신익희, 이기붕, 최인규, 이정재 등 쟁쟁한 정객들의 터전인 이 지역구는 공민권 제한으로 국회의원직을 박탈당한 민주공화당 최하영 후보와 신익희 대선 후보의 사망에 의한 보궐선거에서 당선됐으나 4대 총선에서는 자유당 최인규 후보에게 패배하고, 5대 총선에선 민주당 공천에서 제외되어 무소속으로 출전하여 당선된 민정

421

당 신하균 후보의 한판 승부가 펼쳐졌다.

민주공화당은 이원영과 유인상 후보들이 공천을 기대했으나, 정민회에서 활동하고 있는 공민권 제한처분을 받았던 최하영 후보를 영입하여 공천했다.

이천의 대지주의 아들로 태어나 이천 사람으로 가장 출세한 최하영 후보는 심계원장 시절에는 고향 사람들을 알뜰하게 살펴 주어 명망이 높지만 민주공화당 후보임을 내세우지 않고 민주공화당에 들어가 당내 야당 노릇을 하겠다고 약속했다.

해공 신익희 선생의 아들로 "해공선생 아들의 모습을 봐야겠다"는 촌로(村老)들의 극성으로 이천표 공략에 나선 신하균 후보는 장동국과 박종진 후보들의 광주표 잠식을 우려했다.

전근대적인 싸움이 벌어지고 있는 선거전에서 장동국 후보들은 "누구의 핏줄이라 해서 쏠리는 송사리 선거를 하지말고 인물을 뽑아 달라", "새 사람을 지지해 주세요"라고 호소했지만, 민정당 신하균 후보가 대승을 거두고 선거가 마감됐다.

□ 득표상황

후보자	정당	연령	주요 경력	득표 (%)
신하균	민정당	45	2선의원(광주)	28,064 (43.7)
최하영	민주공화당	55	5대의원(이천)	22,272 (34.7)
장동국	민주당	57	원주군수	4,685 (7.3)
엄유섭	자유당	41	자유당 중앙위원	2,930 (4.6)
박종진	국민의당	29	농촌운동가	2,216 (3.5)
권오전	자유민주당	57	세무서장	2,113 (3.3)

강태연	보수당	60	군수	1,880 (2.9)

〈포천 - 가평 - 연천〉 3개군의 소지역주의가 맹렬한 기세를 떨친 선거전에서 포천표의 분산에 힘입어 4선의원에 등극한 홍익표

3개 군이 통합된 이 지역구는 가평 출신으로 4선의원인 민주당 홍익표, 국회의장 비서실장과 서울대 교수로 활약한 자유당 한갑수, 예비역 육군소령 출신인 민주공화당 김용채 후보들이 3파전을 벌였다.

5대의원을 지낸 자민당 허산, 지구당위원장인 국민의당 장소성, 가평 북면장을 지낸 보수당 이용환, 경기도의원 출신인 민정당 이기우 후보들도 출전했다.

5대 총선 때 포천에서는 동경제대 출신으로 고려대 교수인 김영구 후보가 민주당 공천을 받고 민주당에서 제명처분을 받은 포천군수와 경기도의원을 지낸 이기우, 일본 조도전대 출신으로 동방산업 사장인 이근오, 입법의원 출신인 문진교 후보들을 비롯하여 서울농대 강사인 임대순, 북경 보안대 출신인 백용기, 포천농고 교장을 지낸 김영묵 등 무소속 후보들을 제치고 의정 단상에 올랐다.

가평에서는 제헌, 2대, 4대의원인 홍익표 후보가 민주당 공천을 받고 육사 출신인 무소속 신만재, 서울대 출신으로 가시아 중학교장인 자유당 김종관 후보들을 가볍게 제압하고 4선의원이 됐다.

연천에서는 경기도당 부위원장으로 민주당 공천을 받은 허산 후보

가 예비역 육군중령인 무소속 강덕봉, 동광식품 대표인 장익삼, 대학교수인 무소속 이태성 후보들을 꺾고 국회에 등원했다.

"정당이야 어떻든 그래도 내 지방 사람을 뽑아야겠다"는 지역의식이 이번 선거에서 적지 않게 작용하고 있는 상황에서, 유권자가 가장 많은 포천은 김영구 5대의원이 출전을 포기하고 민주공화당 김용채, 민정당 이기우, 자유당 한갑수, 국민의당 장소성 후보들이 각축전을 전개하고 6개 면에 불과한 가평에서는 민주당 홍익표, 보수당 이용환 후보가 뛰고 있다. 유권자가 가장 적은 연천에서는 자민당 허산 후보가 독식하는 형세이다.

이용환 후보의 부진으로 가평표의 잠식이 적은 홍익표 후보가 포천 표의 분산과 4선의원의 관록에 힘입어 방대한 민주공화당 조직을 활용하여 맹렬하게 추격한 김용채 후보를 3천여 표차로 따돌리고 4선의원에 등극했다.

□ 득표상황

후보자	정당	연령	주요 경력	득표 (%)
홍익표	민주당	53	4선의원(가평)	23,783 (30.3)
김용채	민주공화당	31	육군소령	20,337 (25.9)
한갑수	자유당	50	국회의장 비서실장	13,775 (17.6)
이기우	민정당	42	경기도의원	9,715 (12.4)
허 산	자유민주당	51	5대의원(연천)	7,325 (9.3)
이용환	보수당	39	가평군 북면장	2,104 (2.7)
장소성	국민의당	59	국민의당 중앙위원	1,382 (1.8)

〈여주 - 양평〉 말단조직까지 구비한 민주공화당 조직, 공무원들의
암묵적인 지원으로 여주지역 공략에 성공하여 등원한 이백일

지난 5대 총선 때 여주에서는 서울지법 판사를 지낸 민주당 박주운 후보가 여주양조 사장인 이봉구, 대한관광 사장인 김창한, 이포중학교장인 신충현 등 무소속 후보들을 가볍게 꺾고 국회에 등원했다.

명치대 출신으로 3선의원으로 자유당 선전부장을 지낸 김의준 후보는 무소속으로 등록했다 중도 사퇴했다.

양평에서는 3대의원을 지낸 민주당 천세기 후보가 수도경찰청 수사과장을 지낸 무소속 이만종, 교통부 감사관을 지낸 무소속 이준용, 육군소령 출신으로 4대의원을 지낸 자유당 유용식, 명치대 출신으로 조선대 교수인 무소속 박충홍 후보들을 꺾고 재선의원이 됐다.

천세기 의원이 정계에서 은퇴한 이번 총선에서 4대의원을 지낸 국민의당 유용식, 5대의원을 지낸 민주당 박주운, 예비역 육군준장으로 수원시장을 지낸 공화당 이백일 후보들이 선두권을 형성했다.

삼화통상 사장인 자민당 이준용, 동양사 사장인 보수당 이용구, 경무부 수사부국장을 지낸 민정당 이만종, 경기도의원을 지낸 정민회 장호덕 후보들도 추격전을 전개했다.

이번 선거전은 육사 출신으로 자유당 공천으로 양평에서 4대의원에 당선됐으나 5대 총선에서 민주당 천세기 후보에게 금뱃지를 넘겨준 국민의당 유용식, 서울지법 판사 출신으로 혜성처럼 나타나 여주에서 5대의원에 당선된 민주당 박주운, 예비역 육군준장으로

수원시장으로 재직하다가 정계에 입문한 민주공화당 이백일 후보가 3파전을 전개했다.

여주와 양평의 소지역주의 대결에서 양평은 이백일, 유용식 후보가 양분하고 여주를 독식한 박주운 후보가 유리한 상황에서 리, 동 조직까지 구비한 민주공화당 조직과 공무원들의 암묵적인 지원으로 여주 지역을 집중 공략한 이백일 후보가 박주운 후보를 4천여 표차로 꺾고 국회 입성에 성공했다.

□ 득표상황

후보자	정당	연령	주요 경력	득표 (%)
이백일	민주공화당	42	수원시장	21,425 (31.0)
박주운	민주당	54	5대의원(여주)	17,018 (24.7)
유용식	국민의당	40	4대의원(양평)	12,489 (18.1)
이만종	민정당	49	경무부 수사부국장	9,014 (13.6)
장호덕	정민회	40	경기도의원	4,602 (6.7)
이용구	보수당	28	동양사 사장	2,873 (4.2)
이준용	자유민주당	51	교통부 감사관	1,661 (2.4)

〈용인 - 안성〉 육사 8기생인 혁명주체로 민주공화당의 방대한 조직, 풍부한 자금으로 국회 입성에 성공한 서상린

지난 5대 총선 때 용인에서는 용인군당위원장인 김윤식 후보가 민주당 공천을 받고서 무소속으로 출전한 국무총리 비서실장을 지낸

목성표, 영림공사 업무과장을 지낸 백홍기, 일본 중앙대 출신으로 태성중학교 교사인 조성우, 일본 중앙대 출신으로 민주당 중앙위원을 지낸 신용철, 중앙산업 전무인 정해직 후보들을 제압했다.

안성에서는 법무부차관, 내무부차관, 대법관을 섭렵한 무소속 김갑수 후보가 의사 출신으로 민주당 공천을 받은 강희갑, 고등 공민학교 교장인 사회대중당 이규현, 안성읍의회 의장을 지낸 무소속 김노묵, 명륜중학교장인 무소속 유제충, 3대와 4대의원을 지낸 자유당 오재영 후보들을 제압하고 초선의원이 됐다.

김갑수 의원이 정계 은퇴한 이번 총선에서는 상공부장관을 지낸 국민의당 이교선, 5대의원을 지낸 민주당 김윤식, 재선의원인 추풍회 오재영, 강생회 이사장 출신인 민주공화당 서상린 후보가 선두권을 달려나갔다.

남전 출장소장인 자민당 최봉관, 경기도의원을 지낸 민정당 유광준 후보들도 함께 뛰었다.

추풍회 오재영 후보는 "요 다음 대통령 만들기 위해 이번에 표를 주든지, 그렇지 않고 이번에 떨어지면 한강에 갈 수밖에 없는 몸이다"고 협박하고 있지만, 군정 종식의 방해꾼으로 야당 후보들로부터 집중포화를 받았다.

육사 8기생인 혁명주체인 공화당 서상린 후보는 지난 대선에서 우위를 보인 박정희 후보 지지표 사수에 조직과 재력을 총동원했다.

민의원, 참의원, 상공부장관의 관록을 내걸고 안성 표를 다지고 있는 국민의당 이교선 후보는 용인의 문중표 공략에 나섰다.

민주당 10년의 지조론(志操論)을 내세운 김윤식 후보는 유일한 용인 출신의 이점을 살리고 안성의 천주교 신자표 공략에 나섰다.

지방사업을 선거공약으로 내세우지 않고 민주공화당의 조직 구축에 많은 공을 들인 민주공화당 서상린 후보가 야권 표의 다섯 갈래 분산에 힘입어 국회 등원에 성공했다.

카이젤 수염으로 지명도를 높인 국민의당 이교선 후보가 2대 의원, 상공부장관, 참의원이란 경력을 내세워, 용인 표를 독식하여 선두권을 차지할 것으로 예상된 민주당 김윤식 후보를 간발의 차로 제치고 은메달을 차지했다.

"안성의 5천 표는 오재영 후보가 대통령으로 입후보해도 나오고 읍장으로 출마해도 나오고 죽어도 나올 것"이라는 풍문과 같이 오재영 후보는 구수한 구변(口辯)으로 지지를 호소했지만, 벌써 옛사람이라는 입소문으로 표의 확장성에 한계를 보였다.

□ 득표상황

후보자	정당	연령	주요 경력	득표 (%)
서상린	민주공화당	38	후생회 이사장	26,775 (35.1)
이교선	국민의당	58	2대의원(안성)	15,309 (20.0)
김윤식	민주당	49	5대의원(용인)	15,096 (20.0)
오재영	추풍회	44	2선의원(안성)	12,543 (16.4)
유광준	민정당	53	경기도의원	4,676 (6.1)
최봉관	자유민주당	59	남전 출장소장	1,965 (2.5)

〈평택〉 7명이나 되는 민주공화당 낙천자들의 반발과 50%가 넘는

윤보선 지지표를 묶어 대승을 거둔 민정당 유치송

지난 5대 총선 때에는 행정신문사 사장으로 민주당 공천에서 탈락하고 제명 처분된 이병헌 후보가 서울대 상대 출신으로 민주당 공천을 받은 유치송 후보를 꺾고 국회에 등정했다.

중학교 교장인 무소속 김경하, 중앙당 간사장으로 활동한 한국사회당 안정용, 제헌 국회의원을 지낸 무소속 최석화, 종로구와 서대문구청장을 지낸 무소속 원근식, 일본대 출신으로 육군법무관을 지낸 자유법조단 임승학, 3대의원을 지낸 무소속 황경수 후보 등 12명의 후보들이 경쟁을 펼쳤다.

이번 총선에는 난민구호위원장을 지낸 자유당 황충영, 정치활동을 전개한 자민당 김진택, 평택문화원장을 지낸 신흥당 한민수, 5대 의원에 당선된 국민의당 이병헌, 선일광업 사장인 보수당 최대식, 영화제작사 사장인 민주당 임명산, 5대 총선 때 차점 낙선한 민정당 유치송, 외국기관 노조활동을 펼친 정민회 유빈, 경기도의원 출신인 민주공화당 이윤용 후보들이 난립됐다.

이번 총선에는 9명의 후보들이 난립됐으나 지난 5대 총선 때 출전했던 국민의당 이병헌, 민정당 유치송, 정민회 유빈, 자민당 김진택 후보들이 재격돌하는 격전장이다.

더구나 이병헌과 유치송 후보의 지난 총선에서의 리턴 매치이다. 자유당 정권에서 정존수 의원과 4대 총선에서도 겨루며 대항했는데도 민주당은 서울상대 출신으로 중앙위원인 유치송 후보를 공천하고 이병헌 후보를 공천에서 탈락시키고 제명처분까지 내렸다. 그러나 유권자들은 독재정권에 맞선 이병헌 후보를 당선시켰다.

민주공화당은 이번 총선 출전을 준비한 수리조합장 이민항, 제헌의원 최석화, 한국사회당 출신인 안정용 후보들의 꿈을 저버리고 자유당 출신으로 경기도의원을 지낸 이윤용 후보를 내세워 이병헌, 유치송 후보들과 3파전을 전개하도록 했다.

구정치인의 격전장이 된 이 지역구의 주민들은 이윤용 후보는 경기도의회 부의장을 지낸 갑부, 유치송 후보는 서울에 가서 정당생활을 한 야당 청년, 이병헌 후보는 국회의원에 한 번 당선됐던 노인으로 선거를 몇 번 치르면서 그 사람들을 알 만큼 알았기 때문에 새삼 연설에 별 흥미를 느끼지 않았다.

지방사업이나 지역특혜 같은 공약이 무의미하고 돈을 물을 뿌리듯 이윤용 후보가 뿌려대도 민주공화당 공천을 놓친 7명의 민주공화당 낙천자들의 마음을 다잡을 수 없고, 더욱이 윤보선 후보 표가 박정희 후보보다 곱절 이상 많은 지지를 받은 표가 민정당으로 몰려 유치송 후보가 대승을 거둘 수 있었다.

☐ 득표상황

후보자	정당	연령	주요 경력	득표 (%)
유치송	민정당	39	국회의장 비서	23,947 (44.3)
이윤용	민주공화당	49	경기도의원	14,200 (26.3)
한민수	신흥당	27	평택 문화원장	3,930 (7.3)
이병헌	국민의당	67	5대의원(평택)	3,634 (6.7)
임명산	민주당	33	영화제작사 사장	2,730 (5.1)
유 빈	정민회	55	노조 지부원	2,136 (4.0)
김진택	자유민주당	40	정당원	1,637 (3.0)
황충영	자유당	34	난민회 위원장	1,065 (2.0)

| 최대식 | 보수당 | 55 | 선일광업 사장 | 775 (1.4) |

〈화성〉 정치신인으로 지역기반이 없는 약점을 야당 후보들의 선거 참모들을 매수하는 교란작전을 펼쳐 성공을 거둔 권오석

이 지역구는 제헌의원 시절에는 수원 갑,을구로 나뉘었다가 수원읍이 수원시로 승격되면서 화성 갑구와 을구로 나뉘었다.

5대 총선 때 갑구에서는 동경 중앙대 출신으로 지구당위원장으로 활동했으나 공천에서 밀려나고 제명처분까지 받은 박상묵 무소속 후보가 고려대와 중앙대 교수 출신으로 민주당 공천을 받은 홍봉진, 민주당으로 활동했지만 민주당에서 제명처분된 홍사승과 홍경선 후보들을 꺾고 국회 등원에 성공했다.

성균관대 교수인 무소속 한상갑, 숙명여대 학생처장인 무소속 임래재, 경기도의원을 지낸 무소속 최희덕, 서울시 상공국장을 지낸 나상근 후보들도 함께 뛰었다.

을구에서는 화성 교육위원을 지낸 무소속 서태원 후보가 민주당 공천을 받은 강을순 후보와 민주당 공천에서 낙천되고 제명처분된 송재봉과 김진구 후보들을 꺾고 국회에 등원했다.

서울대 강사인 무소속 박용호, 염업조합 대의원 출신인 자유당 송영균, 화성군 향남면장을 지낸 무소속 신종식, 경기도의원을 지낸 무소속 박정환, 신흥무관학교 출신으로 임시정부 요인인 한국독립당 김학규, 명치대 출신으로 중앙대 학장을 지낸 박승문, 일본 중

앙대 출신으로 범한산업 사장인 무소속 박선일, 화성군 봉담면장을 지낸 무소속 최상헌 후보들도 함께 뛰었다.

이번 총선에서 삼영제염 사장인 자유당 송영균, 지난 5대 총선에 출전하여 중도 사퇴한 자민당 김진구, 5대 총선에 을구에서 당선된 국민의당 서태원, 5대 총선에 갑구에서 당선된 민주당 박상묵, 4대 의원이었으나 5대 총선 때 민주당 공천을 받고서 낙선한 민정당 홍봉진, 병사구 참모장으로 운수업자인 민주공화당 권오석 후보들이 당선을 향해 달렸다.

한의학 연구회장인 신민회 이규호, 남경토건 사장인 정민회 오영남, 동화통신 기자인 보수당 손도성 후보들도 등록했으나 손도성 후보는 중도 사퇴했다.

4대 총선에서는 자유당 최병국 현역의원과 서태원 후보들을 꺾고 당선됐으나, 5대 총선에서는 공천에서 탈락한 박상묵 후보에게 패배하고 이번 총선에서도 홍경선 민정당 지구당위원장을 제압하고 민정당 공천을 받고 출전한 홍봉진, 지난 5대 총선에서 무소속으로 당선됐다가 민주당을 들락날락하다가 민주공화당 창당작업에 동참했다가 국민의당으로 전향한 서태원, 지난 5대 총선에서 민주당 공천에서 탈락하자 무소속으로 출전하여 홍봉진 후보 등을 꺾고 당선되고 민주당에 복당한 박상묵 후보들이 재대결을 펼치는 상황에서, 육사 8기로 혁명주체인 권오석 후보가 혜성처럼 등장하여 지역구의 구석구석을 훑고 다녔다.

9명의 후보들이 군웅이 할거하는 이전투구의 선거진에서 정치신인으로 지역기반이 없는 민주공화당 권오석 후보는 지역기반을 갖추고 당선 경험을 가진 홍봉진, 서태원, 박상묵 후보들의 선거 참모들을 매수하여 손발을 끊어 놓은 교란(攪亂)작전을 펼쳐 국회 등원에 성공할 수 있었다.

□ 득표상황

후보자	정당	연령	주요 경력	득표 (%)
권오석	민주공화당	40	병사구 참모장	16,606 (26.6)
홍봉진	민정당	61	4대의원(화성 을)	12,946 (20.0)
서태원	국민의당	40	5대의원(화성 을)	8,694 (13.9)
박상묵	민주당	47	5대의원(화성 갑)	7,774 (12.4)
김진구	자유민주당	39	회사원	7,704 (12.3)
송영균	자유당	49	삼영제염 사장	5,495 (8.8)
오영남	정민회	46	경남토건 사장	2,177 (3.5)
이규호	신민회	66	한의학 연구회장	1,113 (1.8)
손도성	보수당	32	언론인	사퇴

〈고양 - 파주〉 고양과 파주의 지역대결과 민주공화당 공천 후유증을 활용하여 가볍게 국회 재입성에 성공한 민정당 황인원

5대 총선 때 고양에서는 동아일보 기자 출신으로 민주당 공천에서 낙천하고 제명되어 무소속으로 출전한 유광열 후보가 서울시의원 출신으로 민주당 공천을 받은 김수길, 사회부차관을 지낸 무소속 백효선 후보들을 어렵게 꺾고 당선됐다.

고양 수리조합장인 무소속 이철화, 3대와 4대의원으로 국회 운영위원장을 지낸 무소속 이성주, 명치대 출신으로 고려백화점 대표

인 정준채, 중국 중산대 출신으로 임시정부 내무차장을 지낸 사회대중당 김성숙 후보들도 참전했다.

파주에서는 민주당 공천을 받은 황인원 후보가 반혁명 분위기에 휩싸인 시대상황을 업고 3대와 4대의원을 지낸 자유당 정대천, 일본 경도 제국대 출신으로 변호사인 무소속 박호순 후보 등 15명의 후보들을 꺾고 국회 등원에 성공했다.

경기도 농민회 부회장인 최성면, 대한교육연합회 간사인 이경훈, 경기도의원을 지낸 서병식, 20사단 법무관을 거친 박갑남, 해군중령 출신인 백남표, 국방부 정훈국 장교였던 신두범, 춘천지검 차장검사를 지낸 김준형, 명치대 출신으로 동화통신 편집부장을 지낸 심정섭, 3대 총선에 출전한 윤기주 후보들도 출전했다.

유광열 의원이 출전을 포기한 이번 총선에는 5대의원을 지낸 민정당 황인원 후보와 고양군수 출신으로 민주공화당 공천을 받은 우종봉 후보가 각축전을 전개했다.

여성기자 출신인 신민회 임순옥, 경기도의회 의장을 지낸 자유당 노재억, 회사장인 국민의당 이태구, 미군부대 종사원인 보수당 조남숙, 농업인인 민주당 이익훈, 협동생명보험 고문인 정민회 김인식, 외기노조 지부장인 추풍회 황보철 후보들도 참여했다.

선거전은 민주공화당 우종봉, 민정당 황인원, 국민의당 이태구 후보의 3파전이 전개되었다.

고양군수, 토지개량조합장 출신인 우종봉 후보는 박정희 후보가 득표한 3만 5천표 사수에 전력을 기울이고 있고, 황인원 후보는 압도적으로 우세했던 윤보선 후보 지지표를 아전인수격으로 편리한 해석을 내리고 있고, 이태구 후보는 지연에 경제적인 실력까지 곁들여 유권자들의 관심을 끌었다.

3천여 명에 달한 외국인 상대 위안부와 60%에 달하는 피난민들의 향배가 승패의 갈림길이다.

파주 출신 국회의원인 황인원 후보와 고양군수 출신인 공화당 우종봉 후보의 군별 대결은 심정섭, 이규완, 최국현 후보들을 잠재우고 민주공화당 공천을 받아 공천 후유증에 시달린 우종봉 후보를 9명의 후보자 가운데 유일한 선거 유경험자라는 강점과 윤보선 후보 지지표를 결집시킨 황인원 후보가 가볍게 제압하고 국회 재입성에 성공했다.

□ 득표상황

후보자	정당	연령	주요 경력	득표 (%)
황인원	민정당	43	5대의원(파주)	27,568 (36.2)
우종봉	민주공화당	49	고양군수	16,086 (21.1)
이태구	국민의당	43	경기도당 위원장	8,393 (11.0)
노재억	자유민주당	56	경기도의회 의장	7,140 (9.4)
이익훈	민주당	31	민주당 중앙위원	6,745 (8.9)
조남숙	보수당	27	미군 종사원	4,512 (5.7)
김인식	정민회	26	협동생명보험 고문	2,218 (2.9)
임순옥	신민회	28	기자	1,830 (2.4)
황보철	추풍회	31	외기노조 지부장	1,692 (2.2)

〈김포 - 강화〉 오랫동안 교육계에 몸 담아 온 정치신인의 참신성과

방대한 민주공화당 조직을 활용하여 대승을 거둔 이돈해

김포군과 강화군이 병합된 이번 총선에서는 서울 한영중고 교장으로 민주공화당 공천을 받은 이돈해 후보를 겨냥하여 2대, 4대, 5대의원을 지낸 정민회 윤재근, 합성수지조합 이사장인 국민의당 한기태 후보들이 협공을 펼쳤다.

회사장인 자유당 이종필, 5대의원을 지낸 자민당 허길, 해인대 출신인 민주당 오홍석, 지난 5대 총선에도 출전했던 민정당 김두섭 후보들도 출전했다.

지난 5대 총선 때 김포에서는 제헌, 3대, 4대의원을 지낸 무소속 정준 후보가 민주당 공천을 받은 허길, 민주당 공천에서 낙천한 김두섭, 건국대 강사인 무소속 심기섭 후보들을 꺾고 4선의원이 됐다.

서울시장을 겨냥한 정준 의원의 사퇴로 실시된 보궐선거에서 민주당 공천을 받은 허길 후보가 신민당 공천을 받은 심기섭 후보를 비롯하여 김포군 교육감을 지낸 신문철, 심계원 4국장을 지낸 권영태, 경기도의원을 지낸 김병국, 사퇴하고 재출전한 정준 무소속 후보들을 꺾고 국회에 등원했다.

강화에서는 제헌, 2대, 4대의원을 지낸 윤재근 후보가 무소속으로 출전하여 경기도의원을 지낸 민주당 김경수, 국제무역 전무인 무소속 한기태, 국립항공대 교수인 무소속 김영실, 경기도의원을 지낸 자유당 이중섭 후보들을 꺾고 4선의원에 등극했다.

김재춘 전 중앙정보부장이 터전을 마련한 이 지역구는 김재춘 전부장이 이유를 정확하게 밝히지 않은 채 불출마를 선언하자, 황찬용, 이돈해, 이중섭 후보들 가운데서 민주공화당이 저울질하다가 이돈해 후보를 공천했다.

지난 5대 총선에 출전했던 후보들이 우후죽순격으로 대거 입후보하여 정치신인인 이돈해 후보를 포위하는 형세를 이뤘다.

3선의원인 정민회 윤재근 후보는 군소정당 후보라는 약점에다가 지난 5대 총선에 출전하여 선전한 한국 합성수지공업조합 이사장으로 재력을 구비한 국민의당 한기태 후보와 강화군 표를 균점(均霑)해야 한다는 부담을 갖고 있다.

자민당 허길 후보도 지난 5대 총선에 민주당 공천에서 낙천하고도 민주당으로 출전하여 낙선하고도 민정당 공천을 꿰어찬 김두섭 후보의 김포군 표 잠식이 야권 후보들의 이전투구로 다가왔다.

때 묻지 않은 정치신인이며 오랫동안 교육계에 몸 담아온 참신성을 내세우고 방대한 민주공화당의 조직을 활용한 이돈해 후보가 도토리 키재기를 벌인 야당 후보들을 가볍게 제압했다.

□ 득표상황

후보자	정당	연령	주요 경력	득표 (%)
이돈해	민주공화당	47	교육감	25,151 (38.1)
윤재근	정민회	53	3선의원(강화)	12,261 (18.6)
한기태	국민의당	32	합성수지 조합장	10,262 (15.5)
김두섭	민정당	33	지구당위원장	7,459 (11.3)
허 길	자유민주당	35	5대의원(김포)	6,236 (9.4)

오홍석	민주당	35	정당인	2,870 (4.3)
이종필	자유당	29	지구당위원장	1,807 (2.7)

〈시흥 - 부천 - 옹진〉 지난 5대 총선 때 부천에서 겨뤘던 박승희, 엄기옥 후보들이 불출마했더라면 승패는 오리무중이었을 것을

3개 군이 통합된 이 지역구에 2대와 5대의원을 지낸 국민의당 박제환, 대한정밀 사장인 민주당 박승희, 월산산업 회장인 민정당 엄기옥, 경희대 교수인 공화당 옥조남 후보들이 선두권을 형성했다.

범민여론사 기자인 자유당 박제상, 대한물산 이사인 신민당 김억배, 우주문화사 대표인 자민당 정용규, 고교교사인 정민회 김재호, 상업부기 전문인 추풍회 이범석 후보들이 하위권을 맴돌았다.

지난 5대 총선 때 시흥에서는 일본 중앙대 출신으로 상공부장관과 4대의원을 지낸 무소속 이재형 후보가 민주당 공천을 받은 백봉운, 민주당 공천에서 낙천되고 제명된 내무부차관을 지낸 홍헌표 후보들을 제압하고 4선의원이 됐다.

전국 학도호국단 위원장인 무소속 박영성, 서울대 강사인 무소속 정병학 후보들도 선전했다.

부천에서는 2대의원을 지낸 박제환 후보가 무소속으로 출전하여 경기도의원 출신으로 민주당 공천을 받은 송석홍, 일본 경도대 출신으로 민주당 공천에서 낙천되고 제명된 박승희 후보 등 15명의

후보들을 물리치고 재선의원이 됐다.

동명직물 사장인 장석삼, 월산산업 사장인 엄기옥, 혁신동지회 대표인 김선적, 동경 입교대 출신인 이계무, 경희대 교수인 김일청, 자유기업 사장인 김연성 후보들도 무소속으로 출전했다.

옹진에서도 17명의 후보들이 난립하여 목사로서 순천장로회 회장인 손치호 후보가 무소속으로 출전하여 1,058표를 득표하여 민주당 공천을 받은 김구연, 변호사로서 자유법조단 공천을 받은 강순원 후보들을 제압했다.

학도호국단 동지회장인 유명욱, 해병중령 출신인 이홍섭, 황해도민회 부회장인 이영호, 옹진군수 출신인 박창빈, 육군중령 출신인 김철순, 보건사회부장관 비서관을 지낸 신경철, 옹진군 내무과장을 지낸 장익현, 해군 군의관 출신인 강태현, 명치대 출신으로 영덕산업 사장인 김규성, 단국대 강사인 안승렴 후보들도 출전했다.

일부지역 선거무효 판결로 실시된 재선거에서 무소속 장익현 후보가 1,477표를 득표하여 1,439표를 득표한 손치호 후보를 누르고 당선되어 당선자가 교체됐다.

시흥의 터줏대감으로 4선의원인 이재형 후보의 전국구 전향으로 부천에서 재선의원으로 성장한 국민의당 박제환 후보의 독무대에 집권여당인 민주공화당 공천을 받은 옥조남 후보가 추격전을 전개하고 있는 양상이다.

유권자가 가장 많은 부천군 소사읍에 국민의당 박제환, 민주공화당 옥조남 후보 외에도 재력의 뒷받침으로 송석호와 정용규 후보들을 제치고 제1야당인 민정당의 공천을 받은 엄기옥, 우주문화사 대표인 자민당 정용규 후보까지 주소지를 두고 선거전에 돌입했다.

지난 총선에도 부천에서 출전했던 민정당 엄기옥과 민주당 박승희 후보가 출전하지 아니했더라면, 국민의당이 아닌 제1야당인 민정당으로 출전했더라면 국민의당 박제환 후보가 공화당 옥조남 후보에게 1,134표 차로 패배하지 아니했을 것이다.

□ 득표상황

후보자	정당	연령	주요 경력	득표 (%)
옥조남	민주공화당	45	경희대 교수	19,522 (26.6)
박제환	국민의당	58	2선의원(부천)	18,388 (25.0)
박승희	민주당	44	대한정밀 사장	12,320 (18.1)
엄기옥	민정당	50	월산산업 회장	10,032 (13.7)
박제상	자유당	28	범민여론사 기자	4,345 (5.9)
정용규	자유민주당	33	우주문화 대표	2,609 (3.6)
이범석	추풍회	51	정당인	2,390 (3.3)
김재호	정민회	30	고교교사	2,122 (2.9)
김억배	신민회	48	대한물산 이사	1,719 (2.3)

제2장 반골기질을 버리고 군부정권을 환호한 영남권

1. 민주공화당 후보들이 88%인 37개 선거구를 석권

2. 영남권 42개 지역구 불꽃 튀는 격전의 현장으로

1. 민주공화당 후보들이 88%인 37개 선거구를 석권

(1) 5대 의원들의 귀환율은 7.4% 수준에 머물러

부산시가 직할시로 승격한 이번 총선에서 영남권의 선거구는 부산이 7개 선거구, 경북이 20개 선거구, 경남이 15개 선거구 등 42개 선거구로 전국 131개 선거구의 32.1%를 점유하고 있다.

민주공화당이 88%인 37개 선거구를 휩쓴 광풍에도 부산에서 민정당의 김영삼(서구), 경북에서 민정당의 진기배(울진-영양), 경남에서 민정당의 강선규(마산), 최수룡(진해-창원), 민주당의 최영근(울산-울주) 후보들이 당선됐을 뿐이다.

지난 5대 총선에서는 경북이 38개 선거구, 경남이 40개 선거구 등 78개 선거구로 전국 233개 선거구의 33.5%를 차지했다.

민주당이 78개 지역구의 75.6%인 59개 선거구를 휩쓸었고 사회대중당이 2개구, 자유당이 1개구, 무소속 후보들이 16개 선거구에서 당선됐다.

재·보궐 선거에서 당선된 김종길(남해), 김기용(고성), 이상면(포항) 의원들을 포함하여 5대의원 81명 가운데 부산에서 김영삼(서구), 경북에서 오상직(의성), 김준태(경산-청도), 경남에서 최석림(고성-충무-통영), 최영근(울산-울주), 최치환(남해) 후보 등 6명이 당선되어 재당선율은 7.4%에 불과했다.

다만 경북에서 참의원 출신인 송관수(대구 중), 이원만(대구 동), 이효상(대구 남), 김장섭(포항-영일-울릉), 백남억(김천-금릉) 후보들이 대거 당선됐고 달성에서 당선됐던 박준규 후보가 서울 성동 을구에서, 부산 동구에서 당선됐던 박순천 후보가 서울 마포에서 당선됐다.

5대 총선에서는 당선의 열매를 맺었지만, 이번 총선에 출전하여 최천, 김응주(부산중), 최성욱, 이만우(영도), 김동욱(부산서), 윤병한(부산동), 이종남, 박찬현(부산진), 김명수(동래), 이병하(대구중), 임문석(대구동), 조일환, 장영모(대구 서-북), 이상면, 최태능(포항-영일-울릉), 황한수, 김종해(경주-월성), 곽태진(달성-고령), 우홍구(의성), 박해충(안동), 박종길, 김영수(영덕-청송), 김광준(울진-영양), 권중돈(영천), 장택상(성주-칠곡), 김기령, 홍정표(상주), 황호영, 최영두(영주-봉화), 정남규(마산), 김용진, 황남팔(진주-진양), 김기용, 서정귀(고성-충무-통영), 이양호(진해-창원), 정헌주(사천-하동-삼천포), 강봉룡(의령-함안), 이상신, 조명환, 정길영(합천-산청), 조일재(동래-양산), 김종길(남해), 신중하(거창-함양) 후보등 43명의 5대 의원들이 추풍낙엽(秋風落葉)처럼 추락했다.

또한 전직 의원인 최병권(대구 남), 최원수(포항-영일-울릉), 김철안, 김세영, 문종두(김천-금릉), 김철(경주-월성), 박영출(의성), 윤용구, 한국원(영덕-청송), 김상도(영천), 반재현(경산-청도), 도진희(성주-칠곡), 이호근(예천), 주금용(진해-창원), 조경규, 이영희(의령-함안), 하을춘(창녕), 조만종(밀양), 김성탁(울산-울주) 후보들도 낙선했다.

참의원을 지낸 정상구 후보도 부산진에서 낙선했다.

(2) 당선자의 대부분은 30~40% 득표율로 당선

영남권에서 이번 총선의 당선자는 대부분 30~40% 득표율로 당선 됐다.

달성-고령의 김성곤 후보가 64.8% 득표율로 최고 득표율 당선자가 됐고, 삼천포-사천-하동의 김용순 후보가 62.1% 득표율로 그 뒤를 따랐다.

김택수(59.5%), 최치환(59.0%), 김봉환(58.2%), 민병권(56.8%), 이동녕(54.4%), 구태회(53.7%), 이원만(52.7%), 이효상(51.4%) 후보 등 10명의 후보들이 50%가 넘는 득표율로 당선됐다.

마산의 강선규 후보가 49.4%, 동래의 양극필 후보가 40.1% 득표율로 당선되는 등 20명의 후보들이 40%로 당선됐다.

의성의 오상직 후보 27.3% 득표율로 최저 득표율 당선자가 됐고 청송-영덕의 김중한 후보도 29.5% 득표율로 당선됐다.

최수룡(32.9%), 방성출(33.3%), 김정근(35.5%) 이종순(35.6%), 최석림(35.8%), 이상무(36.3%), 김임식(37.6%), 변종봉(38.1%), 이활(39.3%), 최두고(39.6%) 후보 등 10명의 후보들은 30%대 득표율로 당선됐다.

(3) 민주공화당 후보 42명의 정치적 행적을 고찰

민주공화당은 20개 지역구인 경북에서 참의원 출신인 송관수(대구 중), 이원만(대구 동), 이효상(대구 남), 김장섭(포항-영일-울릉), 백남억(김천-금릉) 등 5명을 영입하여 공천했다.

이원만, 백남억 후보는 민주당 공천으로, 이효상, 송관수, 김장섭 후보들은 무소속으로 출전했으며 득표 순위는 백남억(1위), 이효상(2위), 송관수(3위), 이원만(5위), 김장섭(7위) 후보 순이었다.

그리고 자유당 출신으로 4대의원인 김성곤(달성-고령), 김정근(상주), 이동녕(문경) 후보들을 영입했고, 민주당 의원으로 활동한 오상직(의성), 김광준(영양-울진), 김준태(경산-청도) 후보들을 영입하여 공천했다.

그리고 지난 5대 총선에 무소속으로 출전했던 김봉환(군위-선산), 권오훈(안동), 이활(영천), 정진동(예천) 후보들을 공천했고, 대구시장을 지낸 김종환(대구 서-북), 경북도의원을 지낸 김중한(영덕-청송) 후보들을 제외하면 순수한 정치신인은 중앙정보부 국장 출신인 이상무(경주-월성), 고교교사 출신인 송한철(성주-칠곡), 공화당 기획차장 출신인 김창근(영주-봉화) 후보뿐이다.

이번 총선에 22개 지역구를 가진 부산과 경남 지역에서는 조시형(부산 중), 김용순(사천-하동-삼천포), 방성출(함안-의령), 민병권(거창-함양) 후보 등 군 출신들이 포진하여 13명의 기성 정치인들과 함께 출전했다.

그리하여 정치신인은 부산시의원 출신인 신중달(부산 서) 후보를 제외하고 많은 학교를 설립하여 운영 중인 김임식(부산진 갑)과 최두고(부산진 을), 경남모직 사장인 한태일(마산), 농협은행 상무인 김주인(거제), 최고회의 자문역으로 활약한 이재만(밀양) 후보 등을 들 수 있을 뿐이다.

민주공화당은 자유당으로 활동한 구태회(진주-진양), 최석림(충무-고성-통영), 신영주(창녕), 김성탁(울산-울주), 최치환(남해) 후보들을 영입했고, 민주당 5대의원인 이양호(진해-창원) 후보도 영입했다.

그리고 지난 5대 총선에 무소속으로 출전하여 낙선한 변종봉(산청-합천), 노재필(양산-동래), 김택수(김해), 예춘호(영도), 이종순(부산 동), 양극필(동래) 후보들과 부산시의원 출신인 신중달(부산 서) 후보들을 공천하여 혁명대상인 구정치인들을 42명의 후보 중 71%인 30명을 공천했다.

조시형 최고위원을 비롯한 군인 출신 6명을 제외하면 정치신인은 6명에 불과하다.

더구나 공민권 제한대상자인 송관수, 최치환 후보를 공천하여 공민권 제한관련법을 무력화시키고, 부정선거 규탄 대상이 되어 정치권을 떠들썩하게 했던 김장섭, 최석림, 신영주, 김성탁 후보들을 영입하여 공천한 것은 당선에 집착한 공천이라는 비난에서 자유로울 수 없었다.

2. 영남권 42개 지역구 불꽃 튀는 격전의 현장으로

부산직할시

〈중구〉 재선의원으로 일궈 논 탄탄한 조직도 민선 부산시장이라는
관록도 혁명주체 앞에서는 그저 초라하기만 하였을 뿐

지난 5대 총선에서는 4대의원을 지낸 민주당 김응주 후보가 독주
체제를 갖추고 진보당 간부 출신인 사회대중당 이명하, 독립촉성
회 간부였던 한국사회당 김용완, 부산신문 편집국장 출신인 혁신
동지총연맹 정상도, 동경 입명관대 출신으로 동장을 지낸 무소속
주윤두 후보들을 가볍게 제압했다.

이번 총선에는 2선의원인 민주당 김응주, 민선 부산시장을 지낸
민정당 김종규, 5. 16 혁명주체 세력으로 최고회의 내무위원장, 무
임소장관을 지낸 민주공화당 조시형 후보들이 선두 경쟁을 벌였다.

경남도의원 출신인 자유당 유영식, 정당인인 신민회 배용, 경남 충
무에서 3대, 4대, 5대의원을 지낸 자민당 최천 후보들도 등록했으
나 배용 후보는 등록 무효됐다.

우병택과 이경우 부산시의원들과 김낙제 경남도의원들은 민주공화
당의 공천을 기대했으나 낙천됐을 뿐이다.

민주공화당 조시형, 민정당 김종규, 민주당의 김응주 후보들이 3

파전을 전개했다.

최고회의 내무위원장 출신인 조시형 후보는 6천여 명의 민주공화당 조직과 부산직할시 승격의 유공자라는 점과 풍부한 재력으로 변두리 영세민들의 매수공작에 혈안이 되었다.

민선 부산시장 출신인 김종규 후보는 1천여 명의 민정당 조직과 김해 김씨 종친회, 부두 노조원들의 지원을 기대했다.

2대와 3대 총선에서 낙선하고 4대와 5대 총선에서 당선된 김응주 후보는 초량성당을 중심으로 한 7천여 명의 카톨릭 신자와 3천여 명의 민주당원들의 지원을 기대했으나, "군정의 독재를 막기 위해 야당의 후보가 당선되어야 한다"는 절규로 김종규와 김응주 후보가 야권성향표를 양분됐다.

당세 확장이나 호별 방문보다 주례 서기가 좋은 선거운동 방식임을 터득한 민정당 김종규 후보와 민주당 김응주 후보는 주례 서기 경쟁에 나섰다.

두 차례나 국회의원에 당선된 김응주 후보는 일당백을 자랑하는 조직에 국제시장, 카톨릭 교도, 이북 출신 동향인 등 확고한 기반을 갖고 있고, 민선시장의 네임벨류를 가진 김종규 후보는 개인적 기반, 부동층의 인기로 조직과 토박이라는 기반으로 혈투를 전개하는 와중에 혁명주체인 민주공화당 조시형 후보가 권력과 금력을 동원하여 어부지리를 노리고 있다.

이 지역구에서 재선한 기반도, 민선 부산시장이라는 명성도 혁명주체로서 권력과 금력을 동원한 조시형 후보에게 초라하게만 느껴졌다.

□ 득표상황

후보자	정당	연령	주요 경력	득표 (%)
조시형	민주공화당	36	무임소장관	17,205 (40.5)
김종규	민정당	50	부산시장	12,904 (30.4)
김응주	민주당	53	2선의원(중구)	11,678 (27.5)
최 천	자유민주당	63	3선의원(충무)	381 (0.9)
유영식	자유당	40	경남도의원	304 (0.7)
배 용	신민회	28	신민회 중앙위원	등록무효

〈영도〉 지난 5대 총선 때 사퇴했던 민주공화당 예춘호 후보가 8천여 명의 민주공화당원들을 활용하여 대승을

이 지역구는 지난 5대 총선 때는 갑, 을구로 분구됐다.

갑구에서는 민주당 공천을 받은 최성욱 후보가 진보당 간부 출신인 사회대중당 김기철, 부산시 교육위원인 무소속 김광원 후보들을 제압하고 당선됐다.

대한노총 간부였던 무소속 신유돈, 대한조선 상무인 무소속 이성우, 재일거류민단장인 무소속 김재화 후보들은 선전했으나, 서울대 출신으로 회사원인 예춘호 후보는 무소속으로 등록했다가 중도 사퇴했다.

을구에서는 4대의원으로 민주당 공천을 받은 이만우 후보가 민주당에서 낙천하고 제명되었으나 민주당으로 등록한 김상진, 건국대

강사인 사회대중당 김성두 후보들을 가볍게 꺾고 재선의원이 됐다.

국제웅변청년회장인 혁신동지총연맹 고순종, 의사 출신으로 민주당에서 활동한 무소속 조칠봉, 민주당 중앙위원으로 활약한 무소속 박길엽 후보들도 선전했다.

이번 총선에서는 4대와 5대의원을 지낸 민주당 이만우, 지난 총선에 출전하여 낙선한 민정당 김상진, 극동경금속 사장인 공화당 예춘호 후보들이 지난 총선에서의 경험을 살려 선두권을 점령했다.

부산시의원 출신인 자민당 김인화, 부산수산대 강사인 국민의당 김중현, 민주당 지구당부위원장으로 활동했던 보수당 한근홍, 육군대위 출신인 추풍회 조칠봉 후보들도 출전했고, 5대 의원이었던 한독당 최성욱 후보는 민주공화당 공천이 무산되고 등록이 무효됐다.

선거가 종반전에 접어들면서 선거전은 민주공화당 예춘호, 민정당 김상진, 민주당 이만우 후보들이 3파전을 전개했다.

지난 5대 총선에 출전했다가 사퇴한 예춘호 후보는 대학교수 경력을 갖고 부산시, 경남도의 공화당 창당주축의 기반으로 8천여 명의 공화당원들의 절대적인 지지로 토착 기반과 금전 공세로 초반에 독주했으나 벙어리 입후보자라는 낙인으로 잠시 주춤거렸다.

지난 5대 총선에서 차점 낙선한 김상진 후보는 3천여 명의 민정당원들의 지지와 재부(在釜)경북향우회의 전폭적인 지지는 물론 젊은 청년층의 지지를 기대했다.

지난 5대 총선에서 당선되어 재선의원인 이만우 후보는 40년 간 살아 온 토착적인 기반과 5백여 명의 당원을 거느리고 7천여 표에 달하는 재부산 제주도민회의 지지에 매달렸다.

지난 5대 총선 때 무소속으로 등록했다 사퇴한 민주공화당 예춘호 후보가 8천여 명의 민주공화당원들의 활약으로 젊은 층의 기대를 모은 김상진 후보와 재선의원 기반을 구축한 이만우 후보를 가볍게 제압했다.

□ 득표상황

후보자	정당	연령	주요 경력	득표 (%)
예춘호	민주공화당	35	극동금속 사장	21,445 (43.8)
김상진	민정당	31	민정당 중앙위원	13,432 (27.4)
이만우	민주당	56	2선의원(영도 을)	10,008 (20.4)
김중현	국민의당	45	부산수대 강사	1,944 (4.0)
한근홍	보수당	42	보수당 상무위원	1,051 (2.1)
조칠봉	추풍회	51	육군대위, 의사	680 (1.4)
김인화	자유민주당	44	부산시의원	426 (0.9)
최성욱	한구독립당	49	5대의원(영도 갑)	등록무효

〈서구〉 지역기반이 공고한 신중달 부산시의원과 김동욱 3선의원을 꺾고 부산에서 유일한 야당 당선자가 된 민정당 김영삼

이 지역구도 지난 5대 총선 때는 갑구와 을구로 분구됐다.

갑구에서는 경남 거제에서 3대의원에 당선됐던 김영삼 후보가 민주당 공천을 받고 부산시의원 출신인 무소속 문정남, 검찰총장과

법무부장관을 역임한 무소속 서상한, 부산 저금관리국 과장 출신인 사회대중당 강봉수 후보들을 가볍게 꺾고 재선의원이 됐다.

을구에서는 3대와 4대의원을 지낸 김동욱 후보가 민주당 공천을 받고 변호사로 활약하고 있는 사회대중당 김용겸, 부산시 서구청장을 지낸 무소속 신연식, 부산대 동창회장인 무소속 유영열, 동아대 강사인 무소속 배수환 후보들을 꺾고 수성에 성공했다.

이번 총선에서는 갑구 출신인 민정당 김영삼, 을구 출신인 민주당 김동욱, 부산시의원과 부산대 기성회장인 민주공화당 신중달 후보가 선두권을 형성했다.

경남도의원을 지낸 자민당 안용길, 미국 워싱턴대 출신인 신흥당 김민제, 부산시의원 출신인 국민의당 문정남, 노동운동을 펼친 정민회 송석화 후보들도 출전했다.

민주공화당 신중달, 민정당 김영삼, 민주당 김동욱 후보들이 3파전을 전개했다.

독주하고 있는 신중달 후보는 1만 2천여 명에 달하는 민주공화당 조직과 풍부한 재력으로 구민들에게 33년 살아오면서 인심을 잃지 않았다는 지역기반으로 선두를 달리고 있고, 야당이지만 비교적 자금의 궁색이 없는 김영삼 후보는 1만여 명의 민정당 조직과 경남 중·고 동문들의 지지에 고무되었고, 젊은 정객이라는 이미지 부각에도 성공했다.

3, 4, 5대 3선의원인 김동욱 후보는 원래부터 돈과는 거리가 멀다고 정평(定評)이 나 있으며 민주당원 2천여 명을 확보하고 있을 따름이다.

김영삼 후보는 "진주에서 출마한 사람은 진주로, 마산에서 출마한 사람은 마산으로 옮기겠다는 것이고 이곳에서 출마한 사람은 이곳에 그냥 두겠다니 민주공화당은 경남도청을 세 곳에 만들겠다는 말인가"라고 경남도청 이전문제를 이슈화 했다.

대신동 비탈에 판자촌을 짓고 사는 영세민들에 소주와 오징어, 고무신으로 대표되는 돈의 공세가 이 지역 승패의 갈림길이었다.

재력이 뒷받침되지 아니한 김동욱 후보는 결승 고지에서 탈락하고, 재력에 결코 뒤지지 않은 김영삼 후보가 지역 민심을 휘어잡은 신중달 후보를 2천여 표 차로 제압하고 부산에서 유일한 야당 후보 당선자가 됐다.

지난 4대 총선 때 김영삼 후보는 민주당 공천으로 출전하여 자유당 이상룡 후보에게 3,274표 차로 패배한 경력도 지니고 있다.

□ 득표상황

후보자	정당	연령	주요 경력	득표 (%)
김영삼	민정당	36	2선의원(서구 갑)	39,797 (41.7)
신중달	민주공화당	53	부산시의원	37,117 (38.9)
김동욱	민주당	45	3선의원(서구 을)	11,848 (12.4)
문정남	국민의당	38	부산시의원	2,802 (2.9)
송석화	정민회	56	노동운동가	1,991 (2.1)
김민제	신흥당	28	회사원	1,524 (1.6)
안용길	자유민주당	54	경남도의원	458 (0.5)

〈동구〉 지난 5대 총선 때 한국사회당으로 출전하여 낙선했지만, 민주공화당으로 전향하여 방대한 조직과 풍부한 자금으로 당선을 이뤄낸 동아대 농과대학장 출신인 이종순

동구도 지난 5대 총선 때는 갑구와 을구로 분구됐다.

갑구에서는 2대에는 서울 종로에서, 4대에는 이 지역구로 옮겨 당선됐던 민주당 최고위원인 박순천 후보가 미국 인디아나 주립대 출신으로 임시정부 국무위원과 2대의원을 지낸 혁신동지총연맹 장건상 후보를 가까스로 따돌리고 3선의원이 됐다.

을구에서도 서울대 출신으로 동아대 정치학과장인 이종린 후보가 일본 구주제대 출신으로 총독부 관리였던 한국사회당 이종순, 부산 세무서장 출신인 지연관 후보등을 제압하고 국회 등원에 성공했다.

민주중보 사장인 최천택 후보는 혁신동지총연맹으로, 한독당 중앙위원이었던 윤우현 후보는 사회대중당으로 출전했고, 건국대 교수인 한기준, 부산일보 주필인 홍재범, 새벽사 편집위원인 박한석 후보들도 무소속으로 참여했다.

박순천 의원은 지역구를 서울로 옮기고 이종린 의원은 정계 은퇴한 이번 총선에서 경남 거제에서 5대의원에 당선된 민주당 윤병한, 경남도의원 출신인 민정당 박정세, 일본 구주제대 출신으로 동아대 농과대학장 출신인 공화당 이종순 후보들이 선두권을 형성했다.

청년운동을 전개했던 신민회 이용달, 경남여중 교장을 지낸 자민당 김수현, 부산지검 직원이었던 국민의당 백용기, 추풍회장 비서실장을 지낸 보수당 문도윤, 4차례 총선에 출전하여 4차례 낙선한

신문기자인 정민회 이상철 후보들이 후발주자가 되어 추격전을 전개했다.

박순천, 허정, 장건상, 전진한, 오위영 등 기라성 같은 정객들을 배출한 이 지역구는 민주공화당 이종순, 민정당 박종세, 민주당 윤병한 후보들이 3파전을 전개했다.

5대 총선 때부터 기반을 구축한 이종순 후보는 1만 2천여 명의 민주공화당 기반과 부산상고 동문들의 지원을 합쳐 야권 난립에 따른 어부지리를 기대했다.

거제에서 5대 총선에서 당선된 윤병한 후보는 박순천과 오위영이 쌓아 놓은 막강한 기반, 1만 2천여 명의 민주당원과 3개 가톨릭교회 신도 8천여 명을 최대한 활용했고, 경남도의원의 당선기반과 윤보선 후보 지지표에 기대를 걸고 있는 박정세 후보는 지역 토박이라는 강점을 최대한 살리는 선거전략을 구사했다.

지난 5대 총선에는 한국사회당으로 출전하여 5,943표를 득표하여 낙선한 이종순 후보는 방대한 민주공화당원들의 열렬한 지원과 풍부한 자금을 초량동 등 달동네에 뿌려 대승을 거두고 이종린 동아대 정치학과장의 의원직을 승계했다.

거제 출향민들의 지원을 기대한 민주당 윤병한 후보는 민정당 박정세 후보의 뒷덜미만 잡아 챈 결과가 됐다.

□ 득표상황

후보자	정당	연령	주요 경력	득표 (%)
이종순	민주공화당	57	동아대 농과대학장	27,142 (35.6)
박정세	민정당	39	경남도의원	21,865 (28.7)

윤병한	민주당	47	5대의원(거제)	15,845 (20.8)
이상철	정민회	39	민의원 입후보 4회	3,810 (5.0)
백용기	국민의당	35	부산지검 서기	2,741 (3.6)
김수현	자유민주당	44	경남여중 교장	2,309 (3.0)
문도윤	보수당	36	지구당위원장	1,839 (2.4)
이용달	신민회	52	청년운동가	614 (0.8)

〈부산진 갑〉 재선의원을 밀쳐내고 학원재벌들의 전쟁에서 민주공화당 당원조직을 배가하여 1,718표 차로 승리한 김임식

지난 5대 총선 때는 경남도의원을 거쳐 4대의원에 당선된 이종남 후보가 민주당 공천을 받고서 구주의대 출신으로 경남의사회장을 지낸 사회대중당 박기출 후보를 따돌리고 재선의원이 됐다.

조도전대 출신으로 부산대 강사인 송일환 후보는 혁신동지총연맹으로, 동경 상지대 출신인 고석보, 연합신문 지사장인 정봉근, 서울대 조교수인 안희수 후보들은 무소속으로 출전했다.

이번 총선에선 공보부 경리과장 출신으로 경남도의원을 거쳐 4대와 5대의원을 지낸 민주당 이종남, 대산고 교장 출신으로 참의원을 지낸 민정당 정상구, 부산상고 교사 출신으로 무안중과 초동중 교장을 지낸 공화당 김임식 후보들이 3파전을 전개했다.

영광화학 사장인 자민당 김영복, 조폐공사 이사인 국민의당 이만우, 회사장인 정민회 우희갑 후보자들이 후발주자 3파전을 전개했

다.

4대와 5대의원을 지낸 이종남 후보는 2만 여 명의 민주당원의 기반을 토대로 연지동, 초읍동, 부암동의 영세민표 흡수에 주력을 기울였고, 금력 공세로 민주당원 30여 명을 빼앗아 온 김임식 후보는 부산상고 교장 등의 교육계 기반과 1만 3천여 명의 민주공화당원의 조직을 최대한 활용했다.

민정당 정상구 후보도 자신이 설립한 혜화여중 재학생 3천 명을 기반으로 한 조직과 참의원에 당선된 지명도 그리고 8천여 명의 민정당원 조직을 활용하여 당선을 향해 질주했다.

지난 4대 총선 때 김지태 의원을 1만 8천여 표차로 따돌렸던 이종남 후보는 종이호랑이로 전락했고, 무안중과 초동중 교장을 지낸 김임식, 대산고 교장을 지낸 정상구 후보들의 학원재벌들의 격투장으로 돌변했다.

민주공화당의 조직을 첨가한 김임식 후보가 혁신동지총연맹으로 참의원에 당선되고 정민회에서 활동하다가 민정당 공천을 받고 출전한 정상구 후보를 1,718표 차로 따돌렸다.

□ 득표상황

후보자	정당	연령	주요 경력	득표 (%)
김임식	민주공화당	40	초동중학 교장	21,885 (37.6)
정상구	민정당	39	고교교장, 참의원	20,167 (34.7)
이종남	민주당	44	2선의원(부산진)	12,891 (22.2)
우희갑	정민회	42	상업	1,769 (3.0)
이만우	국민의당	60	조폐공사 이사	1,057 (1.8)

| 김영복 | 자유민주당 | 43 | 신광화학 사장 | 370 (0.6) |

〈부산진 을〉 동성학원 이사장으로 민주공화당에 영입된 최두고 후보가 세 갈래로 나뉜 야권 성향표에 힘입어 대승을

지난 5대 총선 때는 미국 미주리 주립대 출신으로 제헌의원, 동아대 교수, 4대의원을 지낸 박찬현 후보가 혁신운동을 펼쳐 온 사회대중당 임갑수, 동경대학 출신인 무소속 문화정 후보들을 꺾고 3선의원에 등정했다.

이번 총선에선 3선의원에 교통부장관을 지낸 국민의당 박찬현, 경남도의원을 지낸 민주당 최시명, 기계공업 전무인 민정당 신현오, 부산공고 교사 출신으로 동성중고 교장으로 동성재단 이사장인 민주공화당 최두고 후보들이 각축전을 전개했다.

경남도의원을 지낸 신민회 이판갑, 민주신보 총무국장 출신인 자민당 김우헌 후보들도 참여했다.

이종영과 박규열 부산시의원들이 민주공화당의 공천을 기대했으나 재력이 튼튼하고 많은 학교를 설립한 최두고 후보에게 공천장이 떨어졌다.

선거전은 민주공화당 최두고 후보와 국민의당 박찬현 후보의 양강구도에 민정당 신현오와 민주당 최시명 후보들이 추격전을 전개하고 있는 양상이다.

정치 초년생인 최두고 후보는 1만 명에 달하는 민주공화당 조직과

자신이 설립한 5개 학교 학생과 학부형들을 묶어 금력 공세로 당선권에 육박했고, 3선의원으로 교통부장관을 지낸 관록을 바탕으로 지명도를 활용한 박찬현 후보는 부산상고 동문들의 지원을 기대하면서 야권의 선두 주자로서의 야권표의 결집을 기대했다.

이종영과 박규열 후보들의 출마의지를 꺾고 민주공화당 공천을 받은 최두고 후보는 3선의원과 교통부장관이라는 명성을 지닌 박찬현 옹벽을 너무나 쉽게 넘어섰다.

민정당 신현오와 민주당 최시명 후보들과의 단일후보를 모색했으나 실패하자, 민정당에는 합류할 수 없는 박찬현 후보는 당선의지를 상실했고, 제1야당 후보로서 윤보선 후보 지지표를 결집시킨 신현오 후보가 차점 낙선이라는 열매를 맺을 수 있었다.

□ 득표상황

후보자	정당	연령	주요 경력	득표 (%)
최두고	민주공화당	42	동성학원 이사장	24,854 (39.6)
신현오	민정당	49	민정당 중앙위원	14,098 (22.5)
최시명	민주당	30	경남도의원	11,750 (18.7)
박찬현	국민의당	46	3선의원(부산진)	10,787 (17.2)
김우헌	자유민주당	35	민주신보 총무국장	930 (1.5)
이판갑	신민회	44	경남도의원	353 (0.6)

〈동래〉 지난 5대 총선에선 3,745표 득표에 머물렀지만, 공화당 공천으로 무장하여 20,201표를 득표한 부산시의원 출신인 양극필

지난 5대 총선때는 3대의원을 지낸 김명수 후보가 민주당 공천을 받고서, 민주당 공천 경쟁에서 밀려 제명된 민주당 중앙위원 출신인 곽종섭, 경제통신 경남이사장인 사회대중당 이진호 후보들을 가까스로 제압하고 재선의원이 됐다.

신흥대 교수인 무소속 이종고, 일본대 출신인 사회대중당 강진국, 동경대 출신으로 부산시장에 당선된 무소속 최병규, 일본 중앙대 출신으로 변호사회 부회장인 사회대중당 송병진, 부산시의원을 지낸 무소속 양극필 후보들도 함께 뛰었다.

이번 총선은 지난 5대 총선에서 당선된 재선의원인 국민의당 김명수, 차점으로 낙선한 민주당 곽종섭, 지난 5대 총선에선 무소속으로 출전하여 5위에 머물렀던 민주공화당 양극필 후보들이 난타전을 전개했다.

인권상담소장인 자민당 이문곤, 신흥여객 전무인 민정당 전창현, 회사원인 정민회 손영 후보들도 나름대로 고군분투했다.

민주공화당 양극필, 민주당 곽종섭 후보들이 선두권을 달리고 있는 가운데 국민의당 김명수, 민정당 전창현, 자민당 이문곤 후보들이 추격전을 전개했다.

양극필 후보는 부산시의원으로 당선된 기반과 민주공화당 조직을 주축으로 부산시에 편입된 농촌지역을 공략했다.

4대와 5대 의원 선거에서 낙선한 곽종섭 후보는 낙선하고도 민주당 조직을 7천여 명까지 확대한 저력을 지니고 있으며 동정표에 기대를 모았다.

박태준 최고위원의 출마설이 나돌았으나 윤우동과 이종상 후보들을 제치고 공화당에 영입되어 공천을 받은 양극필 후보는 지난 총선에는 무소속으로 출전하여 3,745표를 득표하여 낙선했다.

민주공화당은 조시형 최고위원을 중구에 배치하고 학원재벌인 김임식과 최두고를 부산진에 배치하고 구정치인인 예춘호(영도), 신중달(서구), 이종순(동구), 양극필(동래)을 배치하여 공화당에 우호적인 지역정서를 등에 업고 대승을 거둘 수 있었다.

민주공화당의 조직과 막대한 자금살포에 위축되어 합천에서 2대의원에, 이 지역구에서 5대의원에 당선된 김명수 후보가 선거를 포기했고, 동정표를 기대한 곽종섭, 제1야당 후보지만 정치신인인 전창현, 무명의 이문곤 후보들이 양극필 후보를 따라잡을 수는 없었다.

□ 득표상황

후보자	정당	연령	주요 경력	득표 (%),
양극필	민주공화당	38	부산시의원	20,201 (40.1)
곽종섭	민주당	63	민주당 중앙위원	11,293 (22.4)
전창현	민정당	37	신흥여객 전무	8,672 (17.2)
이문곤	자유민주당	39	인권상담소 상담역	6,355 (12.6)
김명수	국민의당	57	2선의원(동래)	2,450 (4.9)
손 영	정민회	27	회사원	1,419 (2.8)

경상남도

〈마산〉 4. 19 혁명 진원지라는 지역정서와 야권 경쟁 후보들의 선거운동 포기로 대승을 거둔 민정당 강선규

지난 5대 총선 때에는 경남도의원 출신으로 민주당 공천을 받은 정남규 후보가 낙천에 반발하여 출전하자 민주당에서 제명된 마산시의원 출신인 강선규 후보를 1,627표 차로 꺾고 당선됐다.

일본 중앙대 출신으로 제헌과 2대의원을 지낸 권태욱, 부산지법 마산지원장 출신인 민건식, 일본 중앙대 출신으로 노조운동을 전개한 노현섭, 대동제지 사장인 손성수 후보들은 무소속으로, 진보당 출신인 조억제, 장관 비서를 지낸 윤시형 후보들은 사회대중당으로 출전했다.

이번 총선에서 경남모직 사장으로 마산 상공회의소 회장을 지낸 한태일 후보가 민주공화당으로, 지난 5대 총선 때 낙선한 강선규 후보가 민정당으로 출전하여 자웅을 겨루었다.

마산시장을 지낸 자민당 손성수, 지난 5대 총선 때 당선된 국민의당 정남규, 경남도의원 출신인 민주당 황장오 후보들도 출전했다.

김종신 3대의원을 비롯하여 최우영, 민건식, 김학두, 서병수 후보들이 민주공화당 공천을 기대했으나 물거품이 됐다.

4. 19의 진원지로서 야당 도시로 유명한 이 지역구는 5명의 후보가 출전했지만, 민주공화당 한태일 후보와 민정당 강선규 후보가 우열을 가리기 힘든 접전을 벌였다.

마산시의원을 지낸 강선규 후보가 마산시의원, 경남도의원, 5대

국회의원을 지낸 국민의당 정남규, 마산시의원 출신인 민주당 황장오 후보와의 야권 후보 선두경쟁에서 고려대 법대 출신이라는 강점과 제1야당 후보라는 점을 내세우고 지난 5대 총선에서 민주당에서 제명 처분을 받아 민주당 공천자인 정남규 후보에게 1,627표 차로 석패(惜敗)했다는 동정여론이 야권의 대표 주자로 우뚝 솟아오를 수 있었다.

야권 선두주자 경쟁에서 밀린 정남규와 황장오 후보들의 선거운동 포기와 겹쳐, 4. 19 혁명의 진원지라는 자부심이 민정당 강선규 후보가 경남모직 사장으로 풍부한 자금을 동원한 민주공화당 한태일 후보를 큰 표차로 제압하는 원동력이 됐다.

한태일 민주공화당 후보는 5년 안에 경남도청을 마산으로 끌어오지 못하면 당선되더라도 의원직을 2년 뒤에 사퇴하겠다고 호소했지만, 야당을 열렬하게 지지하는 지역정서를 넘어서지 못했다.

□ 득표상황

후보자	정당	연령	주요 경력	득표 (%)
강선규	민정당	38	마산시의원	25,545 (49.4)
한태일	민주공화당	53	마산 상공회의소장	20,483 (39.7)
정남규	국민의당	46	5대의원(마산)	2,292 (4.4)
황장오	민주당	65	경남도의원	2,135 (4.1)
손성수	자유민주당	60	마산시장	1,204 (2.3)

〈진주 - 진양〉 럭키재벌을 등에 업고 지난 5대 총선에서 패배를 안겨 준 민정당 황남팔 후보에게 설욕한 민주공화당 구태회

지난 5대 총선 때 진주에서는 4대의원인 민주당 김용진 후보가 대한변호사회 부회장인 정한섭, 2대의원을 지낸 유덕천, 수리조합장을 지낸 이지택, 3대의원을 지낸 서인홍 무소속 후보들을 제압했다.

진양에서는 3대의원을 지낸 황남팔 후보가 민주당 공천을 받고서 2대의원을 지낸 하만복, 명치대 출신으로 경남도의원을 지낸 허병호, 자유당 소속으로 4대의원을 지낸 구태회 무소속 후보들을 제압하고 재선의원이 됐다.

이번 총선에서는 지난 5대 총선 때 진양에서 낙선한 4대의원 출신인 구태회 후보가 민주공화당으로 출전하여, 진양에서 3대와 5대 총선에서 당선된 민정당 황남팔, 진주에서 4대와 5대 총선에서 당선된 민주당 김용진 후보들에게 설욕전을 전개했다.

한국민주당 경남 도당위원장을 지낸 허만채 후보는 국민의당으로 출전했다.

유덕천 2대의원, 설창수 참의원, 김국양 의학박사, 문해술 회사장, 허병호 경남도의원 출마설이 나돌았으나 모두 출전하지 아니했다.

진주에서는 지난 4대 총선 때 김용진 후보는 현역의원인 서인홍, 민선 진주시장을 지낸 김용주 후보와 대결하여 15,417표를 득표하여 당선됐고, 5대 총선 때에도 유덕천과 서인홍 등 전직 의원들을 17,156표를 득표하여 꺾고 당선된 저력을 지니고 있다.

진양에서는 지난 4대 총선 때에는 자유당 공천을 받은 구태회 후보가 30,030표를 득표하여 22,647표를 득표한 2대의원인 무소속 황남팔 후보를 꺾고 당선됐다.

그러나 지난 5대 총선 때는 민주당 공천을 받은 황남팔 후보가 19,934 표를 득표하여 16,068표 득표에 머문 무소속 구태회 후보를 누르고 금뱃지를 인계받았다.

이번 총선에서는 럭키 재벌이라는 배경을 등에 업고 방대한 조직과 풍부한 자금을 동원한 구태회 후보가 진주와 진양을 넘나들어 진양의 야권 성향표를 결집시킨 황남팔, 진주의 야권성향표를 결집시킨 김용진 후보들을 가볍게 제압하고 재선의원이 됐다.

황남팔과 김용진 후보들은 지난 5대 총선 때 득표한 득표에도 미치지 못한 초라한 성적으로 낙선했다.

□ 득표상황

후보자	정당	연령	주요 경력	득표 (%)
구태회	민주공화당	40	4대의원(진양)	41,915 (53.7)
황남팔	민정당	57	2선의원(진양)	17,696 (22.7)
김용진	민주당	61	2선의원(진주)	15,133 (19.4)
허만채	국민의당	61	한민당 도당위원장	3,285 (4.2)

〈충무 - 고성 - 통영〉 온갖 잡음에도 충무 - 통영의 서정귀와 김기섭의 결투를 비집고 들어가 승리를 낚아 챈 민주공화당 최석림

지난 5대 총선 때 충무에서는 3대와 4대의원을 지낸 민주당 최천

후보가 부산 변호사회 부회장인 김종길, 재일거류민 단장인 정찬진 사회대중당 후보들과 통영읍장을 지낸 이정규, 수산업자인 유태석 무소속 후보들을 꺾고 3선의원이 됐다.

고성에서는 서울법대 출신으로 4대의원인 자유당 최석림 후보가 동성기업 사장인 전종빈, 공명인쇄 사장인 김기용, 경남교육회 이사인 이만수, 부산지검에 근무했던 박정만 무소속 후보들을 꺾고 재선의원이 됐다.

부산수대 강사인 김상한 후보는 사회대중당으로, 한닌공업 사장인 정재홍 후보는 한국독립당으로 출전했다.

대법원의 일부지역 선거무효 판결로 실시된 재선거에서 공영인쇄 사장인 무소속 김기용 후보가 재선의원인 자유당 최석림 후보를 743표 차로 제치고 국회 등원에 성공했다.

통영에서는 4대 의원인 민주당 서정귀 후보가 통영군 교육위원인 김재국, 신문기자 단장인 공학수배, 경남 어민회장인 지산만 후보들을 꺾고 재선의원이 됐다.

최천 의원이 부산으로 지역구를 옮긴 이번 총선에선 자유당 고성군당위원장 출신으로 4대와 5대의원을 지낸 최석림 후보가 공화당으로, 통영에서 4대와 5대 총선에서 연거푸 당선을 일궈 낸 서정귀 후보가 민정당으로, 고성에서 최석림 의원의 일부 선거무효로 실시된 재선거에서 당선된 김기용 후보가 민주당으로 출전했다.

충무시장을 지낸 김기섭 후보는 자민당으로, 대한노총 선전부장을 지낸 조벽래 후보는 국민의당으로, 서민금고 지점장인 강한룡 후보는 보수당으로 출전했다.

충무에서 3선을 일궈 낸 최천 후보는 서정귀 후보를 의식하여 부산 중구로 옮겨 장렬하게 전사했다.

그리하여 선거전은 충무의 김기용, 통영의 서정귀, 고성의 최석림과 김기용의 4파전이 전개됐다.

최천 후보의 조직을 물려받은 서정귀 후보가 외형상 유리하게 보이지만 고성에 견고한 조직과 선심 공세로 민심을 휘어잡고 충무와 통영에 민주공화당 특공대를 대량으로 투입한 최석림 후보가 승리를 거머쥐었다.

지난 4대 총선 때 무소속으로 출전한 최석림 후보는 자유당 공천을 받은 김기용 후보를 97표 차로 꺾고 당선되고서 곧이어 자유당에 입당했고, 5대 총선에서는 자유당 공천으로 출전하여 무소속으로 출전한 김기용 후보를 275표 차로 꺾고 재선됐으나 대법원의 무효 판결로 재선거에서 금뱃지를 김기용 후보에게 넘겨줬다.

이번 총선을 겨냥하여 이진갑, 전인국, 정태석, 장소일, 이정규, 김현욱 후보들이 민주공화당 공천을 향해 구름처럼 몰려들었다.

이번 총선에서 온갖 잡음에도 불구하고 민주공화당 공천을 받은 최석림 후보의 위세에 눌려 김기용 후보의 득표는 초라했다.

일부 민주공화당원들은 최하영, 신영주, 김성탁, 최석림, 김장섭 등을 거명하며 "공화당이 창부(娼婦)로 전락하려는 징조"라며 "4. 19와 5. 16을 유발시킨 구악을 끌어들여 공천을 준 자가 누구냐"는 항의를 쏟아냈다.

그럼에도 불구하고 최석림 후보는 고성표를 휘어잡고 충무 - 통영 지역을 민정당 서정귀, 민주당 김기섭 후보들의 이전투구를 비집고 들어가 승리를 거머쥐는 저력을 보여줬다.

□ 득표상황

후보자	정당	연령	주요 경력	득표 (%)
최석림	민주공화당	41	2선의원(고성)	29,937 (35.8)
김기섭	자유민주당	47	충무시장	22,068 (26.4)
서정귀	민정당	44	2선의원(통영)	17,096 (20.5)
김기용	민주당	57	5대의원(고성)	10,532 (12.6)
강한룡	보수당	38	통영농협 이사	2,928 (3.5)
조벽래	국민의당	44	대한노총 선전부장	973 (1.2)

〈거제〉 윤병한 후보가 부산으로 옮겨 가 정치신인들의 격전이 벌어진 선거전에서 공화당 공천의 위력으로 가볍게 승리한 김주인

지난 5대 총선에서는 한양상사 사장으로 민주당 공천으로 출전한 윤병한 후보가 경북대 교수인 무소속 김종호, 수산대 기성회장인 무소속 이채오, 변호사로서 양영회 재단이사장인 민주당 서순영 후보들을 제압하고 국회에 등원했다.

세론사 사장인 이봉식, 자유당으로 4대의원을 지낸 진석중, 중등학교 교사인 최창일 후보들도 무소속으로 등록했다.

이번 총선에는 농업은행 상무 출신인 김주인 후보가 민주공화당으로, 일양산업 감사인 반성환 후보가 민주당으로 출전하여 양강구도를 형성했다.

홍콩 무역공사 전무인 고재일 후보가 자민당으로, 경남도의원 출신인 신용돈 후보는 민정당으로 출전했다.

5대의원으로 지역기반을 가지고 있는 윤병한 후보가 정치신인들의 각축장이 된 선거구에서 출전하지 아니하고 부산 동구로 옮겨 출전한 연유는 밝혀지지 않았다.

윤춘근 육군소장을 제치고 민주공화당 공천을 놓고 치열하게 격돌했던 김주인과 반성환 후보가 재격돌한 선거전에서, 민주공화당 공천을 받은 김주인 후보가 공천에서 탈락하고 민주당으로 출전한 반성환 후보를 1,217표 차로 꺾고 국회에 등원했다.

경남도의원의 지역기반을 갖고 자민당 위원장으로 활약하다 제1야당인 민정당 공천을 받은 신용돈 후보의 성적은 초라했다.

□ 득표상황

후보자	정당	연령	주요 경력	득표 (%)
김주인	민주공화당	48	농업은행 상무	15,690 (41.7)
반성환	민주당	40	일양산업 감사	14,473 (38.4)
신용돈	민정당	47	경남도의원	6,754 (17.9)
고재일	자유민주당	51	홍콩유한상사 전무	651 (1.7)

〈진해 - 창원〉 민주당 공천으로 지난 총선에서 당선되고서 민주공화당으로 전향한 이양호 후보를 꺾어버린 민정당 최수룡

지난 5대 총선 때 진해에서는 2대의원인 민주당 김병진 후보가 경남도 교육위원인 사회대중당 김천석 후보 등 12명의 후보들을 물리치고 재선의원이 됐다.

해군통제부 공보관인 김정국, 경찰서장을 지낸 김주식, 외국어 학원장인 정필선, 교원 강사인 정태고, 민주당 요원이었던 현재만, 해군대 학생과장이었던 탁한관, 해경대장을 지낸 이상열 후보들도 무소속으로 출전했다.

창원 갑구에서는 민주당 공천을 받은 이양호 후보가 경남도의원 출신으로 민주당에서 제명된 민주당 백종기, 창원군 상남면장을 지낸 사회대중당 김형만 후보들을 꺾고 당선됐다.

부산진 무선중학교장인 김정, 자유당으로 4대의원을 지낸 김형돈 후보들은 무소속으로 출전했다.

창원 을구에서는 2대의원을 지낸 무소속 김봉재 후보가 민주당 공천을 받은 김기수, 경남도의원 출신으로 민주당에서 제명된 설관수 후보들을 꺾고 재선의원이 됐다.

경남도청 공보과장을 지낸 김병호, 자유당으로 3대와 4대의원을 지낸 이용범, 경남도 노동국장을 지낸 남진우 후보들은 무소속으로 출전했다.

김병진, 김봉재 의원들이 은퇴한 이번 총선에선 부산, 마산 세관장과 서울시 관재국장을 지낸 민정당 최수룡 후보와 창원 갑구에서 5대의원에 당선된 이양호 후보가 자웅을 겨뤘다.

세 번째 국회의원에 도전한 신민회 장수룡, 경남도의원과 4대의원을 지낸 자민당 주금용, 일본 청산대 출신으로 지난 5대 총선 때 민주당 공천을 받고도 낙선한 국민의당 김기수, 정미업으로 재력을 축적한 보수당 백종기, 예비역 육군대위인 민주당 윤대삼 후보들도 도전했다.

자유당 시절엔 야당은 조직활동을 못 했던 극성스러운 여권 성향이었던 이 지역구는 권력과 금력이 난무하던 자유당 시절에 반하여 이번 선거는 유권자들의 흥미를 잃었다.

김성은 국방부장관과 김형돈 4대의원, 김봉재 5대의원의 공천설이 나돌았으나 민주공화당은 이양호 의원을 선택했다.

자유당 김봉재 전 의원의 기반을 배경으로 한 민주공화당 이양호 후보와 경남도의원 시절 닦아 놓은 기반을 가진 보수당 백종기 후보가 쌍벽을 이루었다.

민정당 최수룡 후보는 공천 파동의 후유증으로 민정당원들의 비협조에도 불구하고 이양호와 백종기 후보의 혈투장에서 어부지리를 기대했다.

민주당 공천을 받고 라이벌인 백종기 후보에 대한 제명처분의 혜택을 입어 5대 의원에 당선되고서 공화당으로 전향한 이양호 후보에 대한 행적과 백종기 후보의 끈질긴 추격에 힘입어 제1야당 후보로서 야당의 불씨를 살리자고 호소한 최수룡 후보가 의외의 승리를 거두었다.

경남도의원 출신으로 지난 4대 총선 때 무소속으로 자유당 현역의원을 꺾고 당선되었던 자민당 주금용, 지난 5대 총선에 민주당 공천으로 출전했던 김기수 후보들의 성적은 보잘 것 없었다.

□ 득표상황

후보자	정당	연령	주요 경력	득표 (%)
최수룡	민정당	42	서울시 관재국장	26,541 (32.9)
이양호	민주공화당	35	5대의원(창원 갑)	25,636 (31.8)
백종기	보수당	43	경남도의원	13,116 (16.3)
김기수	국민의당	39	서울대 훈련원 조수	5,301 (6.6)
주금용	자유민주당	55	4대의원(진해)	5,285 (6.6)
윤대삼	민주당	31	육군 대위	3,773 (4.7)
장수룡	신민회	53	총선 입후보(2회)	999 (1.2)

〈삼천포 – 사천 – 하동〉 중앙정보부장 출신이란 위명으로 기성의 정치인들을 초라하게 만들고 대승을 거둔 민주공화당 김용순

지난 5대 총선 때 삼천포에서는 4대의원인 무소속 이재현 후보가 민주당 공천을 받은 이기선, 경남도의원을 지낸 무소속 김기훈 후보들을 꺾고 재선의원이 됐다.

3대의원을 지낸 정갑주, 부산대 강사인 장종기 후보들은 완주했으나, 진주 경찰서장과 삼천포 시장을 지낸 유상호 후보는 중도 사퇴했다.

사천에서는 2대와 4대의원을 지낸 민주당 정헌주 후보가 서울대 출신 변호사인 자유법조단 조석조, 일본대 출신으로 국민대 교수인 무소속 이병두, 경남도의원 출신인 무소속 황순주 후보들을 가볍게 꺾고 3선의원에 등정했다.

하동에서는 경남도의원을 지낸 무소속 윤종수 후보가 영남고 교감인 무소속 문부식 후보를 어렵게 따돌리고 국회 등원에 성공했다.

4대의원을 지낸 자유당 손영수, 고려대 출신으로 민주당 공천을 받은 이상철, 해양대 교수인 무소속 이병주, 미군정청 고시과장을 지낸 무소속 이원창 후보들도 함께 뛰었다.

손영수 의원이 출전을 포기한 이번 총선에선 예비역 육군중장으로 최고회의 내무위원장, 중앙정보부장을 지낸 김용순 후보가 지역을 휩쓸었다.

여기에 명치대 중퇴생인 자민당 김기대, 4대와 5대의원을 지낸 국민의당 아재현, 3선의원으로 민주당 시절 교통부장관과 국무원사무처장을 지낸 민주당 정헌주, 중립통신 사장인 민정당 문부식 후보들이 도전했다.

4만 2천 명의 유권자를 가진 사천은 정헌주 후보가, 유권자 2만 4천 명인 삼천포는 이재현 후보가 독식을 기대하고 있는 가운데, 유권자 6만 1천 명인 하동은 김용순, 문부식, 김기대 후보들이 3분하고 있다.

그러나 실제 선거전은 하동은 김용순 대 문부식, 사천은 정헌주 대 김용순, 삼천포는 이재현 대 김용순의 대결이 펼쳐지고 있다.

광활한 선거구를 기존의 조직으로 감당하기 어려워 혁명주체로서 중앙정보부장 출신을 내세우며 막강한 조직을 구축하여 최세경 공보부차관을 주저앉히고 출전한 김용순 후보의 독무대가 형성됐다.

그리하여 지난 총선에서 16,821표를 득표한 정헌주, 6,783표를 득표한 이재현, 11,759표를 득표한 문부식 후보들의 득표력은 초라할 뿐이었다.

제1야당 후보로서 윤보선 후보 지지표를 끌어모은 문부식 후보의 득표력이 돋보였을 뿐이었고, 혁명주체로써 정치신인인 김용순 후보는 60%가 넘는 득표율을 과시했다.

□ 득표상황

후보자	정당	연령	주요 경력	득표 (%)
김용순	민주공화당	36	중앙정보부장	61,477 (62.1)
문부식	민정당	34	중립통신 사장	14,709 (14.9)
정헌주	민주당	48	3선의원(사천)	11,806 (11.9)
이재현	국민의당	46	2선의원(삼천포)	9,995 (10.1)
김기대	자유민주당	41	정당인	931 (1.0)

〈함안 - 의령〉 혈연선거가 주도한 선거전에서 씨족의 선거 참모들을 매수하여 전직 의원들을 큰 표차로 제압한 민주공화당 방성출

지난 5대 총선 때 함안에서는 변호사 출신인 한종건 후보가 민주당 공천을 받고서 3선의원으로 국회부의장을 지낸 자유당 조경규, 고교 교사인 사회대중당 안창준, 국제무선사 사장인 무소속 김봉주 후보들을 꺾고 당선됐다.

의령에서는 경남도의원 출신으로 민주당 공천을 받은 강봉룡 후보가 3대와 4대의원을 지낸 자유당 이영희, 서울대 출신 변호사인 무소속 전성환, 경남도의원 출신인 무소속 권태현 후보들을 제압

했다.

토건업자인 남건, 명치대 출신인 전병호, 국민회 지부장 출신으로 유곡면장을 지낸 박태진 후보들은 무소속으로 출전했다.

이번 총선에서 이시목 2대의원과 한종건 5대의원들을 공천경쟁에서 제친 육군준장 출신인 방성출 후보가 민주공화당으로 출전한 가운데 민의원 부의장을 지낸 자유당 조경규, 3대와 4대의원을 지낸 국민의당 이영희, 5대 총선 때 의령에서 당선된 강봉룡 후보들이 옛 명성을 살리며 동분서주했다.

회사원인 자민당 박종대, 삼양상사 전무인 보수당 전용길, 정당원인 민정당 전용이 후보들도 출전했다.

어느 지역보다 씨족 개념이 뚜렷한 이곳은 함안 조씨, 재령 이씨, 순흥 안씨, 진양 강씨와 의령 전씨들이 선거 때마다 씨족 다툼을 벌였다.

이번 총선에도 3선의원인 조경규의 함안 조씨, 5대의원인 강봉룡의 진양 강씨, 2선의원인 이영희의 재령 이씨들이 문중표를 규합하고 있다.

육군준장 출신으로 정치 신인인 방성출 후보는 씨족표 보다는 민주공화당의 조직표에 의존하면서 조경규 후보의 선거참모인 조봉래 등 씨족의 핵심 참모들을 매수하는 전략을 구사하여 성공을 거두었다.

방대한 조직과 풍부한 자금을 동원한 민주공화당 방성출 후보가 기성의 조직과 씨족 표에 의존하는 전직 의원들을 큰 표차로 제압했다.

다만 의령 전씨 문중 표를 중심으로 윤보선 후보 지지표를 결집한 민정당 전용이 후보의 선전이 돋보였다.

□ 득표상황

후보자	정당	연령	주요 경력	득표 (%)
방성출	민주공화당	39	육군준장	26,585 (33.3)
조경규	자유당	59	3선의원(함안)	16,786 (21.1)
강봉룡	민주당	48	5대의원(의령)	10,139 (12.7)
전용이	민정당	38	정당인	9,767 (12.3)
윤효량	정민회	47	명덕 육영이사장	6,166 (7.7)
이영희	국민의당	53	2선의원(의령)	6,029 (7.6)
전용길	보수당	27	삼양상사 취체역	2,587 (3.2)
안사중	추풍회	29	상업인	1,659 (2.1)
박종대	자유민주당	40	회사 중역	사퇴

〈창녕〉 신영주 - 하을춘의 대결로 갈등의 골이 깊었지만 창녕의 평화를 위한 민심을 등에 업은 김기상 후보를 꺾어버린 신영주

지난 5대 총선에서는 경남도의원 출신인 민주당 박기정 후보가 자유당 소속으로 4대의원인 무소속 신영주 후보와 동경대 출신인 무소속 성재경 후보들을 제압하고 당선됐다.

서울대 재학생인 하대돈, 조선전업 검사역 출신인 김홍식, 민주당에서 제명된 신태수 후보들도 출전했다.

이번 총선에선 부산시 건설국장을 지낸 민주당 김기상 후보와 충남도 경찰국장과 4대의원을 지낸 민주공화당 신영주 후보가 호각지세를 이뤘다.

정당인인 신민회 성도근, 창녕군수와 3대의원을 지낸 자민당 하을춘, 지난 5대 총선에도 출전했던 보수당 신태수, 농업인인 민정당 신춘식, 마산시 교육감을 지낸 추풍회 박재갑 후보들도 출전했다.

제5대 총선 때 난동사건의 주인공이었던 신영주 후보가 이번에는 민주공화당 벼락공천을 받고 출전하여 전국적인 관심을 받고 있는 이 지역구는 처녀론과 서방론으로 번져 민심을 휘어잡았다.

추풍회 박재갑 후보는 "처녀가 아이를 배도 할 말이 있답니다. 여러분들은 누가 진짜 처녀이고 누가 가짜 처녀인지를 알 것입니다"라며 "이제 다시는 속지 말자"고 절규했다.

신영주 후보는 "4대 총선 때는 무소속으로 자유당 현역의원인 하을춘 후보를 꺾고 당선됐다가 자유당으로 변신했고, 5대 총선 때는 숨어서 운동도 제대로 못 했는데 무더기표 넣었다고 선동하여 개 끌 듯 끌고 다녔으니 이보다 더 억울한 일이 어디 있느냐"며, 부정선거 관련자가 아니라고 항변했다.

하씨와 신씨의 문중 대결을 펼친 3대의원인 하을춘 후보가 자민당으로 출전하여 문중 재대결이 예상됐으나, 하을춘 후보가 꼬리를 내려 관심 밖으로 밀려났다.

김해 김씨 문중표의 지지를 기대한 민주당 김기상 후보는 하을춘 후보의 사퇴와 지원에 관심을 쏟았다.

지난 대선에서 1만 2천표 득표에 머문 윤보선 후보에 비해 3배가 넘는 4만여 표를 박정희 후보에게 투표한 이곳에서는 "신영주, 하을춘 다툼에 진저리가 난다", "신영주가 출마하니 우리는 방향감각을 잃은 비키니 섬의 거북이 됐다"는 민심을 "박정희 의장이 새 집을 짓는데 새 재목만으로는 모자라 헌 재목도 필요하게 되어 썼으니 공화당을 보아 신영주를 찍어 달라", "신영주는 밉지만 박정희 의장이 일하도록 할 수 있게 찍어주자"는 7천여 명의 민주공화당원들의 활동이 돋보였다.

하갑청과 김기상 후보들을 제치고 민주공화당 공천을 받은 신영주 후보가 "박정희 후보가 새인물이라고 찍어 주었는데 신영주가 공천되는 것을 보니 표 찍는 것이 아까와 도로 찾고 싶다"는 민심을 뒤엎고, 창녕의 평화를 위해 투표해주어야 한다는 민심을 업고 민주당 김기상 후보를 누르고 재선의원이 됐다.

□ 득표상황

후보자	정당	연령	주요 경력	득표 (%)
신영주	민주공화당	47	4대의원(창녕)	23,759 (43.0)
김기상	민주당	54	부산시 건설국장	20,094 (36.3)
신태수	보수당	32	신민당 군당위원장	2,981 (5.4)
성도근	신민회	27	정당인	2,836 (5.1)
박재갑	추풍회	54	마산시 교육감	2,601 (4.7)
신춘식	민정당	27	정당인	1,959 (3.5)
하을춘	자유민주당	60	3대의원(창녕)	1,078 (2.0)

〈산청 - 합천〉 4대 총선과 5대 총선에선 무소속으로 출전하여 낙선

했지만, 민주공화당 공천을 받고서 지난 5대 총선에서 당선된 세 후보들을 꺾어버린 변종봉

지난 5대 총선 때 산청에서는 국제신문 편집부장인 허종배, 일본대 출신인 오문택, 대한문화사 기자였던 심상선, 한국경제 정치부장인 정영모 후보들도 민주당으로 출전한 상황에서 민주당 공천자임을 내세운 조명환 후보가 당선을 일궈 냈다.

4대의원인 자유당 김재위 후보는 사퇴했지만 상업은행 지점장 출신인 김용탁, 대법원에 근무했던 김공휴, 경남도의회 의장을 지낸 이기현, 수영연맹 사무원이었던 박노욱 무소속 후보들은 완주했다.

합천 '갑'구에서는 3대와 4대 총선에서 낙선한 무소속 이상신 후보가 민주당 공천을 받은 정경식 후보를 607표 차로 꺾고 당선됐다.

부산일보 기자인 이인현 후보와 서울 신학대 출신인 배상수 후보는 사회대중당으로, 거창읍장 출신으로 3대와 4대의원을 지낸 유봉순 후보는 자유당으로 출전했고, 해인대학장을 지낸 이용조, 부산일보 조사부장인 조창순, 대구매일 경남지사장인 이수봉 후보들은 무소속으로 출전했다.

14명의 주자가 난립한 합천 을구에서는 경남도의원 출신인 민주당 정길영 후보가 주일 대표부 영사 출신인 무소속 변종봉 후보를 358표 차로 꺾고 당선됐다.

치과의사인 박인범, 지구당위원장을 지낸 허수, 동덕여고 교사인 송근영 후보는 민주당으로, 부산해운 조합장인 박인재, 약종상인 구용우, 한의사로 2대의원을 지낸 노기용, 제헌의원인 이원홍, 의령과 산청 경찰서장을 지낸 강석진, 경남도의원을 지낸 김삼상, 삼

가면의회 의장을 지낸 김자일 후보들은 무소속으로 출전했다.

이번 총선에선 5대 의원에 당선된 자민당 이상신 후보와 5대 총선에서 낙선한 민주공화당 변종봉 후보가 혈전을 전개했다.

경남도의원 출신으로 5대의원을 지낸 민주당 조명환, 합천 을구에서 5대의원에 당선된 민정당 정길영, 대법원 서기였던 국민의당 김공휴, 대건고 출신인 보수당 이성옥 후보들도 참전했다.

지난 5대 총선 때 산청에서 민주당 조명환 후보는 11,088표를 득표하여 당선됐고, 국민의당 김공휴 후보는 무소속으로 출전하여 4,031표를 득표했다.

자민당 이상신 후보는 합천 갑구에서 7,898표를 득표하여 당선됐고, 민정당 정길영 후보는 합천 을구에서 4,467표를 득표하여 당선됐지만, 민주공화당 변종봉 후보는 무소속으로 4,109 표를 득표하여 낙선했다.

이번 총선에선 민주공화당 변종봉 후보는 넓어진 지역구에 민주공화당 조직을 구축하여, 당선된 지역구에 집착하여 외연(外延)확대에 실패한 이상신, 정길영, 조명환 5대의원들을 큰 표차로 따돌리고 2전 3기를 이뤄냈다.

□ 득표상황

후보자	정당	연령	주요 경력	득표 (%)
변종봉	민주공화당	44	일본 대판출장소장	38,106 (38.1)
이상신	자유민주당	35	5대의원(합천 갑)	26,279 (26.3)
정길영	민정당	40	5대의원(합천 을)	16,155 (16.1)
조명환	민주당	46	5대의원(산청)	12,141 (12.1)

김공휴	국민당	39	대법원 서기	4,813 (4.8)
이성옥	보수당	26	정당인	2,562 (2.6)

〈양산 - 동래〉 지난 총선에는 무소속으로 출전하여 3위로 낙선했지만, 공화당 공천장을 받은 여세를 몰아 설욕전을 펼친 노재필

지난 5대 총선 때 양산에서는 수리조합장 출신인 무소속 임기태 후보가 양조장 사장인 무소속 정현학, 한국무진 지점장 출신으로 민주당 공천을 받은 서순칠, 일본 구주제국대 출신으로 경북도지사를 지낸 김대우와 명치대 출신으로 민주구락부 대의원으로 이전투구(泥田鬪狗)를 전개한 정운영 후보들을 꺾고 당선됐다.

경남도 교육위원인 임상수 후보도 참여했다.

동래에서는 13명의 주자들이 난립한 가운데 일본 중앙대 출신으로 4대의원인 민주당 조일재 후보가 경남도의원을 지낸 무소속 김문기, 사회대중당 공천을 받은 이영석과 윤명찬 후보들을 꺾고 재선의원이 됐다.

건준 청년단 간부였던 권상욱, 민주당원으로 활동했던 이상진, 교사 출신인 신성준, 변호사로 활동한 노재필, 국무총리 비서를 지낸 김성근, 경남도 교육위원인 최용한 후보들도 출전했다.

이번 총선에는 4대와 5대의원을 지낸 민주당 조일재, 지난 5대 총선에도 출전했던 민정당 정현학, 민주공화당 노재필 후보들이 각축하고 있으며, 구주제국대 출신으로 법제처 법제관과 국방부 법

무관을 지낸 노재필 후보의 이력이 돋보였다.

오랫동안 정당활동을 한 자민당 정우모와 국민의당 박재근 후보들도 출전했다.

지난 5대 총선 때 민정당 정현학 후보는 무소속으로 양산에 출전하여 4,238표를 득표했고, 민주당 조일재 후보는 민주당으로 동래에 출전하여 9,551표를 득표하여 당선됐고, 민주공화당 노재필 후보는 무소속으로 4,120표를 득표하여 3위로 낙선했다.

지난 5대 총선 때 양산에서 민주당 공천으로 5,596표를 득표하여 당선된 임기태, 경남도의원 출신으로 동래에서 무소속으로 출전하여 5,149표를 득표하여 차점 낙선한 김문기 후보들을 민주공화당 공천경쟁에서 물리친 여세를 몰아 동래군 표를 휩쓸어버린 노재필 후보가 민주당 조일재 후보를 1만 표가 넘는 표차로 누르고 설욕전에서 승리했다.

풍부한 재력으로 윤보선 후보 지지표를 결집시킨 민정당 정현학 후보의 선전이 돋보였다.

☐ 득표상황

후보자	정당	연령	주요 경력	득표 (%)
노재필	민주공화당	47	국방부 법무관	16,931 (44.2)
정현학	민정당	46	양조업	12,392 (32.3)
조일재	민주당	43	2선의원(동래)	6,546 (17.1)
박재근	국민의당	34	정당인	1,937 (5.1)
정우모	자유민주당	55	정당인	534 (1.4)

〈밀양〉 혜성처럼 출현하여 최고회의 자문위원으로 제6공화국을 설계한 이재만 후보가 대승을 거두고 국회에 입성

지난 5대 총선 때 밀양군은 갑구와 을구로 나뉘었다.

갑구에서는 조도전대 출신으로 민주당 최고위원인 백남훈 후보가 동경대 출신으로 은행원인 혁신동지총연맹 김희온, 항일운동에 참여한 사회대중당 김성수, 주미뉴욕 부영사인 무소속 김상후 후보들을 꺾고 당선됐다.

백남훈 후보와 김상훈 후보 간의 표차는 439표 차에 불과했다.

2대의원을 지낸 최성웅, 고교 교장을 지낸 오양, 데레사 중·고 교장을 지낸 손무 후보들은 무소속으로 출전했다.

밀양 을구에서는 의사 출신인 사회대중당 박권희 후보가 하남면장 출신으로 4대의원을 지낸 민주당 김정환, 동아고 후원회장인 무소속 장필재, 공군참모총장 고문관 출신인 무소속 남일성 후보들을 꺾고 등원에 성공했다.

이번 총선에서는 지구당위원장인 민정당 박일, 금성제당 사장으로 최고회의 자문위원인 민주공화당 이재만 후보들이 등장했다.

밀양광업소장인 자유당 윤암차, 3대의원을 지낸 신민회 조만종, 경남도의원을 지낸 자민당 이기우, 표충사 주지인 신흥당 김용오, 여론조사단장인 보수당 김을갑, 경남도의원을 지낸 민주당 박병규, 중고교 교장으로 교육감을 지낸 추풍회 신학상 후보들도 출전했다.

지난 5대 총선에서 당선된 백남훈 의원은 지역구를 포기하고 민정

당 전국구 3번에 안착했으나 자의 반 타의 반 금산에서 길재호 후보와의 대결을 회피한 유진산 간사장에 전국구 자리를 돌려주고 정계를 은퇴했고, 박권희 의원은 혁신정당에 대한 군사정부의 철퇴에 위축되어 출전을 포기하여 정치신인들의 무대가 됐다.

혜성처럼 나타나 최고회의 자문위원으로 발탁되어 민정이양으로 인한 군정 연장 그리고 장기 집권의 플랜 등을 박정희 의장에게 진언한 것으로 알려진 이재만 후보가 출전이 예상됐던 엄익순과 황용주 후보들을 주저앉히고 민주공화당 공천을 받고, 당원 배가 운동과 풍부한 자금 동원으로 지난 5대 총선에는 출전하지 아니한 후보들을 상대로 대승을 거두고 국회에 입성했다.

경남도의원 출신인 민주당 박병규 후보, 3대의원 출신인 신민회 조만종 후보들을 따돌리고 윤보선 후보 지지표를 결집시킨 민정당 박일 후보의 선전이 돋보였다.

□ 득표상황

후보자	정당	연령	주요 경력	득표 (%)
이재만	민주공화당	40	금성제당 사장	32,699 (46.1)
박 일	민정당	36	정당인	16,879 (23.8)
박병규	민주당	40	경남도의원	7,043 (9.9)
조만종	신민회	60	3대의원(밀양 을)	4,894 (6.9)
김용오	신흥당	39	표충사 주지	2,639 (3.7)
이기우	자민당	41	경남도의원	2,422 (3.4)
신학상	추풍회	55	밀양 교육감	2,088 (2.9)
김을갑	보수당	32	여론조사 경남도단장	1,232 (1.7)
윤암차	자유당	51	광산지소장	1,011 (1.4)

〈울산 - 울주〉 5월동지회의 반발과 과거의 부정선거에 대한 트라우마에 시달린 김성탁 후보를 14표차로 꺾어버린 민주당 최영근

지난 5대 총선 때는 울산 갑구와 을구로 나뉘었다.

갑구에서는 민주당 공천을 받은 최영근 후보가 언양농고 교사였던 사회대중당 신교환, 제헌과 3대의원을 지낸 사회대중당 김수선 후보들을 꺾고 국회 등원에 성공했다. 울산읍의회 의장을 지낸 고기업 후보는 무소속으로 출전했다 중도 사퇴했다.

울산 을구에서는 대양석탄 사장으로 3대의원을 지낸 무소속 정해영 후보가 자유당 공천으로 4대의원에 당선된 무소속 김성탁, 진보당 중앙위원이었던 한국사회당 이수갑 후보들을 꺾고 재선의원이 됐다.

통감부 관방장을 지낸 노덕술, 내무부 통계국장을 지낸 탁장제 후보들도 무소속으로 등록했다.

이번 총선에서는 5대의원으로 보사부 정무차관을 지낸 민주당 최영근 후보와 풍곡연탄 사장으로 4대의원을 지낸 김성탁 후보가 호각지세를 이뤘다.

국제생필 취체역인 자민당 이인수, 금강정밀 사장인 보수당 김병룡, 울산체육회장인 민정당 박태륜 후보들도 출전했다.

경북 선산 다음으로 박정희 후보표가 많이 나온 민주공화당의 금성탕지인 이 지역구는, 민주공화당 김성탁, 민주당 최영근 후보의 한판 승부가 펼쳐졌다.

지난 5대 총선 때 너무나 소란스러웠던 부정선거 사건의 당사자인 김성탁 후보는 구악의 표적으로 공격 화살을 받았다.

또한 민주공화당 진영 내에서도 탄광왕으로 알려진 김성탁 후보는 참신하고 양심적 인물을 발탁한다는 취지에 어긋난다며 5월동지회원들이 "이 이상 공화당 후보를 밀 수는 없다"고 결정하여 선거 양상을 착잡하게 만들었다.

공업센터의 집중시책과 자금 공세에 "울산 출신 국회의원이 똑똑해야 완성된다"며 인물 본위로 똑똑한 사람을 골라야 한다는 맞불작전이 승패의 갈림길이었다.

이후락 최고회의 공보실장의 출마설이 공공연하게 나돌았으나 민주공화당이 지난 5대 총선 때 5억 원을 살포했다는 풍문이 나돈 김성탁 후보를 공천하자, 야권에서는 "김성탁 후보의 공천은 공화당이 부정선거를 하겠다고 각오한 것"이라고 공격했다.

김성탁 후보와 라이벌로 전국적인 인물로 급부상한 정해영은 자유당에서 민정당으로 변신하여 전국구 안정권을 꿰어차고 대타로 박태륜 후보를 내세웠다.

5월동지회의 반발과 과거의 누명을 벗기 위해 "부정선거를 하여 당선되기 보다는 공명선거를 하여 낙선되기를 바란다"는 김성탁 후보의 공언(公言)이 민주당 최영근 후보의 당선으로 열매를 맺었다. 그 열매는 전국 최소표차인 14표차였다.

□ 득표상황

후보자	정당	연령	주요 경력	득표 (%)
최영근	민주당	41	5대의원(울산 갑)	31,101 (45.2)

김성탁	민주공화당	41	4대의원(울산 을)	31,087 (45.2)
박태륜	민정당	43	울산 체육회장	3,775 (5.5)
김병룡	보수당	32	금강정밀 사장	2,190 (3.2)
이인수	자민당	46	국제생필 대표	695 (1.0)

〈김해〉 최원호 후보의 불출마로 갑구 지역은 물론 을구 지역까지 휩쓸어 지난 총선에서의 패배를 설욕한 민주공화당 김택수

김해군은 5대 총선 때 갑구와 을구로 분구됐다.

갑구에서는 민국당 소속으로 2대의원을 지낸 민주당 최원호 후보가 서울대 출신으로 경남모방 전무인 무소속 김택수 후보를 따돌리고 재선의원이 됐다.

신문기자인 무소속 황찬숙, 변호사인 사회대중당 윤명수, 조양석탄 취체역인 무소속 김계조 후보들도 출전했다.

을구에서는 법무부장관 비서관을 지낸 무소속 서정원 후보가 풍국산업 사장인 무소속 이상순, 한국일보 기자인 민주당 송용우, 장유중 교장인 무소속 김신도 후보들을 제압했다.

근로학원 후원회장인 사회대중당 강무갑 후보와 민주당 중앙위원을 지낸 김인화, 김해군수를 지낸 조희두, 금강산업 취체역인 신사현 후보들은 무소속으로 출전했다.

이번 총선에선 5대의원을 지낸 국민의당 서정원, 경남도의원을 지낸 민정당 김환기, 경남체육회장인 민주공화당 김택수 후보들이 3

파전을 전개했다.

회사원인 자민당 이상식, 정당인인 신민회 안창열, 경남도의원을 지낸 민주당 최종근 후보들도 참전했다.

지난 5대 총선에서 무소속으로 출전했던 김택수 후보는 11,142표를 득표하여 14,050표를 득표한 최원호 후보에게 2,908표 차로 낙선했지만, 이번 총선에선 민주공화당 공천이라는 갑옷을 입고 출전하자, 최원호 후보는 국민의당 공천으로 출전이 예상됐으나 노령 등으로 출전을 포기하고, 김해 을구에서 당선된 서정원 후보가 국민의당 공천으로 출전하여 자웅을 겨루게 됐다.

한일합섬 종사자들을 기간 조직으로 편성하여 풍부한 자금을 활용한 김택수 후보가 전 지역을 휩쓸고 있는 상황에서 경남도의원 출신으로 윤보선 후보 지지표를 끌어모은 민정당 김환기 후보의 선전이 돋보였다.

□ 득표상황

후보자	정당	연령	주요 경력	득표 (%)
김택수	민주공화당	37	경남체육회장	39,713 (59.5)
김환기	민정당	32	경남도의원	13,057 (19.6)
서정원	국민의당	52	5대의원(김해 을)	9,978 (15.0)
최종근	민주당	32	경남도의원	2,272 (3.4)
이상식	자유민주당	42	회사원	984 (1.5)
안창열	신민회	33	정당인	694 (1.0)

〈남해〉 지난 5대 총선에서 당선됐다가 공민권 제한으로 의원직을 박탈당했으나 민주공화당 공천을 받고 재기에 성공한 최치환

지난 5대 총선 때는 자유당 시절 공보실장을 지낸 무소속 최치환 후보가 자유당으로 4대의원을 지낸 무소속 김정기, 서울대 출신 수산업자로 민주당 공천을 받은 원정희, 세존의원 원장인 무소속 최상욱, 부산시 주택국장을 지낸 무소속 김재찬 후보들을 꺾었다.

최치환 의원의 공민권 제한으로 실시된 보궐선거에서 국무원 사무처 인사과장을 지낸 민주당 김종길 후보가 경남도 농림국장 출신으로 3대의원을 지낸 윤병호 후보를 꺾고 국회에 등원했다.

부산시 주택국장을 지낸 무소속 김재찬, 여항중 교장을 지낸 신민당 조용준 후보들도 출전했다.

이번 총선에서 일본 중앙대 출신으로 5대의원을 지낸 김종길, 서울 시경국장과 공보실장을 거쳐 5대의원을 지낸 민주공화당 최치환 후보가 한판 승부를 벌였다.

정당인인 민주당 김영수, 고교 교사 출신인 민정당 김동재 후보들도 참여했다.

혁명주체 실세들과 관계가 깊은 것으로 알려진 민주공화당 최치환 후보는 2대의원으로 지역구를 맡아 출전을 희망한 조주영 후보를 서울로 보내고 지역구를 차지하여, 보궐선거에서 당선된 국민의당 김종길 후보를 조직과 재력을 활용하여 가볍게 제압했다.

30대의 정치신인들인 민정당 김동재, 민주당 김영수 후보들의 존재감은 너무나 초라했다.

부산 - 경남 22개 지역구에는 지난 5대 총선에 출전하여 당선된 최석림(통영-고성-충무), 최치환(남해) 후보는 물론 이양호(진해-창원), 낙선한 예춘호(영도), 이종순(부산 동구), 양극필(동래), 변종봉(합천-산청), 노재필(양산-동래), 김택수(김해), 구태회(진주-진양), 신영주(창녕), 김성탁(울산-울주) 후보 등 절반이 넘는 12명이 민주공화당 공천을 받고 출전하여 이양호, 김성탁 후보만 낙선하고 10명의 후보들은 국회에 입성했다.

□ 득표상황

후보자	정당	연령	주요 경력	득표 (%)
최치환	민주공화당	40	5대의원(남해)	26,172 (59.0)
김종길	국민의당	42	5대의원(남해)	16,327 (36.8)
김동재	민정당	36	고교 교사	1,135 (2.6)
김영수	민주당	33	정당인	762 (1.7)

〈함양 - 거창〉 예비역 육군중장으로 민주공화당 공천을 받고서 방대한 조직과 풍부한 자금을 활용하여 압승을 거둔 민병권

지난 5대 총선 때 함양에서는 경남도의원을 지낸 민주당 정준현 후보가 안의산업 조합장으로 민주당에서 제명된 무소속 이진언 후보를 1천여 표차로 꺾고 당선됐다.

육군대위 출신인 혁신동지회 하영조, 재일거류민단 부단장인 무소속 노영한 후보들은 완주했으나, 4대의원을 지낸 무소속 박상길 후보는 중도 사퇴했다.

거창에서도 경남도의원을 지낸 민주당 신중하 후보가 거창군수를 지낸 무소속 정수영, 민주당 거창군당위원장으로 활약한 무소속 이용화 후보들을 꺾고 국회에 등원했다.

통영상회 대표인 한소문, 경북대 출신인 이희대 후보들도 무소속으로 출전했다.

이번 총선에는 육군중장 출신으로 21사단장을 지낸 민주공화당 민병권 후보가 독주체제를 갖춘 상황에서 5대의원을 지낸 민주당 신중하, 지난 5대 총선에 출전하여 낙선한 민정당 이진언 후보들이 대항마로 떠올랐다.

회사장인 자민당 이용곤, 회사 대표인 국민의당 한소문, 농민당 대표인 추풍회 유동균 후보들도 출전했다.

지리산 산자락인 이 지역구는 21사단장을 지낸 예비역 육군중장으로 민주공화당 공천을 받은 민병권 후보가 방대한 조직과 여유 있는 자금을 동원하여 농촌 지역을 휩쓸어 경남도의원 출신으로 5대의원인 민주당 신중하, 지난 총선에도 출전하여 지지기반을 구축한 민정당 이진언 후보들을 가볍게 제압했다.

□ 득표상황

후보자	정당	연령	주요 경력	득표 (%)
민병권	민주공화당	45	육군중장, 사단장	49,257 (56.8)
신중하	민주당	45	5대의원(거창)	17,935 (20.7)
이진언	민정당	58	중학교장	11,353 (13.1)
한소문	국민의당	40	통영상회 대표	5,579 (6.4)
유동균	추풍회	31	농민당 대표	1,780 (2.1)

| 이용곤 | 자유민주당 | 33 | 회사 대표 | 851 (0.9) |

경상북도

〈대구 중〉 경북도지사와 참의원의 관록과 열렬한 민주공화당 지지 열기로 압도적 승리를 엮어낸 송관수

대구시는 5대 총선 때는 갑, 을, 병, 정, 기, 무구 등 6개구로 나뉘었지만 이번 총선에서는 구제(區制)가 실시되면서 중구, 동구, 남구, 서 - 북구 등 4개구로 조정 통폐합 됐다.

5대 총선 때 갑구에서는 3대의원인 민주당 서동진 후보가 언론인으로 명성을 날린 사회대중당 최석채 후보를 꺾었고, 을구에서는 제헌의원인 사회대중당 서상일 후보가 대구시의원 출신으로 민주당 공천을 받은 황봉갑, 대구시의원 출신으로 민주당 공천에서 탈락하자 무소속으로 도전한 이근상, 군의관 출신인 사회대중당 윤지화 후보들을 꺾고 재선의원이 됐다.

서동진과 서상일 의원들이 정계 은퇴한 이번 총선에선 일본 명치대 출신으로 법무부장관과 4대와 5대의원을 지낸 국민의당 이병하, 제1야당인 민정당 공천을 받은 이대우, 경북도지사와 참의원을 섭렵한 민주공화당 송관수 후보가 접전을 벌였다.

공무원 출신인 자유당 김종배, 고령군수를 지낸 자민당 이중삼, 경북도의원을 지낸 보수당 강철호, 대구시의원을 지낸 민주당 김

창수 후보들도 추격전을 전개했다.

이 지역구는 국민의당 이병하, 민정당 이대우, 보수당 강철호, 민주공화당 송관수 후보의 4파전이 전개되고 있다.

이병하 후보는 재선의원 관록과 오랜 지역적 기반을 갖고 있고, 이대우 후보는 자유당 치하에서 굽힐 줄 모르는 야당 기질을 발휘했고 제1야당 후보임을 내세우고 있다.

강철호 후보는 경북도의원 시절부터 민주당의 열성 당원으로 야당 투사로서 확고부동한 위치를 확보하고 있으며, 송관수 후보는 경찰국장, 경북도지사, 참의원을 지낸 강직한 인물이지만 공천 파동을 겪은 것이 어떤 결과를 맺을지 궁금할 뿐이다.

국민의당 이병하 후보는 "질적으로 우수한 사람을 뽑아야 한다"고 주장하고, 민정당 이대우 후보는 "15년 야당인으로 지조를 지켜왔으니 이번만은 국회에 보내 달라"고 동정론에 호소했다.

"여러분들이 맡긴 살림살이 빼앗긴 죄 용서해 주이소"라는 민주당 김창수 후보들의 절규는 메아리 없는 함성이 되었고, 재력을 구비한 송관수 후보는 "법정 경비 이상의 돈이 없으니 딱하다"는 엄살 모드에 빠졌다.

민주공화당 공천경쟁에서 이곤, 노만균, 최지원 후보들을 제치고 민주공화당 공천을 받은 송관수 후보가 "만년 야당이라는 대구의 명예가 박정희 씨를 대통령에 당선시켰다는 것으로 더럽혀졌다"는 민정당 이대우 후보를 큰 표차로 따돌리고 승리했다.

국민의당 이병하 후보는 4대 총선에서는 대구 을구에서 민혁당 서상일 후보를 꺾고 당선됐으나, 5대 총선에서는 고향인 문경으로 달려가 민주당에서 제명처분을 받고 당선되고서 민주당에 복당한 전력으로 재선의원과 장관 경력에 비해 초라한 성적을 거두었다.

□ 득표상황

후보자	정당	연령	주요 경력	득표 (%)
송관수	민주공화당	56	경북도지사, 참의원	18,314 (42.4)
이대우	민정당	49	정당인	11,731 (27.2)
이병하	국민의당	50	법무부장관, 2선의원	6,735 (15.6)
김창수	민주당	51	대구시의원	3,230 (7.5)
강철호	보수당	35	경북도의원	1,753 (4.1)
이중삼	자유민주당	47	고령군수	880 (2.0)
김종배	자유당	38	회사원	558 (1.3)

〈대구 동〉 민주당 공천으로 참의원에 당선되고자 출마의지를 가진 후보자들을 제치고 민주공화당 공천을 받아 승리한 이원만

대구는 5대 총선 때에는 갑, 을, 병, 정, 기, 무 등 6개 구로 나뉘었지만 이번 총선에서 구제(區制)가 실시되면서 중구, 동구, 남구, 서 - 북구로 나뉘었다.

대구 병구에서는 변호사로서 4대의원을 지낸 민주당 임문석 후보가 대구시의원을 지낸 무소속 김학봉, 정치신인으로 사회대중당 공천을 받은 김수한, 대학에 재학중인 무소속 김영섭 후보들을 꺾고 당선됐다. 2대의원과 체신부장관을 지낸 조주영 후보는 무소속

으로 등록했다 중도에 사퇴했다.

대구 정구에서는 판사 출신으로 4대의원을 지낸 조재천 후보가 대학교수인 사회대중당 양호민 후보를 가볍게 제압했다.

이번 총선에서는 5대 총선 때 병구에서 당선된 민주당 임문석, 사회대중당으로 출전하여 낙선한 국민의당 김수한, 한국나이론 회장으로 참의원을 지낸 민주공화당 이원만 후보가 3파전을 전개했다.

명치대 출신으로 회사장인 신민회 전세민, 정치 지망생인 민정당 김목일 후보들도 함께 뛰었으며, 경북도의원 출신인 자민당 황해룡 후보는 등록이 무효됐다.

"돈 없다는 게 자랑이냐, 없는 게 탈이다. 못 먹고 굶주리면 남을 헐뜯는다. 내 당장 1년 안에 동구의 실업자를 싹 없애겠다"(이원만), "돈이 제일이라는 것은 곧 금수(禽獸)의 생각이다. 사람에게는 돈보다 인권과 자유가 중요하다"(임문석), "대구에서 박정희 의장 표가 많이 나온 것은 야당이 선구국 후정치란 명분아래 단결하지 못한 것을 밉게 여겨 표로 종아리를 쳐 준 것으로 생각한다"(김수한)고, 민주공화당 이원만과 민주당 임문석 후보의 공방에 국민의당 김수한 후보가 끼어들어 설전(舌戰)을 전개했다.

여기에 민정당의 김목일 후보는 참신한 세대와 체질개선을 내세우며 추격전을 전개하면서, 이원만 후보를 "판자집을 불도자로 밀어버리고 양옥을 짓고 나일론 옷을 입힌다는 선심공세를 펼쳤다"고 고발했다.

한국나일론의 거대한 재력을 최대한 이용하고 있는 민주공화당 이원만 후보와 과거의 기반을 그대로 유지하고 있는 민주당 임문석 후보가 한판 승부를 벌이고 있으며, 국민의당 김수한 후보가 힘겨운 추격전을 전개하며 욕설과 비난성명을 위시하여 서로가 부정득표 공작을 한다고 헐뜯으며 고소 사태를 남발했다.

이원만 후보는 "수도를 놓아 준다", "바라크 촌을 헐고 새로운 주택가를 형성하겠다", "취직 못 한 사람은 회사에 취직시켜 주겠다", "여러 가지 건설 사업을 추진하겠다"는 유권자들의 구미(口味)를 당기는 공약과 더불어 재력을 최대한으로 이용하는 선거전략을 구사했다.

민주당 공천으로 참의원에 당선된 이원만 후보가 유일지, 김학봉, 유원용, 박흥용 후보들을 제치고 민주공화당 공천을 받고서 풍부한 재력을 활용하여 부정선거에 대한 비난을 뒤로한 채 대승을 거두고 국회에 입성했다.

□ 득표상황

후보자	정당	연령	주요 경력	득표 (%)
이원만	민주공화당	59	참의원(경북)	25,451 (52.7)
임문석	민주당	59	2선의원(대구 병)	11,388 (23.6)
김수한	국민의당	35	국민의당 기획위원	7,381 (15.3)
김목일	민정당	31	정당인	3,445 (7.1)
전세민	신민회	31	신민회 중앙위원	624 (1.3)
황해룡	자유민주당	49	경북도의원	등록무효

〈대구 남〉 학계에서 널리 알려진 인물로 참의원에 당선된 저력으

로 재력을 등에 업고 추격한 신진욱 후보를 가볍게 따돌린 이효상

이번 총선에서는 지난 5대 총선에서는 의성에 출전하여 낙선한 경북여상 교장인 민정당 신진욱 후보와 동경제대 출신으로 경북대학장과 참의원을 역임한 민주공화당 이효상 후보가 격돌했다.

JOC 국제회원인 자민당 이청림, 울릉에서 3대와 4대의원에 당선된 국민의당 최병권, 경북도의원을 지낸 민주당 임규하 후보들도 참전했다.

민정당 중앙위원 출신인 보수당 신현길 후보는 등록무효됐다.

오래 전부터 국회의원을 꿈꾸고 꾸준한 기반 구축을 계속해 온 민정당 신진욱, 강력한 공화당의 뒷받침을 받고 있는 이효상, 경북도의원의 기반을 갖고 있는 민주당 임규하 후보들이 3파전을 전개하고 있다.

협성상고와 경북여상 교장으로 사회사업을 펼치고 있는 신진욱 후보가 지역의 기반 구축을 선점(先占)한 반면, 이효상 후보는 학계에서 존경받은 학자로서 참의원 선거에서도 당선된 인물로서 야당으로 출전했더라면 당선은 따 놓은 당상이란 중평이다.

박정희 후보지지 열기를 등에 업은 민주공화당 이효상 후보가 "박정희 후보가 대통령이 된 것이 잘못이나 그의 비대한 권력을 막고 정치적 균형 세력을 얻기 위해서는 야당에 표를 많이 주어야 한다"고 절규하며, 풍부한 재력을 바탕으로 활발하게 추격전을 전개한 민정당 신진욱 후보를 큰 표차로 제압했다.

☐ 득표상황

후보자	정당	연령	주요 경력	득표 (%)
이효상	민주공화당	58	참의원(경북)	23,513 (51.4)
신진욱	민정당	39	협성고 교장	15,799 (34.6)
임규하	민주당	53	경북도의원	4,568 (10.0)
최병권	국민의당	49	2선의원(울릉)	1,008 (2.2)
이청림	자유민주당	34	JOC 국제회원	824 (1.8)
신현길	보수당	40	민정당 중앙위원	등록무효

〈대구 서 - 북〉 동향의식에 젖어 박정희 후보를 지지하는 묻지마 투표의 경향은 60년이 지난 지금까지도 성행

지난 5대 총선 때 대구 무구(戊區)에서는 대학강사인 민주당 조일환 후보가 대학교수인 사회대중당 이동화 후보를 꺾었다.

신문사 지국장인 윤중호 후보와 신학교 교사인 이우철 후보들도 무소속으로 등록했다.

대구 기구(己區)에서는 민주당 공천을 받은 장영모 후보가 경북도의원 출신인 무소속 김정호, 회사원인 무소속 서곤수, 노련 위원장으로 노조협의회 추천을 받은 김말룡 후보들을 꺾었다.

농림부 국장을 지낸 사회대중당 이영옥, 면장 출신인 무소속 이석헌 후보들도 출전했다.

이번 총선에선 5대 총선 때 무구에서 당선된 민주당 조일환, 기구

에서 당선된 민정당 장영모, 대구시장 출신으로 경북후생회 대표인 민주공화당 김종환 후보들이 삼각편대를 이뤘다.

언론인 출신인 자민당 손현수, 지난 5대 총선에도 출전했던 국민의당 윤중호, 경북도의원을 지낸 보수당 도창열 후보들이 후발주자 삼각편대를 형성했다.

무소속으로 대구시장에 입후보하여 당선된 민주공화당 김종환, 북구에서 당선된 민정당 장영모, 서구에서 두 번이나 당선된 민주당 조일환 후보들이 3파전을 전개하고 있다.

"김종환이 국회에 나가면 결혼 주례는 누가 할꼬"라는 말이 나올 만큼 시민들과 친밀한 김종환 후보가 당선된 것은 어쩌면 당연한 결과일지 모른다.

4. 19 이후 한동안 바람을 일으켰던 혁신계의 기염(氣焰)과 반발 성향은 다급해진 현실적인 경제문제 때문에 지쳐버린 유권자들은 김정호와 서곤수 후보들을 제치고 민주공화당 공천을 받은 김종환 후보에게 몰표를 던져 줬다.

이러한 묻지마 투표는 60년이 흐른 2020년에도 대구 – 경북의 묻지마 투표 성향은 지속됐다.

재선의원인 민주당 조일환, 5대의원인 민정당 장영모 후보의 득표 합계가 겨우 김종환 후보의 득표를 따라잡고 조그마한 여분을 남겼을 뿐이다.

□ 득표상황

후보자	정당	연령	주요 경력	득표 (%)

김종환	민주공화당	57	대구시장	31,255 (43.7)
조일환	민주당	47	2선의원(대구 무)	17,202 (24.0)
장영모	민정당	56	5대의원(대구 기)	16,430 (23.0)
도창열	보수당	31	경북도의원	2,685 (3.8)
윤중호	국민의당	37	상업	2,295 (3.2)
손현수	자유민주당	33	언론인	1,679 (2.3)

〈포항 - 영일 - 울릉〉 부정선거 관련됐던, 공민권 제한을 받았던 불문하고 공화당 공천자에게 묻지마 투표에 힘입어 당선된 김장섭

지난 5대 총선 때에는 포항, 영일 갑구, 영일 을구, 울릉 등 4개 지역구로 나뉘었다.

포항에서는 민주당 공천을 받은 이상면 후보가 공군중위 출신인 사회대중당 임부갑, 자유당 소속으로 3대와 4대의원을 지낸 무소속 하태환, 한국정치협회 고문인 정장출 후보들을 꺾고 당선됐다.

선거무효 소송으로 실시된 재선거에서 민주당 공천을 받은 이상면 후보와 군의관 출신인 이호진, 포항시장을 지낸 김병윤, 법정신문 논설위원인 정장출 무소속 후보들이 등록했으나 5·16 쿠데타로 선거는 실시되지 못했다.

영일 갑구에서는 민주당 공천을 받은 최태능 후보가 육군 법무관 출신인 장남수, 제1군사령부 법무부장 출신인 최민기, 중학교 교장이었던 정봉섭, 2대의원을 지낸 최원수 무소속 후보들을 꺾고 당선됐다.

영일 을구에서도 수산업자로서 민주당 공천을 받은 최해용 후보가 대학교수 출신으로 공천에서 탈락한 임종진, 경북도의원 출신인 무소속 강만철과 김종태, 동신무역 대표인 김헌수 후보들을 제압했다.

자유당으로 2대, 3대, 4대의원을 지낸 김익로, 약종상인 이종문, 민론사 사장인 정태영, 경남 창녕 출신인 김정수 후보들도 출전했다.

울릉에서는 의사로서 민주당 공천에서 밀려난 전석봉 후보가 경북도의원 출신인 허필, 민주당 공천에서 탈락한 김석원, 민주당 공천을 받은 최동극 후보들을 제치고 국회에 등원했다.

경북도 교육위원인 최경봉, 4대의원을 지낸 최병권, 천주교 총회장인 현상현, 운송업자인 김용관 후보들도 출전했다.

이번 총선에선 영일군수 출신으로 2대의원을 지낸 민정당 최원수, 내무부차관과 농림부차관을 거쳐 4대의원과 참의원에 당선된 민주공화당 김장섭 후보가 각축한 가운데, 5대의원을 지낸 자민당 이상면, 협동공사 사장인 국민의당 김헌수, 회사장인 보수당 손경천, 5대 의원을 지낸 민주당 최태능 후보들이 출전했다.

지난 4대 총선 때 영일 을구는 3선의원인 자유당 김익로 후보가 당선됐으나 선거위원회의 등록무효로 재선거가 실시됐고, 재선거에서 자유당 공천을 받은 김익로 후보가 350표를 절도하는 사건을 일으켜 대법원의 선거무효로 재재선거가 실시됐다.

재재선거에서 내무부차관인 김장섭 후보가 자유당 후보로 등록하여 경찰을 동원하여 부정선거를 자행하자, 야당 후보들이 선거를 보이콧하여 김장섭 후보는 당선이라는 행운을 잡았다.

이번 총선에서 김장섭 후보들을 비롯하여 김병준, 이성수, 하태환, 허용수 후보들이 구름처럼 민주공화당에 모여들었으며, 민주공화당은 재재선거에서 당선되고 참의원 선거에 무소속으로 등록하여 포항 지역 유권자들의 지지에 힘입어 154,053표를 득표하여 7위로 당선된 김장섭 후보를 공천했다.

참의원에 당선된 김장섭 의원은 국회 공민권 제한 심사위원회에서 공민권 제한 대상자로 의결하여 참의원 의원직을 박탈당했다.

부정선거 관련자이든 공민권 제한 대상자이든 불문하고 유권자들은 공화당 공천을 받은 김장섭 후보에게 묻지마 투표를 감행했다.

2대의원이었던 민정당 최원수 후보가 지난 5대 총선에 출전하여 낙선했지만, 제1야당 후보임을 내세우고 윤보선 지지표를 결집시켜 5대의원인 최태능과 이상면 후보들을 큰 표차로 제압하고 은메달을 차지했다.

□ 득표상황

후보자	정당	연령	주요 경력	득표 (%)
김장섭	민주공화당	53	4대의원, 참의원	44,363 (49.1)
최원수	민정당	51	2대의원, 영일군수	23,846 (26.4)
김헌수	국민의당	56	협동공사 사장	12,427 (13.7)
최태능	민주당	54	5대의원(영일 갑)	5,363 (5.9)
이상면	자유민주당	44	5대의원(포항)	2,294 (2.5)
손경천	보수당	49	정당인	2,148 (2.4)

〈김천 - 금릉〉 민주공화당에 대한 지지열기와 방대한 조직을 동원하여 풍부한 재력으로 추격전을 펼친 김세영 후보를 꺾은 백남억

5대 총선 때 김천에서는 송설재단 이사장인 무소속 김세영 후보가 민주당 공천을 받은 배섭, 3대와 4대의원을 지낸 무소속 문종두, 의료업에 종사한 사회대중당 강중구, 영리산업 사장인 무소속 이필영 후보들을 꺾고 국회 등원에 성공했다.

금릉에서는 판검사를 거친 변호사인 무소속 우돈규 후보가 예비역 육군소령인 무소속 김동환, 경북도 공보과장 출신인 민주당 허곤, 육군중령 출신인 민주당 김병옥, 영남평론 사장인 민주당 정주영, 대구매일 편집국장인 민주당 여세기 후보들을 꺾고 국회에 등원했다.

회사원인 이삼달, 고교 교사인 이예화와 김동영, 김천시장과 2대의원을 지낸 여영복, 3대와 4대의원을 지낸 김철안 후보들도 출전하여 14명의 후보들이 난립했다.

이번 총선에선 3대와 4대의원을 지낸 자유당 김철안, 5대의원을 지낸 국민의당 김세영, 일본 구주제국대 출신으로 참의원을 지낸 백남억 후보들의 격전장이 됐다.

전국 학련 지부장인 자민당 김승환, 학생신문 사장인 민주당 김동영 후보도 완주했으나, 3대와 4대의원을 지낸 민정당 문종두 후보는 등록이 무효됐다.

민주공화당 정책위의장 백남억 후보와 국민의당 기획위의장인 김세영 후보가 먹느냐 먹히느냐의 혈전을 벌이고 있으며, 교수님과 사장님의 씨름판이라고 불리워지고 있다.

"때 묻지 않은 사람"으로 한 몫 보는 백남억 후보는 학자 겸 정객이라는 복합명사를 무기 삼아 민주공화당의 체통을 걸고 특별지원을 받아 선전하고 있고, 광산왕이라는 딱지가 붙어 있는 김세영 후보는 그동안 호주머니를 풀어 향토사업에 크게 이바지해 온 사회사업을 발판 삼아 금릉군 일대에 돈을 골고루 깔아놓았다는 평이다.

여장부로 알려진 자유당 김철안 후보가 송죽(松竹)같은 절개를 자랑하며 해묵은 깃발을 내걸고 3파전 형성을 기대하고 있다.

김세영 후보는 "돈 안 쓰고 한번 돼야겠다는 게 내 결심이요"면서 돈을 쓰지 않았다고 항변하고 있고, 민주공화당에서 활동하다가 민정당 공천을 받은 문종두 후보는 전의(戰意)를 잃고 권력과 금력에 대한 도전이라며 넋두리를 하고 있으나 등록 무효됐다.

백남억 후보 측에서는 "김세영 후보가 돈을 뿌리는 DDT 작전을 세우고 있다니 큰 걱정"이라는 엄살 무드를 펼쳤다.

지난 5대 총선 때 금릉에서 당선된 우돈규 의원까지 민주공화당에 합류한 기세를 타고 방대한 조직을 동원한 백남억 후보가 5대 총선에 이어 광산업으로 벌어들인 돈을 물 뿌리듯 뿌려 댄 김세영 후보를 3천여 표차로 가까스로 제압했다.

□ 득표상황

후보자	정당	연령	주요 경력	득표 (%)
백남억	민주공화당	48	참의원(경북)	32,527 (47.1)
김세영	국민의당	43	5대의원(김천)	29,256 (42.4)
김철안	자유당	51	2선의원(금릉)	3,405 (4.9)

김승환	자유민주당	32	전국학련 지부장	2,104 (3.0)
김동영	민주당	32	학생신문 사장	1,768 (2.6)
문종두	민정당	46	2선의원(김천)	등록무효

〈경주 - 월성〉 군사정부와 중앙정보부의 위세를 등에 업고 기존의 정객들을 초토화(焦土化)시켜버린 민주공화당 이상무

지난 5대 총선에서는 경주와 월성 갑구, 월성 을구로 나뉘었다.

경주에서는 육군병원장 출신으로 민주당 공천을 받은 오정국 후보가 경찰서장 출신인 서영출, 경북도 문교사회국장을 지낸 김동선, 개명상사 사장인 김정열, 고교교사인 김진훈 무소속 후보들을 꺾었다.

월성 갑구에서는 경북도의원 출신인 무소속 김종해 후보가 변호사로서 민주당 공천을 받은 김봉태 후보를 188표 차로 제압했다.

석탄공사 전무인 사회대중당 김병윤, 청년단 정책위원장인 한국청년단 김수선 후보들을 비롯하여 청해광산 대표인 김봉만, 2대와 4대의원을 지낸 안용대, 세무서장 출신인 최근수, 계엄사 관리과장을 지낸 이상진 후보들도 무소속으로 등록했다.

월성 을구에서는 육사 출신으로 민주당 공천을 받은 황한수 후보가 민주당에서 낙천된 민주당 이대곤과 이원영 후보들과의 당내 경쟁에서 승리했다.

안강읍에서 기반을 닦은 최홍걸, 경북도의원을 지낸 손삼호, 서면에서 기반을 닦은 심봉섭 후보들도 무소속으로 도전했다.

이번 총선에선 5대의원인 자민당 황한수, 제헌과 3대의원을 지낸 국민의당 김철, 경북도의원과 5대의원인 민주당 김종해 후보들의 각축장에 중앙정보부 보안국장 출신인 민주공화당 이상무 후보가 혜성처럼 등장했다.

경북도의원을 지낸 보수당 박우흠, 경북도 문교사회국장을 지낸 민정당 김동선, 지난 5대 총선에도 출전했던 추풍회 심봉섭 후보들도 선전했다.

서슬 퍼런 군사정부에서 날으는 새도 말 한마디로 떨어뜨린다는 위세를 가진 중앙정보부 보안국장이 출현(出現)하여 지방 공무원들을 휘어잡고 돈을 D.D.T 뿌리듯 흩날려 조직을 구축한 선거전에서 기존의 조직을 가지고 대항하는 것이 어쩌면 수레를 막아서는 사마귀 형상일지도 모른다.

더구나 5대 총선 때 당선된 이상면 후보는 꼬리를 내렸지만, 김종해와 황한수 후보들이 갑, 을구로 분점하고 지난 5대 총선에서 석패했던 심봉섭과 김동선 후보들이 설욕을 다짐하며 야당 성향표를 잠식했다.

노익장을 과시하며 옛 명성을 되찾겠다고 뛰어 든 김철 후보의 성적은 초라했지만, "입만 믿고 맨주먹으로 나섰다"는 추풍회 심봉섭 후보의 득표는 의외로 상당했다.

□ 득표상황

후보자	정당	연령	주요 경력	득표 (%)

이상무	민주공화당	44	정보부 보안국장	32,882 (36.3)
황한수	자유민주당	38	5대의원(월성 을)	16,491 (18.2)
심봉섭	추풍회	33	농업인	15,560 (17.2)
김동선	민정당	62	경북도 문사국장	12,848 (14.2)
김종해	민주당	41	5대의원(월성 갑)	9,521 (10.5)
김 철	국민의당	67	2선의원(경주 갑)	1,988 (2.2)
김우흠	보수당	42	경북도의원	1,387 (1.5)

〈달성 - 고령〉 자유당 출신이지만 두터운 인망, 거미줄처럼 얽힌 조직, 풍부한 재력으로 경북 최고득표율로 당선된 김성곤

지난 5대 총선 때 달성에서는 대학 조교수인 박준규 후보가 민주당 공천을 받고서 양조장 대표인 사회대중당 곽병진 후보를 가볍게 꺾고 등원했다.

고령에서도 민주당 공천을 받은 2대의원인 곽태진 후보가 4대의원을 지낸 자유당 정남택, 농업인인 사회대중당 문규용, 자유당 소속으로 3대의원을 지낸 무소속 김홍식 후보들을 제압하고 재선의원이 됐다.

이번 총선에선 자유당 소속으로 4대의원을 지낸 김성곤 후보가 민주공화당 공천을 받고 독주체제를 갖추자, 4대 총선 때 김성곤 후보에게 23,518표 대 8,805표로 패배한 박준규 5대의원은 민주공화당으로 전향하여 서울로 옮겨가고 곽태진 의원은 민정당으로 출전했다.

국무총리 비서관을 지낸 민주당 김상호, 대학 강사인 보수당 이인세, 경북도의원 출신인 국민의당 전세덕, 건국대 학생위원장인 자민당 정원찬 후보들도 등록했다.

6만 2천여 명의 유권자를 갖고 있는 달성의 공화당 김성곤 후보와 3만 4천여 명 유권자를 갖고 있는 고령의 민정당 곽태진 후보의 양자대결에서, 곽 후보는 현풍면의 문중표를 공략하고 있으나 역부족을 느끼자 "황소 잡아 먹는 범의 정신으로 맞서 싸우자"며 격려하고 있을 뿐이다.

인신공격만은 딱 질색이라는 김성곤 후보는 "황소는 맞아도 까딱 없고 내 나이도 소 띠니까 아무리 맞아도 괜찮다"면서, 달성 왕국을 건설하면서 고령 지역에 금산재에 터널을 뚫어 주겠다고 큼직한 선심 수표를 끊었다.

장면 국무총리 비서관을 지낸 민주당 김상호, 4. 19 때의 공로로 받은 건국 포장을 가슴에 달고 출전한 자민당 정원찬, 김성곤 후보와 멱살잡이를 벌인 독설로써 돌격하는 국민의당 전세덕 후보들도 출전했으나 양(兩)거두(巨頭)에 가려 빛을 발휘하지는 못했다.

고령의 민정당 곽태진 후보와 달성의 민주공화당 김성곤 후보가 쌍벽을 이루고 있는 가운데, 돈이 많은 사람으로 알려진 김성곤 후보는 욕 먹던 자유당 갖고도 거뜬히 당선됐으며, 개인적인 인망도 두터운 데다 거미줄처럼 얽어 놓은 민주공화당 조직을 움직이는데 별로 모난 것이 없어 조용한 열풍지대를 만들었다.

전직 의원이라는 명함으로 민정당의 공천을 받은 곽태진 후보는 만만찮은 투지를 발휘하여 고령표의 단속에 심혈을 쏟았으나, 김성곤 후보를 경북지역 최고득표율 당선자로 만들어 주었다.

□ 득표상황

후보자	정당	연령	주요 경력	득표 (%)
김성곤	민주공화당	50	4대의원(달성)	44,674 (64.8)
곽태진	민정당	46	2선의원(고령)	13,122 (19.0)
김상호	민주당	42	국무총리 비서관	6,540 (9.5)
정원찬	자유민주당	25	동국대 학생위원장	1,896 (2.7)
이인세	보수당	44	대학강사	1,701 (2.5)
전세덕	국민의당	50	경북도의원	1,055 (1.5)

〈군위 - 선산〉 5대 총선에서 5,524표를 득표하고 낙선했지만, 공화당 공천을 받은 여세로 대승을 거둔 교사이자 변호사인 김봉환

지난 5대 총선에서 군위에서는 영월군수 출신으로 민주당 공천을 받은 문명호 후보가 대구에서 2대의원에 당선된 혁신동지총연맹 박성하, 재일거류민단 간부인 사회대중당 배기호 후보를 비롯하여 경북과물 취체역인 도대린, 서울시경 경위로 활약한 박정열, 영남일보 회장인 김인수, 경북공고 사친회장인 이정식 등 11명의 후보들을 물리치고 당선됐다.

선산에서는 구미 출신인 무소속의 신준원 후보가 선산면장과 농업조합장을 지낸 무소속 김대성, 고교 교사 출신인 사회대중당 곽명호와 무소속 서기술, 민주당으로 출전한 김성묵과 이재기, 심경섭 등 11명의 후보들을 물리치고 당선됐다.

제헌과 2대의원을 지낸 육홍균 후보와 경북대 강사로 변호사인 김봉환 후보도 무소속으로 도전했다.

문명호와 신준원 5대의원이 출전하지 아니한 이번 총선에선 서울대 출신으로 회사원인 자민당 김현규 후보와 지난 5대 총선에 출전했던 민주공화당 김봉환 후보가 쌍벽을 이뤘다.

건국대 출신인 국민의당 김성묵, 불국사 운영위원장인 보수당 노승억, 경북도의원 출신인 민주당 최형택, 회사장인 민정당 박일상 후보들도 참전했다.

선산과 군위의 지역 대결이 펼쳐지고 있는 상황에서, 지난 5대 총선에 출전하여 낙선한 민주공화당 김봉환 후보와 국민의당 김성묵 후보가 선산에서 한판 승부를 펼치고 있고, 서울대 출신으로 언변(言辯)이 남다르다는 강점을 지닌 26세의 자민당 김현규 후보가 군위를 석권하며 군별 대항전을 벌이고 있다.

지난 5대 총선에 무소속으로 출전하여 5,524표를 득표하여 3위로 낙선한 김봉환 후보는 전재덕 중앙정보부 감찰실장, 5대의원인 문명호를 비롯한 김광정, 박준 후보들을 민주공화당 공천 경쟁에서 따돌린 여세를 몰아 서울대 후배로 추격전을 전개한 김현규 후보를 가볍게 제압했다.

지난 5대 총선 때 선산에 출전하여 3,384표를 득표한 국민의당 김성묵 후보는 표의 확장성에 한계를 보였다.

□ 득표상황

후보자	정당	연령	주요 경력	득표 (%)
김봉환	민주공화당	42	교수, 변호사	38,203 (58.2)

김현규	자유민주당	26	회사원	16,493 (25.1)
김성묵	국민의당	34	농업인	4,091 (6.2)
박일상	민정당	40	상업인	3,717 (5.7)
최형택	민주당	46	경북도의원	1,641 (2.5)
노승억	보수당	34	불국사 운영위원장	1,460 (2.2)

〈의성〉 지난 5대 총선에서 9,046표를 득표한 오상직 후보가 12,417표를 득표한 우홍구 후보를 민주공화당 공천장을 들고 5,210표 차로 제압

의성군은 지난 5대 총선 때 갑구와 을구로 나뉘었다.

갑구에서는 민주당에서 제명된 오상직 후보가 민주당 공천을 받은 경북도의원 출신인 신진욱 후보를 900표 차로 꺾고 당선됐다.

미 군정청 고문이었던 박노수 후보는 사회대중당으로, 경북도의원을 지낸 장시영, 국민학교 교장을 지낸 유시벽, 회사장인 정운수 후보들은 무소속으로 출전했다.

을구에서는 민주당 공천을 받은 정치신인 우홍구 후보가 혁신동지총연맹 공천으로 출전한 박석홍 후보를 큰 표차로 제압했다.

농협 판매부장인 황병학, 검사출신 변호사인 최성인, 대학교수인 권경국, 경북도의원 출신인 양재목 후보들도 무소속으로 출전했다.

2선 의원인 박영교 후보는 무소속으로 등록했다 사퇴했다.

이번 총선에서는 2대와 3대의원을 지낸 신흥당 박영출, 을구에서 5대의원에 당선된 민주당 우홍구, 갑구에서 민주당으로 5대의원에 당선됐으나 공화당으로 전향한 오상직 후보가 3파전을 전개했다.

부산상고 출신인 자유당 오윤근, 농업인인 자민당 김형원, 전북도지사를 지낸 국민의당 이하영, 군수와 농사원장, 참의원의 다채로운 경력을 자랑하고 있는 보수당 권동철, 엽연초 생산조합장인 민정당 유시벽, 기자 출신인 추풍회 오장섭 후보들도 출전했다.

갑구와 을구의 5대 의원들로 오상직과 우홍구 후보가 한판 승부를 펼치고 있는 가운데 전북도지사를 지낸 이하영, 참의원을 지낸 권동철, 5대 총선에 출전하여 7,147표를 득표했던 유시벽, 목사 출신으로 2대와 3대의원을 지낸 박영출 후보들이 혼전을 벌였다.

지난 5대 총선에서 민주당으로부터 제명 처분을 받고도 민주당 공천 후보를 꺾었던 오상직 후보가 윤보선 대통령의 총애를 듬뿍 받던 청조회 활동경력을 뒤로 한 채 김상년, 박남석, 신영목, 김희용 후보들을 꺾고 민주공화당 공천장을 받아들었다.

공화당 공천을 받은 오상직 후보는 변절(變節)에도 아랑곳없이 공화당을 전폭적으로 지지하는 지역정서를 등에 업고, 민주당을 고수한 우홍구 후보를 5천 표가 넘는 표차로 꺾고 재선의원이 됐다.

5대 총선 때 갑구의 오상직 후보는 9,046표를 득표했고, 을구의 우홍구 후보는 12,417표를 득표했으며, 8,146표 득표하여 낙선한 신진욱 후보는 대구 남구에 민정당 공천으로 출전하여 이효상 후보에게 패배했다.

□ 득표상황

후보자	정당	연령	주요 경력	득표 (%)
오상직	민주공화당	38	5대의원(의성 갑)	18,611 (27.3)
우홍구	민주당	35	5대의원(의성 을)	13,401 (19.6)
박영출	신흥당	54	2선의원(의성 갑)	12,135 (17.8)
유시벽	민정당	49	엽연초생산 조합장	9,512 (13.9)
권동철	보수당	46	참의원, 군수	5,557 (8.1)
이하영	국민의당	54	전북도지사	4,049 (5.9)
김형원	자유민주당	35	정치인	2,885 (4.2)
오윤근	자유당	58	자민당 중앙위원	1,196 (1.8)
오장섭	추풍회	38	회사 중역, 기자	926 (1.4)

〈안동시-군〉 지난 5대 총선에서는 5,197표 득표에 머물렀으나 민주공화당 갑옷을 입고 15,413표를 득표한 박해충 후보를 꺾은 권오훈

안동은 5대 총선때는 갑구와 을구로 나뉘었다.

갑구에서는 2대의원을 지낸 78세의 무소속 김시현 후보가 민주당 공천을 받은 유영하, 대학강사로 사회대중당 공천을 받은 김충섭 후보 등을 제압했다.

민주당 지구당위원장이었던 권기석, 미곡창고 총무부장인 권오훈, 영남병원장인 김호윤, 민선 면장인 강소원 후보들은 무소속으로 출전했다.

을구에서는 삼천리교재 사장으로 민주당 공천을 받은 박해충 후보

가 독로당 대표인 유림, 청산고 교사인 무소속 박무칠, 중학교장인 한국사회당 오성, 동창회 이사인 사회대중당 권태리 후보들을 꺾고 국회 등원에 성공했다.

육사 출신인 강석일, 민주당원으로 활동했던 김구직 후보들은 무소속으로 출전했다.

김시현 의원이 은퇴한 이번 총선에는 지난 5대 총선에 출전했던 자민당 권기석, 5대의원에 당선된 민주당 박해충, 민정당 공천을 받은 김준구, 농협 운영위원으로 지난 5대 총선에서 낙선한 민주공화당 권오훈 후보들이 상위권을 달렸다.

청주대를 중퇴한 자유당 정광익, 서울공고 교사인 국민의당 김시효 후보들도 등록했다.

지난 4대 총선에선 미창(未倉) 지점장 출신으로 무소속으로 출전하여 5,008표를 득표하여 낙선하고, 지난 5대 총선에도 무소속으로 출전하여 5,197표를 득표하여 5위로 낙선한 권오훈 후보가 이번 총선에선 민주공화당 공천을 꿰어차고 5대 총선 때 함께 뛰었던 후보들과 한판 승부를 펼쳤다.

5대 총선 때 무소속으로 출전하여 6,682표를 득표하여 3위로 낙선한 권기석 후보는 자민당으로, 민주당 공천을 받고 을구에 출전한 박해충 후보는 15,413표를 득표하여 당선됐다.

권오훈 후보는 안동 권씨의 문중세가 선거판세를 좌지우지하는 지역에서 안동 권씨 씨족표와 민주공화당의 조직표를 활용하여 상주 박씨 문중표를 기반으로 추격전을 전개한 민주당 박해충 후보를 큰 표차로 꺾고 2전3기(二轉三起)를 이뤄냈다.

무명의 정치신인인 민정당 김준구 후보가 안동 김씨, 의성 김씨들의 지지와 윤보선 후보 지지표를 결집시켜 동메달을 목에 걸었다.

□ 득표상황

후보자	정당	연령	주요 경력	득표 (%)
권오훈	민주공화당	47	농협 운영위원	32,153 (43.9)
박해충	민주당	34	5대의원(안동 을)	17,961 (24.6)
김준구	민정당	48	상업인	9,175 (12.5)
권기석	자유민주당	53	민정당 중앙위원	7,413 (10.1)
정광익	자유당	30	무직	4,925 (6.7)
김시효	국민의당	33	서울공고 교사	1,532 (2.1)

〈청송 - 영덕〉 경북도의원 출신이지만 민주공화당 공천을 받은 여세를 몰아 의정 단상에 오른 전직 의원들인 박종길, 김영수, 윤용구, 한국원 후보들을 꺾어버린 김중한

지난 5대 총선 때 청송에서는 민주당 공천을 받은 심길섭 후보가 제헌과 2대의원을 지낸 무소속 김봉조, 재일거류민단 부단장인 사회대중당 조용수, 검사 출신 변호사인 무소속 윤지선, 청송군수를 지낸 무소속 안태석 후보들을 제압했다.

자유당으로 3대와 4대의원을 지낸 윤용구, 청송경찰서장을 지낸 윤운섭, 상해 임시정부 요원이었던 신수대 후보들도 무소속으로 등록했다.

영덕에서도 항공대학장 출신으로 민주당 공천을 받은 김영수 후보가 농림부차관을 지낸 김병윤, 달성광업소장을 지낸 신삼휴 후보들을 꺾고 국회에 등원했다.

민주공화당은 재선의원으로 지난 5대 총선에도 출전했던 김봉조 후보를 비롯하여 송인명과 김도영 후보들을 제치고 경북도의원 출신인 김중한 후보를 내세웠다.

심길섭 의원이 정계 은퇴한 이번 총선에서는 3대, 4대, 5대의원을 지낸 자민당 박종길, 3대와 4대의원을 지낸 국민의당 윤용구, 2대의원을 지낸 민주당 한국원, 5대의원을 지낸 민정당 김영수 후보들이 각축전을 전개했다.

대한중석 상동광산 부소장인 신민회 신삼휴, UN군 연락장교 출신인 보수당 황병우 후보들도 참전했다.

청송과 영덕의 군(郡)대항의식이 팽배한 가운데 민주공화당 김중한, 신민회 신삼휴, 민정당 김영수, 민주당 한국원 후보들은 영덕을 기반으로 뛰고 있고, 보수당 황병우, 국민의당 윤용구 후보는 청송 출신이지만 자유당 출신으로 3선의원이 된 박종길 후보는 영양 출신으로 이 지역과는 직접적인 관련이 없다.

박종길 후보는 육군대학 출신으로 3대의원에 자유당 공천으로 당선되고 4대 총선에는 무투표 당선됐고 5대 총선에선 무소속으로 출전하여 민주당 조근영 후보를 58표 차로 제압하고 3선의원이 됐다.

영양이 지금껏 강원도 관할구역이었던 울진과 통합되자 성장시켜 준 지역을 포기한 것인지 이 지역에 많은 선거 참모를 거느리고 있는지는 몰라도 지역에서 의원에 당선됐던 김영수, 윤용구, 한국원 후보들을 제치고 경북의 북부 산간지역에서 민주공화당 공천을 받은 김중한 후보와 당당하게 겨뤄 2,546표 차로 패배한 것은 국회의원 선거사상 희귀(稀貴)한 일이다.

지난 5대 총선에서 24,467표를 득표하여 당선되었고 제1야당인 민정당 공천을 받고도 9,498 표를 득표하고 낙선한 신삼휴 후보에게도 뒤진 7,762표를 득표한 김영수 후보의 저조한 성적도 의외의 선거결과였다.

□ 득표상황

후보자	정당	연령	주요 경력	득표 (%)
김중한	민주공화당	54	경북도의원	18,674 (29.5)
박종길	자유민주당	39	3선의원(영양)	16,128 (25.5)
신삼휴	신민회	45	대한중석광산 부소장	9,516 (15.0)
김영수	민정당	56	5대의원(영덕)	7,762 (12.3)
황병우	보수당	32	UN군 연락장교	4,483 (7.1)
윤용구	국민의당	50	2선의원(청송)	4,395 (6.9)
한국원	민주당	56	2대의원(영덕)	2,313 (3.7)

〈영양 - 울진〉 지난 5대 총선에는 김광준 후보에게 패배했지만, 변절 시비로 이번 총선에서는 역전 시켜버린 민정당 진기배

지난 5대 총선 때 영양에서는 자유당으로 3대와 4대의원을 지낸 박종길 후보가 민주당 공천을 받은 조근영 후보를 58표 차로 제압

하고 3선의원이 됐다.

4대 총선 때 등록했다가 사퇴하여 박종길 의원을 무투표 당선시킨 변호사인 김은호, 경북도의원인 권영우, 농업인인 임대규 후보들도 출전했다.

강원도 관할이었던 울진에서는 일본 중앙대 출신으로 제헌, 2대 의원을 지낸 민주당 김광준 후보가 신동아보험 사장인 황병석, 사단참모장을 지낸 안교명, 사법위원회 조사관을 지낸 오춘삼, 해인대 출신으로 동국대 평의원인 진기배 등 무소속 후보들을 가볍게 제압하고 3선의원이 됐다.

이번 총선에서는 불교청년단장으로 민정당 공천을 받은 진기배 후보와 제헌, 2대, 5대의원을 지낸 민주공화당 김광준 후보가 맞붙었다.

방송국에 근무했던 자민당 장봉락, 강원도 공무원교육원 부원장을 지낸 국민의당 안교명, 회사장인 민주당 장진택 후보들도 출전했고 사상계 총무부장을 지낸 추풍회 손석우 후보는 등록무효됐다.

민주공화당의 공천 파동으로 난동, 혈서, 데모 소동까지 일으켜 전국적으로 널리 알려진 이 지역구는 민주공화당 김광준, 국민의당 안교명, 민정당 진기배 후보들의 3파전으로 좁혀졌다.

3선 의원인 김광준 후보는 민정당에서 민주공화당으로 옮긴 데 대하여 자기 변명(辨明)에 급급하고 있으며, 민주공화당원의 대량 이탈에 속수무책이었다.

군정 2년간의 실정을 폭로하는데 열을 올리고 있는 진기배 후보는 세 번 낙선한 데 따른 동정표를 기대하고 있으나, 같은 마을 출신인 자민당 장봉락 후보의 출현이 못내 마뜩찮다.

민주공화당은 출전 의욕을 불태우고 있는 손석우, 전만중, 오석만 후보들의 꿈을 짓밟고 민정당 전당대회 부의장으로 민정당 공천을 받은 김광준 후보를 영입하여 공천했다.

"김광준 후보의 소행은 유권자들을 무시한 것이니 이번 기회에 공화당 공천자에 본 때를 보여 지조없는 정객의 버릇을 고쳐 주어야겠다"는 유권자들이 "이번 선거는 누가 당선되느냐 보다는 변절 정객을 어느 정도 반대하느냐를 측정하는데 의의가 있다"고 평가했다.

민정당 공천을 받은 진기배 후보는 "네 번째 출마했습니다. 한번쯤은 동정해 주십시요"라는 읍소전략이 변절 시비와 맞아떨어졌다.

지난 5대 총선 때 강원도 울진에서 민주당 공천을 받은 김광준 후보는 13,629표를 득표하여 당선됐고, 세 번째 출전한 무소속 진기배 후보는 7,892표를 득표하여 낙선했으며, 무소속 안교명 후보도 5,843표를 득표하여 낙선했었다.

민정당 진기배 후보는 지난 5대 총선에서 5,737표차로 패배했지만 이번 총선에서는 변절시비와 동정여론을 묶어 2,843표 차로 꺾고 경북에서 유일한 야당 당선 후보로 솟아올랐다.

□ 득표상황

후보자	정당	연령	주요 경력	득표 (%)
진기배	민정당	43	불교 청년단장	22,652 (43.9)
김광준	민주공화당	48	3선의원(울진)	19,809 (38.8)
장봉락	자유민주당	34	방송국 직원	4,710 (9.2)

안교명	국민의당	34	강원도청 직원	2,264 (4.4)
장진택	민주당	62	상업인	1,624 (3.2)
손석우	추풍회	33	사상계 총무부장	등록무효

〈영천〉 지난 5대 총선에는 10,997표를 득표했지만 민주공화당 공천이란 날개를 달고 18,475표를 득표하여 4선의원에 등극한 권중돈 후보를 꺾어버린 이활

영천군은 지난 5대 총선 때는 갑구와 을구로 나뉘었다.

갑구에서는 경북도의원 출신인 민주당 조헌수 후보가 대한무역협회 회장인 무소속 이활, 3대와 4대의원을 지낸 자유당 김상도 후보들을 꺾고 당선됐다.

사회사업가인 민영찬, 회사원인 최효생, 박삼암 후보들도 출전했다.

을구에서는 2대와 3대, 4대의원을 지낸 무소속 권중돈 후보가 경북도 농산과장을 지낸 사회대중당 안범락, 언론인 출신인 무소속 최윤동 후보들을 꺾고 4연승을 이어갔다.

경북도의원이었던 임재식 후보는 무소속으로 등록했다 사퇴했다.

이번 총선에서는 3대와 4대의원을 지낸 자유당 김상도, 총선에서 4연승을 이어 온 민정당 권중돈, 영국 런던대 출신으로 과도정부 입법의원으로 활동했고 지난 5대 총선에서 낙선한 이활 후보가 민주공화당으로 변신하여 3파전을 전개했다.

사회사업가인 신민회 박기수, 5월동지회원인 자민당 박삼암 후보들도 출전했다.

4선의원 기록 보유자인 민정당 권중돈, 2선의원 관록으로 한 몫 보는 자유당 김상도, 참신성을 내세운 민주공화당 이활 후보들이 용호상박 혈투를 전개했다.

자유당 때 세운 공인 수리사업, 교량·사방공사를 들고 나와 유권자들의 눈치를 살피고 있는 김상도 후보와 4선의원의 야당 투사가 제일이라는 권중돈 후보가 갑·을 지역의 초토화 작전에 열을 올리고 있다.

거물로 군림했던 민정당 권중돈과 "그저 소처럼 부려 달라"는 자유당 김상도, 조헌수 전 의원의 조직과 재력을 활용하고 있는 민주공화당 이활 후보가 지역 구석구석을 누비고 있다.

풍채가 의젓하고 돈 많은 이활, 야당투사로 관록이 붙은 권중돈, 말보다는 행동으로 실천하는 김상도 후보들의 경쟁은 예측을 불허하고 있다.

김상도 후보는 "자유당을 했습니다. 죄송합니다. 이제 남은 목숨은 영천을 위해 바치겠읍니다"며 동정공세도 펼치고 있다.

비교적 약세로 평가받고 있는 이활 후보는 지난 대선에서 박정희 후보가 윤보선 후보보다 1만 2천여 표 더 득표했다는 사실에 고무되어 영천읍내의 도로포장, 신영농고와 영천중·고 설립 등 선심수표를 발행하여 선전공세에 돌입했다.

권중돈 후보가 약간 앞서 달리고 있지만 뚜껑은 열어 봐야지 하는 신중론이 관전평이다.

지난 5대 총선에선 무소속으로 출전하여 10,997표를 득표하여 낙선한 이활 후보가 민주공화당 공천이라는 날개를 달고 민주당 공천을 받고 18,475표 득표하여 4선의원에 등극하여 국방부장관을 지낸 권중돈 후보를 6,361표 차로 꺾고 금뱃지를 인계받았다.

자민당으로 출전이 예상됐던 조헌수 후보의 등록포기로 갑구 지역과 을구 지역이 팽팽하게 균형을 유지한 것도 대승의 요인이었다.

지난 5대 총선 때 자유당으로 출전한 김상도 후보는 7,700표를 득표했고, 무소속으로 출전한 박삼암 후보는 875표를 득표했다.

□ 득표상황

후보자	정당	연령	주요 경력	득표 (%)
이 활	민주공화당	64	무역협회장	25,598 (39.3)
권중돈	민정당	51	4선의원(영천 을)	19,237 (30.0)
김상도	자유당	49	2선의원(영천 갑)	18,754 (28.8)
박기수	신민회	39	사회사업가	918 (1.4)
박삼암	자유민주당	36	5월동지회 상임위원	556 (0.8)

〈경산 - 청도〉 지난 4대 총선에서는 16,664표 대 12,548표로 낙선했던 김준태 후보가 변절 시비에도 불구하고 반재현 후보를 14,561표 차로 꺾고 3선의원으로 등정

지난 5대 총선 때 경산에서는 제헌, 3대, 4대의원을 지낸 민주당 박해정 후보가 박하 조합장인 사회대중당 이형우 후보를 5천여 표

차로 따돌리고 4선의원이 됐다. 국회 사무처에 근무했던 강창덕 후보는 등록했다 중도에 사퇴했다.

청도에서는 2대의원인 민주당 김준태 후보가 육군소령으로 예편한 강용백과 김순구, 경북도 보건과장을 지낸 박숙현 등 무소속 후보들을 제치고 재선의원이 됐다.

박해정 의원이 출전을 포기한 이번 총선에서는 4대의원을 지낸 국민의당 반재현 후보와 재선의원으로 민주당 집권시절 부흥부차관에 발탁됐지만 민주공화당으로 전향한 김준태 후보가 호각지세(互角之勢)를 이뤘다.

대구 현대체육관장인 신민회 박영조, 제5관구 부사령관을 지내 자민당 서국신, 경성제대 출신 의사인 민주당 곽경성, 경찰전문학교 출신인 민정당 김용한 후보들도 출전했다.

민주공화당은 이상조, 박주현, 박재열, 최기성, 김준태 후보들을 저울질하다 2대와 5대의원을 지낸 김준태 후보를 공천했다.

박해정 4선의원의 불출마로 김준태 재선의원의 민주공화당 전향으로 초토화된 야권에서는 4대의원을 지낸 반재현 후보가 국민의당 공천으로, 관구 부사령관을 지낸 서국신 후보가 자민당으로 출전하여 명맥을 이어가고자 했다.

지난 4대 총선 때 반재현 후보는 청도군 내무과장 출신으로 무소속으로 출전하여 16,664표를 득표하여 당선됐고, 변호사로서 2대의원을 지낸 김준태 후보는 민주당으로 출전하여 12,548표를 득표하여 차점 낙선했다.

이번 총선에서는 상전(桑田)이 벽해(碧海)되어 공화당 모자를 쓴 김준태 후보는 40,476표를 득표하여 당선됐고, 국민의당 간판으로 출전한 반재현 후보는 25,915표를 득표하여 차점 낙선했다.

□ 득표상황

후보자	정당	연령	주요 경력	득표 (%)
김준태	민주공화당	48	2선의원(청도)	40,476 (46.5)
반재현	국민의당	44	4대의원(청도)	25,915 (29.8)
서국신	자유민주당	38	관구 부사령관	10,596 (12.2)
김용한	민정당	45	농업인	7,225 (8.3)
박영조	신민회	38	현대체육관장	1,594 (1.8)
곽경성	민주당	51	의사	1,295 (1.5)

〈성주 - 칠곡〉 수도경찰청장, 초대 외무부장관, 국무총리, 국회부의장, 4선의원의 관록도 30대의 대학 강사에게 와르르 무너져

지난 5대 총선 때 성주에서는 4대의원인 민주당 주병환 후보가 육군 경리감 출신인 이규동, 해산물산 사장인 김대훈 무소속 후보들을 꺾고 재선의원이 됐다. 사회대중당 김갑임, 범일사 사장인 무소속 배의석 후보들도 등록했다.

칠곡에서는 국무총리 출신으로 2대, 3대, 4대의원에 당선된 무소속 장택상 후보가 기아산업 사장인 무소속 김철호, 변호사 출신으로 민주당 공천을 받은 김순택 후보 등을 꺾고 4연승을 이어 갔다.

출판사 대표인 사회대중당 한병용, 대학강사인 최종율과 장재용, 육군본부 감사관을 지낸 이승조 후보들도 등록했다.

주병환 의원이 출전을 포기한 이번 총선에서는 국무총리와 국회부의장을 지낸 자유당 장택상 후보와 대학강사 출신인 민주공화당 송한철 후보가 한판 승부를 벌였다.

3대의원을 지낸 자민당 도진희, 단국대 출신인 보수당 김용희, 대학교수인 민정당 최종률, 성균관대 출신인 추풍회 배의석 후보들도 참전했다.

30대의 민주공화당 송한철, 40대의 자민당 도진희, 60대의 자유당 장택상 후보가 3파전을 전개하고 있다.

국무총리를 지낸 장택상 후보는 "옛날 자유당 때 나쁜 놈들은 공화당이나 민정당으로 가고 지금의 자유당은 깨끗하다"고 새 자유당론을 펼치자, 송한철 후보는 "자유당의 망령(亡靈)이 또 한번 둔갑한 자유당을 누가 믿느냐"고 역습했다.

독설 섞인 능변의 장택상, 격파 정신이 돋보인 도진희, 차분한 논리를 전개한 송한철 후보들 모두 당선을 장담하고 있다.

공천 과정에서 신동욱 후보와의 혈투가 당선을 어둡게 하고 있지만 민주공화당 조직을 활용하고 있는 송한철 후보가 유리한 가운데 "신구악을 물리치자"는 보수당 김용희 후보의 구호는 메아리 없는 절규였다.

유권자가 엇비슷한 이 지역구는 칠곡에서는 자유당 장택상, 민정당 최종률 후보가, 성주에서는 공화당 송한철, 자민당 도진희 후보가 출전하여 균형을 유지했다.

장택상 후보가 "우리 외화(外貨)는 김종필이 외유하느라 다 쓰고 온갖 부정을 범했으니 그는 과거 이기붕과 같은 사람"이라고 공격하자, 송한철 후보는 "자유당을 업고 나온 장택상 후보라 말로 바로 이기붕의 둔갑이 아니고 뭔가"라고 역습했다.

기호 3번인 도진희 후보는 "나를 잊으면 여러분이 찍었던 박정희 후보를 생각을 하고 그때 찍었던 그 자리에 찍어주십시오"라고 박정희 후보에 기대어 보기도 했지만, 민주공화당 갑옷을 입은 30대의 대학강사 출신인 송한철 후보의 적수가 되지 못했다.

□ 득표상황

후보자	정당	연령	주요 경력	득표 (%)
송한철	민주공화당	34	대학 강사	31,446 (41.1)
장택상	자유당	70	4선의원(칠곡)	23,647 (30.9)
도진희	자유민주당	46	3대의원(성주)	14,372 (18.8)
최종률	민정당	40	대학 교수	3,852 (5.0)
배의석	추풍회	33	무직	1,899 (2.5)
김용희	보수당	32	농업인	1,344 (1.7)

〈상주〉 국민의당으로 출전했더라면 낙선됐겠지만, 민주공화당에 영입되는 행운을 잡아 재선의원이 된 김정근

상주군은 지난 5대 총선 때는 갑구와 을구로 나뉘었다.

갑구에서는 검사 출신 변호사인 홍정표 후보가 민주당 공천을 받

고서 3대의원인 사회대중당 김달호, 조선민주당 창당위원인 무소속 이신덕 후보들을 꺾고 당선됐다.

을구에서는 농업인으로 상주농고 중퇴자인 무소속 김기령 후보가 4대의원인 김정근, 2대와 3대의원인 백남식, 대학교수인 왕학수, 민주당 공천을 받은 추광엽 후보 등 기라성같은 후보들을 제치고 당선됐다.

중학교 교사인 임재영, 국회 출입기자였던 유상열 후보들도 무소속으로 출전했다.

이번 총선에서는 갑구에서 당선된 민주당 홍정표, 을구에서 당선된 자민당 김기령, 4대의원을 지내고 지난 5대 총선에서 낙선한 민주공화당 김정근 후보들이 3파전을 전개했다.

대한약사회 부회장인 국민의당 조성호, 중학교 교감 출신인 민정당 임재영 후보들도 출전했다.

민주당 홍정표 후보는 "아무리 시집이 돈 없고 못마땅하다 해도 그렇게 쉽게 개가(改嫁)를 해서야 어떻게 믿고 일을 맡기겠는가"라고 김정근 후보의 정치적 변절을 공격하자, 김정근 후보는 "내야 떳떳이 개가를 했지만 유부녀가 난봉 피우는 것이 더 나쁘지 않느냐"고 반격했다.

이는 홍정표 후보가 범국민정당운동 초기에 김재춘 중앙정보부장과 의기투합한 사실을 지적한 것인데, 이에 홍정표 후보는 "명장은 적탄을 얻어 싸운다"고 재반격했다.

국민의당 공천을 받은 김정근 후보가 민주공화당으로 변절하자 민주공화당에서 밀려난 조성호 후보가 국민의당 공천으로 출전했다.

홍정표 후보의 기반이 갑구인 반면, 김정근 후보와 자민당의 김기령 후보가 을구로 기반이 겹쳐 "홍 후보가 횡재 만났다"는 소문이 퍼져 나갔다.

민정당 임재영 후보는 교직 생활로 쌓은 인연과 문중표를 엮고 있으며, 국민의당 조성호 후보는 민주공화당에서 밀려날 때 민주공화당 조직의 4할을 업고 나왔다는 계산을 하고 있다.

"술이나 돈이나 주는 대로 먹으시오. 그 대신 그게 다 내 덕인 줄 아시오"라고 역습하는 홍정표 후보와 "황소 같이 부려 먹이고 황소 같이 잡혀 먹인 것이 억울하다"는 조성호 후보의 협공을 자금과 조직 면에서의 우세를 발판 삼아, 민주공화당 김정근 후보가 6,709표 차로 홍정표 후보를 따돌렸다.

지난 5대 총선 때에는 홍정표 후보는 21,069표로 당선됐고, 김정근 후보는 10,860표를 득표하여 김기령 후보에게 802표 차로 패배했다.

조성호와 강상운 후보들이 홍정표 후보와의 싸움에서 승산이 없다고 판단한 민주공화당은 국민의당 출전을 준비 중인 김정근 후보를 빼어내 공천을 주어 당선시켜, 김정근 후보의 금뱃지는 홍정표 후보가 달아 준 셈이란 쑥덕공론도 있었다.

□ 득표상황

후보자	정당	연령	주요 경력	득표 (%)
김정근	민주공화당	47	4대의원(상주 을)	26,163 (35.5)
홍정표	민주당	47	5대의원(상주 갑)	19,454 (26.4)
김기령	자유민주당	47	5대의원(상주 을)	14,327 (19.4)

임재영	민정당	41	중고교 교감	7,000 (9.5)
조성호	국민의당	52	대한약사회 부회장	6,759 (9.2)

〈문경〉 지난 4대 총선 때 35,163표를 득표한 이동녕 후보와 지난 5대 총선 때 10,454표를 득표한 채문식 후보가 접전을 벌여

지난 5대 총선 때에는 4대의원이었지만 공천에서 낙천하고 민주당에서 제명된 이병하 후보가 민주당 공천을 받은 3대의원인 윤만석 후보를 꺾고 기사회생했다.

문경군수를 지낸 무소속 채문식, 독립단 부대장이었던 민주당 장호문, 고교 교사 출신인 사회대중당 조규팔, 문경탄광 사장인 무소속 강신채 후보들도 선전했다.

이병하 의원이 대구로 지역구를 옮긴 이번 총선에선 지난 5대 총선에서 낙선한 국민의당 채문식 후보와 탄광 소유주로서 4대의원을 지낸 공화당 이동녕 후보가 혈전을 전개했다.

국회 사무처에 근무했던 민정당 노시중, 청년운동을 전개했던 정민회 황의교 후보들은 분투했으나, 재건국민운동을 펼쳤던 자민당 이용수 후보는 중도에 사퇴했다.

현역의원인 이병하 후보가 문경에서의 출전을 포기하고 대구 중구로 다시 옮겨 출전하여 이병하 후보의 조직을 물려받은 채문식 후보가 방대한 조직과 풍부한 재력을 동원한 민주공화당 이동녕 후보와 한판 승부를 펼쳤다.

이동녕 후보는 황금작전으로 인해전술을 펼치고 있으며, 채문식 후보는 원내 견제세력의 필요성을 역설하는 이곳 저곳 연설 전술로 대응했다.

문경경찰서장을 비롯한 경찰 간부들은 "왜 하필이면 돈 없는 사람한테 붙어서 그럽니까. 내 체면을 보아서라도 어떡합니까"라며 노골적으로 민주공화당 선거운동을 펼쳤다.

채문식 후보는 허정 최고위원의 지원 연설에 큰 기대를 걸고 붐의 유지에 총력을 기울였지만, 1만여 표차의 패배를 인정할 수밖에 없었다.

민주공화당 이동녕 후보는 지난 4대 총선 때 자유당 공천으로 35,163표를 득표하여 당선됐고, 내무부 재무과장을 지낸 국민의당 채문식 후보는 지난 5대 총선에서 10,454표를 득표하여 낙선했다.

□ 득표상황

후보자	정당	연령	주요 경력	득표 (%)
이동녕	민주공화당	58	4대의원(문경)	26,664 (54.4)
채문식	국민의당	38	문경군수	15,971 (32.6)
노시중	민정당	38	국회사무처 직원	5,065 (10.3)
황의교	정민회	25	청년운동가	1,321 (2.7)
이용수	자유민주당	47	재건국민운동가	사퇴

〈예천〉 민정당으로 출전을 준비하고 있다가 민주공화당에 영입되어 대승을 거두고 국회에 입성한 정진동

지난 5대 총선 때는 자유당 소속으로 3대의원을 지낸 민주당 현석호 후보가 재일거류민단장을 지낸 사회대중당 정인석, 재무부 관재국장을 지낸 무소속 정진동 후보를 꺾고 재선의원이 됐다.

이번 총선에는 대한청년단 소속으로 2대의원과 경북도지사를 지낸 민주당 이호근 후보와 경성제대 출신으로 예천군수와 교통부차관을 지낸 정진동 후보가 호각지세를 이뤘다.

미국 콜럼비아 신학대 출신 목사인 자유당 전상수, 회사원인 국민의당 반형식, 중등학교 교사인 보수당 최상희, 경북도의원을 지낸 민정당 임병동 후보들도 출전했다.

민주공화당은 임승춘과 조재봉 후보들이 출전을 준비하고 있었으나 경북도지사를 지낸 민주당 이호근 후보를 대적하기에는 미흡하다고 판단한 나머지 민정당으로 출전이 예상됐던 정진동 후보를 영입하여 공천했다.

지난 5대 총선에서 무소속으로 출전하여 7,368표를 득표하여 낙선했던 정진동 후보는 풍부한 자금으로 방대한 조직을 구축하여 현석호 현역의원이 없는 선거전에서 경북도지사를 지낸 이호근 후보에게 여유있는 승리를 거두었다.

□ 득표상황

후보자	정당	연령	주요 경력	득표 (%)
정진동	민주공화당	53	교통부차관	19,567 (40.5)
이호근	민주당	48	경북도지사, 2대의원	14,409 (29.8)
임병동	민정당	54	경북도의원	5,097 (10.6)

전상수	자유당	39	목사	4,928 (10.2)
반형식	국민의당	28	회사원	2,739 (5.7)
최상희	보수당	31	교사	1,566 (3.2)

〈영주 - 봉화〉 무명의 정치신인으로 영주와 봉화에서 5대 의원들에게 밀렸지만 조직표를 동원하여 당선을 일궈 낸 공화당 김창근

지난 5대 총선 때 영주에서는 재무부 관재국장을 지낸 민주당 황호영 후보가 혁신운동을 전개한 사회대중당 박용만 후보를 1천여 표차로 따돌렸다.

고교 교사인 최현우, 서울공대 전임강사인 정규만, 조선일보 사원인 김식영, 기계상사 사장인 김상기, 경북도의원을 지낸 강석일 후보들도 출전했다.

봉화에서는 경북도의원을 지낸 무소속 최영두 후보가 해무청장을 지낸 무소속 권성기 후보를 360표 차로 꺾고 당선됐다.

민주당 공천을 받은 강해원 후보를 비롯하여 봉화중 교장인 박병기, 변호사로서 서울대 강사인 신도순, 경북도의원 출신인 심동국, 세계일보 편집국장인 김창엽, 예비역 육군대령인 오한영 후보들도 무소속으로 출전했다.

이번 총선에서는 영주에서 5대의원을 지낸 황호영, 봉화에서 5대의원을 지낸 최영두 후보와 민주공화당 창당에 관여했던 김창근 후보들이 3파전을 전개했다.

장관비서관을 지낸 민주당 이성모, 풍기면에 근무했던 신민회 배만식 후보들은 완주했으나, 회사장인 자민당 김상기 후보는 등록 무효됐다.

이 곳의 선거전은 정치신인인 민주공화당 김창근 후보와 재무부 관재국장 출신으로 5대 총선 때 민주당 공천으로 영주에서 17,883표를 득표한 국민의당 황호영, 경북도의원 출신으로 무소속으로 봉화에서 9,992표를 득표하여 당선된 최영두 후보가 3파전을 전개했다.

영주 대지주의 아들로 명망이 높은 황호영 후보는 4대 총선에도 무소속으로 출전하여 12,654표를 득표하여 자유당 이정희, 무소속 박용만 후보에 이어 3위를 한 저력을 지니고 있다.

영주의 유권자는 6만 5천여 명이고 봉화의 유권자는 5만 명으로 지역의식에 의한 군별 대항전은 불가피한 가운데 풍부한 자금을 동원하여 구축한 민주공화당 조직이 영주에서는 황호영 후보에게 뒤지고, 세무서까지 폐쇄되고 영주에 통합된 봉화에서는 최영두 후보에게 뒤졌지만, 전체적으로 많은 득표로 김창근 후보가 당선이란 열매를 맺을 수 있는 시험대였다.

영주에서 행세하는 집안의 자제로서 재무부 관재국장까지 오른 황호영 후보는 "인플레가 생겨 공산물 가격만 올라 농민들이 울상을 짓고 있다"고 정부정책 비판에 앞장섰다.

"최영두 후보는 없는 사람에게 혜택을 많이 베풀었다"는 민심을 등에 업고 봉화를 석권하고 있지만, 영주 지역은 교회 장로로서 기독교인들의 지지를 기대할 뿐이었다.

무명의 정치신인 김창근 후보는 "태백산 지구를 개발하고 경공업을 육성하여 영주를 경북 북부의 중심 도시가 되도록 하겠다"고 공약하며, 각종 사업의 기공식을 거행하여 1만 7천 명의 당원들을 활용하여 홍보하는 선거전략으로 승리의 열매를 맺을 수 있었다.

□ 득표상황

후보자	정당	연령	주요 경력	득표 (%)
김창근	민주공화당	33	공화당 기획차장	35,360 (44.0)
황호영	국민의당	44	5대의원(영주)	27,739 (34.5)
최영두	민정당	57	5대의원(봉화)	13,778 (17.2)
이성모	민주당	36	장관 비서관	2,179 (2.7)
배만식	신민회	69	풍기면 직원	1,273 (1.6)
김상기	자유민주당	53	회사장	등록무효

제3장 민주공화당 광풍(狂風)이 휩쓸어버린 비영남권

1. 민주공화당이 69.4%안 43개 선거구를 점령

2. 비영남권 62개 지역구 불꽃 튀는 격전의 현장으로

1. 민주공화당이 69.4%인 43개 선거구를 점령

(1) 5대 의원들의 귀환율은 12.5% 수준에 불과

수도권(서울, 경기)과 영남권(부산, 경북, 경남)을 제외한 비영남권은 강원도가 9개 선거구, 제주도가 2개 선거구, 충청권이 21개 선거구, 호남권이 30개 선거구로 62개 선거구로 전국 131개 선거구의 절반 수준인 47.3%를 점유하고 있으나 50여 년이 흘러 온 2020년에는 23% 수준으로 급감했다.

62개 선거구 가운데 민정당의 이충환(진천-음성), 진형하(대전), 박찬(공주), 이상돈(천안-천원), 유청(전주), 고형곤(군산-옥구), 나용균(정읍), 김상흠(고창), 정성태(광주 을), 양회수(화순-곡성), 이정래(보성) 후보, 민주당의 박영록(원주-원성), 김대중(목포), 자민당의 김삼(강릉-명주), 이희승(충주-중원), 민영남(해남), 정명섭(나주), 국민의당 이상철(청양-홍성), 한건수(예산) 후보 등 19개 선거구를 제외한 43개 선거구에서 민주공화당 후보들이 당선되어 69.4%를 점유했다.

지난 5대 총선 때는 강원도가 20개 선거구, 제주도가 3개 선거구, 충청권이 35개 선거구, 호남권이 56개 선거구로 114개 선거구로 전체 233개 선거구의 48.9%를 차지했었다.

재·보궐 선거에서 당선된 김대중(인제), 이교선(홍천), 김사만(괴산), 정인소(음성), 김성환(정읍), 엄대섭(공주 갑) 의원 등 120명의 의원 가운데 김재순(철원-화천-양구), 안동준(괴산), 이충환(진천-음성), 진형하(대전), 이상철(청양-홍성), 이상돈(천안-천원), 유청(전주), 전휴상(진안-무주-장수), 한상준(임실-순창), 나용균(정읍), 김상흠(고창), 정성태(광주 갑), 김대중(목포), 이정래(보성), 김준연(영암-강진) 등 15명의 의원들만 귀환하여 귀환율은 12.5% 수준이었다.

다만 윤제술(서대문 을), 서민호(용산) 의원들이 상경하여 당선되었을 뿐이다.

이교선(홍천-인제), 태완선, 신인우(영월-정선), 황학성, 신기복(철원-화천-양구), 함종윤(속초-고성-양양), 양덕인, 장춘근(평창-횡성), 최경식(삼척), 김창수, 이민우(청주), 신정호(청원), 김기철(충주-중원), 박기종, 신각휴(옥천-보은), 김사만(괴산), 민장식(영동), 조종호(제천-단양), 성태경(대덕-연기), 김학준, 박충식(공주), 윤담(논산), 장경순(서산), 성기선(아산), 홍춘식(천안-천원), 김판술(군산-옥구), 배성기(완주), 홍영기(임실-순창), 조한백(김제), 이필선(광주 을), 조연하(순천-승주), 김병수(장성-담양), 박민기(화순-곡성), 고기봉(광양-구례), 박형근(고흥), 고몽우(광산), 김의택(함평-영광), 고담룡, 홍문중(제주-북제주) 등 40명의 의원들이 출전했으나 낙선했다.

정인소(동대문 갑), 이석기(동대문 갑), 조영규(성북 을), 김준섭(성북 을) 의원들은 지역구를 버리고 서울로 옮겨갔으나 모두 낙선의 고배를 마셨다.

(2) 30% 미만의 득표율로 8명의 후보들이 당선

62개 지역구 가운데서 최고득표율은 군사정권의 제2인자로 알려진 부여의 김종필 후보로 68.2%로 당선됐고, 혁명주체로 농림부장관을 지낸 김제의 장경순 후보가 66.8%, 그리고 최고회의 내무분과위원장을 지낸 길재호 후보가 62.1% 득표율로 당선되어 정권의 실세임을 과시했다.

광주의 정성태(58.0%), 목포의 김대중(56.1%) 후보들은 광주와 목포는 야당 도시임을 보여줬고, 담양-장성의 박승규(53.7%), 진도의 이남준(53.5%), 영광-함평의 정헌조(51.6%) 후보들도 50% 이상의 득표율로 당선됐다.

반면 서산의 이상희 후보가 24.7%로 최하위 득표율로 당선되고 완도의 최서일 후보가 25.0%로 그 뒤를 따랐다.

민정당의 김상흠(29.6%), 나용균(28.4%), 자민당의 김삼(29.6%) 후보 등 야권 후보들도 낮은 득표율로 당선됐다.

횡성-평창의 황호현(29.8%), 청원의 신관우(29.4%), 아산의 이영진(28.7%) 후보들도 30% 미만으로 당선되어 8명 후보들이 낮은 득표에도 당선의 열매를 맺었다.

남제주 현오봉(49.2%) 후보를 비롯하여 김재순, 김용태, 양순직, 신형식 등 18명의 후보들이 40%대 득표율로 당선됐다.

군산-옥구의 고형곤(30.2%) 후보를 비롯하여 김진만, 육인수, 유청 등 28명의 후보들이 30%대 득표율로 당선되어 30~40%대 당선자가 46명으로 74%를 차지했다.

(3) 민주공화당 공천을 받아 든 62명 후보들의 진면목

강원도와 제주도 11명의 공화당 후보 중 최용근(강릉-명주), 김진만(삼척), 현오봉(남제주), 황호현(횡성-평창) 후보들은 자유당 의원 출신이고, 김재순(철원-화천-양구) 후보는 민주당 출신이다.

경찰서장 출신인 엄정주(영월-정선), 대학교수 출신인 임병수(제주-북제주) 후보들은 지난 5대 총선에 출전했고, 이승춘(홍천-인제) 후보는 홍천군수 출신으로 구정치인 출신이다.

신옥철(춘천-춘성) 후보는 강원일보 사장, 문창모(원주-원성) 후보는 병원장 출신이고 김종호(속초-양양-고성) 후보는 수도의대 이사 출신으로 정치신인이다.

충청권 21명의 민주공화당 공천자 가운데는 정상희(충주-중원), 안동준(괴산), 김창동(청양-홍성), 인태식(당진), 박충식(공주), 윤병구(예산) 후보들은 자유당 의원 출신이고, 홍춘식(천안-천원) 후보는 민주당 의원 출신이다.

김종필(부여)후보를 비롯하여 길재호(금산), 김종갑(서천-보령), 오원선(진천-음성), 신관우(천원), 이동진(영동) 후보들은 군인 출신이다.

충남도의원을 지낸 이상희(서산), 대전시장을 지낸 정인권, 제천군청 내무과장 출신인 김종무, 충남도지사 출신인 이영진 후보를 제외하면 정치신인은 충북대 부교수인 정태성, 고교 교사인 육인수, 민간인으로 혁명주체인 김용태, 서울신문 사장인 양순직 후보 등을 들 수 있다.

539

호남권 30명의 후보 중 구흥남(화순-곡성) 의원은 자유당 의원 출신이고, 전휴상(진안-무주-장수), 한상준(임실-순창), 김성환(정읍), 홍광표(해남), 정헌조(영광-함평) 후보들은 무소속으로 출전하여 당선된 의원 출신이고, 조경한(순천-승주), 최서일(완도), 신형식(고흥), 이남준(진도), 김선주(광양-구례), 이병옥(부안), 김용택(군산-옥구) 후보들은 지난 5대 총선에 출전하여 낙선했다.

그리고 이교은(나주), 이우헌(여수-여천) 후보들은 자유당 소속 전남도의원 출신들이다.

최영두(완주), 장경순(김제), 김석중(광주 갑), 정래정(광주 을), 박승규(장성-담양), 길전식(장흥) 후보들은 군인 출신들이고, 김성철(이리-익산) 후보는 면장, 유광현(남원) 후보는 교육감, 이백래(보성) 후보는 경찰서장 출신이다.

이동욱(전주) 후보는 최고회의 기획위원, 성정기(고창) 후보는 삼양교역 상무, 차문석(목포) 후보는 회사장, 윤재명(영암-강진) 후보는 현대평론사 사장, 배길도(무안) 후보는 조선대 교무과장, 박종태(광산)후보는 정당인으로 정치신인이다.

62명을 분류하면 전직의원 18명, 군인출신 12명, 제5대 총선 낙선자 9명, 도의원 및 관료 10명으로 순수한 정치신인은 13명으로 나뉘어 볼 수 있으나 문창모, 배길도 후보들은 총선 출전경력이 있다.

2. 비영남권 62개 지역구 불꽃 튀는 격전의 현장으로

> 강원도

〈춘천 - 춘성〉 서상준, 심헌구, 김우영 후보들을 제치고 혜성처럼 나타나 지역기반이 있는 정치인들을 격파한 민주공화당 신옥철

이 지역구는 강원도지사를 지낸 민주당 이창근, 지구당위원장인 민정당 유연국, 강원일보 사장인 민주공화당 신옥철 후보들이 선두권을 형성했다.

4대의원인 자유당 박덕영, 춘천시 도서관장인 자민당 권의준, 대한중석 취체역을 지낸 국민의당 박창신, 회사장인 보수당 홍종남, 춘천시장을 지낸 추풍회 최명도 후보들도 출전했다.

회사장인 정민회 양건주 후보는 등록무효됐다.

지난 5대 총선 때 춘천에서는 4대의원을 지낸 민주당 계광순 후보가 장강건설 사장인 자유당 이건영, 국회사무처 총무국장을 지낸 무소속 서상준 후보들을 가볍게 제압하고 재선의원이 됐다.

연세대 출신인 사회대중당 김충극, 춘천시의회 부의장을 지낸 무소속 이병문 후보들도 얼굴을 선보였다.

춘성에서는 민주당 공천을 받은 이창근 후보와 낙천한 권의준 후

보가 이전투구를 벌였다.

어부지리를 노린 무소속 후보들의 난전 속에서 시사통신 논설위원인 이찬우 후보가 조도전대 출신으로 심계원 총무과장을 지낸 유연국, 2대의원을 지낸 박승하, 국민학교장과 강원도 장학사를 지낸 홍종욱, 자유당 소속으로 3대와 4대의원을 지낸 임우영 후보들을 어렵게 따돌렸다.

서울시 관재국장을 지낸 황환승, 춘성군 농협장을 지낸 김정은 후보들도 무소속으로 출전했다.

민주공화당은 국회 총무국장 출신으로 지난 5대 총선에 무소속으로 출전하여 8,650표를 득표한 서상준, 춘천시장을 지낸 심헌구, 변호사 김우영 후보들이 공천을 기대했으나 신옥철 강원일보 사장을 영입하여 공천했다.

민정당이 심계원 총무과장 출신으로 4대 총선 때 무소속으로 출전하여 4,546표를 득표하여 차점 낙선하고 5대 총선 때에도 무소속으로 출전하여 3,765표를 득표하여 차점 낙선한 유연국 후보를 내세우자 공천을 기대했던 홍종남 후보는 보수당으로 말을 갈아탔다.

몇 개월 강원도지사를 지낸 이창근 후보는 지난 5대 총선 때 민주당 공천을 받고도 3,726표 득표에 머물러 낙선했고, 민주당 공천에서 낙천한 권의준 후보는 4대 총선 때 민주당으로 출전하여 6,032표를 득표하고 차점 낙선하고, 5대 총선 때에도 3,512표 득표에 머물러 연패했다.

박덕영 후보는 4대 총선 때 화천에서 자유당 공천을 받고 출전하여 민주당 김준섭 후보를 꺾고 당선됐다.

방대한 민주공화당 조직으로 정치신인인 신옥철 후보가 기성의 노련한 정객들을 꺾을 수 있었으며, 유연국 후보는 윤보선 후보의 지지표를 결집시켜 당선권을 넘나들었으나, 민주당 이창근 후보의 야권 성향표 잠식으로 또 다시 고배를 마셨다.

자민당 권의준 후보도 투지의 상실로 연패의 늪에서 헤매었고, 박덕영과 최명도 후보는 소수 정당의 한계로 하위권을 맴돌았다.

□ 득표상황

후보자	정당	연령	주요 경력	득표 (%)
신옥철	민주공화당	55	강원일보 사장	21,125 (35.7)
유연국	민정당	50	정당인	15,556 (26.3)
이창근	민주당	52	강원도지사	10,999 (18.6)
박창신	국민의당	51	대한중석 취체역	4,329 (7.3)
홍종남	보수당	33	회사장	2,480 (4.2)
권의준	자유민주당	53	춘천시 도서관장	2,240 (3.8)
박덕영	자유당	57	4대의원(화천)	1,794 (3.0)
최명도	추풍회	46	춘천시장	698 (1.1)
양건주	정민회	25	대학정치학회 위원	등록무효

〈원주 - 원성〉 4대 총선에선 자유당 홍범희, 5대 총선에선 사회대중당 윤길중 후보에게 석패하여 동정여론으로 승리한 박영록

이번 총선에는 3대의원을 지낸 국민의당 함재훈, 강원도지사를 지

낸 민주당 박영록, 병원장으로 인술을 베푼 민주공화당 문창모 후보들이 선두권을 유지했다.

도당위원장인 신민회 김종탁, 원주시의원을 지낸 자민당 김규원, 강원도의원을 지낸 보수당 김인식, 강원도의원을 지낸 민정당 안명한 후보들도 출전했다.

5대 총선 때 원주시에서는 의사 출신으로 4대의원을 지낸 민주당 박충모 후보가 민주당에서 제명처분을 받은 민주당 조한규, 3대의원을 지낸 자유당 함재훈 후보들을 제압하고 재선의원이 됐다.

육영사업가인 사회대중당 장호순, 태창운수 사장인 무소속 안명한, 원성군수를 지낸 무소속 이중연 후보들도 참전했다.

원성에서는 일본대 출신으로 행정과 사법시험에 합격하고 2대의원에 당선된 윤길중 후보가 원주시의원 출신인 민주당 박영록, 학교장과 회사장을 지낸 무소속 한기준, 강원도의원을 지낸 무소속 김홍배 후보들을 어렵게 꺾고 재선의원이 됐다.

대한웅변협회 원주지부 이사인 무소속 이종금, 서울시의원을 지낸 민주당 김규원 후보들도 등록했다.

민주공화당은 김병열 지구당 사무국장, 3대와 4대 총선에 출전하여 낙선한 이중연 후보들을 제치고 문창모 병원장을 공천했고, 민주당은 원주시의원으로 4대와 5대 총선에 석패하고도 강원도지사에 당선된 박영록 후보를 내세워 양강구도를 형성케 했다.

민정당 출전이 예상됐으나 국민의당으로 출전한 함재훈 후보는 자유당 출신으로 3대의원이었으나 4대 총선과 5대 총선 때 민주당 박충모 후보에게 연패했다. 민정당 안명한 후보는 998표를 득표했고, 자민당 김규원 후보는 2,085표를 득표했다.

지난 5대 총선에서 당선된 박충모 재선의원을 전국구에 올려놓고 원주의 지역기반을 물려받은 민주당 박영록 후보가 4대 총선에는 자유당 홍범희 후보에게, 5대 총선에선 사회대중당 윤길중 후보에게 석패한 동정여론을 일으켜 인술을 베푼 음덕은 있지만 정치신인인 문창모 후보를 꺾고 2전 3기를 이뤄냈다.

3대의원인 국민의당 함재훈 후보는 원성지역 공략에 실패하여 3연패라는 성적을 안게 됐다.

□ 득표상황

후보자	정당	연령	주요 경력	득표 (%)
박영록	민주당	41	강원도지사	20,107 (35.8)
문창모	민주공화당	56	병원장	17,127 (30.5)
함재훈	국민의당	46	3대의원(원주)	12,664 (22.5)
안명한	민정당	48	강원도의원	2,340 (4.2)
김인식	보수당	30	강원도의원	1,920 (3.4)
김규원	자유민주당	59	원주시의원	1,243 (2.2)
김종탁	신민회	37	정당인	830 (1.4)

〈강릉 - 명주〉 민주공화당 최용근, 민주당 최준길 후보들이 강릉 최씨 문중표를 양분하는 틈새를 비집고 들어가 승리를 낚아 챈 자민당 김삼

강릉과 명주가 통합된 이 지역구는 강원도의원을 지낸 자민당 김삼, 예비군 공군대위인 국민의당 박진균, 자유당으로 3대와 4대 의원을 지낸 민주공화당 최용근 후보들이 선두권을 형성했다.

지구당위원장인 신흥당 김봉진, 국회사무처 직원이었던 보수당 최선규, 5대의원인 민주당 최준길, 민주당 묵호읍위원장을 지낸 민정당 김진영 후보들도 추격전을 전개했다.

지난 5대 총선 때 강릉시는 울진 출신으로 서울지검 검사 출신인 김명윤 후보가 민주당 공천을 받고 강원도의원을 지낸 김삼, 경성제대 출신으로 서울변호사회 부회장인 조평재, 자유당 소속으로 3대와 4대의원이었던 최용근 무소속 후보들을 어렵게 따돌리고 국회 등원에 성공했다.

명주에서는 강원도 교육감을 지낸 무소속 최준길 후보가 과도정부 입법의원을 지낸 무소속 정주교, 강원도의원을 지낸 민주당 장후식, 묵호읍의회 의장을 지낸 민주당 김진영 후보들을 꺾고 국회에 등원했다.

제헌의원에 당선된 원장길, 운수사업조합 이사장인 홍순복 후보들도 무소속으로 등록했다.

총선 한달 전에는 김진위 최고위원의 출마설이 설왕설래한 가운데 유도회장이며 과정 입법의원으로 지난 5대 총선에 무소속으로 출전하여 12,201표를 득표했던 정주교 후보가 민주공화당으로 출전하고, 자유당 소속 3대와 4대 의원이었지만 무소속으로 출전하여 5,495표를 득표하여 낙선한 최용근 후보는 국민의당으로 출전하고, 4대 총선 때 무소속으로 출전하여 4,840표를 득표하여 낙선하고 5대 총선 때는 처가가 강릉 최씨라는 명분을 내세우고 민주당 공천을 받고서 7,446표를 얻어 당선된 김명윤 후보가 민정당으로 출전할 것으로 예상됐다.

그러나 민주공화당이 정주교 후보를 주저앉히고 국민의당 출전을 준비 중인 최용근 후보를 영입하여 공천하고, 김명윤 후보는 야당으로부터 민주공화당 2중대라는 의혹을 받은 보수당을 창당하여 대표가 되고서 지역구 출전을 포기했다.

그리하여 강원도의원 출신으로 지난 5대 총선에서 무소속으로 출전하여 김명윤 후보에게 318표 차로 낙선한 김삼 후보가 자민당으로 출전하고, 강원도 교육감 출신으로 명주에서 13,750표를 득표하여 당선된 최준길 후보가 민주당 공천으로 출전하고, 민주당 공천으로 출전하여 10,878표를 득표하여 낙선한 김진영 후보는 민정당 공천으로 출전했다.

씨족 관념이 강한 이 곳에서 대성인 강릉 최씨는 최용근, 최준길, 최선규 후보들에게 3분되고, 강릉 김씨는 김삼 후보에게, 삼척 김씨는 김진영 후보에게 결집됐다.

여야 대결이 아닌 씨족 대결에서 최용근과 최준길 후보들이 강릉과 명주로 양분하여 이전투구하자, 강릉과 명주에 산재한 강릉 김씨 문중표를 결집시킨 김삼 후보가 최용근 후보를 꺾는 어부지리를 챙겼다.

최용근 후보는 4대와 5대 총선에 이어 3연패의 수렁에 빠지고 말았다.

☐ 득표상황

후보자	정당	연령	주요 경력	득표 (%)

김 삼	자유민주당	45	강원도의원	19,848 (29.6)
최용근	민주공화당	44	2선의원(강릉)	18,110 (27.0)
박진균	국민의당	37	공군 대위	11,008 (16.4)
김진영	민정당	59	수산업	8,537 (12.7)
최준길	민주당	50	5대의원(명주)	5,357 (8.0)
최선규	보수당	32	국회사무처 근무	3,285 (4.9)
김봉진	신흥당	63	정당인	905 (1.4)

〈홍천 -인제〉 12년간 지켜 온 이재학 왕국을 이재학의 도움으로 출세 가도(街道)를 달린 민주공화당 이승춘 후보가 무너뜨려

지난 5대 총선 때 홍천에서는 민의원 부의장을 지낸 4선의원인 이재학 후보가 무소속으로 출전하여 자유당 홍천군당위원장을 지낸 성낙신, 민주당 공천을 받고 출전한 홍영진, 의사 출신인 남궁규, 서울의사회 회장인 김종옥, 건국대 교수인 백대현 후보들을 가볍게 제치고 옥중 당선됐다.

이재학 의원의 공민권 제한에 의한 의원직 상실로 인한 보궐선거에서 이재학 의원의 아들로서 코리아 타임스 기자인 무소속 이교선 후보가 민주당 공천을 받은 김대수, 대한청년단 홍천군단장인 무소속 성낙신, 동경 중앙대 출신으로 해무청 서기관을 지낸 무소속 이희익 등 10명의 후보들을 꺾고 국회 등원에 성공했다.

서울대 출신인 홍갑표와 이한승, 강원도지사 보좌관 출신인 신용균, 의사 출신으로 육군대위로 예편한 박종훈과 김일훈 후보들도

출전했다.

인제에서는 경찰서장을 거쳐 4대의원에 당선된 전형산 후보가 목포일보 사장으로 민주당 공천을 받은 김대중 후보를 꺾고 당선됐다.

태백운수 취체역인 박주성, 일본 중앙대 출신으로 경기고교 교사인 이종배, 인권운동을 펼쳐 온 이활, 외자청 경리국장 출신인 이태호, 경찰서장을 지낸 신현규 후보들도 출전했다.

전형산 의원의 공민권 제한으로 실시된 보궐선거에서 지난 5대 총선에서 차점 낙선한 민주당 김대중 후보가 태백운수 상무인 무소속 박주성, 제3군단장과 제5군단장을 역임한 신민회 오덕준 후보들을 꺾고 당선됐다.

이번 총선에서 제5대 의원을 지낸 국민의당 이교선, 지난 5대 총선에 출전하여 낙선한 민주당 성낙신, 강원도의회 의장을 지낸 민정당 허만훈, 재건국민운동 홍천군 촉진회장인 민주공화당 이승춘 후보들이 각축전을 전개했다.

고교 교사와 유치원장인 보수당 김현호 후보도 참여했다.

제헌의원 선거 이후 12년 동안 이재학의 왕국인 홍천이 이재학의 도움을 받아 인제군수와 홍천군수를 거쳐 민주공화당 지구당 사무국장을 거쳐 민주공화당 공천을 받은 이승춘, 이재학의 최측근으로 강원도의회 의장을 지낸 허만훈, 이재학의 아들인 이교선 후보들이 이재학의 왕위계승전에서 세자가 되겠다고 뛰고 있다.

거기에다가 이재학을 꺾는 것을 평생의 소원으로 삼고 이번에는 그의 아들에게 앙갚음을 하려고 벼르고 있는 성낙신 후보가 가세하여 이재학 왕국은 사면초가(四面楚歌)에 휩싸이게 됐다.

홍천의 유권자는 64,193명이고 인제의 유권자는, 29,458명으로 인제의 전형산 전 의원의 출마 포기로 홍천 출신의 독무대가 된 선거전에서 "이재학 씨가 수리조합을 잘 만들어 주었기 때문에 오늘날 홍천 사람들이 쌀밥을 먹는다"는 민심도, "국회의원을 세습해서는 안 된다"는 이승춘 후보의 반격과 이교선 후보 선거운동원에 대한 집중적인 관의 압력과 금전 공세가 10여 년간의 이재학의 금성탕지가 민주공화당의 문전옥답으로 돌변했다.

지난 5대 총선에 무소속으로 출전하여 9,003표를 득표한 성낙신 후보는 이번에도 3위에 머물러 3연패 고배를 마셨다.

□ 득표상황

후보자	정당	연령	주요 경력	득표 (%)
이승춘	민주공화당	46	재건운동촉진회장	20,070 (35.4)
이교선	국민의당	32	5대의원(홍천)	13,740 (24.3)
성낙신	민주당	47	대한청년 군단장	10,483 (18.6)
허만훈	민정당	53	강원도의회 의장	10,206 (18.1)
김현호	보수당	39	유치원장	1,929 (3.4)

〈영월 - 정선〉 지난 5대 총선에서는 10,583표 차로 태완선 후보에게 패배했지만 공화당으로 변신하여 4,914표 차로 설욕한 엄정주

지난 5대 총선 때 영월에서는 2대의원으로 민주당 공천을 받은

태완선 후보가 영월 경찰서장을 지냈지만 민주당에서 제명된 엄정주, 자유당 소속으로 3대와 4대의원을 지낸 정규상, 제38사단 정훈참모였던 박봉규 무소속 후보들을 가볍게 제압하고 재선의원이 됐다.

정선에서는 경찰 총경 출신으로 민주당 공천을 받은 신인우 후보가 4대의원을 지낸 유기수, 회사원인 고석영, 강원도의원을 지낸 홍태식, 민족정기단 간사장인 최승천, 정선군 동면의회 의장 출신인 이종수 등 무소속 후보들을 어렵게 따돌렸다.

이번 총선에선 재선의원인 민주당 태완선 후보와 민주당에서 제명되어 낙선되었지만 민주공화당으로 전향한 엄정주 후보가 재대결을 펼쳤다.

지난 5대 총선에도 출전했던 자유당 최승천, 자유당 선전부장을 지낸 자민당 지휘정, 4대의원을 지낸 국민의당 유기수, 교사 출신인 보수당 최면한, 5대의원을 지낸 신인우 후보들이 추격전을 전개했다.

당초 이 지역구는 자유당 의원이었던 정규상(영월)과 유기수(정선) 후보와 민주당 의원이었던 태완선(영월)과 신인우(정선) 후보들이 4파전을 전개할 것으로 예상됐지만 정규상 후보가 출전을 포기했고, 장준영 지역구 조직책을 밀쳐 내고 민주공화당을 공천을 받은 엄정주와 자유당 공천을 받은 최승천 후보들이 출전하여 혼전을 전개했다.

지난 5대 총선에서 민주당 태완선 후보는 민주당 공천으로 영월에서 22,571표를 득표하여 당선됐고, 무소속으로 출전한 민주공화당 엄정주 후보는 11,988표를 득표하여 낙선했다.

551

정선에서 민주당 공천을 받은 신인우 후보는 7,500표를 득표하여 당선됐고, 무소속으로 출전한 최승천 후보는 7,086표를 득표하여 낙선했다.

재선의원으로 상공부장관을 지낸 태완선 후보는 여섯 번 출전으로 인한 지명도와 광부들과의 동고동락으로 정선 지역공략에 승부를 걸었지만, 민주공화당의 조직과 금전 공세에 힘없이 무너졌다.

엄정주 후보는 지난 5대 총선에서는 10,583표 차로 민주당 태완선 후보에게 패배했지만, 공화당이란 갑옷을 입고 정선지역 공화당원의 활발한 득표 활동으로 4,914표 차로 설욕할 수 있었다.

□ 득표상황

후보자	정당	연령	주요 경력	득표 (%)
엄정주	민주공화당	43	영월경찰서장	23,313 (38.6)
태완선	민주당	48	2선의원(영월)	18,399 (30.4)
최승천	자유당	45	민족정기단 간사장	7,293 (12.1)
신인우	민정당	49	5대의원(정선)	5,062 (8.4)
유기수	국민의당	55	4대의원(정선)	3,547 (5.9)
최면한	보수당	44	교사	1,523 (2.5)
지휘정	자유민주당	41	언론인	1,321 (2.2)

〈철원 - 화천 - 양구〉 지난 5대 총선에선 3,597표 대 6,282표로 황학성 후보에게 열세였지만, 공무원들의 충성경쟁과 집권여당의 프리미엄으로 국회에 재입성한 김재순

3개 군이 통합된 이 지역구는 3개 군의 지역대결이 어쩔 수 없이 펼쳐졌다.

지난 5대 총선 때 철원에서는 경찰전문학교장과 경찰국장 출신인 황학성 후보가 민주당 공천자인 동아일보 기자인 김준하, 민주당 공천에서 낙천되고 제명된 최열, 과도정부 입법의원을 지낸 무소속 신숙 후보 등을 꺾고 국회 등원에 성공했다.

제6군 부군단장인 최석용, 일본 조도전대 출신인 권태숙, 의사로서 기반을 닦은 석리경, 일본 육사출신으로 체신부장관을 지낸 이응준 후보들도 출전했고, 4대의원을 지낸 서임수 후보는 등록했다가 중도에 사퇴했다.

화천에서는 상해 호강대 출신으로 민주당 공천을 받은 김준섭 후보가 재무부장관과 상공부장관을 역임한 무소속 박희현, 화천군수와 수리조합장을 지낸 자유당 유병하, 반공특위 선전부장을 지낸 무소속 차국찬 후보들을 꺾고 국회 등원에 성공했다.

한국석탄 상임감사인 장영제, 화천면장과 축산협동조합장을 지낸 길호경, 서울대 출신인 남상명 후보들도 무소속으로 출전했다.

양구에서는 새벽사 주간인 김재순 후보가 민주당 공천을 받고서 의회정치보도 사장인 민주당 이병희, 자유당 공천을 받고 출전한 성완경, 육군대학 출신으로 연대장을 지낸 임규호 후보들을 어렵게 따돌렸다.

철원군에 병합된 금화군은 5대 총선에서는 축협조합장 출신으로 민주당 공천을 받은 신기복 후보가 자유당 금화군당위원장을 지낸 무소속 김용해 후보를 큰 표차로 꺾고 민의원에 당선됐다.

의회평론사 부사장인 무소속 조태룡, 국부군 정보관으로 활약했던 한국독립당 김병철, 충남에서 의원 생활을 한 자유당 송우범, 자유당으로 4대의원인 무소속 박현숙, 제3사단 부사단장을 지낸 최병준 후보들도 출전했지만 1천표 득표에도 모두 실패했다.

이번 6대 총선에선 철원군의 5대의원인 국민의당 황학성, 금화군의 5대의원인 민주당 신기복, 양구군의 5대의원인 공화당 김재순 후보들이 격돌했다. 화천군의 5대 의원인 김준섭 후보는 서울로 옮겨 낙선했다.

계명 광업소장인 신민회 김연우, 지구당위원장인 자민당 박영석, 출판업자인 보수당 최기형, 예비역 육군대령인 민정당 오찬근 후보들도 출전했다.

민주공화당은 평양 출신으로 금화에서 4대의원에 당선된 박현숙, 참의원으로 활동한 김대식 후보들을 제치고 민주당 소속으로 5대 의원을 지낸 김재순 후보를 공천했다.

6·25 동란 이후 수복지구인 이 지역구는 지난 5대 총선 때 민주공화당 김재순 후보는 양구에서 3,597표를 득표하여 당선됐고, 민주당 신기복 후보는 금화에서 1,752표로 당선됐고, 국민의당 황학성 후보는 철원에서 8,168표로 당선되어 유권자 숫자 등을 볼 때 황학성 후보가 유리한 측면이 많다.

그러나 "김재순 후보와 같은 유능한 인물을 뽑으면 15만 선거구민의 영농선을 북쪽으로 연장할 수 있다"는 민주공화당원들의 홍보와 민주공화당이 집권여당이 되었기 때문에서 야당후보를 당선시킨 일이 없는 유권자들의 움직임도 움직임이려니와 공무원들의 충성 경쟁으로 역전극이 펼쳐졌다.

민주당 그것도 청조회의원으로 활동했던 김재순 후보는 집권여당을 찾아 들었고, 4대 총선에 자유당으로 출전하여 낙선했던 황학성 후보는 야당의 길을 걷게 됐다.

□ 득표상황

후보자	정당	연령	주요 경력	득표 (%)
김재순	민주공화당	39	5대의원(양구)	20,880 (42.7)
황학성	국민의당	46	5대의원(철원)	12,484 (25.5)
오찬근	민정당	51	육군 대령	7,110 (14.5)
박영석	자유민주당	27	정당인	2,591 (5.3)
신기복	민주당	54	5대의원(금화)	2,556 (5.2)
김연우	신민회	39	계명 광업소장	1,680 (3.4)
최기형	보수당	35	출판업	1,605 (3.3)

〈속초 -고성 -양양〉 무명의 정치신인이지만 1천 6백여 호의 김해 김씨 문중표, 1만 2천여 명의 민주공화당 당원표를 묶어 당선된 공화당 김종호

이 지역구는 5대 총선 때는 속초시는 단독 선거구가 아니었고 고성군과 양양군 체제였다.

고성에서는 전북 경찰국장과 사단장을 지낸 무소속 김응조 후보가 민주당 공천을 받은 최계명, 일본 조도전대 출신으로 예비역 육군 소령 출신인 정훈, 2대의원을 지낸 이동환, 부산여대 부학장을 지

낸 정재철 등 무소속 후보들을 가볍게 제압했다.

한진상사 섭외부장인 최정식, 동경제대 출신으로 연세대 강사인 이종민, 함남 문천 군민회장을 지낸 채희승, 재경강원도민 사업부장인 김철, 극동정유 사장인 장세환 후보들도 함께 뛰었다.

양양에서는 의회평론사 편집부장 출신인 함종윤 후보가 민주당 공천을 받고서 민주당 공천에서 낙천하고 재명된 민주당 신효순, 양양 경찰서장을 지낸 무소속 최정, 4대의원을 지낸 자유당 이동근, 한일은행 차장을 지낸 무소속 이홍영 후보들을 가볍게 제압했다.

국학대 출신인 한국청년당 최기선, 일본대 출신인 무소속 강칙모, 서울공대 교수인 무소속 박희선, 양조업으로 기반을 닦은 무소속 박태송 후보들도 함께 뛰었다.

이번 총선에서는 지난 5대 총선에서 낙선한 대한항공정비 사장인 민주당 최정식 후보와 수도사대 상무이사인 민주공화당 김종호 후보가 호각지세를 이뤘다.

대한농민회 최고위원인 자민당 최순원, 양양에서 5대의원을 지낸 국민의당 함종윤, 지난 5대 총선에서 낙선한 보수당 신효순, 예비역 육군대령인 민정당 김두열 후보들도 출전했다.

민주공화당은 김응조 5대의원, 지난 5대 총선에 출전하여 낙선한 정훈을 비롯하여 박노길, 이정남, 서남룡 후보들을 모두 제치고 무명이며 정치신인인 김종호 후보를 공천했고, 민정당 공천을 놓고 경쟁하던 신효순 후보가 보수당으로 전향하여 김두열 후보가 민정당 공천을 받아 냈다.

민주당으로 출전이 예상된 함종윤 후보가 국민의당으로 당적을 옮기자, 최정식 후보가 민주당 공천을 받고 출전했다.

고령으로 정계를 은퇴한 김응조 의원의 기반을 민주공화당 김종호, 민주당 최정식, 민정당 김두열 후보들이 3분하고, 유권자가 적은 양양은 지난 5대 총선에 이어 국민의당 함종윤, 보수당 신효순 후보가 양분하고 있다.

정치신인인 김종호 후보는 1천 6백여 호의 김해 김씨를 기간 조직으로 민주공화당원 1만 2천 명을 외곽 조직으로 활용하고 있고, 10여 년간 가꾸어 온 5천여 명의 정예당원을 활용하고 있는 최정식 후보는 민주공화당 공천에 불만을 품은 인사들을 포섭하는데 주력하고 있다.

함경북도 출신으로 실향민에 대한 지지를 받고 지난 5대 총선에서도 5,871표를 득표한 저력을 지닌 신효순 후보는 알라스카 토벌작전으로 인한 함경도 출신의 혁명정부에 대한 반감을 부채질하고 있다.

5대의원으로 지명도 갖고 있으나 고성 지역 침투에 실패한 함종윤 후보는 의기소침하여 지난 5대 총선에서 크게 이겼던 신효순, 재향군인회의 전폭적인 지지를 받은 김두열 후보에게도 뒤진 초라한 성적을 거뒀다.

□ 득표상황

후보자	정당	연령	주요 경력	득표 (%)
김종호	민주공화당	44	수도사대 상임이사	23,684 (41.8)
최정식	민주당	34	항공정비 사장	17,315 (30.6)
신효순	보수당	40	회사원	6,883 (12.2)

김두열	민정당	39	육군 대령	4,284 (7.6)
함종윤	국민의당	40	5대의원(양양)	3,738 (6.6)
최순원	자유민주당	49	농민회 최고위원	732 (1.3)

〈횡성-평창〉 지난 5대 총선에서 690표 차 패배했지만 민주공화당 공천을 받고 횡성 지역을 공략하여 설욕(雪辱)에 성공한 황호현

지난 5대 총선 때 횡성에서는 민주당 공천을 받은 양덕인 후보가 2대의원과 제주대학장을 역임한 무소속 안상한 후보를 487표 차로 꺾고 당선됐고, 국학대 출신인 무소속 엄재선 후보는 파수꾼 역할을 했다.

평창에서는 봉평면장을 지낸 무소속 장춘근 후보가 제헌의원 출신으로 4대의원과 내무부장관 서리를 지낸 무소속 황호현 후보를 690표 차로 꺾고 국회 등원에 성공했다.

평창군수를 지낸 민주당 이영배, 남북 농림개발 사장인 무소속 조경환, 원목조합 감사인 무소속 이창호, 평창군 대화면장을 지낸 무소속 최윤구, 평창군당위원장을 지낸 민주당 백낙삼 후보들도 출전했다.

이번 6대 총선에서는 농협회장을 지낸 자민당 한순기, 횡성에서 5대 의원에 당선된 국민의당 양덕인, 평창에서 5대의원에 당선된 민정당 장춘근, 제헌의원과 4대의원을 지낸 민주공화당 황호현 후보들이 선두권을 형성했다.

중앙통신 사장인 자유당 송태희, 지난 5대 총선에도 출전했던 보수당 엄재선, 평창군 대화면장을 지낸 민주당 최윤구, 교육자인 정민회 유창원 후보들도 출전했다.

선거전은 4대의원으로 민주공화당의 갑옷을 걸친 황호현, 5대의원으로 당선된 양덕인과 장춘근, 농협회장인 한순기 후보의 4파전으로 흘러갔다.

횡성과 평창의 지역대결이 불가피한 상황에서 민주공화당 황호현, 민정당 장춘근 후보는 평창 출신이고, 국민의당 양덕인 후보와 자민당 한순기 후보는 횡성으로 군별 대항도 팽팽한 형세이다.

교육감을 지낸 한순기, 3대와 4대의원을 지낸 장석윤, 2대의원으로 지난 5대 총선에도 출전했던 안상한 후보들은 민주공화당의 공천을 기대했으나, 민정당으로 출전을 준비중인 황호현 후보를 영입하여 공천하자, 한순기 후보는 민정당으로 갈아탔고, 민정당 공천을 기대했던 엄재선 후보는 보수당으로 이적했다.

지난 5대 총선에서 황호현 후보는 8,268표를 득표하여 8,958표를 득표한 장춘근 후보에게 690표차로 패배했지만, 이번 총선에서는 민주공화당 공천이란 날개를 달고 횡성 지역을 공략하여 큰 표차로 설욕했다.

□ 득표상황

후보자	정당	연령	주요 경력	득표 (%)
황호현	민주공화당	52	2선의원(평창)	19,438 (29.8)
한순기	자유민주당	50	농협회장, 교육감	12,307 (18.9)
양덕인	국민의당	54	5대의원(횡성)	10,537 (16.2)

장춘근	민정당	46	5대의원(평창)	10,306 (15.8)
최윤구	민주당	50	평창군 대화면장	5,697 (8.7)
엄재선	보수당	34	민정당 중앙위원	3,519 (5.4)
송태희	자유당	42	중앙통신 사장	1,890 (2.9)
유창원	정민회	39	교육자	1,455 (2.2)

〈삼척〉 국민의당으로 출전을 준비하다가 민주공화당에 영입되어 가뿐하게 3선의원 고지를 점령한 김진만

지난 5대 총선에서는 민주당 공천을 받은 최경식 후보가 삼척읍장을 지낸 김세형, 서울법대 출신으로 이화여대 강사인 김효영, 대한청년단 소속으로 2대의원에 당선된 임용순 등 무소속 후보들을 어렵게 제압하고 국회 등원에 성공했다.

자유당으로 3대와 4대의원을 지낸 김진만 후보는 무소속으로 출전했다 반혁명 열기에 놀라 중도에 사퇴했다.

이번 6대 총선에서는 청년신문 주필인 민주당 김양국, 5대의원에 당선된 민정당 최경식, 3대와 4대의원을 지낸 민주공화당 김진만 후보들이 선두권을 형성했다.

회사 중역인 자민당 정윤필, 대한석탄공사 총재인 국민의당 김성호, 회사장인 보수당 박영상, 화사 중역인 정민회 홍부진 후보들도 출전했다.

민주공화당은 제헌의원인 김진구를 비롯하여 김세형, 이희준, 김달하 후보들이 공천을 기대했으나 국민의당 공천으로 출전이 예상됐던 김진만 후보를 영입하여 공천했다.

김진만 후보는 자유당 공천으로 3대와 4대의원을 지내며 지역에 뿌리를 내렸으며 풍부한 재력으로 공천은 곧 당선으로 연결됐다.

지난 5대 총선에서 민주당 공천으로 당선된 최경식 후보가 대항마로 출전했으나, 4대 총선 때 삼척 김씨 종중기반까지 구비한 김진만 후보는 40,997표를 득표했고, 5대 총선 때 최경식 후보는 21,707표를 득표하여 지지도가 이미 판정됐다.

민주공화당은 김진구 최고위원회 자문위원, 김세형 삼척읍장, 이희준, 김달하 후보들의 기대를 저버리고 국민의당으로 출전을 준비 중인 김진만 후보를 영입, 공천하여 성과를 올릴 수 있었다.

□ 득표상황

후보자	정당	연령	주요 경력	득표 (%)
김진만	민주공화당	45	2선의원(삼척)	26,494 (36.8)
최경식	민정당	46	5대의원(삼척)	16,962 (23.6)
김양국	민주당	37	청년신문 주필	16,348 (22.7)
김성호	국민의당	59	대한석탄공사 총재	6,377 (8.9)
홍부진	정민회	43	회사 중역	2,522 (3.5)
박영상	보수당	52	회사장	2,387 (3.3)
정운필	자유민주당	53	회사 중역	916 (1.3)

충청북도

〈청주〉 고교교사, 대학 부교수로서 무명의 정치신인이지만 여섯 갈래로 갈라진 야권성향표 분산에 힘입어 당선된 정태성

지난 5대 총선에서는 소학교 출신으로 4대의원을 지낸 이민우 후보가 민주당 공천을 받고서 청주대 강사로 변호사인 무소속 최병길 후보를 꺾고 재선의원이 됐다.

사회부 총무과장을 지낸 김춘성 후보는 사회대중당으로, 대한청년단 충북단장인 최순룡, 충북도의원과 청주시장을 역임한 홍원길, 조선청년연맹 고문을 지낸 김상순 후보들은 무소속으로 출전했다.

이번 총선에선 지난 5대 총선에 출전하여 당선된 이민우 후보는 민정당으로, 낙선한 최병길 후보는 국민의당으로, 낙선한 홍원길 후보는 자민당으로 출전하여 3각편대를 이뤘다.

청주공고 교사 출신으로 충북대 부교수인 정태성 후보가 민주공화당 공천을 받고 혜성처럼 등장했고, 대한반공청년단 충북도단장인 유부형은 신민회로, 청원 을구에서 5대의원에 당선된 김창수 후보는 보수당으로, 청주시의원과 충북도의원을 섭렵한 서병주 후보는 민주당으로 출전했다.

이 지역구는 무명의 정치신인인 민주공화당 정태성 후보를 향해 기라성같은 후보들이 출전하여 야권 성향표를 4분 5열하여 당선을 도와주는 전형적인 지역구가 됐다.

자유당 시절인 4대 총선에도 당선된 민정당 이민우, 일제시대 변호사 시험에 합격하고 지난 5대 총선에 출전하여 9,889표를 득표한 국민의당 최병길, 청주시장을 지낸 자민당 홍원길, 청주시의원과 충북도의원을 섭렵한 민주당 서병주, 5대 총선 때 청원에서 당선된 김창수 후보까지 출전하여 1여 5야의 구도가 형성됐다.

고교 교사와 대학 부교수 출신인 무명의 민주공화당 후보일지라도 야당후보들이 우후죽순처럼 출전하여 분열하면 필패(必敗)라는 교훈을 이 지역구의 선거결과가 보여줬다.

□ 득표상황

후보자	정당	연령	주요 경력	득표 (%)
정태성	민주공화당	36	충북대 부교수	14,425 (36.8)
최병길	국민의당	43	변호사	9,080 (23.2)
이민우	민정당	48	2선의원(청주)	8,448 (21.5)
서병주	민주당	45	충북도의원	2,362 (6.0)
김창수	보수당	41	5대의원(청원)	2,217 (5.7)
홍원길	자유민주당	48	청주시장	2,141 (5.5)
유부형	신민회	39	반공연맹 충북단장	531 (1.4)

〈청원〉 참의원 출신으로 이번 총선에서도 자유당을 고집하며 4대 총선에서 승리한 기반을 구축하여 선전했으나, 민주공화당 신관우 후보에게 485표 차로 석패한 오범수

이 지역구는 지난 5대 총선에서는 갑구와 을구로 나뉬었다.

갑구에서는 3대의원을 지낸 신정호 후보가 민주당 공천을 받고 일본 중앙대 출신으로 국민대 부교수인 박승완, 숙명여대 교수인 이관우, 대한금융 충북지부 참사인 오병숙, 충북도의원을 지낸 한상대, 교통강생회 상무이사인 임봉학 등 무소속 후보들을 큰 표차로 제압했다.

을구에서는 변호사 출신인 김창수 후보가 민주당 공천을 받고서 청원군 북일면장을 지낸 이형복, 예비역 공군대령인 이흥세, 민주당 충북 선대위원장으로 활약했지만 민주당에서 제명된 김병수, 공영기업 사장인 박노식 등 무소속 후보들을 어렵게 따돌렸다.

재향군인회 충북지부장인 민종식, 농연비료 대표인 윤두병 후보들도 무소속으로 도전했다.

김창수 의원이 청주로 옮긴 이번 6대 총선에선 4대의원과 참의원을 지낸 자유당 오범수, 3대의원과 참의원을 지낸 민정당 박기운, 육사 교수와 숙명여대 교수인 민주공화당 신관우 후보가 선두권을 형성했다.

천엽사 취체역인 자민당 홍종수, 3대와 5대의원을 지낸 국민의당 신정호, 국민대 교수인 민주당 박승완 후보가 후발주자로 달렸다.

육군사관학교 교수라는 강점으로 신범식 교수를 제치고 민주공화당 공천을 받은 신관우 후보와 자유당 공천으로 4대의원에 당선되고 참의원에 당선됐으나 공민권 제한으로 참의원직을 박탈당한 오범수 후보가 자유당으로 출전하여 자웅을 겨룬 가운데, 청주에서 1대와 3대 총선에서 당선되고 4대 총선에 출전하여 낙선했지만 민주당 공천으로 참의원에 당선됐던 박기운 후보가 민정당 공천으로 출전하여 추격전을 전개했다.

3대의원으로 지난 5대 총선에 민주당 공천으로 출전하여 15,637표를 득표하여 당선된 신정호 후보는 국민의당으로 출전했고, 지난 5대 총선에서 8,951표를 득표하여 차점 낙선한 박승완 후보는 민주당으로 출전하여 야권 성향표를 3등분했다.

참의원과 이번 총선에서도 자유당을 고집한 오범수 후보는 지난 4대 총선에서 득표한 19,477표를 사수하지 못해 방대한 민주공화당 조직을 통한 선거운동을 활발하게 전개한 민주공화당 신관우 후보에게 485표 차로 석패했다.

□ 득표상황

후보자	정당	연령	주요 경력	득표 (%)
신관우	민주공화당	37	육사 교수	19,668 (29.4)
오범수	자유당	38	4대의원, 참의원	19,183 (28.6)
박기운	민정당	50	2선의원, 참의원	15,569 (23.2)
박승완	민주당	45	국민대 부교수	7,713 (11.5)
신정호	국민의당	48	2선의원(청원 을)	3,161 (4.7)
홍종수	자유민주당	38	재무부 직원	1,673 (2.5)

〈충주 - 중원〉 민주공화당의 집단적이고 대대적인 공천 반발과 동정여론을 일으켜 설욕전을 승리로 장식한 자민당 이희승

지난 5대 총선 때 충주에서는 제헌, 3대의원을 지낸 민주당 김기철 후보가 한국 무역협회장을 지낸 무소속 정운근 후보를 2,260표

차로 따돌리고 재선의원이 됐다.

중원에서는 명치대 출신으로 4대의원을 지낸 무소속 정상희 후보가 일본 동북제대 출신으로 판사를 거친 변호사인 민주당 민영수 후보를 꺾고 당선됐다.

동경 중앙대 출신으로 기술교육원 부원장을 지낸 무소속 이희승 후보는 당선권을 넘나들었으나, 조선총독부 관리였던 최용희, 강원도 문교사회국장을 지낸 현원덕, 덕수상고 교사였던 홍성태, 연합평론 사장으로 민주당에서 제명된 홍규선 후보들의 득표력은 보잘 것 없었다.

이번 6대 총선에서는 유솜통역관으로 지난 5대 총선에서도 선전한 자민당 이희승, 3선의원인 민주당 김기철, 4대와 5대의원을 지낸 민주공화당 정상희 후보들이 3파전을 전개했다.

농업인인 보수당 우용완, 태백연탄 공장장인 민정당 최원봉, 대서업자인 정민회 도상철 후보들이 추격전을 전개했다.

육군준장 출신인 이종근 후보의 출마설이 나돌았으나 민주공화당은 자유당 출신 재선의원인 정상희 후보를 전격적으로 영입하여 대대적인 공천 반발이 일어났다.

3대의원으로 4대 총선 때 7,169표를 득표하여 차점 낙선한 김기철 후보는 5대 총선 때는 민주당 공천장으로 14,196표를 득표하여 3선의원이 됐고, 민주공화당 정상희 후보는 4대 총선 때는 자유당 공천을 받고 21,828표를 득표하여 당선됐고, 5대 총선 때는 무소속으로 출전하여 12,369표를 득표하여 재선의원이 됐다.

이에 반해 민주당 김기철 후보는 충주 지역을 벗어난 중원 지역 침투에 한계를 보여 당선권에서 멀어졌고, 지난 5대 총선에서 3,866표 차로 패배하여 동정여론을 불러 일으킨 자민당 이희승 후보가 민주공화당이란 갑옷으로 무장(武裝)했지만 집단적이고 대대적인 공천 반발로 발목이 잡힌 정상희 후보를 4,708표 차로 설욕하여 충북에서 유일한 자민당후보 당선을 일궈 냈다.

□ 득표상황

후보자	정당	연령	주요 경력	득표 (%)
이희승	자유민주당	50	유솜통역관	25,994 (38.9)
정상희	민주공화당	56	2선의원(중원)	21,286 (31.8)
김기철	민주당	46	3선의원(충주)	12,231 (18.2)
최원봉	민정당	38	대한탄광 기사	3,856 (5.8)
도상철	정민회	41	대서업	2,535 (3.8)
우용완	보수당	29	농업	1,005 (1.5)

〈옥천 - 보은〉 박정희 대통령 후보 처가(妻家) 고을로 전국 최고 득표율을 올린 지역에서 육영수 여사 오빠를 당선시켜

지난 5대 총선 때 옥천에서는 2대와 3대의원인 민주당 신각휴 후보가 건국대 출신인 자유당 조용구, 정치대 출신인 무소속 이용희, 일본 조도전대 출신으로 민주당에서 제명당한 민주당 홍종한 후보들을 꺾고 3선의원에 등정했다.

무소속 장용호, 한국사회당 강병익, 사회대중당 김범성 후보들도

출전했다.

보은에서는 신흥운수 사장인 박기종 후보가 민주당 공천을 받고 3대와 4대의원을 지낸 자유당 김선우, 재일 거류민단 중앙위원인 무소속 조만제, 서울법대 출신으로 대구와 광주지검 검사를 지낸 무소속 김주일 후보들을 꺾고 국회에 등원했다.

이번 6대 총선에서는 3대와 4대의원을 지낸 자유당 김선우, 보은에서 5대의원에 당선된 국민의당 박기종, 충북도의원 출신인 민주당 이용희, 2대, 3대, 5대의원을 지낸 민정당 신각휴, 육영수 여사의 오빠로서 고교 교사 출신인 민주공화당 육인수 후보들이 각축전을 전개했다.

일본에서 기자생활을 한 자민당 이건태, 청주 적십자병원장인 보수당 이원형 후보들도 출전했다.

자유당 때부터 야당 기질이 강했던 이 지역구는 교사출신인 육영수 여사 오빠인 민주공화당 육인수, 3선의원인 민주당 신각휴, 5대의원이었던 국민의당 박기종 후보가 3각 편대를 형성했다.

유종덕 옥천군수, 이중무와 구연한 충북도의원들을 제치고 민주공화당 공천을 받은 육인수 후보는 육씨 가문 3백 호의 지지를 기대하며 지역개발 등 약속어음을 남발하고 있으며, 신각휴 후보는 독설가답게 "육인수 후보가 떠드는 공수표 선심을 믿지 말라"는 구호와 함께 네임밸류를 앞세워 득표전략을 구사했다.

3선의원의 관록과 인기, 빽과 조직이 결전을 벌이는 이 지역구의 선거연설회에서 육인수 후보는 "국회에서 안정세력을 구축하고 강력한 정치를 시행하려면 여당이 과반이상의 의석을 차지해야 한다"고 역설했고, 신각휴 후보는 "공화당이 많이 당선되면 곳간에 쥐를 더 보내는 거나 마찬가지입니다. 곡식을 지키려면 눈이 똑바로 박힌 고양이를 집어넣어야 합니다"라고 고양이와 쥐의 우화(寓話)가 단골메뉴였다.

이용희 후보는 "나는 누구처럼 지방사업을 약속할 수 있다. 그러나 나는 불행히도 대통령의 부인이 될 여동생을 갖고 있지 못하다"고 울분을 토로했다.

옥천에서는 민주공화당 육인수, 민정당 신각휴, 민주당 이용희 후보가 각축하여 국민의당 박기종, 자유당 김선우, 보수당 이원형 후보들이 각축한 보은에 비해 지역 여건에서는 불리하지만, 민주공화당 육인수 후보가 박정희 대통령 처남으로서 전국 최고 득표율을 올린 지역임을 과시하며, 민정당 최고위원이며 거물 정객인 신각휴 후보를 1,478표 차로 어렵게 따돌리고 육영수 여사의 체면을 살려줬다.

□ 득표상황

후보자	정당	연령	주요 경력	득표 (%)
육인수	민주공화당	43	고교 교사	26,517 (38.3)
신각휴	민정당	67	3선의원(옥천)	19,039 (27.5)
박기종	국민의당	52	5대의원(보은)	8,729 (12.6)
이용희	민주당	32	충북도의원	7,291 (10.5)
김선우	자유당	48	2선의원(보은)	4,514 (6.5)
이원형	보수당	43	법무부 의무관	1,759 (2.5)
이건태	자유민주당	40	일본 신문기자	1,436 (2.1)

〈괴산〉 영원한 라이벌 김원태를 민주공화당 공천에서 따돌린 여세로 빨갱이 소동의 장본인인 김사만 후보를 어렵게 꺾은 안동준

지난 5대 총선 때는 동경 중앙대 출신으로 국방부 정훈부장을 거쳐 3대의원을 지낸 안동준 후보가 서울법대 출신으로 서울지법 판사를 지낸 민주당 김사만 후보의 사퇴에 힘입어 삼화실업 사장인 김기탁, 내무부차관을 거쳐 자유당 소속 4대의원을 지낸 김원태, 제7사단 제3연대장을 지낸 이화종 무소속 후보들을 꺾고 재선의원이 됐다.

그러나 안동준 의원의 공민권 제한으로 실시된 보궐선거에서, 사퇴했던 김사만 후보가 민주당 공천을 받고 예비역 소령인 무소속 안길준, 신민당으로 출전한 이현복, 민주당으로 출전한 고계명 후보들을 가볍게 제압했다.

이번 총선에선 자민당의 김사만 후보와 자유당에서 무소속을 거쳐 공화당으로 변신한 안동준 후보가 건곤일척 한판 승부를 펼쳤다.

금융노조 분회장인 국민의당 연양희, 한국독립당 간부였던 민정당 심상열, 협동신문 사장인 보수당 김덕성 후보들도 출전했다.

3대의원이었던 안동준 후보는 지난 4대 총선 때 자유당으로 출전하여 내무부차관 출신인 자유당 김원태 후보에게 7,077표차로 패배했지만, 5대 총선에선 무소속으로 출전하여 무소속으로 출전한 김원태 후보를 13,088표 차로 꺾고 금뱃지를 돌려받았다.

그러나 공민권 제한으로 의원직을 박탈당했다.

이번 6대 총선에선 안동준 후보는 김원태 후보를 공천 경쟁에서

물리친 여세를 몰아 보궐선거에서 당선된 자민당 김사만 후보를 667표 차로 어렵게 따돌리고 3선의원에 등극했다.

자민당 김사만 후보는 지난 대통령 선거 때 "대구와 부산에는 빨갱이가 많다"는 발언으로 윤보선 대선 후보가 사과하는 소동의 당사자로서 민정당 심상열 후보의 출전을 만류하고 민정당으로 출전했더라면 하는 아쉬움을 남겼다.

□ 득표상황

후보자	정당	연령	주요 경력	득표 (%)
안동준	민주공화당	44	2선의원(괴산)	20,384 (42.5)
김사만	자유민주당	44	5대의원(괴산)	19,717 (41.1)
심상열	민정당	46	한독당 간부	3,948 (8.2)
연양희	국민의당	40	금융노조 분회장	3,221 (6.7)
김덕성	보수당	44	협동신문 사장	676 (1.4)

〈영동〉 공화당 중앙상무위원, 육군 소령 출신인 이동진 후보가 세 번째 혈투를 전개한 김기형과 민장식 후보들을 가볍게 따돌려

지난 5대 총선 때는 동경 중앙대 출신으로 4대의원을 지낸 민장식 후보가 민주당 공천을 받고서 국방부 경리국장 출신으로 자유당 중앙위원을 지낸 무소속 김기형, 서울대 상과대학장과 체신부차관을 역임한 무소속 박용하 후보들을 꺾고 재선의원이 됐다.

진보당 추진위원인 사회대중당 여운복, 상공부 상정과장을 지낸

무소속 이진홍, 창성기업 사장인 무소속 홍기철, 농촌지도자인 무소속 손영주 후보들도 참여했다.

이번 6대 총선에선 제대장병 보도회장을 지낸 국민의당 김기형, 충북도의원을 지낸 민정당 정희택, 육군소령으로 예편한 민주공화당 이동진, 서울시 장학관을 지낸 자민당 권영중, 4대와 5대의원을 지낸 민주당 민장식 후보들이 출전했다.

이 지역의 터줏대감인 민주당 민장식 의원과 자유당 중앙위원 출신인 국민의당 김기형 후보는 4대와 지난 5대 총선에서 맞붙어 무소속으로 9,877표를 득표한 김기형 후보를 민주당 공천을 받은 민장식 후보가 12,986표를 득표하여 재선의원이 됐다.

4대 총선에서도 9,596표 대 14,414표로 민주당 민장식 후보가 무소속 김기형 후보를 꺾었다.

송석하 국방대학원장, 박태영 회사장, 이광호 회사장, 김기형 후보들이 민주공화당 공천으로 출전이 예상된 가운데 육군소령 출신인 이동진 후보가 중앙상임위원이란 명목으로 혜성처럼 등장하여 민주공화당 공천장을 받아 들자, 김기형 후보는 국민의당 공천으로 출전하여 민장식 후보 타도에 나섰다.

혜성처럼 등장한 이동진 후보가 풍부한 자금으로 방대한 조직을 구축하고 공무원들의 적극적인 지원을 받아 세 번째 혈투를 벌인 민주당 민장식 후보와 국민의당 김기형 후보를 가볍게 제압하고 유유히 국회에 등원했다.

예비역 육군소령인 이동진 후보가 예비역 육군대령인 김기형 후보는 물론 재선의원으로 이 지역의 터줏대감인 민장식, 충북도의원인 정희택 후보들을 멀찌감치 따돌렸다.

□ 득표상황

후보자	정당	연령	주요 경력	득표 (%)
이동진	민주공화당	32	육군 소령	16,378 (41.4)
김기형	국민의당	42	육군 대령	8,820 (22.3)
정희택	민정당	41	충북도의원	8,127 (20.6)
민장식	민주당	53	2선의원(영동)	5,123 (13.0)
권영중	자유민주당	40	서울시 장학관	1,073 (2.7)

〈진천 - 음성〉 박정희 후보보다 윤보선 후보를 선호한 음성 지역 공략에 성공하여 4선의원에 등극한 민정당 이충환

지난 5대 총선 때 진천에서는 2대와 3대의원을 지낸 민주당 이충환 후보가 농림부장관과 4대의원을 지낸 무소속 정운갑 후보를 2,358표 차로 꺾고 3선의원이 됐다.

음성에서는 치안국 통신과장을 지낸 무소속 이정석 후보가 민주당 공천을 받은 구철회, 민주당에서 제명되고 무소속으로 출전한 정석헌 후보들을 물리치고 국회 등원에 성공했다.

한독당 재정부장을 지낸 사회대중당 신창균, 서울법대 출신 변호사인 자유법조단 김홍관 후보를 비롯하여 음성읍의회 의장을 지낸 신이철, 서울상운 사장인 반석홍, 서울대 강사인 권영중, 일본 중앙대 출신인 남영우, 2대와 3대의원을 지낸 이학림 후보들도 무소속으로 출전했다.

이정석 의원의 공민권 제한으로 실시된 보궐선거에서 신생활일보 이사장인 무소속 정인소 후보가 신민당 정석헌 후보를 295표 차로 꺾고 당선됐다.

정석헌 후보와 이전투구를 벌였던 민주당 구철회, 지난 5대 총선에도 출전했던 반석홍, 이학림 후보들도 출전했다.

이번 6대 총선에는 4대의원과 농림부장관을 지낸 국민의당 정운갑, 3선의원인 민정당 이충환, 의사로서 원자력위원회 전문위원인 민주공화당 오원선 후보가 선두권을 형성했다.

서울시의원 출신인 자민당 구철회, 보육원을 경영하고 있는 보수당 이규홍, 청주대 출신인 민주당 김진백 후보들이 하위권을 맴돌았다.

진천에 터전을 마련한 민정당 이충환, 국민의당 정운갑 후보와 음성에 터를 닦고 있는 민주공화당 오원선 후보가 3파전을 전개하고 있다.

진천에서 10년 동안 맞붙어 당선과 낙선을 번갈아 가진 이충환, 정운갑 후보는 "두 사람 가운데 한 사람이 비례대표로 나왔으면 진천에서 두 사람의 국회의원이 나왔을 텐데"라는 주민들의 아쉬움의 대상이 되기도 했다.

오원선 후보는 "진천은 이충환, 정운갑 후보의 왕국입니다. 성(城)을 깨기가 힘이 드니 복싱이라도 하지 않을 수 없습니다"면서 인신공격을 서슴지 않았다.

이충환 후보는 "국회가 잘하나 행정부가 잘하나 경쟁시켜 보자"고 외치지만, 오원선 후보는 "이충환, 정운갑 때문에 진천 사람들이 서로 사돈도 안 하고 인사도 하지 않는다"고 비난을 퍼붓고, 자민당 구철회 후보는 "입후보한 것이 생명에까지 영향이 있을 것 같다"며 피해망상증을 되씹었다.

진천의 유권자는 3만 8천 명인데 비해, 음성의 유권자는 5만 5천 명으로 음성이 유리한 가운데 진천은 이충환, 정운갑 후보들이 양분하고 있으나 음성은 김진백, 구철회 후보들이 있긴 하지만 약세로 오원선 후보의 독무대가 형성됐다.

정운갑 후보가 공화당에 입당했다는 소문에 입당한 사실이 없다고 거리에 벽보를 붙여 해명한 해프닝이 벌어졌고, 이충환 후보는 "박정희 씨는 내가 국회의원 되는 걸 좋아하지 않아요. 경제실정을 미주알 고주알 캐낼 테니까 말이여"로 야당의 투사임을 내세웠다.

진천에 고정 지지표가 1만 8천여 표가 형성되어 있지만 군별 대항전에서 절대적으로 불리한 선거전을 박정희 후보보다 윤보선 후보를 더 많이 지지한 음성지역 공략에 성공한 이충환 후보가 예상을 뒤엎고 승리하여 4선의원이 됐다.

지난 5대 총선에서 당선된 이정석 후보는 민주공화당의 공천을 기대했으나 실패하자 꿈을 접었고, 보궐선거에서 당선된 음성의 정인소 후보는 서울로 옮겨 출전했으나 낙선했다.

☐ 득표상황

후보자	정당	연령	주요 경력	득표 (%)
이충환	민정당	46	3선의원(진천)	24,502 (37.5)
오원선	민주공화당	41	군의관, 육군준장	18,312 (28.0)

정운갑	국민의당	50	4대의원(진천)	14,806 (22.7)
김진백	민주당	31	음성 선거관리위원	3,132 (4.8)
구철회	자유민주당	44	서울시의원	2,796 (4.3)
이규홍	보수당	28	보육원 경영	1,784 (2.7)

〈제천 - 단양〉 제천군청 내무과장 출신으로 민주공화당 공천을 받은 여세를 몰아 재선의원을 꺾고 국회에 등원한 김종무

지난 5대 총선 때 제천에서는 3대와 4대의원을 지낸 이태용 후보가 민주당 공천을 받고서 명치대 출신으로 변호사인 자유법조단 이태수 후보를 비롯하여 제헌의원인 유홍열, 충북도의원을 지낸 김경 무소속 후보들을 가볍게 제압하고 3선의원이 됐다.

단양에서는 4대의원인 조종호 후보가 헌정동지회 공천으로 단양경찰서장을 지낸 무소속 오기창, 서울법대 출신 변호사인 민주당 배동학, 진천군수와 단양군수를 지낸 무소속 경태호 후보들을 가볍게 제압했다.

국민학교 교사였던 정운동, 3대의원을 지낸 장영근, 충북도의원을 지낸 지덕구 후보들도 출전했다.

이번 총선에서 재선의원인 민정당 조종호 후보와 제천군 내무과장과 제천읍장을 지낸 민주공화당 김종무 후보가 건곤일척 한판 승부를 펼쳤다.

제천군 교육위원인 자유당 이시용, 명치대 출신 변호사인 자민당

이태수, 이기붕 국회의장 비서실장을 지낸 국민의당 한백수, 충북도의원을 지낸 보수당 김경, 치안국에 근무했던 민주당 노영균, 토건업자인 추풍회 김화경 후보들도 참전했다.

이번 총선에서 민주공화당은 김광열 제천문화원장, 김종무 제천군 내무과장, 표호석 육군중령, 강의구 농협조합장을 놓고 저울질하다가 지역기반이 두터운 김종무 후보를 공천했고, 윤보선 의원 비서 출신으로 단양에서 4대와 5대 총선에서 연거푸 당선된 조종호 후보가 민정당으로 출전하여 양강구도를 형성했다.

제천의 유권자가 단양의 유권자보다 곱절이 많아 제천 출신 김종무 후보가 유리하지만, 자유당 이시용, 자민당 이태수, 국민의당 한백수, 보수당 김경 후보 모두 제천 출신으로 군별 대항전에서는 균형을 유지했다.

그러나 방대한 민주공화당 조직과 공무원들의 전폭적인 지지를 받은 김종무 후보가 윤보선 후보 지지표를 결집시킨 조종호 후보를 7천여 표차로 따돌렸다.

자민당 이태수, 보수당 김경 후보는 5대 총선에 이어 연패했다.

□ 득표상황

후보자	정당	연령	주요 경력	득표 (%)
김종무	민주공화당	55	면장, 제천읍장	27,498 (40.2)
조종호	민정당	43	2선의원(단양)	20,355 (29.8)
노영균	민주당	37	치안국 근무	5,163 (7.6)
이태수	자유민주당	46	해군 중령	4,333 (6.3)
김 경	보수당	45	기독일보 사장	4,056 (5.9)

한백수	국민의당	42	한일기업 사장	3,335 (4.9)
이시용	자유당	48	제천 교육위원	1,933 (2.8)
김화경	추풍회	43	토건업	1,660 (2.5)

충청남도

〈대전〉 국무총리를 지낸 이범석 후보의 사퇴에 힘입어 대전시장을 지낸 정인권, 신기훈 후보들을 가볍게 제압한 민정당 진형하

지난 5대 총선 때는 대전시는 갑구와 을구로 나뉘었다.

갑구에서는 대전지법 부장판사를 지낸 유진영 후보가 민주당 공천을 받고서 법원장을 지낸 무소속 문용선 후보를 가볍게 제압했다.

대학 강사인 사회대중당 김형수, 약업사 사장인 무소속 임경승, 동방신문 사장인 무소속 송도용, 입원의원이었던 한국독립당 김원봉 후보들도 출전했다.

을구에서는 변호사 출신으로 4대의원인 진형하 후보가 민주당 공천을 받고 민혁당 조직국장 출신인 무소속 주기영 후보를 가볍게 제압했다.

충남도의원 출신인 이정우, 대전시의회 부의장을 지낸 강오봉, 대전시의원을 지낸 박노정, 공명선거 추진위원인 황관의, 변호사인 김광열 무소속 후보들도 참여했다.

이번 6대 총선에선 대전지법 부장판사를 거쳐 재선의원인 민정당

진형하 후보와 대전시장 출신으로 민주공화당 공천을 받은 정인권 후보가 대결을 펼쳤다.

민선 대전시장에 당선된 자민당 신기훈, 지난 5대 총선에도 출전했던 신흥당 정관의, 정치인인 보수당 배상직, 대학 강사인 민주당 정창기, 국악원 지부장인 정민회 이석희 후보들도 출전했다.

국무총리, 국방부장관, 주중대사를 역임한 국민의당 이범석 후보는 국민의당으로 등록했다 중도 사퇴했다.

민주공화당 정인권, 자민당 신기훈, 민정당 진형하 후보들이 끝까지 치열한 경쟁을 벌였다.

지난 대선 때 윤보선 후보의 압승에 고무된 진형하 후보는 만년 야당으로 동정표를 모으고 있고, 민선 대전시장을 지낸 신기훈 후보는 개인적인 기반이 확고하여 당선권에 진입한 것으로 알려졌다.

대전시 재건국민운동 촉진회장, 민주공화당 충남도 사무국장을 지낸 정인권 후보는 "정국이 불안정하여 물가가 안정되지 않고 있다", "군정 2년간의 집정은 잘못된 것보다도 잘된 것이 훨씬 앞서고 있다"고 주장했다.

지난 4대 총선에서도 최석환 자유당 공천 후보를 물리친 저력을 지닌 민정당 진형하 후보가 갑구의 유진영 5대의원의 불출마에 힘입어 큰 표차로 대전시장을 지낸 민주공화당 정인권과 자민당 신기훈 후보들을 따돌리고 3선의원에 등극했다.

□ 득표상황

후보자	정당	연령	주요 경력	득표 (%)
진형하	민정당	56	2선의원(대전 을)	36,097 (44.7)

정인권	민주공화당	58	대전시장	24,685 (30.5)
신기훈	자유민주당	54	대전시장	9,940 (12.3)
정창기	민주당	33	대학 강사	4,207 (5.2)
정관의	신흥당	31	정당인	2,838 (3.5)
이석희	정민회	27	국악원 충남지부장	1,868 (2.3)
배상직	보수당	33	정치인	1,208 (1.5)
이범석	국민의당	63	국무총리, 주중대사	사퇴

〈대덕 - 연기〉 박병배 의원의 아성에 혜성(彗星)처럼 나타난 김용태 후보가 성태경 5대의원을 가볍게 제압하고 국회에 등원

지난 5대 총선 때 대덕에서는 4대의원인 박병배 후보가 무소속으로 경찰국장 출신으로 민주당 공천을 받은 송석두, 수리조합장 출신으로 자유당으로 출전한 박찬욱, 회사장인 무소속 한영진 후보들을 따돌리고 재선의원이 됐다.

연기에서는 국회 전문위원인 성태경 후보가 민주당 공천을 받고서 육군중령 출신인 박노일, 신문지국장 출신인 홍순영, 만주국 관리였던 김상근 무소속 후보들을 가볍게 제압했다.

이번 6대 총선에서는 5대의원인 민주당 성태경 후보와 민간인으로 5·16 혁명에 가담하여 중앙정보부장 고문으로 활동한 민주공화당 김용태 후보가 호각지세를 이뤘다.

한일화학 사장인 신민회 김삼동, 육군소장 출신으로 3대의원을 지

낸 자민당 송우범, 국민의당 청년부장으로 발탁된 임창수, 교통부 운수과장을 지낸 보수당 임봉학, 육군장교 출신인 민정당 송석린, 신문기자로 활약한 정민회 홍순영, 유성농고 동창회장인 추풍회 오충근 후보들도 나름대로 선전했다.

민주공화당의 유력한 자금조달 담당자로 알려진 김용태 후보와 출마하기 전에 밤낮 사흘을 고민했었다는 민주당 성태경 후보의 격전장을 민정당 송석린 후보가 뒤쫓고 있는 양상이다.

"5·16 혁명으로 국민의 주권을 강도당했다"는 성태경 후보는 "엉덩이에 뿔난 소는 잡아먹어야 한다"고 주장하자, 김용태 후보는 "황소 잡아먹고 농사 잘된 고장 없고 잘 사는 집 없다"고 맞서며, '진실로 고향을 위해서'라는 캐치프레이즈를 내세웠다.

유력한 작전참모들이 민주공화당으로 전향하여 허탈해진 송석린 후보는 사꾸라들이 일찌감치 빠져나가 오히려 전열 정비에 도움이 되었다고 자위했다.

또한 성태경 후보는 신망은 있지만 조직이 불완전하고 돈이 딸려 본격적인 선거채비도 구비하지 못하고서 "부여의 이석기, 금산의 유진산이 뒷걸음치는 통에 충남에서 혼자 바람을 맞게 됐다"고 불평을 늘어 놓았다.

공화당 김용태 후보는 혁명정부에서 큰 일을 했고 국회에 보내면 이 고장을 위해 일을 많이 할 것이다는 선전공세에 주력했다.

민주공화당 충남도당위원장인 김용태 후보와 장면 국무총리의 비서실장을 지낸 민주당 성태경 후보가 자웅을 겨루고 있는 격전장에 민정당 송석린, 자민당 송우범, 국민의당 임창수 후보들이 추격전을 전개했다.

대덕에 기반을 갖고 연기를 공략하고 있는 김용태 후보는 혁명주체 중 유일한 민간인으로 조직과 자금면에 유리한 반면, 연기에 기반을 갖고 있는 성태경 후보는 수신제가 치국평천하라는 상대방 후보들의 공격으로 치명상을 입고 있다.

대선에서는 윤보선 후보가 박정희 후보보다 1만여 표 앞섰지만, 제1야당 후보인 민정당 송석린, 5대의원을 기치로 내건 민주당 성태경 후보들을 민주공화당의 돈 주머니로 알려진 김용태 후보가 가볍게 제압했다.

□ 득표상황

후보자	정당	연령	주요 경력	득표 (%)
김용태	민주공화당	36	중앙정보부장 고문	30,017 (43.1)
성태경	민주당	46	5대의원(연기)	15,268 (21.9)
송석린	민정당	29	정당인	9,307 (13.4)
임창수	국민의당	29	국민의당 청년부장	6,144 (8.8)
송우범	자유민주당	48	3대의원(대덕)	3,230 (4.6)
임봉학	보수당	53	교통부 운수과장	1,642 (2.4)
홍순영	정민회	63	신문기자	1,545 (2.2)
김삼동	신민회	39	한일화학 대표	1,377 (2.0)
오춘근	추풍회	29	농업인	1,064 (1.5)

〈공주〉 박정희 후보보다 윤보선 후보를 선호하는 지역정서와 동정여론을 일으켜 설욕전을 승리로 장식한 민정당 박찬

지난 5대 총선 때 공주는 갑·을구로 나뉘었다.

갑구에서는 자유당 소속 4대의원인 박충식 후보가 무소속으로 출전하여 충남도의원을 지낸 민주당 엄대섭 후보를 215표 차로 꺾고 재선의원이 됐다.

서울시 교육위원인 윤재중, 민주당에서 제명당한 법전편찬위원 변호사인 민동식, 민주당 중앙위원을 지낸 박휴서, 변호사인 정경모 후보들은 무소속으로 출전했고, 3대의원을 지낸 염우량 후보는 자유당으로, 충남도의원을 지낸 김영택 후보는 사회대중당으로 출전했다.

그러나 일부지역 무효판결로 재선거가 실시되어 민주당 엄대섭 후보가 6,729표를 득표하여 6,521표를 득표한 박충식 후보를 208표로 꺾고 금뱃지를 인계받았다.

을구에서는 4대의원인 김학준 후보가 민주당 공천을 받고 민주당에서 제명된 충남도의원 출신인 박찬, 정치운동을 펼친 이은봉 후보들을 꺾고 재선의원이 됐다.

회사장인 이명상, 공무원 출신인 임명직, 신문사 사장인 이의택 후보들은 무소속으로, 3대의원인 김달수 후보는 자유당으로 출전했다.

이번 6대 총선에선 지난 5대 총선 때 출전하여 혈전을 펼쳐 당선됐던 김학준 후보는 민주당으로, 박충식 후보는 민주공화당으로 전향하여 출전했고, 낙선한 박찬 후보는 민정당으로 출전했다.

신익희 후보 비서였던 자민당 안신, 단국대 교무과장을 지낸 보수당 김화식 후보들도 출전했다.

자유당과 민주당을 섭렵하며 3선의원인 민주공화당 박충식 후보는 "본인이 당선되면 공주지구를 관광지대로 만들겠다"는 공약을 내걸고 고정표 유지에 급급했다.

충남도의원 출신인 민정당 박찬 후보는 대선 때 윤보선 후보의 지지표를 보전하고 유지하기 위해 온 힘을 기울이며, 제1야당은 민정당이란 선전공세에 주력했다.

지난 5대 총선 때 을구에서 당선된 민주당 김학준 후보는 박찬 후보와 을구의 텃밭을 나누다 보니 갑구 침투에 심혈을 기울이고 있으며, 갑구 지역 침투의 성과가 승패의 갈림길이 될 것으로 전망되고 있다.

선거 한 달 전에는 이병주와 임헌세 후보들이 민주공화당으로 출전하고 박충식과 박찬 후보들은 민정당으로 출전이 예상됐으나, 두 후보의 당선이 불확실하다고 판단한 민주공화당은 박충식 후보를 영입하여 공천했고, 공주 을구에서 재선의원이 된 김학준 후보가 민주당으로 출전하여 3파전이 형성됐다.

지난 5대 총선 때 김학준 후보는 10,102표를 득표했고, 박찬 후보는 8,153표를 득표했으며, 박충식 후보는 5,845표를 득표했다.

박정희 후보보다 윤보선 후보를 선호하는 제1야당 후보로서 지역정서를 적극 활용하고, 지난 5대 총선에서 선전(善戰)하고도 낙선한 데 따른 동정여론을 일으킨 박찬 후보가 지명도에서 훨씬 앞선 김학준 후보를 꺾고 지난 5대 총선에서의 패배를 설욕했다.

박충식 후보는 지난 4대 총선에서는 자유당으로 출전하여 당선되고서 민주당에 입당했다가 민주공화당에 영입되는 정치행적이 방대한 조직을 구축하고도 유권자들로부터 외면을 받았다.

자유당, 민주당, 신정당, 민정당, 국민의당, 민주공화당을 섭렵한 박충식 후보에게 박찬 후보는 "박충식 후보가 만약 공산군이 쳐들어와도 30분 내에 그를 처치하지 않으면 오히려 공산당에 넘어갈 것이다"라고 공격했던 것도 승패에 영향을 끼쳤다.

□ 득표상황

후보자	정당	연령	주요 경력	득표 (%)
박 찬	민정당	39	충남도의원	25,810 (46.0)
박충식	민주공화당	60	3선의원(공주 갑)	14,362 (25.6)
김학준	민주당	41	2선의원(공주 을)	11,677 (20.8)
안 신	자유민주당	40	신익희 후보 비서	2,876 (5.1)
김화식	보수당	40	단국대 교무과장	1,372 (2.4)

〈논산〉 공천 파동에도 불구하고 김종필 공화당의장과 동창생으로 거물정객 이미지를 홍보하여 대승을 거둔 양순직

논산군도 5대 총선 때에는 갑구와 을구로 나뉘었다.

갑구는 충남도의원 출신으로 민주당 공천을 받은 김천수 후보가 자유당 소속으로 3대의원을 지낸 무소속 신태권, 민주당에서 제명된 3대의원을 지낸 무소속 육완국 후보들을 제치고 당선됐다.

4대의원을 지낸 김공평 후보는 자유당으로, 학생 친선방화(訪華) 사절단원인 박철호, 학교재단 이사인 이보철 후보들은 무소속으로 동참했다.

을구는 2대와 4대의원을 지낸 민주당 윤담 후보가 충남도의원 출신인 무소속 강인수 후보를 큰 표차로 꺾고 3선의원이 됐다.

구국운동을 전개했던 김호성, 제2훈련소 민사부장을 지낸 손영진, 대동청년단 간부였던 장필홍, 육군대위 출신인 유흥선 후보들도 무소속으로 출전했다.

김천수 의원이 출전을 포기한 이번 6대 총선에서 3선의원인 민정당 윤담 후보와 서울신문 사장 출신인 민주공화당 양순직 후보가 호각지세를 형성했다.

중·고교 교장을 지낸 자유당 염준호, 강경읍장 출신으로 4대의원을 지낸 신민회 김공평, 논산군 가야곡면장을 지낸 국민의당 송기순, 보수당 지구당위원장인 이보철, 충남도의원을 지낸 민주당 윤기병 후보들도 표밭을 누볐다.

민정당 윤담 후보의 독주에 민주공화당 양순직 후보가 맹렬하게 추격하고 있는 가운데 민주당 윤기병 후보가 가세하는 형국이다.

"공화당을 많이 뽑아 황소같이 부려먹자고 그러는데 그 사람들한테 표를 줬다간 우리가 데팀 연자방아를 돌리는 황소처럼 혹사(酷使)당하게 돼"하면서, "주저들랑 마시고 표를 나를 주면 돼"하는 윤담 후보는 3선의원이란 네임벨류로 농촌과 두루마기들에게 인기가 높다.

공천파동 수습으로 후유증을 앓고있은 양순직 후보는 김종필과 동창생이라는 사실을 강조하며, 지방사업을 내세워 비약을 바라는 양복장이들을 쥐어 잡았다.

일부 유권자들은 "서너 번 했으면 그만 둬야지. 머슴도 오래되면 부리기가 힘드는데"라며 윤담 후보의 장수(長壽)를 비난했다.

양순직 후보의 논산훈련소 부근의 길을 넓힌다, 강경과 부여를 연결하는 다리를 놓는다는 선심공세에 윤담 후보는 "그럴려면 국회의원보다 사회사업이나 하지", "그놈의 일은 언제 다해, 공약(空約)이야"라고 비꼬았다.

지구당 사무실에서는 논산군수를 지낸 전시영 후보를 추천했는데 양순직 후보를 공천하자 일부 당원들이 사무실의 기물을 파괴하는 난동을 부렸으나, 거물정객이라는 이미지를 심고 3선의원을 키워낸 핫바지 운동원에 대항하여 양복장이 부대를 양성하여 지역구를 누빈 양순직 후보가 예상을 뒤엎고, 일방적인 독주라고 평가받은 윤담 후보를 큰 표차로 꺾었다.

□ 득표상황

후보자	정당	연령	주요 경력	득표 (%)
양순직	민주공화당	38	서울신문 사장	33,400 (43.7)
윤 담	민정당	54	3선의원(공주 을)	20,532 (25.8)
윤기병	민주당	44	충남도의원	9,622 (12.6)
이보철	보수당	38	정당인	4,485 (5.9)
김공평	신민회	58	4대의원(공주 갑)	4,444 (5.8)
염준호	자유당	62	충남도 학무과장	2,535 (3.3)
송기순	국민의당	41	논산군 가야곡면장	1,474 (1.9)

〈부여〉 이석기 3선의원이 서울로 도피한 맥 빠진 선거전에서 68.2% 득표율로 당선된 민주공화당 김종필

갑·을구로 분구된 지난 5대 총선 때 갑구에서는 일본 중앙대 출신으로 2대와 4대의원을 지낸 민주당 이석기 후보가 제헌의원인 무소속 남궁현, 성동공고 교사였던 사회대중당 김덕현, 군의관 출신인 무소속 이덕희 후보들을 가볍게 제압하고 3선의원이 됐다.

을구에서도 2대와 3대의원을 지낸 민주당 이종순 후보가 국회 전문위원 출신인 무소속 김승진, 충남도의원 출신인 무소속 조준구 후보들을 어렵게 따돌리고 3선의원이 됐다.

종로구청 자문위원인 조준구, 덕수상고 교사였던 백병암, 경찰서장 출신인 신승열 후보들도 무소속으로 도전했다.

이석기 의원은 지역구를 서울로 옮겨 가고 이종순 의원은 출전을 포기한 이번 6대 총선에선 중앙정보부장과 민주공화당 창당준비위원장을 맡았던 김종필 후보가 지역을 선점한 상황에서, 충남도의원을 지낸 자유당 김재련, 조선일보 기자였던 자민당 박병학, 자유당 소속으로 3대의원을 지낸 국민의당 조남수, 부여읍장을 지낸 민주당 천병만, 민정당 중앙위원으로 활약한 조용설, 일본대 출신으로 대법원에 근무했던 추풍회 김대수 후보들이 들러리 역할을 벗어나기 위해 안간힘을 쏟아 냈다.

전국 최고득표율을 노리는 공화당 김종필 후보에게 민정당 조용설, 국민의당 조남수 후보 등 7명의 후보들이 도전했다.

조용설 후보와 조남수 후보는 임천 조씨 2만여 표를 양분하고, 조

용설 후보는 윤보선 후보 지지표의 결집을, 조남수 후보는 의원의 관록을 기대하고 있으나 민주공화당의 제2인자인 김종필 후보를 따라잡기에는 역부족이었다.

3선의원이었던 이석기 후보가 서울로 옮겨가지 않았더라면 육탄전이 벌어졌겠지만, 대타인 천병만 후보에게는 버겁게만 느껴져 맥빠진 선거전이 됐다.

더구나 민정당으로 출전이 예상됐던 이종순 후보마저 출전을 포기하여 33세의 조용설 후보가 부랴부랴 출전했다.

3대의원인 조남수 후보는 4대 총선에선 자유당 임철호 후보에게도 패배한 경력을 지니고 있다.

□ 득표상황

후보자	정당	연령	주요 경력	득표 (%)
김종필	민주공화당	37	중앙정보부장	45,999 (68.2)
조남수	국민의당	47	3대의원(부여 을)	7,528 (11.2)
천병만	민주당	52	부여군 부여읍장	4,640 (6.9)
조용설	민정당	33	정당인	3,875 (5.7)
박병학	자유민주당	34	조선일보 기자	2,284 (3.4)
김재련	자유당	55	충남도의원	2,027 (3.0)
김대수	추풍회	56	대법원 직원	1,143 (1.7)

〈서천 - 보령〉 공천경쟁에서 이원장 4대 의원을 물리친 여세를 몰아 김옥선 후보를 대파하고 2전 3기를 이뤄낸 민주공화당 김종갑

5대 총선 때 서천에서는 4대의원인 민주당 우희창 후보가 국방부 차관을 지낸 김종갑, 동국대 출신인 노승삼, 남장여인으로 모자원장인 김옥선 무소속 후보들을 가볍게 제압하고 재선의원이 됐다.

보령에서는 2대와 3대의원인 민주당 김영선 후보가 중앙대 총무처장을 지낸 무소속 김영기 후보를 가볍게 제치고 3선의원이 됐다.

김영선 의원은 정정법에 묶여 있고 우희창 의원은 출전을 포기한 이번 6대 총선에서는 지난 5대 총선 때 서천에서 낙선한 정의여중·고 교장인 민정당 김옥선 후보와 제2훈련소장과 국방부차관을 지낸 민주공화당 김종갑 후보가 선두권을 형성했다.

의회신문 사장인 자유당 윤세억, 웅변협회 선전부장인 신민회 신영석, 보령광업 사장인 자민당 백기홍, 충남도의원과 3대의원을 역임한 국민의당 나희집, 충남도의원을 지낸 민주당 이영우, 인천신문 편집국장을 지낸 추풍회 박창규 후보들도 출전했다.

박정희 최고회의 의장 고문인 신직수 후보 출전 소문이 나돈 가운데 제2훈련소 소장과 국방부차관을 지낸 김종갑 후보가 보령에서 4대의원에 당선된 이원장 후보를 공천경쟁에서 따돌리고 출전했다.

4대 총선에도 무소속으로 출전하여 13,413표를 득표하여 낙선한 김종갑 후보는 5대 총선에도 출전하여 14,655표를 득표하여 차점 낙선했다.

지난 5대 총선에 출전하여 4,653표를 득표한 민정당 김옥선 후보는 윤보선 후보 지지표 결집에 나섰으나 역부족이었고, 보령의 대표 주자로서 보령군민들의 전폭적인 지지를 기대한 민주당 이영우 후보의 득표력도 한계를 보여 김종갑 후보의 2전 3기를 관망할 수밖에 없었다.

□ 득표상황

후보자	정당	연령	주요 경력	득표 (%)
김종갑	민주공화당	41	국방부차관	43,793 (47.1)
김옥선	민정당	29	정의여중고 교장	25,750 (27.7)
이영우	민주당	41	충남도의원	12,377 (13.3)
나희집	국민의당	53	3대의원(서천)	3,502 (3.8)
백기홍	자유민주당	37	보령광업 사장	3,254 (3.5)
윤세억	자유당	48	문헌편찬 회장	2,726 (2.9)
박창규	추풍회	30	정치와문화 사장	1,490 (1.6)
신영석	신민회	36	웅변협회 선전부장	사퇴

〈청양 – 홍성〉 70세 고령에도 불구하고 4대 총선 때 패배를 안긴 김창동 후보를 연파하고 3선의원 고지에 오른 국민의당 이상철

지난 5대 총선 때 청양에서는 2대의원인 민주당 이상철 후보가 4대의원을 지낸 자유당 김창동 후보와 만주 한국인학교장을 지낸 민주당 서승택 후보를 가볍게 제압하고 재선의원이 됐다.

홍성에서는 변호사로 지역기반을 닦은 무소속 김영환 후보가 문교부 총무과장 출신으로 민주당 공천을 받은 전용안, 김좌진 장군의 아들로 3대의원을 지낸 김두한 후보들을 제압하고 당선됐다.

회사장인 전문수, 국회 전문위원인 이창규, 회사장인 윤여홍, 상공부 수출과장을 지낸 김준, 한청 홍성군단장을 지낸 김동주 후보

들은 무소속으로, 3대의원을 지낸 김지준 후보는 자유당으로 출전했다.

김영환 의원이 이상철 의원과의 격돌을 회피하여 출전을 포기한 이번 6대 총선에서 일본 명치대 출신으로 2대와 5대의원을 지낸 국민의당 이상철, 2대와 4대의원을 지낸 민정당 유승준, 3대의원을 지낸 정민회 김지준, 충남도의원과 4대의원을 지낸 민주공화당 김창동 후보들이 청양과 홍성을 기반으로 각축전을 전개했다.

신문기자협회장을 지낸 자민당 명제익 후보가 파수꾼 역할을 했다.

청양 출신인 국민의당 이상철, 민주공화당 김창동 후보와 홍성 출신인 민정당 유승준 후보가 3파전을 전개하고 있는 이 지역구는 이상철 후보의 "네 후보 모두들 자유당에 들어갔었던 사람들이야"로 야당 투사로 청양에 '바벨의 탑'만큼이나 높은 기반을 쌓아 놓았다.

이상철 후보는 7년 동안 숙적이라는 민주공화당 김창동 후보와 홍주목의 텃세를 활용하고 있는 민정당 유승준 후보의 협공을 받았다.

국민의당에 있다가 낙하산을 타고 민주공화당 공천을 받은 김창동 후보는 4대와 5대 총선에선 자유당으로, 이번 총선에선 민주공화당으로 이상철 후보와 맞닥뜨리고 있다.

"홍성도 청양과 동등 대우를 하겠습니다", "박정희 씨를 따라갈 수 없고 끝까지 싸우기 위해 야당을 택했습니다"는 이상철, "민주당 시절 환율을 1,300대 1로 올려 경제상태가 악화됐다", "이상철은 은퇴해야 한다"는 김창동, "민정당이 많이 당선되면 정국이 안정되고 대한민국이 잘 된다", "홍성에선 박정희보다 윤보선을 더 지지했다"는 유승준 후보의 포효는 끝날 줄을 몰랐다.

청양은 국민의당 이상철 후보와 공화당 김창동 후보가 양분하고 홍성을 민정당 유승준 후보가 독점하면 유승준 후보가 유리한 상황이지만, 홍성에서 5대 총선에서 당선된 김영환이 국민의당에 입당하여 이상철 후보에게 날개를 달아줬고, 유승준 후보가 2대와 4대의원으로 자유당 출신이라는 흠결(欠缺)이 지지표 확산에 한계를 보였다.

지난 4대 총선에서는 자유당 유승준 후보는 23,544표를, 자유당 김창동 후보는 18,131표 득표하여 당선된 반면, 민주당 이상철 후보는 17,569표를 득표하여 낙선했다.

지난 5대 총선에서 민주당 이상철 후보는 23,994표를 득표한 반면, 자유당 김창동 후보는 7,321표로 위축된 기세가 이번 총선까지 이어졌다.

민주공화당은 유충식, 고인찬, 지성섭, 임동선 후보들이 공천을 기대했으나 국민의당에 입당하여 출전을 준비중인 김창동 후보를 영입하여 벼락 공천했으나 소기의 성과를 거두지 못했다.

□ 득표상황

후보자	정당	연령	주요 경력	득표 (%)
이상철	국민의당	70	2선의원(청양)	26,864 (41.6)
김창동	민주공화당	56	4대의원(청양)	19,008 (29.5)
유승준	민정당	53	2선의원(홍성)	11,932 (18.5)
명제익	자유민주당	35	기자협회 지회장	6,927 (10.7)
김지준	정민회	54	3대의원(홍성)	4,795 (7.4)

〈예산〉 민주공화당의 공천 파동과 지난 5대 총선에서 차점 낙선에 따른 동정여론으로 대승을 거둔 국민의당 한건수

지난 5대 총선 때는 일본 중앙대 출신으로 3대의원을 지낸 성원경 후보가 민주당 공천을 받고 조도전대 출신으로 국회 전문위원을 지낸 한건수, 고교 교사였던 윤규상, 전매국장 출신인 박종화 무소속 후보들을 꺾고 재선의원이 됐다.

제헌의원과 4대의원을 지낸 윤병구 후보는 무소속으로 출전했다 중도 사퇴했다.

이번 6대 총선에는 지난 5대 총선에서 낙선했던 한건수 후보는 국민의당으로, 박종화 후보는 민정당으로, 재선의원으로 중도 사퇴했던 윤병구 후보는 민주공화당으로 출전하여 3각 편대를 이뤘다.

정치대학 강사였던 보수당 박재진, 민주당 중앙위원인 신복균, 군의관으로서 민주공화당 지구당위원장으로 활약했지만 공천에서 제외된 추풍회 박병선 후보들도 뛰어들었다.

민주공화당은 군의관으로 육군중령인 박병선 지구당위원장이나 정긍모, 최익렬 후보들의 공천이 예상됐으나 당선이 불확실하다는 판단에 따라, 지난 4대 총선 때 자유당 공천을 받아 34,225표를 득표하여 민주당 성원경 후보를 6,837표 차로 제압하고 재선의원이 된 윤병구 후보를 영입하여 공천했다.

민주공화당의 공천에 반발하여 박병선 후보가 추풍회 공천으로 출전하자, 지난 5대 총선에서 25,798표를 득표하여 당선됐던 성원경 후보가 출전을 포기하여 신복균 후보가 민주당으로 출전했다.

70세 고령인 성원경 후보의 출전 포기에 힙입어 국회 전문위원 출신인 한건수 후보가 지난 5대 총선에서 14,813표를 득표하여 차점 낙선한 동정여론을 불러일으켜, 공천 반발에 휩싸여 조직을 제대로 구축, 가동하지 못한 민주공화당 윤병구 후보와 지난 5대 총선에 출전하여 6,466표 득표에 머문 민정당 박종화 후보를 가볍게 제치고 청양-홍성의 이상철 후보와 함께 국민의당 후보 당선이라는 쾌거를 이뤄냈다.

□ 득표상황

후보자	정당	연령	주요 경력	득표 (%)
한건수	국민의당	42	국회 전문위원	20,355 (36.7)
윤병구	민주공화당	52	2선의원(1대,4대)	10,417 (18.8)
신복균	민주당	49	정당인	9,517 (17.1)
박병선	추풍회	37	의사, 육군중령	6,206 (11.2)
박종화	민정당	52	지방전매청장	4,929 (8.9)
박재진	보수당	33	정치대학 강사	2,106 (3.8)

〈서산〉 충남도의원의 기반과 새로운 조직을 구축하여 5대 총선 때 선전한 후보들을 제압한 민주공화당 이상희

서산군은 지난 5대 총선 때에는 갑구와 을구로 나뉘었다.

갑구에서는 민주당 지구당위원장으로 활약했지만 공천에서 탈락하고 제명처분까지 받은 장경순 후보가 무소속으로 출전하여 4대의원으로 민주당 공천을 받은 전영석 후보를 989표 차로 꺾고 국회

에 등원했다.

2대의원을 지낸 김제능 후보는 자유당으로, 민주당 지구당위원장으로 활약했지만 제명처분된 임창재, 충남도의원 출신인 최병린, 조도전대 출신으로 체신대 강사인 지창하, 병사구 사령관을 지낸 이풍우 후보들은 무소속으로 출전했다.

을구에서는 2대의원을 지낸 안만복 후보가 민주당 공천을 받고서 대전일보 사장인 무소속 이경진 후보를 꺾고 재선의원이 됐다.

충남도의원을 지낸 채상근, 기자 출신인 정동훈, 서산군 남면장을 지낸 문원모, 회사장인 장봉진, 서산군 태안면장을 지낸 김동열, 충남도의원을 지낸 유제풍, 단국대 강사인 김영수, 고려대 재학 중인 한영수 후보들이 무소속으로 난립됐다.

3대와 4대의원을 지낸 유순식 후보는 무소속으로 등록했다 중도 사퇴했다.

이번 6대 총선에선 지난 5대 총선에 출전한 재향군인회 충남지회장 출신인 자민당 이풍우, 재건국민운동 서산지회장 출신인 한독당 이경진, 대학강사인 국민의당 김영수, 충남도의원과 5대의원을 지낸 민주당 장경순, 고려대 출신인 민정당 한영수 후보들이 얼굴을 내밀었다.

아주상업 상무인 자유당 이두연, 충남도의원 출신인 보수당 조제현, 충남도의회 부의장을 지낸 이상희 후보들은 처녀 출전했다.

민주공화당은 나창헌 4대의원, 이경진 재건국민운동 촉진회장, 박유진 전 서산군수들이 공천을 기대했으나 공천장은 의외로 이상희 전 충남도의원에게 떨어졌다.

이상희 후보에 대항하여 지난 5대 총선에 출전하여 10,010표를 득표하여 당선된 장경순 후보는 민주당으로, 8,549표를 득표하여 낙선한 이경진 후보는 한독당으로, 5,340표를 득표한 이풍우 후보는 자민당으로 출전했다.

충남도의원 시절의 기반을 구축하고 풍부한 자금으로 당원들의 배가 운동을 벌인 민주공화당 이상희 후보가 갑구 국회의원으로 을구 지역공략에 실패한 장경순 후보를 큰 표차로 제압했다.

고려대 법대 출신으로 무명인 한영수 후보가 젊은 패기와 능변으로 윤보선 후보 지지표를 결집시켜 5대 총선 때 선전한 후보들을 제치고 차점 낙선이라는 의외의 열매를 수확했다.

□ 득표상황

후보자	정당	연령	주요 경력	득표 (%)
이상희	민주공화당	40	충남도의원	18,924 (24.7)
한영수	민정당	28	농업인	13,491 (17.6)
장경순	민주당	37	5대의원(서산 갑)	12,365 (16.1)
김영수	국민의당	37	대학 강사	9,295 (12.1)
조제현	보수당	30	충남도의원	7,832 (10.2)
이경진	한국독립당	54	대전일보 사장	7,316 (9.5)
이풍우	자유민주당	38	경남 병사구사령관	5,074 (6.6)
이두연	자유당	29	아주상사 상무	2,412 (3.1)

〈아산〉 끝이 보이지 아니한 재력싸움에서 충남도지사 관록으로 강필선 후보에게 316표 차로 승리한 민주공화당 이영진

지난 5대 총선 때는 민주당 공천을 받은 성기선 후보가 34,659표를 득표하여 4대 총선에서 자유당 이민우 후보에게 390표차 패배의 아픔을 달래었다.

신문사 부사장인 성인기 후보는 10,186표를 득표하여 차점 낙선했고, 제헌의원인 서용길 후보는 10,135표 득표에 머물렀다.

이번 총선을 앞두고 충남도지사를 지낸 이영진, 지난 5대 총선에서 낙선한 성인기, 군사정부에서 문교부장관을 지낸 문희석 후보들은 공화당으로, 회사장인 강필선과 5대의원인 성기선 후보는 민주당으로 출전하고, 충남도의원을 지낸 황명수 후보는 민정당으로, 4대의원을 지낸 이민우 후보도 자유당으로 출전이 예상됐다.

그러나 이번 총선에는 이영진 후보가 민주공화당 공천을 받고, 강필선 후보는 민정당 공천을 받고, 성기선 후보는 민주당 공천을 받고 출전하여 3각 편대를 형성했다.

성균관대 교수로 제헌의원인 서용길 후보는 자민당으로, 4대의원인 이민우 후보는 국민의당으로, 민정당 공천으로 출전이 예상됐던 충남도의원을 지낸 방주현 후보는 보수당으로 출전하여 또 다른 3각 편대를 이루었다.

대학강사인 한국독립당 권태근, 한국문화평론사 대표인 정민회 성백수 후보도 얼굴을 내밀었다.

경성건물, 삼환사, 아산중, 북삼화학 사장인 민주공화당 이영진 후보와 동방흥업 사장으로 곡물협회 충남지회장인 민정당 강필선 후보의 재력 다툼에 5대의원인 민주당 성기선 후보는 위축될 대로 위축됐다.

끝이 보이지 않은 재력싸움은 충남도지사를 지낸 관록과 공무원들의 음성적인 지원에 힘입어 민주공화당 이영진 후보가 민정당 강필선 후보를 316표 차로 꺾고 국회 등원에 성공했다.

□ 득표상황

후보자	정당	연령	주요 경력	득표 (%)
이영진	민주공화당	55	충남도지사	15,524 (28.7)
강필선	민정당	45	동방흥업 사장	15,208 (28.1)
성기선	민주당	44	5대의원(아산)	6,780 (12.5)
서용길	자유민주당	51	제헌의원(아산)	5,939 (11.0)
이민우	국민의당	58	4대의원(아산)	4,867 (9.0)
방주현	보수당	53	충남도의원	2,246 (4.1)
성백수	정민회	30	문화평론사 대표	1,385 (2.6)
권태근	한국독립당	31	대학 강사	1,175 (1.1)

〈당진〉 민주당 공천을 받고 5대의원에 당선된 이규영과 박준선 후보들이 민주공화당의 공천을 기대했으나 공천장은 자유당 출신인 안태식 후보에게

지난 5대 총선 때 당진군은 갑구와 을구로 나뉘었다

갑구에서는 민주당 공천을 받은 이규영 후보가 자유당 소속으로 3대와 4대의원을 지낸 무소속 인태식 후보를 3천여 표차로 눌렀고, 의사 출신으로 민주당에서 제명된 무소속 이문세 후보는 파수꾼

역할을 했다.

을구에서도 민주당 공천을 받은 박준선 후보가 대학교수인 문장욱, 사회사업가인 허윤, 문교사회국장 출신인 박명진 등 무소속 후보들을 꺾고 국회 등원에 성공했다.

이규영, 박준선 의원들이 출전을 포기한 이번 6대 총선에서는 고등공민학교 교장인 자민당 유제연, 동아일보 당진지국장인 민정당 김시환, 관세청장과 재무부장관, 재선의원을 지낸 민주공화당 인태식 후보들이 선두권을 형성했다.

천안, 당진, 아산 경찰서장을 지낸 보수당 박영래, 예비역 육군소령인 민주당 강태원 후보들이 추격전을 전개했다.

민주당 출신으로 5대의원인 박준선과 이규영 후보들이 치열하게 민주공화당 공천다툼을 전개했으나, 민주공화당은 자유당 출신으로 지난 5대 총선에서는 이규영 후보에게 3,368표차로 패배하고 정민회 공천으로 출전이 예상된 인태식 후보를 공천했다.

인태식 후보는 관세청장, 재무부장관을 지냈으며 3대와 4대의원을 지냈다.

공천에서 탈락한 박준선과 이규영 후보들의 출전 포기로 재선의원으로 닦은 지역기반, 방대한 민주공화당 조직, 풍부한 자금 등원능력을 가진 인태식 후보에게 대적할 후보는 아무도 없었다.

고등공민학교를 운영한 신망으로 자민당 유제연 후보와 윤보선 후보 지지표 결집에 나선 민정당 김시환 후보가 추격하기엔 너무나 멀리 떨어져 있었다.

□ 득표상황

후보자	정당	연령	주요 경력	득표 (%)
인태식	민주공화당	60	2선의원(당진 갑)	20,325 (40.0)
유제연	자유민주당	28	신평 공민학교장	11,368 (22.4)
김시환	민정당	40	동아일보 지국장	11,024 (21.7)
강태원	민주당	35	육군 소령	6,734 (13.3)
박영래	보수당	37	교통부장관 비서	1,317 (2.6)

〈천안-천원〉 윤보선 후보 지지열기를 결집시켜 방대한 조직의 홍춘식, 풍부한 재력의 김종철 후보들을 격파한 민정당 이상돈

이 지역구는 5대 총선 때는 천안 갑구와 천안 을구로 나뉘었다.

갑구에서는 민주당 공천을 받은 홍춘식 후보가 재선의원으로 국회부의장을 지낸 한희석, 낙천에 반발하여 제명당한 민주당 김기환 후보들을 가까스로 따돌렸다.

노동당서기장을 지낸 유화룡, 대학 조교수인 김일주, 체육회 상무인 이성구, 영화제작에 힘을 쏟은 노정, 육군중령 출신인 김재홍 후보들도 선전했다.

을구에서는 일본 조도전대 출신으로 제헌의원인 이상돈 후보가 민주당 공천을 받고서 명치대 출신으로 4대의원인 무소속 김종철 후보를 1,993표 차로 꺾고 재선의원이 됐다.

민주당 간부였던 노상규, 한독당 간부였던 장순원, 회사원인 오영, 회사장인 박영민 후보들도 참전했다.

이번 6대 총선에는 지난 5대 총선에 출전했던 네 후보들이 재격돌한 양상을 보였다.

갑구에서 당선되어 민주당에서 민주공화당으로 전향한 홍춘식, 을구에서 당선된 민정당 이상돈, 을구에서 낙선한 국민의당 김종철, 한독당 장순원 후보들이 4파전을 전개했다.

4대 총선에서 자유당 공천을 받은 김종철 후보는 18,924표를 득표하여 당선됐고, 민주당 공천을 받은 이상돈 후보는 14,633표를 득표하고 낙선했다.

5대 총선에선 민주당 공천을 받은 이상돈 후보는 12,784표를 득표하여 당선됐고, 무소속 김종철 후보는 10,791표를 득표하고, 한국독립당 장순원 후보는 2,896표를 득표하여 낙선했다.

4대 총선에서 민주당 공천을 받은 홍춘식 후보는 9,585표를 득표하여 20,166표를 득표한 자유당 한희석 후보에게 대패했으나, 5대 총선에서 민주당으로 출전한 홍춘식 후보가 8,732표를 득표하여 5,617표를 득표한 한희석 후보를 꺾었다.

민주공화당이 자유당 출신으로 재력이 풍부한 김종철 후보를 영입했더라면 승리할 수 있었을 것을 득표력이 미약한 민주당 출신 홍춘식 후보를 영입 공천한 것이 실패작이었다.

갑구와 을구의 지역 대결에서는 홍춘식 후보가 절대적으로 유리하고 더구나 풍부한 자금과 방대한 조직을 거느리고도 3위로 낙선한 것은 기본적인 신망이 두텁지 못하고 윤보선 후보 지지 열기가 민정당 이상돈 후보에게 집결되어 재력을 동원하여 추격전을 전개한 국민의당 김종철 후보가 한계를 노정한 것이 승패의 갈림길이었다.

□ 득표상황

후보자	정당	연령	주요 경력	득표 (%)
이상돈	민정당	51	2선의원(천안 을)	22,805 (39.1)
김종철	국민당	43	4대의원(천안 을)	19,792 (34.0)
홍춘식	민주공화당	42	5대의원(천안 갑)	13,055 (22.4)
장순원	한국독립당	50	5대 총선 입후보	2,621 (4.5)

〈금산〉 평안도 출신이지만 고려말 학자인 길재의 후손임을 내세워 금산 출신들을 격파하고 새로운 터전을 마련한 공화당 길재호

전라북도 관할이었던 지난 5대 총선 때는 3대와 4대의원을 지낸 민주당 유진산 후보가 전북도의원을 지낸 자유당 김구복, 일본 중앙대 출신으로 판사 출신 변호사인 무소속 오승근 후보들을 꺾고 3선의원이 됐다.

대전사범 출신인 송좌빈, 교도문화 연구소장인 박태영, 금산군 제원면장 출신인 박명서 후보들이 무소속으로 출전했지만 1천 표 미만의 득표에 머물렀다.

이번 총선에서는 전북 금산군을 충남 금산군으로 이적하는데 기여한 국가재건최고회의 최고위원인 민주공화당 길재호 후보가 터전을 잡자, 3선의원인 유진산 후보는 혼비백산 줄행랑을 쳤고, 윤보선 대통령 비서 출신인 민정당 김덕원 후보가 대항마로 출전했다.

토건 노조위원장을 지낸 자민당 신광주, 중학교장과 면장을 지낸

민주당 박명서 후보가 출전했지만, 출전 자체에서 의미를 찾아야만 했고, 농업인 신민회 임종천 후보는 등록했다 사퇴했다.

이곳의 터줏대감인 유진산 전 의원이 비례대표로 급선회하는 바람에 혁명주체 세력의 강경파 브레인 길재호 후보는 이제 진산이라는 껍질을 까고 나온 민정당의 신진 김덕원 후보와 싱거운 선거전을 치르게 됐다.

"나는 진짜 금산 사람입니다. 평안도에서 수입한 금산 사람이 아닙니다"라는 김덕원 후보의 외침에, 길재호 후보는 "고향을 따지자면 그래도 내가 낫다"면서, "김덕원 후보도 출생은 금산이 아니니 배꼽이 떨어진 걸로 따지자면 마찬가지인데 나는 조상의 뼈가 묻힌 곳이니 내가 낫지 않겠느냐"고 반박했다.

민주당 박명서 후보가 "5. 16 혁명은 틀렸고 민주당 때가 오히려 좋았다"고 생색을 내면, 자민당 신광주 후보는 "민주당 정권이 많이 부패하였고, 5. 16 혁명은 처음에는 곧잘 하다가"식으로 좌충우돌했다.

민주공화당은 김덕원 후보를 병아리로 보고 있으나, 민정당은 그 병아리가 조직을 통해 하루아침에 장닭이 되었다고 반박했다.

이 지역구는 출생지에 대한 공방인 지방색과 대학생들의 취업 알선 및 지방사업에 대한 홍보가 승패의 갈림길이었다.

민주공화당 사무국장 박성호는 "유진산 후보가 나오면 그는 향토를 위해서도 한 것이 없고 국민의당 파동에서 본 바와 같이 국가를 위해서도 도움이 되지 않았으니 재기 불능하게 무찔러 버릴 것인데"라며 유진산 후보의 불출마를 아쉬워했다.

고려말의 학자인 길재의 후손임을 내세워 평안도 출신이지만 6백
호의 길씨 문중들을 기반으로 지역 곳곳을 누빈 길재호 후보가 대
승을 거두었다.

□ 득표상황

후보자	정당	연령	주요 경력	득표 (%)
길재호	민주공화당	40	국가재건 최고위원	23,156 (62.1)
김덕원	민정당	31	윤보선 대통령 비서	12,216 (32.8)
박명서	민주당	49	제원면장, 중학교장	957 (2.6)
신광주	자유민주당	34	정당인	956 (2.5)
임종천	신민회	42	정당인	사퇴

전라북도

〈전주〉 16년 야당 도시의 지역정서를 안고 고등학교 동기 동창인
공화당 이동욱 후보를 가볍게 제압한 민정당 유청

갑구와 을구로 분구된 지난 5대 총선 때 갑구에서는 4대의원인
민주당 유청 후보가 전북도의원을 지낸 한국독립당 이주상 후보와
조선일보 이리지국장인 사회대중당 조기하 후보들을 가볍게 꺾고
재선의원이 됐다.

을구에서는 3대와 4대의원인 민주당 이철승 후보가 민주당에서
제명된 완주에서 3대의원에 당선된 민주당 손권배, 전북도의원을

지낸 최재면 후보들을 잠재우고 3선의원이 됐다.

혁신동지총연맹의 온삼엽, 고교 교사 출신인 김영석, 세계일보 취체역인 김홍전 후보들도 출전했다.

이번 6대 총선에서 이철승 3선의원은 정치활동정화법에 묶였고, 유청 의원은 풀려나 민정당으로 출전하여 국가재건최고회의 기획위원으로 활동한 민주공화당 이동욱 후보와 격돌했다.

민선 전주시장에 당선된 자민당 이주상, 전통시장 조합장을 지낸 민주당 정규헌 후보들을 비롯하여 5대 총선에도 출전했던 자유당 김영석, 동아일보 기자였던 신흥당 이우상, 전주시의회 부의장을 지낸 국민의당 김영곤, 조선대 교수인 보수당 신동길, 전주교도소 강사였던 정민회 강민석 후보들도 참여했다.

전주 북중학교 교사를 하다가 교장을 지낸 유청 후보는 이동욱 후보와는 10년 동기 동창이고 정규헌 후보는 제자였다.

높은 지명도와 방대한 조직을 갖고 처음부터 유리한 고지를 확보하고있는 민정당 유청 후보와 유치원부터 중학교까지 10년 동기 동창생인 민주공화당 이동욱 후보가 선두권을 달리고 있는 가운데, 미국에 망명하다시피한 이철승의 기반을 계승받은 민주당 정규헌 후보가 민주당 소속 도의원과 시의원의 도움을 받아 추격전을 전개했다.

공화당, 민정당, 민주당, 자민당, 국민의당이 5파전을 전개하고 있는 16년 야당 도시가 여당 도시로 바뀌느냐의 기로에 서 있다.

"왜 이리 고무신 값이 올랐디야?", "대통령 선거 때 표는 딴데 찍어주고 이제 와서 쓸데없는 소리 말란 말이여"로 오고 간 대화에서 이번 선거는 고무신 선거로 낙착되어 버렸다.

"총알이 없으니까 백병전 해야죠"라는 정규헌 후보의 야당 성향표 잠식이 한계를 보여, 선거 막판에 막대한 돈을 들여 총반격 할 것이라는 소문에 휩싸인 이동욱 후보의 낙선을 가져왔다.

"대통령이 뽑힌 여당에 안정세력을 구축해 달라"고 호소한 민주공화당 이동욱 후보는 전북도 국장시절부터 닦아 논 우세한 조직력을 기반으로 뛰고 있고, 4대와 5대의원을 지낸 민정당 유청 후보는 "독재화를 막기 위해 야당 후보를 국회로"라는 구호아래 혈연·지연으로 얽힌 뿌리 깊은 조직 기반, 야당으로 일관한 정치 관록이 강점이다.

처녀 출마인 민주당 정규헌 후보는 이철승 전 의원의 조직을 이어받아 분투하고 있고, 전주시의원 출신인 국민의당 김영곤 후보는 "양심과 젊음으로 싸우겠다"며 자유당계의 신의로 얽어 놓은 옛 조직을 되살리는데 심혈을 기울였고, 이주상 후보는 5대 총선에서 유청 후보에게 패배했지만, 서민층의 동정표로 전주시장에 당선된 저력과 특유의 언변으로 유권자들의 관심을 이끌어냈다.

재선의원으로서의 기반과 인연, 야당 성향의 유권자들을 결집시킨 유청 후보가 10년 지기(知己)인 민주공화당 이동욱 후보를 꺾고 3선의원으로 등극했다.

□ 득표상황

후보자	정당	연령	주요 경력	득표 (%)
유 청	민정당	44	2선의원(전주 갑)	22,924 (37.7)
이동욱	민주공화당	46	최고회의 기획위원	16,942 (27.8)

이주상	자유민주당	55	전주시장	6,952 (11.4)
정규헌	민주당	34	전통시장 조합장	5,644 (9.3)
김영곤	국민의당	39	전주시의원	3,865 (6.4)
강민석	정민회	66	전주교도소 강사	1,512 (2.5)
이우상	신흥당	33	동아일보 기자	1,305 (2.1)
김영석	자유당	39	교사	935 (1.5)
신동길	보수당	45	조선대 교수	768 (1.3)

〈군산 - 옥구〉 양일동 전 의원의 조직과 윤보선 후보 지지표를 엮어 303표 차 승리를 만끽한 민정당 고형곤

지난 5대 총선 때 군산에서는 3대의원인 민주당 김판술 후보가 경제학박사로 사회부차관을 지낸 무소속 김용택 후보를 가볍게 꺾고 재선의원이 됐다.

옥구에서도 3대와 4대의원을 지낸 민주당 양일동 후보가 명치대 출신으로 삼남일보 주필인 전평배, 중앙대 출신인 강근호, 회사원인 장수성 무소속 후보들을 가볍게 제압하고 3선의원이 됐다.

양일동 의원이 정치활동정화법에 묶인 이번 6대 총선에서는 재선 의원으로 보건사회부장관을 지낸 민주당 김판술, 전북대 총장을 지낸 민정당 고형곤, 명치대 출신으로 국학대 이사장인 민주공화당 김용택 후보들이 각축전을 전개했다.

서울대 출신으로 재력을 구비한 국민의당 김봉욱, 청년운동을 펼친 자민당 이원석, 전북도의회 의장을 지낸 보수당 박동근 후보들도 각축전을 전개했다.

3대와 5대의원인 민주당 김판술 후보가 짜임새 있는 조직과 야무진 선전 공세로 선두를 달리고 있는 가운데, 8백 가구의 문중표와 양일동 전 의원의 조직을 물려받은 민정당 고형곤 후보와 두 후보의 자신 있는 대결의 틈바구니에서 갑자기 머리를 들고 풍성한 자금의 뒷받침으로 한 무차별 매표(買票)공작을 벌이고 있는 민주공화당 김용택 후보가 추격전을 벌이고 있다.

김판술 후보는 유권자가 두 배가 넘는 생소한 옥구지역 공략이 승패의 갈림길이었다.

지난 5대 총선에서는 민주당 김판술 후보가 22,719표를 득표했고 무소속 김용택 후보는 8,530표 득표에 머물렀다.

이번 선거전은 방대한 조직을 구축하고 지난 5대 총선에서의 패배에 대한 설욕전을 펼친 사회부차관 출신인 김용택, 양일동 전 의원의 조직을 물려 받고 전북대 총장이라는 명망을 내세운 민정당 고형곤, 재선의원으로 보건사회부장관을 지낸 경력을 바탕으로 한 김판술 후보가 3파전 혈투를 전개하고 있는 와중에, 정치신인이지만 재력을 구비한 국민의당 김봉욱 후보가 추격전을 전개했다.

옥구에 산재한 3천여 호가 넘는 제주 고씨 문중표를 기반으로 윤보선 후보 지지표를 결집시킨 고형곤 후보가 땀을 쥐게 하는 개표 끝에 303표 차로 승리를 엮어냈다.

□ 득표상황

후보자	정당	연령	주요 경력	득표 (%)

고형곤	민정당	57	전북대 총장	21,024 (30.2)
김용택	민주공화당	56	사회부차관	20,721 (29.8)
김판술	민주당	54	2선의원(군산)	17,366 (25.0)
김봉욱	국민의당	34	정당인	7,149 (10.3)
박동근	보수당	51	전북도의회 의장	1,779 (2.6)
이원석	자유민주당	28	청년운동가	1,499 (2.1)

〈이리 - 익산〉 춘포면장 출신으로 공화당 벼락공천을 받고 3선 의원, 문교부장관을 지낸 민주당 윤택중 후보를 무너뜨린 김성철

이 지역구는 지난 5대 총선 때는 이리, 익산 갑구, 익산 을구로 나뉘었다.

이리에서는 2대의원을 지낸 민주당 이춘기 후보가 전국 기독청년연합회장인 무소속 김춘호 후보를 꺾고 재선의원이 됐다.

회사원인 민남기 후보는 사회대중당으로, 전북도 경찰국장과 산업국장을 역임한 신상묵, 원광대 기성회장인 최경진 후보들은 무소속으로 출전했다.

익산 갑구는 항일운동을 펼친 민주당 조규완 후보가 대진통상 사장인 사회대중당 송기만, 전북대 교수인 무소속 임익두, 조선총독부 참의원을 지낸 무소속 박지근 후보들을 제압했다.

익산 을구에서도 일본 중앙대 출신으로 2대와 4대의원과 단국대학장을 지낸 민주당 윤택중 후보가 3대의원을 지낸 자유당 강세형,

국민학교장을 지낸 무소속 임양희, 농림부장관 비서실장을 지낸 무소속 이성주, 임시정부 국무위원을 지낸 한국독립당 조경한 후보들을 가볍게 제압하고 재선의원이 됐다.

이번 6대 총선에선 전북도의원과 이리시장을 역임한 자민당 성범용, 문교부장관과 3선의원을 지낸 민주당 윤택중, 5대의원을 지낸 민정당 조규완, 익산군 춘포면장과 전북 수리조합장을 역임한 민주공화당 김성철 후보들이 각축전을 전개했다.

해운공사 업무과장을 지낸 자유당 강내규, 농가 구호대책 익산지회장으로 활약한 정민회 조성준 후보들도 얼굴을 내밀었다.

이번 총선에서 5대 총선에서 당선된 이리의 이춘기, 익산 갑구의 조규완, 익산 을구의 윤택중 후보들의 각축전이 예상됐으나, 이춘기 후보가 출전을 포기하여 조규완과 윤택중 후보의 각축전이 전개됐고, 재선의원으로 참의원 부의장을 지낸 소선규 후보도 출마설이 나돌았으나 출전을 포기했다.

민주공화당에서는 손창규 전 최고위원의 출마설이 나돌았으나 자민당 전국구로 선회했고, 박성문 재건국민운동 촉진회장과 김춘호 3대의원이 공천을 기대했으나, 익산군 춘포면장 출신으로 전북 수리조합장을 지낸 김성철 후보가 벼락공천을 받았다.

익산 갑구의 조규완, 익산 을구의 윤택중, 전북도의원과 이리시장을 지낸 성범용 후보가 야권 성향표를 세 등분한 틈새를 비집고 여당 후보에게 묻지마 투표를 한 지역정서에 힘입어 무명의 정치신인인 김성철 후보가 대승을 거두었다.

2대의원으로 5대 총선에서 자유당 강세형 현역의원을 꺾고 당선되어 문교부장관을 지낸 민주당 윤택중 후보는 민주당 구파를 선호하며 윤보선 후보 지지자들의 이탈로 허무하게 무너졌다.

□ 득표상황

후보자	정당	연령	주요 경력	득표 (%)
김성철	민주공화당	50	익산군 춘포면장	31,300 (39.0)
윤택중	민주당	50	2선의원(익산 을)	17,919 (22.3)
조규완	민정당	47	5대의원(익산 갑)	14,509 (18.1)
성범용	자유민주당	57	전북도의원	11,131 (13.9)
조성준	정민회	26	정당인	3,104 (3.9)
강내규	자유당	49	해운공사 업무부장	2,389 (3.0)

〈완주〉 육군준장 출신으로 국방대학원 교수로서 민주공화당 공천을 받고 야권성향표를 나눠 가진 네 후보를 꺾어버린 최영두

5대 총선 때 완주군은 갑구와 을구로 나뉘었다.

갑구에서는 민주당 공천을 받은 이정원 후보가 자유당 소속으로 3대와 4대의원을 지낸 무소속 이존화 후보와 민주당에서 제명된 무소속 안개세 후보들을 어렵게 따돌리고 국회에 등원했다.

전북대 강사였던 송재규 후보는 사회대중당으로, 이리 흥아사 사장인 국영호, 서울대 출신으로 군산중 교사인 송주인, 대전대 사무과장인 김규동, 변호사로 동양대 부교수인 소중영, 남성중·고 교장이었던 김용환 후보들은 무소속으로 출전했다.

을구에서는 4대의원인 배성기 민주당 후보가 전북도의원을 지낸

자유당 이학희 후보를 꺾고 재선의원이 됐다.

민주당 전북도 재정부장이었던 유침, 농민총연맹 소속으로 제헌의원이었던 이석주, 청년동맹 의장인 송정섭 후보들은 무소속으로 출전했다.

이번 6대 총선에서 갑구의 이정원 의원은 출전을 포기하고 을구의 배성기 의원이 민주당으로 출전하고, 변호사로 지난 5대 총선에 출전하여 3,433표를 득표한 소중영 후보가 자민당으로 출전했다.

이존형 재건국민운동 촉진회장을 꺾고 육군준장 출신으로 국방대학원 교수인 최영두 후보가 민주공화당 공천으로 출전했고, 교육감 출신인 이석조 후보는 국민의당으로, 정읍, 김제, 남원군수를 역임한 황호면 후보가 민정당 공천을 받고 출전했다.

야권 성향표가 네 갈래로 나뉘어지고 농촌 지역인 지역여건 속에서 방대한 조직을 구축하고 풍부한 자금을 동원한 민주공화당 최영두 후보가 40%가 넘는 득표율로 완승을 거두었다.

□ 득표상황

후보자	정당	연령	주요 경력	득표 (%)
최영두	민주공화당	40	국방대학원 교수	21,897 (42.3)
배성기	민주당	46	2선의원(완주 을)	9,673 (18.7)
소중영	자유민주당	40	변호사	9,535 (18.4)
황호면	민정당	43	남원, 김제군수	6,147 (11.9)
이석조	국민의당	38	전북 교육감	4,535 (8.7)

〈진안 - 무주 - 장수〉 덕유산 자락의 산간 오지에서 공화당 공천을 받고 도토리 키재기 경쟁을 벌인 야당 후보들을 꺾은 전휴상

5대 총선 때 진안에서는 고려대 출신으로 26세인 무소속 전휴상 후보가 서울대 출신으로 민주당 공천을 받은 이희종, 면장 출신으로 범양화학 전무인 박동식, 은행원인 안일, 전북도의원인 전태주 후보들을 기적같이 꺾고 국회에 등원했다.

진안군수를 지낸 김재영, 일본대 출신으로 계리사인 고주상, 영신여중 교사인 오재천 후보들도 참가했다.

무주에서는 제헌의원으로 전북도지사를 지낸 신현돈 후보가 민주당 공천을 받고서 명치대 출신으로 무주군수와 4대의원을 지낸 자유당 김진원 후보를 꺾고 재선의원이 됐다.

전북대 출신인 김용재, 한국신학대 이사장인 김종대 후보들도 출전했다.

장수에서는 전북도의원을 지낸 무소속 송영선 후보가 민주당 공천을 받은 김응만, 민주당에서 제명됐으나 민주당으로 등록한 최성석 후보들을 꺾고 당선됐다.

민주당 부위원장이었던 한정석, 경도제대 출신으로 자유당 공천을 받아 3대와 4대의원을 지낸 정준모, 장수경찰서장을 지낸 최연식, 직업소년학교장인 이상민 후보들도 무소속으로 출전했다.

이번 6대 총선에는 민주당 시절 내무부장관을 지낸 무주의 신현돈 의원과 장수의 송영선 의원이 출전을 포기했지만, 청조회에서 활동한 진안의 전휴상 후보는 민주공화당으로 변신하여 출전했다.

무주에서 자유당 공천으로 4대의원에 당선됐으나 5대 총선에는 7,046표를 득표하여 차점 낙선한 김진원 후보가 자민당으로, 5대 총선에 장수에 패기있게 민주당으로 출전하여 4,037표를 득표한 국민의당 중앙위원을 지낸 최성석 후보는 민주당으로 출전했다.

재일거류민단 동경부단장으로 4대 총선 때 무소속으로 진안에서 당선된 이옥동 후보는 정민회 공천으로, 출마설이 나돌았던 완주에서 3대의원을 지낸 손권배 후보의 출마 포기로 무명의 정치신인인 오치황 후보가 민정당 공천을 받고 출전했고, 명치대 학생시절 독립운동을 펼치고 장수에서 제헌의원을 지냈지만 정치권에서 멀어진 김봉두 후보가 보수당 공천을 받고 출전했다.

덕유산 자락의 산간오지의 지역에서 민주공화당 공천은 곧 당선으로 직결됐으며, 김진원 후보는 무주 지역을, 오치황과 최성석 후보는 장수 지역에서, 이옥동 후보는 진안에서 야권 성향표를 끌어모았지만, 민주공화당 전휴상 후보의 적수가 되지 못했다.

□ 득표상황

후보자	정당	연령	주요 경력	득표 (%)
전휴상	민주공화당	29	5대의원(진안)	32,132 (41.4)
김진원	자유민주당	46	4대의원(무주)	11,610 (15.0)
오치황	민정당	36	민정당 중앙위원	11,551 (14.9)
최성석	민주당	31	정당인	10,076 (13.0)
이옥동	정민회	41	4대의원(진안)	9,952 (12.8)
김봉두	보수당	57	제헌의원(장수)	2,316 (3.0)

〈임실 - 순창〉 민주당 공천으로 출전하려다 민주공화당에 전격적으로 영입되어 엄병학, 홍영기 동료 의원들을 꺾어버린 한상준

지난 5대 총선 때 임실에서는 전북도의원 출신인 무소속 한상준 후보가 민주당 공천을 받은 김상진 후보를 544표 차로 꺾고 국회 등원에 성공했다.

검사 출신인 변호사 이정우, 전북대 중퇴생인 김판산, 서울대 중퇴생 홍춘식 후보들도 무소속으로 도전했다.

순창에서는 일본 동북제국대 출신으로 국회 전문위원인 민주당 홍영기 후보가 일본대 출신으로 초대 대법원장을 지낸 정계 원로인 무소속 김병로 후보를 2,685표 차로 꺾은 기적을 창출하며 국회에 등원했다.

예비역 육군 중위인 무소속 유홍수 후보는 파수꾼 역할을 했다.

이번 6대 총선에서는 임실의 한상준 의원은 민주공화당 공천을 받아, 순창의 홍영기 후보는 민주당 공천을 받아 출전했다.

임실에서 2대의원에 당선되고 139,983표를 득표하여 참의원에도 당선된 엄병학 후보가 민정당 공천을 받아 3파전을 전개했다.

자유당 공천으로 임실에서 3대와 4대의원을 지낸 박세경, 순창에서 3대와 4대의원을 지낸 임차주, 4대와 5대 총선에 출전하여 패배했던 이정우 후보들이 모두 민주공화당 공천을 기대했으나, 민주당으로 출전이 예상됐던 한상준 후보가 민주공화당 공천장을 받고 출전하여 동지였던 엄병학과 홍영기 후보들과 한판 승부를 펼치게 됐다.

임실과 순창의 지역대결에서는 홍영기 후보가 유리하지만, 임실의 유권자가 순창보다 훨씬 많아 지역대결보다는 정당대결과 자금 동원능력이 승패의 갈림길이었다.

지난 5대 총선 때 한상준 후보는 12,565표를 득표했고 홍영기 후보는 19,929표를 득표했지만, 제1야당 후보임을 내세운 엄병학 후보가 윤보선 대선후보 정당임을 내세우고 야권 성향표를 보다 많이 잠식하여 한상준 후보의 승리를 도와줬다.

□ 득표상황

후보자	정당	연령	주요 경력	득표 (%)
한상준	민주공화당	42	5대의원(임실)	25,732 (37.8)
엄병학	민정당	45	2대의원, 참의원	17,402 (25.6)
홍영기	민주당	44	5대의원(순창)	16,932 (24.9)
김기동	자유민주당	50	전북도의원	3,232 (4.8)
김판산	정민회	28	회사원	2,980 (4.4)
박두술	국민의당	41	국민의당 상무위원	1,715 (2.5)
오환묵	추풍회	29	농업	사퇴

〈남원〉 전북 교육감 출신으로 민주공화당 공천을 받고 기라성같은 기성 정치인들을 가볍게 제압한 유광현

남원군은 4대 총선 때부터 갑구와 을구로 나뉘었다. 5대 총선 때

갑구에서는 전북도 관재국장 출신인 사회대중당 박환생 후보가 전북도의원 출신으로 민주당 공천을 받은 양해준 후보를 55표 차로 꺾고 등원에 성공했다.

3대의원을 지낸 양영주, 재경 전북학우회장인 김병오, 남원군 대산면장 출신인 이형우, 서울대 출신으로 대학강사인 안재준 후보들의 발목잡기가 당락에 영향을 주었다.

4대 총선 때 민주당으로 당선됐으나 자유당으로 전향한 조정훈 후보도 출전했고, 전북 교육위원인 이만기 후보는 무소속으로 등록했다 후보직을 사퇴했다.

을구에서는 남원군의원과 전북도의원을 섭렵한 민주당 윤정구 후보가 자유당 소속으로 4대의원을 지낸 안균섭, 오랫동안 공무원 생활을 한 박재굉, 변호사 시험에 합격한 소인호, 남원농고 교사였던 유운종 무소속 후보들을 가볍게 꺾었다.

이번 6대 총선에는 박환생과 윤정구 의원들의 출전 포기로 4대의원들과 정치신인들의 각축장이 됐다.

양영주 3대의원, 박윤용 교육위원장, 박환덕 대학강사들을 꺾고 교육감을 지낸 유광현 후보가 민주공화당 공천장을 받고 출전하여, 중학교 교사 출신으로 전매지청장과 전북도의원을 지냈고 지난 5대 총선에 출전하여 55표 차로 낙선한 양해준 후보가 민주당 공천으로 출전하여 양강(兩强)구도를 형성했다.

지난 4대 총선 때 자유당 공천을 받고 민주당 윤정구 후보를 꺾었으나 5대 총선에서 윤정구 후보에게 패배한 안균섭 후보가 국민의 당으로, 육군대령으로 전북 병사구사령관을 지냈고 참의원에

163,181표를 득표하여 당선된 양춘근 후보가 자민당으로, 동아일보 사회부장과 전북도 경찰국장을 지낸 정선수 후보가 민정당 공천을 받고 출전하여 당선을 향해 질주했다.

대한복지사회건설 회장인 신민회 유종환, 서민금고 지점장 출신인 보수당 주광준, 전주공고 출신인 추풍회 송중현 후보들도 함께 뛰었다.

선거판세는 민주공화당 유광현, 민주당 양해준, 국민의당 안균섭 후보들의 3파전이 예상됐다.

1만여 명의 당원과 교육감 경력을 자랑하고 있는 유광현 후보는 자신이 설립한 용북중을 인연으로 학연과 지연을 파고들고 있고, 양해준 후보는 10여 년간 야당으로 투쟁해 오면서 맺어진 인연과 남원읍내의 야당 성향표에 기대를 걸고 있다.

자유당 공천으로 4대의원을 지낸 안균섭 후보는 적이 없는 극히 서민적이고 성실한 성품이 농촌표를 얻는데 큰 이점이 되고 있다.

농촌 지역에서 집권여당 후보의 당선은 필연인 선거전에서 야권표 분산은 필패라는 교훈을 남겨 준 선거결과였다.

□ 득표상황

후보자	정당	연령	주요 경력	득표 (%)
유광현	민주공화당	36	전북 교육감	18,502 (31.9)
양해준	민주당	37	전북도의원	11,735 (20.2)
안균섭	국민의당	40	4대의원(남원 을)	9,374 (16.2)
정선수	민정당	43	전북 경찰국장	9,176 (15.8)
양춘근	자유민주당	39	참의원(전북)	5,067 (8.7)

주광준	보수당	31	서민금고 지점장	1,986 (3.4)
유종환	신민회	27	복지사회건설 회장	1,451 (2.5)
송중현	추풍회	30	정당인	687 (1.2)

〈정읍〉 3선의원의 관록으로 민주공화당 공천을 받은 초선의원 출신을 어렵게 따돌린 민정당 나용균

지난 5대 총선 때 정읍은 갑구와 을구로 나뉘었고, 갑구에서는 영국 런던대 출신으로 제헌과 4대의원인 민주당 나용균 후보가 전북도의원 출신인 무소속 김상술 후보를 큰 표차로 따돌리고 3선의원이 됐다.

유종영 후보는 사회대중당으로, 정읍 농협장 출신인 전공우 후보는 한국사회당으로, 전주지법 정읍지원장 출신인 전용욱 후보는 무소속으로 출전했다.

을구에서는 전북도의원 출신인 송능운 후보가 민주당 공천을 받은 김경운, 혁신동지총연맹의 김진기, 4대의원을 지낸 자유당 송영주 후보들을 꺾고 국회에 등원했다.

화호여중 교장인 김성환, 제일화물 사장인 김종민, 중학교사인 송문섭, 해군중위로 예편한 송정덕 후보들은 무소속으로 출전하여 선전했다.

산내면장을 지낸 김광효, 중석개발 관리부장인 홍병식, 서울대 출신으로 한국독립당의 조창억, 국무총리 비서를 지낸 김환덕, 법제

신문 논설위원인 노용식 후보들도 얼굴을 내밀었다.

송능운 의원의 공민권 제한으로 실시된 보궐선거에서 13명의 후보들이 난립하여 난투극을 벌였다.

의사로서 화호여중 교장인 무소속 김성환 후보가 신민당 공천을 받은 연합참모부 공보실장인 김용희, 민주당 공천을 받은 서울시당 청년부장을 지낸 이근배, 전북도당 문화부장을 지낸 송정덕 후보들을 꺾고 뒤늦게 등원했다.

수도육군병원 과장인 김은태, 군의관인 이주수, 오달수, 유병권, 이우재와 강기선, 신민당 중앙위원인 김경운, 국무총리 비서였던 김환덕, 전북도의원을 지낸 송삼섭 후보들도 출전했다.

이번 총선에는 3선의원인 민정당 나용균 후보와 5대의원인 민주공화당 김성환 후보가 갑구와 을구를 나뉘어 한판 승부를 펼쳤다.

전북도의원 출신인 자민당 송삼섭, 농협 조합장인 국민의당 전공우, 전북도의원과 민선 전북도지사를 지낸 민주당 김상술 후보들도 선전했다.

지난 5대 총선에서 갑구에 출전한 나용균 후보는 25,950표를 득표하여 3선의원이 됐고, 전북도의원을 지낸 김상술 후보는 16,784표를 득표하여 차점 낙선했고 전공우 후보는 1,753표를 득표했다.

을구에 출전한 김성환 후보는 무소속으로 5,593표를 득표하여 차점 낙선했다.

정치적 관록이나 지명도에서 앞선 민정당 나용균 후보가 민주당 김상술 후보와 이전투구로 관록이나 지명도에 뒤지지만 민주공화당 조직을 활용한 김성환 후보에게 1,135표 차의 아찔한 승리를 거뒀다.

□ 득표상황

후보자	정당	연령	주요 경력	득표 (%)
나용균	민정당	68	3선의원(정읍 갑)	20,876 (28.4)
김성환	민주공화당	48	5대의원(정읍 을)	19,741 (26.8)
송삼섭	자유민주당	38	전북도의원	15,205 (20.7)
김상술	민주당	44	전북도지사, 도의원	14,515 (19.7)
전공우	국민의당	40	농협 조합장	3,264 (4.4)

〈고창〉 유진 의원의 민정당 전국구 안착, 민주공화당의 극심한 공천 파동으로 낙승이 예상됐으나 149표 차로 신승한 민정당 김상흠

고창군도 지난 5대 총선 때에는 갑구와 을구로 나뉘었다.

갑구에서는 서울대 교수인 민주당 유진 후보가 상공부 광무국장 출신인 무소속 진의종 후보를 25표 차로 꺾고 당선됐다.

3대와 4대의원을 지낸 정세환 후보는 자유당으로, 민주일보 사장인 김우정, 해양대 조교수인 김용석, 전북도의회 의장인 배상기 후보들은 무소속으로 출전했다.

을구에서는 김성수 부통령의 아들로서 동아일보 편집국장을 지낸 무소속 김상흠 후보가 동아일보 기자로서 민주당 공천을 받고 출전한 이형연, 지역기반을 다져 온 무소속 김효남 후보들을 제압했다.

전북체육관장인 원영희, 4대의원을 지낸 홍순희, 2대와 3대의원을 지낸 신용욱 후보들도 무소속으로 출전했다.

이번 6대 총선에는 갑구의 유진 의원은 민정당 전국구 당선권 내에 안착하고, 을구의 김상흠이 민정당 공천으로 출전하여 갑구 지역의 야당 성향표를 공략한 가운데, 민주공화당에서는 갑구에서 3대와 4대의원을 지낸 정세환, 전북도의회 의장을 지낸 배상기, 신용욱 의원의 동생인 신용남 후보들을 제치고 삼양교역 상무인 성정기 후보가 민주공화당 공천을 받아 냈다.

민주당은 전주사범 교장 출신으로 민주당 공천을 받아 참의원에 당선된 강택수 후보를, 자민당은 2대의원을 지낸 김수학 후보를, 국민의당은 29세의 언론인인 이형연 후보를 공천했다.

육군 특무대 출신인 신흥당 손명섭, 흥덕중학 원장인 보수당 진두은, 지구당위원장인 추풍회 안판동 후보들도 출전했다.

정세환 전 의원이 민주공화당 공천에서 낙천되자 "당나귀가 황소한테 들렀다"는 속어가 나돌았고, 민주공화당 공천에서 낙천한 정세환을 비롯하여 배상기, KNA 신용욱 사장의 동생인 신용남 등이 줄줄이 낙천하여 공천을 받은 성정기 후보는 빈 껍데기 공천이란 말이 회자(膾炙)됐다.

"정세환, 배상기 씨가 공화당에 본때를 보여준다는 각오 아래 민정당에 가세하고 있다"는 김상흠 후보는 민주공화당의 공천 다툼 때문에 어부지리를 얻게 됐으며, 김성수 선생이 심어 놓은 민심 기반을 활용하여 흩트러진 공화당 조직을 파고드는데 여념이 없다.

민주공화당 성정기, 민정당 김상흠, 국민의당 이형연 후보들이 3

파전을 전개하고 있는 이 지역은 공교롭게도 세 후보가 모두 을구에 기반을 두고 뛰고 있다.

갑구에 기반을 두고 3대와 4대의원을 지낸 정세환이 민주공화당 공천에서 탈락하자 민주공화당을 탈당하여 성정기 후보에게 크나큰 타격을 주었다.

갑구의 유진 후보가 민정당 전국구에 안착되면서 갑구지역 기반을 물려받은 인촌 김성수의 아들인 민정당 김상흠 후보가 30대의 패기를 앞세우고 정세환의 적극적인 도움을 받은 이형연 후보와 한판 승부를 벌였다.

국민의당 이형연 후보는 "돈 없는 사람 국회의원 못 될소냐"는 표어를 내걸고, "뿌리는 돈은 마음대로 먹고 표 찍기는 돈 없는 나에게"라는 선거전략으로 추격전을 전개했다.

공천에서 탈락한 정세환 후보는 "반드시 공화당 공천자를 낙선시켜 정세환의 위력을 보여주겠다"고 호언했으나, 박경원 내무부장관에게 회유당했다는 소문이 나돌았다.

역대 선거에서 버릇을 들여 놓은 대로 "우리 집은 자지 않고 있으니 무엇이든 좀 갖고 오라"는 뜻으로 투표일 목전에 두고 등잔불을 켜 놓고 자는 농가가 많은 것이 승패의 갈림길로 떠올랐다.

유진 갑구 의원의 전국구 안착과 민주공화당 공천의 반발, 김성수 선생의 유덕으로 김상흠 의원의 낙승이 예상됐으나, 풍부한 재력을 활용하여 조직 구축에 성공한 민주공화당 성정기 후보에게 149표 차로 아찔하게 승리하고 재선의원이 됐다.

□ 득표상황

후보자	정당	연령	주요 경력	득표 (%)
김상흠	민정당	44	5대의원(고창 을)	16,680 (28.6)
성정기	민주공화당	35	삼양교역 상무	16,531 (28.4)
이형연	국민의당	29	민주당 선전부 차장	9,382 (16.1)
강택수	민주당	56	참의원(전북)	7,357 (12.6)
김수학	자유민주당	67	2대의원(고창 갑)	3,241 (5.6)
진두은	보수당	56	흥덕중학 교장	2,181 (3.7)
손명섭	신흥당	34	육군 특무대 근무	1,524 (2.6)
안판동	추풍회	60	정당인	1,361 (2.3)

〈부안〉 지난 5대 총선에서의 6,369표 차를 민주공화당 조직을 동원하여 극복하고 31표 차로 승리를 엮어낸 이병옥

지난 5대 총선 때는 전북도의원을 지낸 민주당 송을상 후보가 민주당에서 제명되었지만 민주당으로 등록한 김용대 후보를 137표 차로 꺾고 당선됐다.

김제군수와 부안군수를 역임한 고봉조, 중학교 교장을 지낸 신기원, 전주방직 이사인 김종태 후보들도 무소속으로 출전하여 당선권을 맴돌았고, 육군중령으로 예편한 이병옥, 부안군수를 지낸 백남기, 중학교 교사인 조기승 후보들은 무소속으로 출전하여 하위권을 맴돌았다.

이번 6대 총선에서는 자민당으로 출전이 예상된 송을상 의원의 출

전 포기로, 지난 5대 총선에 출전하여 10,408표를 득표하여 차점 낙선한 민정당 김용대 후보와 육사 출신으로 4,039표를 득표한 민주공화당 이병옥 후보가 자웅을 겨루게 됐다.

전북도의원을 지낸 보수당 박용기, 중학교 교장서리를 지낸 민주당 김완규, 재건국민운동 요원인 정민회 임균석, 정치운동을 펼쳐온 추풍회 조기승 후보들도 고군분투했다.

민주공화당 이병옥 후보는 육군중령 출신임을 내세워 3대와 4대 의원을 지낸 신규식, 부안과 김제군수를 지내고 5대 총선에 출전하여 7,023표를 득표한 고봉조 후보들을 꺾고 공천장을 받아 냈다.

민주공화당 공천을 받은 이병옥 후보는 방대한 조직과 여유있는 자금을 동원하여 지난 4대 총선에도 민주당 공천을 받고 출전하여 지명도가 높고 야권 성향표 결집에 성공한 김용대 후보를 지난 총선에서의 6,369표 차를 극복하고 31표 차로 어렵게 따돌렸다.

□ 득표상황

후보자	정당	연령	주요 경력	득표 (%)
이병옥	민주공화당	36	육군 중령	15,306 (32.6)
김용대	민정당	47	총선 입후보 2회	15,275 (32.6)
박용기	보수당	44	전북도의원	7,000 (14.9)
김완규	민주당	44	중학 교사	6,184 (13.2)
임균석	정민회	26	재건국민운동 요원	1,631 (3.5)
조기승	추풍회	63	정치운동가	1,510 (3.2)

〈김제〉 혁명주체 세력으로 3선의원과 체신부장관의 조직 기반을 초토화시키고 개선장군이 된 민주공화당 장경순

지난 5대 총선 때 김제군은 갑구와 을구로 나뉘었다.

갑구에서는 제헌, 4대의원인 민주당 조한백 후보가 사회대중당 창당을 주도했던 정화암 후보를 가볍게 제압하고 3선의원이 됐다.

을구에서도 남성중·고 교장으로 3대와 4대의원을 지낸 민주당 윤제술 후보가 민주당 전북도당위원장 출신으로 전북도의원을 지낸 유홍철 후보를 가볍게 꺾고 3선의원이 됐다.

이번 6대 총선을 맞이하여 을구의 윤제술 의원이 갑구의 조한백 의원과 격돌을 피하기 위해 서울 서대문으로 옮겨 가고, 국민의당 공천으로 출전이 예상됐던 2대와 3대의원, 참의원을 지낸 송방용 후보도 서울로 옮겨 야권 단일화가 이룩됐다.

야당으로서는 상상도 못할 입체전략을 구사하며 야당의 텃밭을 민주공화당의 안방으로 바꿔 놓은 장경순 후보를 기피하여 윤제술, 송방용 전 의원들이 서울로 피신하는 사태를 야기했다.

지방사업 발전에 대해서 민주공화당의 장경순 후보가 발행한 보증수표와 약속어음으로 지역구 전체가 포화(飽和) 상태에 잠겼다.

보증수표와 약속어음이 휘날리는 가운데 3선의원 관록과 과거의 조직기반을 밑천 삼은 민정당 조한백 후보는 씨름꾼의 뚝심을 가지고 유도 7단 장경순 후보를 메치려고 분투 중이다.

"김제에서 3명의 국회의원과 2명의 장관을 내보자"는 구호는 장

후보는 낙선하되 장관이 될 것이므로 김윤기 교통부장관과 함께 2명의 장관이 되고, 조한백 후보가 당선되면 상경한 윤제술, 송방용 후보와 함께 3 의원이 된다는 논리이다.

또한 "장 후보를 당선시키는 것 보다는 낙선시키는 것이 또 출마하려고 지방사업을 더해 준다", "전주, 이리, 군산 사람들이 김제를 향해서 소변을 보고있다"는 루머로 조 후보는 역습을 기대했다.

혁명주체세력으로 농림부장관 시절부터 공을 들여온 민주공화당 장경순 후보와 3선의원이며 15년 야당으로 뿌리 깊은 기반을 갖고 있는 민정당 조한백 후보가 지연, 혈연 및 금력을 총동원한 한판 승부를 펼쳤다.

해방 이후 가꾸어 온 조직을 기반으로 3선의원 경력을 내세운 조한백 후보의 득표력은 혁명주체 세력인 장경순 후보의 위세 앞에서는 초라할 뿐이었다.

□ 득표상황

후보자	정당	연령	주요 경력	득표 (%)
장경순	민주공화당	41	농림부장관	48,795 (66.5)
조한백	민정당	55	3선의원(1, 4, 5대)	20,945 (28.5)
장이규	정민회	37	광복단체 화랑단장	2,737 (3.7)
곽 탁	보수당	67	동진 수리조합장	898 (1.2)

전라남도

〈광주 갑〉 3선의원의 관록과 야당성향표의 결집으로 대승을 거두고 4선의원에 등정한 민정당 정성태

지난 5대 총선 때에는 갑, 을, 병으로 나뉘었던 광주시는 이번 총선에는 갑, 을구로 병합됐다.

갑구에서는 3대와 4대의원을 지낸 민주당 정성태 후보가 광주 양복점 조합장 출신인 사회대중당 서동열, 광주 YMCA 이사인 무소속 곽인송, 담양 평창국교 교사인 무소속 고광희 후보들을 가볍게 꺾고 3연승을 달렸다.

을구에서는 민주당에서 제명처분을 받은 김용환 후보가 4대의원으로 민주당 공천을 받은 이필호 후보를 예상을 뒤엎고 꺾어버렸다.

일본 중앙대 출신으로 조흥은행원이었던 사회대중당 임문평, 호남신문 편집국장을 지낸 무소속 박상기 후보는 파수꾼 역할을 했다.

이번 6대 총선에 갑구에서는 3선의원인 민정당 정성태 후보가 육군대학 출신으로 순천시장을 지낸 민주공화당 김석중 후보를 가볍게 꺾고 4연승을 이어 갔다.

전남도의원 출신인 자민당 양권승, 의사출신인 민주당 김동호 후보들도 출전했고, 전남도의원을 지낸 자유당 정병현 후보는 등록했다가 중도 사퇴했다.

3선의 관록을 지닌 민정당 정성태 후보의 아성에 제대군인 출신임을 내세워 읍장, 군수, 시장으로 벼락 출세한 민주공화당 김석중

후보가 1만 7천여 명의 당원 표와 광산 김씨 문중표를 결집시켜 도전했다.

김도연계인 자민당 양권승 후보가 야당 성향표를, 자유당 정병현 후보가 동래 정씨 문중표를 분산하면 해볼 만하다는 김석중 후보는 당초 전남도당위원장인 최정기 후보가 승리에 자신이 없어 전국구에 배치되고 양보받아 출전했다.

정성태 후보의 끈끈한 지역기반과 김석중 후보의 막대한 금력의 대결장에서 뿌리깊은 야당기질을 일으켜세운 정성태 후보가 승리를 엮어냈다.

□ 득표상황

후보자	정당	연령	주요 경력	득표 (%)
정성태	민정당	48	3선의원(광주 갑)	21,408 (58.0)
김석중	민주공화당	33	순천시장	9,386 (25.4)
양권승	자유민주당	46	전남도의원	4,857 (13.2)
김동호	민주당	59	의사	1,255 (3.4)
정병현	자유당	37	전남도의원	사퇴

〈광주 을〉 이필호, 이필선, 김녹영 후보들의 야권표 분산에 힘입어 승리를 거둔 광주시장 출신인 민주공화당 정래정

지난 5대 총선 때 광주 병구에서는 민주당 공천을 받은 이필선 후보가 자유당 소속으로 3대와 4대의원을 지낸 무소속 박흥규 후보

를 278표 차로 꺾고 당선됐다.

민주당 공천에서 낙천한 명치대 출신인 김찬곤, 전남도의원 출신인 임근택 후보들이 민주당으로 출전하여 이필선 후보의 발목을 잡은 결과였다.

협진기업 사장인 정균형 후보는 사회대중당으로, 전남도의원을 지낸 정의식 후보는 무소속으로 출전했다.

이번 6대 총선에서 민정당으로 출전이 예상된 김용환 의원이 출전을 포기하여 광주 을구는 광주시의원과 4대의원을 역임한 자민당 이필호, 5대의원에 당선된 국민의당 이필선, 육군대학 출신으로 광주시장을 지낸 민주공화당 정래정 후보가 3파전을 벌였다.

전남도의원을 지낸 보수당 이정근, 행정사무관 출신인 민주당 김석주, 국방부 사무관 출신인 민정당 김녹영 후보들도 고군분투했다.

4대 민주당 의원으로 3. 15 부정선거 때 모진 탄압을 받은 부인이 병사하여 동정표를 기대하고 있는 자민당 이필호, 현역에서 예편되어 광주시장을 2년 이상 봉직하여 시장 재직시의 업적과 부패에 대한 비난을 받고있는 민주공화당 정래정, 5대의원으로 농촌표를 크게 기대하고 있는 국민의당 이필선, 윤보선 후보 지지표 유지에 희망을 걸고 있는 민정당 김녹영 후보들이 4파전을 전개했다.

야당이 난립하고 31사단의 군인 표와 곡성 출향민 표에 기대를 걸고 있는 정래정 후보의 어부지리도 예상됐다.

오랫동안 야당 생활의 정치적 기반과 동정여론으로 승리의 기쁨을 기대한 이필호 후보가 김녹영, 이필선 후보들의 발목잡기로 민주공화당 정래정 후보에게 월계관을 넘겨줬다.

□ 득표상황

후보자	정당	연령	주요 경력	득표 (%)
정래정	민주공화당	40	광주시장	15,727 (33.1)
이필호	자유민주당	50	4대의원(광주 을)	14,071 (29.6)
김녹영	민정당	38	국방부 사무관	8,222 (17.3)
이필선	국민의당	34	5대의원(광주 병)	7,369 (15.5)
김석주	민주당	47	행정사무관	1,363 (2.9)
이정근	보수당	39	전남도의원	757 (1.6)

〈목포〉 김문옥 의원 불출마, 민정당 후보의 사퇴 등으로 야권후보 단일화가 이뤄져 대승을 거둔 민주당 김대중

지난 5대 총선 때 목포에서는 민주당 공천에서 낙천하고 제명처분 받은 김문옥 후보가 3대와 4대의원을 지낸 민주당 정중섭 후보와 진보당 출신으로 목사인 임기봉 사회대중당 후보들을 제압했다.

김문옥 후보가 정계은퇴한 이번 총선에서는 목포일보 사장으로 강원도 인제에서 5대의원에 당선된 민주당 김대중 후보가 YMCA 회장 출신인 민정당 이중호 후보의 등록무효에 힘입어 서울법대 출신으로 회사장인 민주공화당 차문석 후보와 호각지세를 이뤘다.

남영탄광 상무인 신민회 김대한, 승주, 곡성, 함평, 해남, 나주군수를 섭렵한 자민당 오세찬, 미국 퍼킨스대 출신인 한독당 이기현,

감찰위원회 조사관인 국민의당 홍익선, 대한노총 목포위원장인 추풍회 신우교 후보들도 출전했다.

차문석 후보는 정중섭 3대와 4대의원, 장홍염 1대와 2대의원, 홍익선 전남도의원, 강대홍 변호사, 김하중 변호사 등 쟁쟁한 인물들을 제치고 민주공화당 공천장을 받아 냈다.

"야당으로 병든 목포, 여당으로 재건하자"는 민주공화당 차문석 후보는 삼학도 축항공사, 비행장 시설 등 지방사업을 위한 10억 8천만 원의 국고를 받아오기 위해 여당이 당선되어야 한다는 사탕발림 논법을 전개했다.

이에 민주당 김대중 후보는 "공화당 후보들은 전국에서 다들 허울 좋은 약속만 하고 있으나 그런 가식적인 약속에 속지 말라. 물가 올리는 공화당을 뽑아서 고무신 한 컬레에 몇 백원씩 주고 사 신을 작정이냐"고 반격하며, "독재와 싸우는 나의 10년 야당생활이 내 선박 9척을 집어삼켰다"고 호소하여 동정표도 끌어 모았다.

차문석 후보가 공천 후유증으로 공천 탈락한 강대홍 후보가 탈당하는 등 조직의 혼선을 가져온 반면, 김대중 후보는 민정당 이중호 후보가 사퇴하여 날개까지 달게 되었다.

박정희 민주공화당 총재, 이범석 자민당 최고위원, 박순천 민주당 총재의 지원사격까지 겹쳐 선거전은 무르익어 갔다.

청우회를 통해 조직확대에 심혈을 기울인 국민의당 홍익선 후보의 추격전은 추격에 머물렀다.

자유당 시절 자유당 의원을 배출하지 아니하고 야당이라면 무조건 지지하는 철저한 야당도시인 이 지역구는 민주당 선전부장 출신으로 보궐선거에 당선됐으나 5. 16 혁명으로 3일 의원으로 끝난 동정표를 받고있는 민주당 김대중 후보의 독무대였다.

민주공화당 차문석 후보는 정치신인으로 예비역 육군대령 출신이라는 것 이외는 알려진 것이 전혀 없고, 민정당 공천을 받은 강대홍, 이중호 후보들이 입후보를 포기한 것은 김대중 후보를 의식한 결과였다.

목포시장이 각 동을 순방하며 "공화당 표가 적게 나오면 재미없다고 협박했다"고 민주공화당의 매표공작을 비판하며, 김문옥 의원 불출마라는 호기를 맞은 민주당 김대중 후보가 대승을 거두었다.

□ 득표상황

후보자	정당	연령	주요 경력	득표 (%)
김대중	민주당	37	5대의원(인제)	22,513 (56.1)
차문석	민주공화당	41	회사장, 육군 대령	10,973 (27.3)
오세찬	자유민주당	54	승주, 해남, 나주군수	2,615 (6.5)
홍익선	국민의당	40	감찰위 조사관	2,534 (6.3)
김대한	신민회	46	남영탄광 상무	606 (1.5)
이기현	한국독립당	45	정당인	475 (1.2)
신우교	추풍회	35	대한노총 지부장	414 (1.0)
이중호	민정당	53	YMCA 연합회장	등록무효

〈여수 - 여천〉 전남도의원 출신으로 5대의원들이 불출마 한 가운데 민주공화당 공천을 받고 대승을 거둔 이우헌

지난 5대 총선 때 여수에서는 2대, 3대, 4대의원을 지낸 민주당 정재완 후보가 여수시의원 출신인 무소속 김봉채, 전남도 교육위원인 사회대중당 서선모, 조도전대 출신으로 제헌의원을 지낸 무소속 김문평 후보들을 가볍게 제압하고 4선의원에 등극했다.

여천에서는 외자청 구매처장을 지낸 민주당 김우평 후보가 부산대 출신인 무소속 유지용, 조도전대 출신으로 화순군수를 지낸 무소속 곽봉수 후보들을 가볍게 꺾었다.

민주당으로 출마가 예상된 정재완, 민주당 시절 장관을 지낸 김우평 의원들이 불출마한 이번 6대 총선에선 조선대 법정대학장 출신으로 4대의원을 지낸 자민당 이은태 후보와 전남도의원 출신으로 정미업과 제유업으로 재력을 쌓은 민주공화당 이우헌 후보가 호각지세를 이뤘다.

여수군수와 제헌의원을 지낸 국민의당 김문평, 제헌의원과 2대의원을 지낸 보수당 황병규, 여순신문 사장인 민주당 신양남, 수산업자인 민정당 박두만 후보들도 출전했다.

김경식 병원과 김홍채 전남도의원을 꺾고 민주공화당 공천을 받은 이우헌 후보는 풍부한 재력을 활용하여 자유당 소속으로 4대의원에 당선되고 참의원에 도전했다가 낙선한 자민당 이은태 후보를 가볍게 제압했다.

황병규 후보는 지난 4대 총선 때 자유당으로 출전하여 10,098표를 득표하여 낙선했고, 김문평 후보는 지난 5대 총선 때 무소속으로 출전하여 4,621표를 득표하여 낙선하고도 제헌의원의 투혼을 발휘했으나 세월의 무상함을 이겨낼 수는 없었다.

능변가인 이은태 후보는 "3. 15 당시에 자유당의 초년생 의원이었음을 깊이 사죄하며 속죄하는 뜻에서 국민의 편에선 야당의 가시밭길을 걷기로 했다"고 열변을 토했으나, 이우헌 후보의 금력과 권력의 적수가 되지 못했다.

□ 득표상황

후보자	정당	연령	주요 경력	득표 (%)
이우헌	민주공화당	61	전남도의원	34,641 (44.4)
이은태	자유민주당	44	4대의원(여천)	22,933 (29.4)
박두만	민정당	54	수산업	9,221 (11.8)
신양남	민주당	40	여순신보 사장	5,220 (6.7)
황병규	보수당	55	2선의원(여수)	3,297 (4.2)
김문평	국민의당	57	제헌의원(여수)	2,788 (3.6)

〈순천 - 승주〉 집권여당 후보에게 묻지마 투표의 지역정서와 옥천 조씨 문중표를 결집시켜 당선된 민주공화당 조경한

지난 5대 총선 때 순천에서는 3대와 4대의원을 지낸 민주당 윤형남 후보가 전남도의원 출신으로 민주당에서 제명됐으나 민주당 신파 공천아라며 출전한 최의남 후보를 꺾고 3선의원이 됐다.

동양인쇄 사장인 반승룡, 회사장인 김정중 후보들은 무소속으로 출전했다.

승주에서는 민주당 공천을 받은 조연하 후보가 민주당에서 제명된

남정수, 자유당 소속으로 3대와 4대의원을 지낸 무소속 이형모, 성균관대 부교수인 무소속 유영대 후보들을 제압했다.

고시위원회에 근무했던 최운기 후보는 사회대중당으로, 별양면장을 지낸 심하택 후보는 무소속으로 출전했고, 일본 대판시 대한청년단장을 지낸 강길만 후보는 무소속으로 도전했다가 중도 사퇴했다.

출전이 예상됐던 윤형남 의원이 출전을 포기한 이번 6대 총선에서는 5대의원을 지낸 민주당 조연하 후보와 임시정부 국무위원으로 지난 5대 총선 때는 전북 익산 을구에 출전했던 민주공화당 조경한 후보가 옥천 조씨 문중 내의 대결을 펼쳤다.

3대와 4대의원을 지낸 자민당 이형모, 회사장인 국민의당 반승룡, 순천체육회장인 보수당 이승찬, 지난 5대 총선에도 출전했던 민정당 남정수 후보들도 도전했다.

민주당 조연하 후보와 민주공화당 조경한 후보는 숙질(叔姪)간으로 공화당 조직부장 출신인 김우경이 차기를 노리고 서울 부시장을 지낸 신용우, 순천시장을 지낸 공정대, 순천 상공회의소장인 오명귀, 2선의원인 이형모 후보들을 제치고 60대 고령으로 상해임시정부 국무위원을 지내고 5대 총선 때는 전북 익산에 한독당으로 출전하여 낙선한 조경한 후보를 추대한 것으로 알려졌다.

민주공화당 공천에서 낙선한 자민당 이형모 후보는 3대와 4대의원 시절 닦아 논 터전을 갖고 있으며 추격전을 전개했다.

박정희 총재는 조경한 후보 지원유세에서 "순천 수해복구 시 혁명정부는 모든 힘을 기울여 복구에 나섰다"고 생색을 내고, 조경한 후보는 "본인이 당선되어야 이 지방의 숙원인 순천 -진주간 경전 (慶全)서부선을 착공한다"고 사탕발림으로 표 낚기에 나섰다.

집권 여당후보이면 묻지마 투표를 한 지역정서를 등에 업고 옥천 조씨 문중 간의 싸움에서도 승리한 조경한 후보가 조연하 후보를 8천여 표차로 꺾었다.

민주당 구파로 민정당 후보로 출전한 남정수 후보가 불출마하여 야권후보 단일화가 이뤄졌다면 승패는 엇갈렸을 것이다.

□ 득표상황

후보자	정당	연령	주요 경력	득표 (%)
조경한	민주공화당	63	임시정부 국무위원	26,898 (36.4)
조연하	민주당	39	5대의원(승주)	18,221 (24.7)
남정수	민정당	56	정당인	12,377 (16.8)
이형모	자유민주당	50	2선의원(승주)	9,669 (13.1)
이승찬	보수당	40	순천체육회장	3,571 (4.8)
반승룡	국민의당	48	회사장	3,133 (4.2)

〈담양 - 장성〉 지난 5대 총선에서 석패한 고재필 변호사를 꺾고 민주공화당 공천을 받은 여세를 몰아 전직 의원들을 격파한 박승규

지난 5대 총선 때 담양에서는 민주당 공천을 받은 김동호 후보가 일본 중앙대 출신으로 국회 법제조사국장을 지낸 고재필, 외무부 참사관을 지낸 김성용, 동아일보 기자로 민주당에서 제명된 국순

엽, 한청 담양군단장인 조규태 등 무소속 후보들을 꺾고 당선됐으나 고재필 후보와의 표차는 310표였다.

장성에서도 민주당 공천을 받은 김병수 후보가 조도전대 출신으로 조선전업 감사인 무소속 이강일, 전남도의원을 지낸 무소속 김태종, 전남도의원 출신인 사회대중당 박래춘, 민주당 전남도당 부장으로 활동한 무소속 김요건 후보들을 따돌렸다.

담양의 김동호 의원이 출전을 포기한 이번 6대 총선에선 2대, 3대, 4대의원을 지낸 자민당 변진갑 후보와 육군 통신학교장과 조폐공사 사장을 지낸 민주공화당 박승규 후보가 선두권을 달렸다.

일제 때 전남도의원을 지낸 자민당 김후생, 전남도의원을 지낸 보수당 김상천, 농촌지도에 매진한 민주당 김진기, 5대의원을 지낸 민정당 김병수 후보들도 함께 뛰었다.

박정희 민주공화당 총재는 박승규 후보 지원유세에서 "야당 의원이 나온 곳에서 지방사업이 잘 되는 것을 보았느냐"고 위협적인 경고를 한 곳이다.

육군준장 출신으로 조폐공사 사장을 지낸 박승규 후보는 혁명주체 세력의 후원으로 풍부한 자금을 활용하여 지역을 훑고 있다.

3선의 관록과 네임밸류로써 장성표를 압도하고 있는 국민의당 변진갑, 1만 표 이상의 씨족 기반을 갖고있는 자민당 김후생, 다섯 번 국회의원 선거에 출전하여 네 번 낙선하고 5대에 당선된 민정당 김병수 후보들이 난립되어 한데 뭉칠 수 있는 힘을 갖고 있지 못한 것이 못내 아쉬울 따름이다.

지난 5대 총선에서 무소속으로 출전하여 11,442표를 득표하여

310표 차로 석패한 고재필 변호사를 제치고 민주공화당 공천을 받은 박승규 후보가 독주체제를 갖추었다.

1950년 2대의원 시절부터 장성 지역을 석권한 변진갑, 김병수 후보의 득표가 2만 6천여 표에 불과하여 전통적인 야권 세력의 기반이 집권여당의 권력과 금력에 얼마나 초라한지를 보여줬다.

□ 득표상황

후보자	정당	연령	주요 경력	득표 (%)
박승규	민주공화당	42	조폐공사 사장	38,452 (53.7)
변진갑	국민의당	67	3선의원(장성)	16,723 (23.3)
김병수	민정당	51	5대의원(장성)	9,403 (13.1)
김상천	보수당	36	전남도의원	3,833 (5.3)
김진기	민주당	44	농촌지도원	3,337 (4.7)
김후생	자유민주당	57	전남도의원	2,899 (4.0)

〈곡성 - 화순〉 기라성 같은 후보들을 제압하고 민주공화당 공천을 받았으나 무명의 정치신인에게 패배한 구흥남

지난 5대 총선 때 곡성에서는 민주당 공천을 받은 윤추섭 후보가 경찰국장을 지낸 심형택, 전남도의원을 지낸 최영섭, 대한해업 대표인 조희철, 대학교수인 정래동 후보들을 가볍게 제압했다.

화순에서는 2대의원을 지낸 민주당 박민기 후보가 사회대중당 조규선, 3대와 4대의원을 지낸 헌정동지회 구흥남, 민권수호투쟁을

벌여 온 무소속 조기항 후보들을 제압하고 재선의원이 됐다.

전남도의원을 지낸 무소속 정병갑 후보도 동참했다.

윤추섭 의원은 광주 갑구에 출마하려다 꿈을 접었고, 박민기 의원은 민주당으로 출전한 이번 6대 총선에선 정당활동을 펼쳐 온 민정당 양회수 후보와 3대와 4대의원을 지낸 민주공화당 구흥남 후보가 대결을 펼쳤다.

전남도의원을 지낸 자유당 한학수와 자민당 최영섭, 담양면장을 지낸 국민의당 정인택, 웅변협회 이사인 보수당 박양래 후보들도 출전했다.

지난 5대 총선 때 상공부차관을 지낸 민주당 박민기 후보는 15,056표를 득표하여 당선되고, 헌정동지회로 출전한 구흥남 후보는 5,114표 득표에 머물렀다.

자민당 최영섭 후보는 곡성에서 6,002표 득표에 머물렀으나 윤추섭 의원의 출전 포기로 곡성 표를 결집시켜 동메달을 차지할 수 있었다.

정병갑 전남도의원, 문제갑 대학교수, 임춘성 전남도의원, 양삼석 전 목포시장, 조용기 전남도의원 등을 꺾고 민주공화당 공천을 받은 구흥남 후보는 지난 5대 총선에서 5,114표 득표에 머문 것이 발목을 잡아 풍부한 자금을 동원하여 방대한 조직을 구축했음에도 불구하고, 박민기 후보의 부진을 딛고 전통적으로 민주당 구파에 우호적인 지역정서를 파고 든 정치신인 양회수 후보에게 뒷덜미를 잡혔다.

구흥남 후보의 패배는 자유당 출신이라는 핸디캡을 극복하지 못한 것으로 보인다.

□ 득표상황

후보자	정당	연령	주요 경력	득표 (%)
양회수	민정당	41	민정당 총무부차장	32,222 (39.1)
구흥남	민주공화당	49	2선의원(화순)	26,416 (32.1)
최영섭	자유민주당	49	전남도의원	11,657 (14.2)
박민기	민주당	52	5대의원(화순)	6,001 (7.3)
박양래	보수당	37	웅변협회 이사	2,615 (3.2)
정인택	국민의당	50	담양군 담양면장	1,713 (2.1)
한학수	자유당	50	전남도의원	1,690 (2.0)

〈광양 - 구례〉 국민의당 공천을 받고 표밭을 누비다가 민주공화당에 영입되어 당선되어 온갖 구설수에 오른 김선주

지난 5대 총선 때 광양에서는 광양군수, 전남도의원, 금융조합장을 역임한 민주당 김석주 후보가 일본 중앙대 출신으로 대전, 부산, 광주, 서울체신청장을 지낸 무소속 김선주, 내무부 지도과장을 지낸 무소속 박준호, 근민당 총무부장을 지낸 혁신동지총연맹 최백근 후보들을 제압했다.

구례에서도 구례군 마산면장 출신인 민주당 고기봉 후보가 자유당 소속으로 3대와 4대의원을 지낸 무소속 이갑식, 민주당에서 제명된 무소속 안홍순, 여수 해운조합장인 사회대중당 이상기 후보들을 꺾었다.

광양의 김석주 의원은 출전을 포기하고 구례의 고기봉 의원은 보수당으로 출전한 이번 6대 총선에서는 3대와 4대의원을 지낸 국민의당 이갑식, 전남도의원을 지낸 민정당 김태현, 서울체신청장 출신으로 지난 5대 총선에선 낙선한 민주공화당 김선주 후보들이 선두권을 형성했다.

지구당 부위원장으로 활약했던 자민당 안홍순, 협동해운 대표인 민주당 이상기, 예수교 장로회원인 정민회 윤석한 후보들도 추격전을 전개했다.

내외종 8촌간인 민주공화당 김선주 후보와 국민의당 이갑식 후보의 골육상쟁은 갈 데까지 갔다.

"그 사람이 간통(姦通)을 하고 있는 줄을 어떻게 알았겠습니까? 글쎄, 감쪽같이 속았습니다 그려"는 국민의당 공천을 받았다가 민주공화당으로 전향(轉向)해 버린 김선주 후보를 겨냥하여 이갑식 후보가 배신자라며 윽박지른 말이다.

이에 김선주 후보는 "나도 야당을 하려고 무던히 애도 썼소. 야당의 집에 들어가니 집 구석이 헐어 빠지고 비는 새고하여 젊은 시절 처칠이 보수당을 버리고 자유당에 간 것처럼 새 집에 들어간 것뿐이다"고 해명 아닌 변명을 늘어놓았다.

7년 국회의원이라는 네임밸류에 올라탄 이갑식 후보는 김선주 후보가 전적(轉籍)만 안 했더라면 당선은 땅 짚고 헤엄치기였다고 배신자의 비겁을 들쑤시고 흩어졌던 전열을 재정비했다.

김선주 후보의 공천으로 공천에 대한 논공행상을 기대하며 견마지로를 다했던 민주공화당의 공천 경합자들은 망연자실했다.

지난 5대 총선에서 이갑식 후보는 구례에서 8,320표로 차점 낙선했고, 김선주 후보는 광양에서 9,248 표를 득표하여 차점 낙선했다. 구례에서 고기봉 후보는 14,372표를 득표하여 당선됐고, 안홍순 후보는 1,676표를 득표하여 낙선했다.

광양과 구례의 지역 대결에서 민주공화당 공천에서 탈락한 이대강, 김무규, 김호경 후보들을 회유한 김선주 후보가 유권자가 적은 구례에서 이갑식, 윤석한, 고기봉, 안홍순 후보들의 난타전의 틈새를 비집고 들어가 어렵게 승리를 낚아챘다.

□ 득표상황

후보자	정당	연령	주요 경력	득표 (%)
김선주	민주공화당	54	서울체신청장	18,523 (32.6)
이갑식	국민의당	49	2선의원(구례)	16,242 (28.6)
김태현	민정당	61	전남도의원	10,857 (19.1)
이상기	민주당	43	협동해운 대표	4,453 (7.8)
윤석한	정민회	25	농업인	2,699 (4.8)
고기봉	보수당	58	5대의원(구례)	2,107 (3.7)
안홍순	자유민주당	35	정당인	1,877 (3.3)

〈고흥〉 민주당 당료, 교사 출신인 신형식 후보가 전직 의원인 송경섭, 박형근 후보들을 꺾고 국회에 입성한 이변을 연출

지난 5대 총선 때 고흥군은 갑구와 을구로 분구됐다.

갑구에서는 민주당 공천을 받은 박형근 후보가 전남여객 사장인 무소속 김선홍, 서울대 출신으로 민주당원으로 활동했던 무소속 신형식 후보들을 꺾고 당선됐다.

군정청 문화과장을 지낸 황상원 후보는 무소속으로 등록했다 사퇴했다.

을구에서는 미국 콜럼비아대 출신으로 2대의원을 지낸 무소속 서민호 후보가 부산 수산대 출신으로 민주당 공천을 받은 지영춘, 백화점 번영회장인 무소속 송효석, 팔영사 대표인 무소속 김원태 후보들을 가볍게 제압하고 재선의원이 됐다.

이번 6대 총선에선 지난 5대 총선에서 낙선한 신형식 후보가 민주공화당으로 변신하여 출전하자, 5대 의원인 박형근 후보는 자민당으로 출전했으나, 서민호 후보는 서울 용산으로 달려갔다.

3대의원을 지낸 국민의당 송경섭, 국제백화점 회장인 보수당 송효석, 정당인인 민주당 정기영, 수도여고 교사인 민정당 박병주 후보들도 참전했다.

지난 5대 총선에선 갑구에서 민주당 박형근 후보는 24,112표를 득표하여 당선됐고, 민주당 당료였던 신형식 후보는 무소속으로 출전하여 7,668표를 득표하여 낙선했다. 을구에서 송효석 후보도 무소속으로 출전하여 2,917표 득표에 머물렀다.

신형식 후보는 민주당 당료와 교사 출신으로 지난 5대 총선에서 차점 낙선자 지영춘을 비롯하여 오익상, 송효석, 지철근, 정병호 후보들을 어렵게 따돌리고 민주공화당 공천을 받은 여세를 몰아 고흥 갑구와 을구의 터전을 지키며 분투한 자민당 박형근, 국민의당 송경섭 후보들을 가볍게 제압하고 지난 5대 총선에서의 패배를 설욕했다.

□ 득표상황

후보자	정당	연령	주요 경력	득표 (%)
신형식	민주공화당	37	정치연구소 강사	32,778 (42.8)
송경섭	국민의당	58	3대의원(고흥 을)	17,006 (22.2)
박형근	자유민주당	48	5대의원(고흥 갑)	11,068 (14.5)
정기영	민주당	36	민주당 중앙위원	10,223 (13.4)
박병주	민정당	42	수도여고 교사	3,129 (4.1)
송효석	보수당	37	육군 소령	2,322 (3.0)

〈보성〉 재선의원으로서 관록과 광주 이씨 문중표를 결집시켜 3선 의원에 등극한 민정당 이정래

지난 5대 총선 때는 제헌의원으로 민주당 공천을 받은 이정래 후보가 근로대중당 재정부장 출신인 사회대중당 정해룡, 영진산업 사장인 무소속 전창권, 재일거류민단 부단장인 무소속 김금석, 동경대 출신으로 전남일보 동경특파원인 김규남 후보들을 가볍게 제치고 재선의원이 됐다.

이번 6대 총선에선 재선의원인 민정당 이정래 후보와 일본대 출신으로 김포 경찰서장을 지낸 민주공화당 이백래 후보가 문중 내 대결을 펼쳤고, 3대의원을 지낸 국민의당 김성복 후보와 전남 농민회장 출신인 보수당 박종면 후보가 탈꼴찌 경쟁을 펼쳤다.

자유당 시절 야당 참관인에게 수면제가 섞인 닭죽을 먹여 잠들게 해놓고는 부정개표를 한 소위 닭죽 사건으로 유명한 이 지역구는 민정당 이정래 후보가 독주한 상황에서, 닭죽 사건의 장본인인 자유당 안용백 후보에게 당선증을 넘겨준 국민의당 김성복 후보가 재등장했다.

5대 총선에 출전하여 차점 낙선한 김규남, 전 보성군수인 임기순을 비롯하여 임미준, 임종모 후보들을 공천 경쟁에서 제친 민주공화당 이백래 후보는 경찰서장 출신으로 무명이라는 핸디캡에 공천 후유증에 시달려 당선권에서 멀어지고 있으나, 2천 4백 가구의 광주 이씨 문중표를 잠식하여 이정래 후보에게 조그마한 타격을 주었다. 광주 이씨 문중표를 반분하고 재선의원의 위용을 자랑한 이정래 후보가 3선의원의 고지를 선점했다.

□ 득표상황

후보자	정당	연령	주요 경력	득표 (%)
이정래	민정당	64	2선의원(보성)	22,135 (46.1)
이백래	민주공화당	41	김포 경찰서장	16,597 (34.6)
박종면	보수당	56	전남 농민회장	5,573 (11.6)
김성복	국민의당	61	3대의원(보성)	3,706 (7.7)

〈장흥〉 예비역 육군대령 간의 경쟁에서 중앙정보부 출신 민주공화당 후보임을 내세워 승리를 거둔 길전식

지난 5대 총선 때 장흥에서는 2대의원을 지낸 고영완 후보가 민

주당 공천을 받고서 명치대 출신으로 민주당 장흥군당위원장을 지낸 무소속 김형배, 명치대 출신으로 근로시보 편집위원을 지낸 사회대중당 이양래 후보들을 꺾고 재선의원이 됐다.

국민의당 공천으로 출전이 예상됐던 고영완 의원이 출마를 포기한 이번 6대 총선에선 육군대령 출신인 국민의당 박석교, 독립촉성국민회 지부장 출신인 민주당 김형배, 고려대 출신인 민정당 김영대, 중앙정보부 제3국장인 민주공화당 길전식 후보들이 출전했다.

서울대 출신인 국민의당 박석교, 연세대 출신인 민주공화당 길전식, 고려대 출신인 민정당 김영태 후보 모두 정치신인으로 정당의 이념이나 정책 또는 입후보자의 개인적인 역량이 승패의 갈림길이었다.

길전식 후보와 박석교 후보는 같은 예비역 육군대령 출신으로 길전식 후보는 혁명주체 세력과 손잡아 중앙정보부 제3국장을 거쳐 민주공화당에 입당했고, 박석교 후보는 야당에 투신하여 민정당을 거쳐 국민의당 공천을 받았다.

길전식 후보는 군정기간 동안 추진했던 간척사업 등이 당선된다면 추진되겠지만 낙선하면 지역발전이 중지될 것임을 유권자들에게 경고했다.

논산훈련소 연대장을 지낸 박석교 후보는 현실에 타협하기를 싫어하는 이상형으로 날카로운 대정부 비판으로 권력과 금력을 배경으로 한 길전식 후보에 맞서고 있을 뿐이다.

중앙정보부 국장 출신이라는 직함으로 지역개발이 곧 이뤄질 것이라는 환상을 심어 준 길전식 후보가 예상보다는 많은 득표를 하지 못했으며, 제1야당 후보임을 내세워 윤보선 지지표를 결집한 정치신인 김영태 후보가 선전이 예상됐던 박석교 후보를 꺾고 의외의 차점 낙선자가 됐다.

□ 득표상황

후보자	정당	연령	주요 경력	득표 (%)
길전식	민주공화당	39	중앙정보부 국장	15,643 (37.8)
김영태	민정당	40	정당인	12,274 (29.6)
박석교	국민의당	42	육군 대령	9,867 (23.8)
김형배	민주당	52	독립촉성회 지부장	3,650 (8.8)

〈영암 - 강진〉 자민당 김준연 후보가 4선의원 관록으로 강기천 최고위원의 대타로 출전한 민주공화당 윤재명 후보를 제압

지난 5대 총선 때 영암에서는 제헌, 3대, 4대의원을 지낸 통일당 김준연 후보가 민주당 공천자인 현영원, 변호사로 사회대중당 공천자인 박찬일, 육군 제6군단장을 지낸 무소속 이백우, 영암군수를 지낸 무소속 박종오, 전남도의원을 지낸 자유당 천수봉 후보들을 가볍게 제치고 4선의원이 됐다.

강진에서는 일본 중앙대 출신으로 민주당 공천을 받은 양병일 후보가 강진군수 출신인 무소속 유수현, 양조업자인 민주당 김현준, 재무부에 근무했던 무소속 윤재춘 후보들을 꺾고 당선됐다.

일본 신호대 출신인 사회대중당 김용규, 미국 마사츄세츠대 출신인 무소속 김병국, 서울의전 전임강사인 무소속 정동진, 광주시

교육위원인 민주당 최권성 후보들도 출전했다.

양병일 의원이 정계 은퇴한 이번 총선에선 4선의원, 법무부장관을 지낸 자민당 김준연, 지난 총선에 출전하여 낙선한 민정당 유수현, 현대평론 사장인 민주공화당 윤재명 후보들이 3파전을 전개했다.

지난 5대 총선 때 김준연 후보는 영암에서 14,878표를 득표하여 당선된 반면, 유수현 후보는 강진에서 8,963표를 득표하여 차점 낙선했다.

4선의원이라는 관록과 그동안 닦아 온 조직을 활용하여 자민당 대표위원을 지낸 김준연 후보가 강기천 최고위원의 불출마로 31세의 정치신인으로 민주공화당 공천을 받은 윤재명 후보를 가볍게 제압하고 5선의원이 됐다.

□ 득표상황

후보자	정당	연령	주요 경력	득표 (%)
김준연	자유민주당	69	4선의원(영암)	28,027 (39.8)
윤재명	민주공화당	31	현대평론 사장	23,751 (33.7)
유수현	민정당	47	강진군수	18,699 (26.5)

〈완도〉 해무청장과 상공부 수산국장의 경력을 내세워 어민들의 표를 결집시켜 당선을 일군 민주공화당 최서일

지난 5대 총선 때는 3대와 4대의원을 지낸 민주당 김선태 후보가 일본 경도 입명관대 출신으로 목포공고 교사인 사회대중당 이제혁,

완도 어업조합장 출신인 무소속 김용호 후보들을 꺾고 3연승을 달렸다.

김선태 의원이 불출마한 이번 6대 총선에는 지난 5대 총선에도 출전했던 자유당 김용호, 자유당으로 활동했던 전남도의원 출신인 자민당 이제현, 회사원인 국민의당 오동권, 전남도의원 출신인 민주당 황권태, 정치활동을 펼쳐 온 민정당 이선동, 일본대 출신인 정민회 이준호, 상공부 수산국장과 해무청장을 역임한 공화당 최서일 후보들이 난립했다.

송영석 교육감을 비롯하여 김용호, 김학원 후보들을 제치고 민주공화당 공천을 받은 최서일 후보는 지난 4대 총선 때 무소속으로 출전하여 2,914표 득표로 낙선한 경력도 갖고 있다.

자유당 김용호 후보는 지난 5대 총선 때 무소속으로 출전하여 4,041표를 득표하기도 했다.

민주공화당 공천자임을 내세운 최서일 후보는 야당의 거목인 김선태 전 의원의 아성을 무너뜨리고 새로운 왕국을 건설했다.

□ 득표상황

후보자	정당	연령	주요 경력	득표 (%)
최서일	민주공화당	57	상공부 수산국장	11,119 (25.0)
황권태	민주당	41	전남도의원	8,189 (18.4)
이준호	정민회	48	정당인	7,114 (16.0)
이선동	민정당	30	정당인	5,333 (12.0)
김용호	자유당	42	완도 어업조합장	4,597 (10.4)
이제현	자유민주당	47	전남도의원	4,464 (10.1)

| 오동권 | 국민의당 | 30 | 회사 상무 | 3,582 (8.1) |

〈해남〉 전남도지사 출신이라는 지명도로 공천과 등록 과정에서 만신창이(滿身瘡痍)가 된 홍광표 후보를 꺾은 자민당 민영남

지난 5대 총선 때 해남군은 갑구와 을구로 나뉘었다.

갑구에서는 전남도의원을 지낸 무소속 홍광표 후보가 민주당 공천을 받은 현경호, 대한수의사회 회장으로 3대와 4대의원을 지낸 자유당 김병순 후보들을 꺾었다.

서울대 출신으로 광주고법 판사를 지낸 윤철하, 2대의원을 지낸 윤영선 후보들도 무소속으로 출전하여 문중 내 대결을 펼쳤다.

을구에서는 변호사로서 민주당 공천을 받은 김채용 후보가 광공업으로 지역기반을 닦은 무소속 이성일, 전남도의원과 4대의원을 역임한 자유당 김석진, 육군본부 법무관을 지낸 무소속 이기홍 후보들을 제압했다.

이번 6대 총선에는 갑구의 홍광표 의원은 민주공화당으로, 을구의 김채용 의원은 민정당으로 출전하여 한판 승부를 펼친 가운데, 3대의원과 전남도지사를 지낸 자민당 민영남 후보가 출전하여 3파전이 전개됐다.

회사원인 보수당 윤주훈, 교사 출신으로 지방의원을 지낸 민주당 김봉호 후보들도 참가했다.

세 전직 의원이 맞붙은 이 지역은 5대의원인 공화당 홍광표 후보의 금력, 5대의원으로 윤영선 전 의원의 도움으로 파평 윤씨 문중표를 기대하고 있는 민정당 김채용 후보의 지역기반, 3대의원으로 민선 전남도지사를 지낸 자민당 민영남 네임벨류의 3파전으로 불꽃 튀는 접전을 벌였다.

민주공화당 공천에 낙천되고 전국구 21번에 안착했으나 공천자인 김병순 후보를 제치고 새채기 등록하여 김병순 후보를 전국구 15번에 뒤늦게 공천하는 해프닝을 만들어 낸 홍광표 후보가 일약 유명해졌다.

지난 4대 총선 때는 자유당 김병순 후보가 무소속 홍광표 후보를 23,038표 대 7,671표로 이겼고, 지난 5대 총선에서는 무소속 홍광표 후보가 자유당 김병순 후보를 12,470 표 대 9,515표로 설욕했다.

3대의원인 민영남 후보는 지난 4대 총선 때 자유당 김석진 후보에게 8천여 표차로 패배하여 5대 총선 때는 김채용 후보에게 민주당 공천까지 빼앗겨 정계에서 물러나 있었으나, 전남도지사 선거에서 신민당 공천이라는 행운을 잡고 민주당 구파가 우세한 지역정서에 힘입어 당선됐다.

갑구와 을구의 지역대결에서 유리한 고지를 점령한 홍광표 후보는 공천 후유증과 등록 파동으로 움켜잡았던 금뱃지를 엉겁결에 놓쳐 버렸다.

□ 득표상황

후보자	정당	연령	주요 경력	득표 (%)
민영남	자유민주당	56	3대의원(해남 을)	20,581 (34.4)

홍광표	민주공화당	46	5대의원(해남 갑)	18,637 (31.2)
김채용	민정당	51	5대의원(해남 을)	16,098 (26.9)
김봉호	민주당	39	지방의원, 교사	3,022 (5.1)
윤주훈	보수당	42	회사원	1,450 (2.4)

〈무안〉 자유당 공천을 받고 출전하여 연패했지만 공화당 공천을 받고서 3선의원인 유옥우 후보를 522표 차로 격침시키고 설욕

지난 5대 총선 때 무안군은 갑, 을, 병구로 나뉘었다.

갑구에서는 민주당 공천을 받은 김옥형 후보가 일본 중앙대 출신으로 무안군수를 지낸 무소속 오세찬, 4대의원을 지낸 자유당 나판수 후보들을 꺾고 국회에 등원했다.

목포시 공무원이었던 서남기, 광주대 교수인 박기석, 통일당 중앙위원이었던 조병숙, 민주당 지구당위원장이었던 강수복 후보들도 무소속으로 출전했다.

을구에서도 3대와 4대의원을 지낸 민주당 유옥우 후보가 제헌과 2대의원을 지낸 사회대중당 장홍염, 국회사무처에 근무했던 무소속 박찬문 후보들을 따돌리고 3선의원이 됐다.

병구에서도 동경 중앙대 출신인 변호사 주도윤 후보가 민주당 공천을 받고서 명치대 출신으로 판사를 거친 변호사인 무소속 노병건, 민주당에서 제명된 정판국 후보들을 꺾고 국회에 등원했다.

수산조합장인 정태술, 무역회사 사장인 김남철, 신망원 이사장인

박상진 후보들은 무소속으로, 김철중 후보는 사회대중당으로 출전했다.

민주공화당에 입당했으나 공천에서 탈락한 갑구의 김옥형 의원이 출전을 포기한 이번 6대 총선에는 을구의 유옥우 의원은 민정당으로, 병구의 주도윤 의원은 자민당으로 출전하여 대결을 펼친 쟁패장에 조선대 교무과장 출신인 민주공화당 배길도 후보가 혜성처럼 등장했다.

3대의원으로 대한국악원장인 자유당 신행용, 전남도의원을 지낸 국민의당 유상현 후보들도 합류했다.

을구에서 3선의 관록을 자랑한 민정당 유옥우 후보가 도서(島嶼) 지역을 석권하고 있는 가운데, 병구에서 5대의원에 당선된 자민당 주도윤 후보는 육지에서 앞서 골수 야당후보끼리 1대 1의 혈투를 전개하고 있는 가운데, 3대와 4대 총선에 자유당 공천으로 출전하여 민주당 유옥우 후보에게 연패(連敗)한 민주공화당의 배길도 후보가 민주공화당의 조직과 풍부한 자금으로 조용한 침투 작전을 전개하여 3파전을 전개했다.

유옥우 후보는 "야당끼리 싸우긴 안 되었지만 이리저리 왔다갔다 한 사람을 믿지 않습니다"라고 주도윤 후보를 비난하고, 주도윤 후보는 "난 지난 여름에 조직을 싹 해치웠으니까 문제 없어요"라고 장담했다.

유인도 372개를 합친 19개 면의 광활한 지역구로서 "어지간히 돈을 써 보았댔자 지역적으로 넓은 이 곳에선 저 바닷속에 돈 던지기"라고 푸른 수평선을 바라보며 민주공화당 사무국장이 탄식했다.

민정당 유옥우, 자민당 주도윤 후보가 백병전을 펼치고 있는 마당에 민주공화당 배길도 후보가 끼어들어 혈투를 전개한 격전장에 전남도의원 출신인 국민의당 유상현 후보와 3대의원을 지낸 자유당 신행용 후보가 추격전을 전개했다.

3선을 하며 기반을 쌓은 유옥우 후보는 산전수전을 겪은 강적이고 8명의 많은 경쟁자를 물리치고 공천을 받은 배길도 후보가 박정희 후보 지지표 지키기에 심혈을 쏟고 있으나, "제기랄 고구마 200평을 갈아 봤댔자 여관비 이틀치 밖에 안 된다"는 물가고에 대한 불평이 여당후보에 대한 기피현상으로 다가왔다.

민주공화당 배길도 후보가 유옥우와 주도윤 후보의 이전투구를 즐기면서 어부지리로, "물론 이렇게 된 이상에야 배 후보를 위해 협조 해야지"라고 입으로는 지지하고 있으나 대부분의 낙천자들은 수수방관하고 있는 난관을 뚫고 당선의 열매를 맺을 수 있었다.

□ 득표상황

후보자	정당	연령	주요 경력	득표 (%)
배길도	민주공화당	41	조선대 교무과장	25,134 (32.8)
유옥우	민정당	48	3선의원(무안 을)	24,612 (32.1)
주도윤	자유민주당	40	5대의원(무안 병)	20,067 (26.2)
신행용	자유당	61	3대의원(무안 갑)	4,208 (5.4)
유상현	국민의당	40	전남도의원	2,657 (3.5)

〈나주〉 동경 중앙대 출신, 재선의원이란 지명도와 풍부한 자금동원 능력으로 예상 밖의 승리를 거둔 자민당 정명섭

나주군은 지난 5대 총선 때는 갑, 을구로 나뉘었다.

갑구에서는 정문채 후보가 민주당 공천을 받고서 한민당과 민국당에서 활동했던 무소속 강익수, 전남도의원과 4대의원을 지낸 자유당 이사형, 변호사 출신인 사회대중당 염동호 후보들을 제압했다.

동경 입교대 출신인 강진성 후보는 무소속으로 등록했다 중도 사퇴했다.

을구에서도 이경 후보가 민주당 공천을 받고서 3대와 4대의원을 지낸 자유당 정명섭, 유조업으로 성공한 사회대중당 홍정희, 대한청년단 소속으로 2대의원을 지낸 무소속 서상덕, 서울법대 출신 변호사인 무소속 전동주 후보들을 꺾고 국회에 등원했다.

대법원 서기국장 출신인 정순봉, 2대의원을 지낸 김종순, 호남비료 사원인 최창희 후보들은 무소속으로, 국민회 해남지부장 출신인 김영필 후보는 민주당으로 출전했다.

이번 6대 총선에서는 정문채 의원과 이경 의원의 경쟁이 불가피한 상황에서 이경 의원이 출전을 포기하여 정문채 의원의 독무대가 예상되는 가운데, 자유당 공천으로 3대와 4대의원을 지낸 정명섭 후보가 자민당으로, 전남도의원 출신으로 전남매일 편집국장을 지낸 이교은 후보가 민주공화당으로 출전하여 3파전이 전개됐다.

고려대 교우회 이사인 국민의당 이민명, 전남도의원과 3대의원을 지낸 보수당 최영철, 나주읍장을 지낸 민주당 박규헌, 예수교 부흥협회 나주지부장인 추풍회 김희근 후보들도 추격전을 전개했다.

정민회 소속이었던 정명섭 후보는 자민당으로 당적을 옮겨 출전했고, 민주공화당 공천을 기대했으나 낙천된 최영철 후보는 보수당으로 옮겨 출전했다.

지난 5대 총선에서 민주당으로 출전한 정문채 후보는 18,182표를 득표하여 당선됐고, 자유당으로 출전한 정명섭 후보는 5,159표를 득표하여 차점 낙선했다.

당선됐던 이경 의원의 불출마로 을구 지역을 석권한 정명섭 후보가 동경 중앙대 출신으로 2선의원이라는 지명도와 풍부한 자금을 동원하여 자유당 출신이라는 난관을 극복하고 당선을 예상했던 정문채 후보를 꺾은 이변을 연출했다.

정치신인으로는 조직을 구축하는데 기간이 촉박한 민주공화당 이교은 후보는 공천경쟁을 벌인 최영철 후보의 선전으로 집권여당 공천 후보의 위력을 발휘하지 못했다.

□ 득표상황

후보자	정당	연령	주요 경력	득표 (%)
정명섭	자유민주당	53	2선의원(나주 을)	20,701 (30.5)
정문채	민정당	47	5대의원(나주 갑)	18,419 (27.2)
이교은	민주공화당	42	전남도의원	16,721 (24.7)
최영철	보수당	56	3대의원(나주 갑)	4,761 (7.0)
이민명	국민의당	31	정당인	3,389 (5.0)
박규헌	민주당	58	나주군 나주읍장	2,533 (3.7)
김희근	추풍회	30	사회사업가	1,305 (1.9)

〈광산〉 집권여당에 묻지마 투표하는 지역정서를 등에 업고 자유당 의원과 민주당 의원을 격파한 정치신인인 민주공화당 박종태

지난 5대 총선 때는 전남도의원 출신인 고몽우 후보가 민주당 공천을 받고서 전남극장협회 상무인 오희수, 회사장인 김상기, 송정읍장 출신인 김삼길, 제1관구 헌병부장 출신인 송인섭 무소속 후보들을 가볍게 제압했다.

재일거류민단 조직부장인 조윤구, 제헌의원인 박종남, 외무부장관 비서관인 김판우 후보들은 무소속으로, 화순광업소장인 박준규, 영화세계 사장인 강대진 후보들은 사회대중당으로 출전했다.

이번 6대 총선에선 5대 의원인 민정당 고몽우 후보와 동경제대 정치학과 출신인 민주공화당 박종태 후보가 호각지세를 이뤘다.

3대와 4대의원을 지낸 자유당 이정휴, 전남도 과장과 군수를 지낸 자민당 박종효, 서울대 출신인 국민의당 김판우, 고려대 출신인 보수당 김면중, 명치대 출신인 민주당 김찬곤 후보들도 출전했다.

무명의 정치신인인 박종태 후보가 최인환, 김삼기, 김찬곤 후보들을 꺾고 민주공화당 공천을 받은 여세를 몰아 집권여당에게 묻지마 투표를 하는 지역정서에 힘입어, 자유당 소속으로 3대와 4대의원을 지낸 자민당 이정휴 후보와 민주당 소속으로 5대의원을 지낸 민정당 고몽우 후보들을 꺾고 당선되는 이변을 만들어냈다.

□ 득표상황

후보자	정당	연령	주요 경력	득표 (%)
박종태	민주공화당	43	정당인	11,935 (32.0)

고몽우	민정당	49	5대의원(광산)	9,372 (25.2)
이정휴	자유민주당	45	2선의원(광산)	4,175 (11.2)
김찬곤	민주당	43	정당인	3,156 (8.5)
김면중	보수당	26	정당인	3,080 (8.3)
박종효	자민당	51	전남도과장, 군수	2,798 (7.5)
김판우	국민의당	44	국민의당 중앙위원	2,731 (7.3)

〈영광 - 함평〉 3연패를 안겨준 조영규 의원의 아들인 조기상 후보를 꺾고 3전 4기의 신화를 창조한 정헌조

지난 5대 총선 때 영광에서는 제헌, 3대, 4대의원 출신인 민주당 조영규 후보가 2대의원을 지낸 무소속 정헌조, 중학교 교사 출신인 사회대중당 조응환, 전남도의원 출신으로 민주당에서 제명된 정헌승 후보들을 꺾고 4선의원이 됐다.

함평에서는 3대와 4대의원을 지낸 민주당 김의택 후보가 상해대 출신으로 한독당 중앙위원을 지낸 무소속 김석 후보를 꺾고 3선의원이 됐다.

김의택 의원과의 불가피한 경쟁을 피하기 위해 조영규 의원이 서울로 도피한 이번 6대 총선에서는 민주공화당 공천을 받은 2대의원인 정헌조 후보가 설욕전을 펼친 가운데 조영규 4선의원의 아들인 자민당 조기상, 상해임시정부 외교부 비서장을 지낸 민주당 김석, 3대, 4대, 5대의원을 지낸 민정당 김의택, 농림부에 근무했던 보수당 서진걸 후보들이 출전했다.

함평은 터줏대감인 민정당 김의택, 민주당 김석 후보가 사투를 전개하고 있는 가운데, 영광에서는 공화당 정헌조 후보가 독무대를 이루며 3파전을 전개했다.

난공불락의 10년성을 구축한 김의택 후보는 "내가 왜 함평에 해 놓은게 없어. 정치인은 지조가 생명입니다. 정헌조는 공화당 공천에 떨어지면 민정당 공천 달라고 그럽디다"고 비난하자, 정헌조 후보는 "야당 10년에 함평-영광에 뭐가 남았습니까. 껍데기만 남았어요, 이번만은 여당을 뽑아야 한다는 여론이 높다"고 반격했다.

김석 후보는 "악화가 양화를 구축한다는 그레샴 법칙은 정치에도 적용되는 법입니다. 한 10년을 돌아다닌 헌 돈이 유능한 새 돈을 구축하고 있어요. 이제는 새 돈으로 갈아야 합니다"라고 절규했다.

지난 5대 총선에선 함평에 출전한 민주당 김의택 후보는 29,150표를 득표하여 당선됐고, 무소속으로 출전한 김석 후보는 16,942표를 득표하여 낙선했다.

영광에 출전한 조기상 부친인 민주당 조영규 후보는 23,198표를 득표하여 당선됐으나, 무소속으로 출전한 정헌조 후보는 18,821표를 득표하여 차점 낙선했다.

정헌조 후보는 4대 총선에서도 무소속으로 출전하여 14,929표를 득표하여 946표 차로 조영규 후보에게 연패했다.

윤인식과 정운상 후보들을 제치고 어렵게 민주공화당 공천장을 받아든 정헌조 후보는 함평에서 이전투구를 벌인 김의택, 김석 후보들은 물론 3연패를 안겨 준 조영규 의원의 아들인 조기상 후보를 꺾고 3전 4기의 신화를 창조했다.

□ 득표상황

후보자	정당	연령	주요 경력	득표 (%)
정헌조	민주공화당	44	2대의원(영광)	41,145 (51.6)
김의택	민정당	54	3선의원(함평)	13,703 (17.2)
김 석	민주당	52	임정 외교부장 비서	11,367 (14.3)
조기상	자유민주당	26	정당인	10,447 (13.1)
서진걸	보수당	46	농림부장관 비서	3,046 (3.8)

〈진도〉 김병삼 장관, 조병문 전 의원들의 불출마 호기를 받아 민주공화당 공천을 받고 대승을 거둔 이남준

지난 5대 총선 때는 의사 출신으로 민주당 공천을 받은 박희수 후보가 4대의원을 지낸 무소속 손재형, 명치대 출신으로 회사장인 무소속 이남준, 육군대위 출신인 사회대중당 조규탁 후보들을 어렵게 따돌렸다.

박희수 의원이 불출마한 이번 6대 총선에서는 지난 5대 총선에서 무소속으로 낙선한 이남준 후보가 민주공화당 공천을 받고서 육군대학 출신인 국민의당 조병을, 정당생활을 오랫동안 하여 온 민정당 임상수 후보들과 경합을 벌였다.

김병삼 국무원사무처장과 2대와 3대의원을 지낸 조병문 전 의원의 출전설이 나돌았으나, 민주공화당은 지난 5대 총선에 무소속으로 출전하여 10,005표를 득표한 이남준 후보를 공천했다.

민주공화당 이남준 후보는 지난 5대 총선에서 낙선에 따른 지명도와 민주공화당의 조직과 풍족한 자금을 활용하여 무명의 정치신인인 임상수와 조병을 후보들을 가볍게 제압했다.

□ 득표상황

후보자	정당	연령	주요 경력	득표 (%)
이남준	민주공화당	44	연합신문 이사	16,134 (53.5)
임상수	민정당	40	정당인	10,961 (36.3)
조병을	국민의당	44	전남병사구 병무과장	3,086 (2.2)

제주도

〈제주 - 북제주〉 박정희 후보의 전폭적인 지지 열기에 힘입어 지난 총선에서의 낙선을 딛고 당선된 민주공화당 임병수

지난 5대 총선 때 제주시에서는 4대의원인 민주당 고담롱 후보가 언론인 출신인 무소속 김진근, 법제실 국장을 지낸 무소속 문종철 후보들을 어렵게 따돌리고 재선의원이 됐다.

중·고교교사였던 문성선, 출판업자인 고시현, 공무원 출신인 안정립 후보들도 출전했다.

북제주에서는 금융조합 이사인 무소속 홍문중 후보가 의사출신으로 민주당 공천을 받은 김옥천, 회사장인 무소속 김구 후보들을 꺾고 당선됐다.

3대와 4대의원을 지낸 김두진, 정치활동을 펼쳐 온 진문종, 변호사로 기반을 닦은 임병수 후보들도 무소속으로 출전했다.

제주의 고담룡 의원은 보수당으로, 북제주의 홍문중 의원은 민주당으로 출전한 이번 총선에서 지난 총선 때 북제주에서 낙선한 임병수 후보가 민주공화당 공천을 받고 출전하여 3파전이 전개됐다.

제주도의회 의장을 지내고 참의원에 당선된 강재량 후보가 자민당으로 출전하고, 지난 5대 총선에도 출전했던 진문종 후보는 정민회 공천으로 출전했다.

정치활동을 펼쳐 온 신두완 후보는 국민의당으로, 공무원 출신인 문영팔 후보는 민정당으로 출전했다.

박정희 후보가 대선에서 3분의 2를 득표한 지역이지만, 이곳의 민주공화당 임병수, 보수당 고담룡, 자민당 강재량 후보 모두 민주당 구파 출신들로 고담룡, 강재량 후보들은 민정당 제주도당위원장을 놓고 격돌한 전력을 갖고 있다.

고담룡 후보의 이탈로 민정당은 문영팔 후보를 공천했다가 해당 행위자로 제명하는 소동을 벌였다.

고담룡 후보는 4대와 5대의원을 지낸 네임밸류와 관록을 자랑하고 있고, 두 번이나 제주도의원에 당선되고 참의원을 지낸 강재량 후보는 사람이 좋다는 평을 받고 있다.

임병수 후보는 제주 자유항 설치, 수산센터 유치 등 복지공약으로 유권자들의 관심을 집중시키고 있다.

지난 5대 총선 때 무소속으로 출전하여 7,630표를 득표한 임병수 후보가 김도준 제주도의회 의장을 공천경쟁에서 물리친 여세를 몰아 박정희 후보를 전폭적으로 지지한 지역정서를 등에 업고, 지난 5대 총선 때 12,615표를 득표하여 당선된 홍문중 후보를 가볍게 꺾고 설욕했다.

제주시에서 재선의원으로 우뚝 솟은 고담룡 후보는 군소정당 후보로 출전하여 추락했고, 참의원을 지낸 강재량 후보의 득표력도 신통치는 않았다.

□ 득표상황

후보자	정당	연령	주요 경력	득표 (%)
임병수	민주공화당	45	대학교수	31,679 (45.6)
고담룡	보수당	48	2선의원(제주)	15,681 (22.6)
강재량	자유민주당	46	참의원(제주도)	11,478 (16.5)
홍문중	민주당	45	5대의원(북제주)	3,074 (4.4)
진문종	정민회	41	정당인	2,747 (4.0)
문영팔	민정당	28	공무원	2,679 (3.9)
신두완	국민의당	34	정당인	2,111 (3.0)

〈남제주〉 지난 총선에서의 패배를 딛고 민주공화당 공천을 받은 여세를 몰아 정치신인들을 가볍게 제압한 현오봉

지난 5대 총선 때 항일운동을 펼쳐 온 한국사회당 김성숙 후보가 회사 중역인 강성익, 중졸로서 4대의원을 지낸 현오봉 후보들을 꺾고 국회에 등원했다.

언론인인 강필생, 농촌사업을 전개한 강인숙, 민주당원이었던 김일용 후보들은 완주했으나 고교교사였던 강권민, 제주도의원을 지낸 강성건 후보들은 중도 사퇴했다.

이번 6대 총선에선 지난 5대 총선에서 낙선한 현오봉 4대의원이 민주공화당으로 전향하여 독주체제를 완비하자, 제주대 교수인 국민의당 양상익, 양조장 대표인 보수당 강석범, 정치신인인 민주당 김일용, 제주대 강사인 민정당 강보성 후보들이 추격하는 양상으로 선거전이 전개됐다.

지난 4대 총선에서 제주경찰서 통신과장을 지낸 현오봉 후보는 자유당 공천을 받고 독립운동가인 무소속 김성숙, 2대와 3대의원을 지낸 자유당 강경옥, 제주여객 사장으로 남제주군수를 지낸 무소속 강성익 후보들을 꺾고 당선됐다.

그러나 5대 총선에서 현오봉 후보는 9,872표를 득표하여 13,114표를 득표한 한국사회당 김성숙 후보에게 패배하여 금뱃지를 넘겨줬다.

송방식 제주도의회 부의장, 오기문 무선통신국장, 양상익 제주대 교수 등을 민주공화당 공천경쟁에서 물리친 현오봉 후보는 무명의 정치신인들인 김일용, 강석범, 강보성 후보들을 가볍게 꺾고 재선의원이 됐다.

□ 득표상황

후보자	정당	연령	주요 경력	득표 (%)
현오봉	민주공화당	40	4대의원(남제주)	18,117 (49.2)
김일용	민주당	31	민주당 중앙위원	8,384 (22.8)

강석범	보수당	46	회사장	5,545 (15.1)
양상익	국민의당	48	제주대 교수	3,788 (10.3)
강보성	민정당	33	제주대 강사	956 (2.6)

제4장 국민들에게 너무나 생소(生疎)한 전국구 의원

1. 정국안정이라는 미명으로 제정된 전국구 제도

2. 정당별 전국구 의원 당선자와 후보자 현황

1. 정국 안정이라는 미명으로 제정된 전국구 제도

(1) 선거구 통합과 전국구 제도가 민주공화당의 승리 요인

민정이양을 결정한 민주공화당은 국회의원 선거에 직면하여 과반수 획득에 대한 자신감을 잃었다. 다각적인 방안 모색에 나선 민주공화당은 세 가지 필승전략을 수립했다.

첫째는 선거구의 통합이다. 2개 선거구를 통합하면 두 명의 야당 의원들이 필연적으로 대립하게 되고 그러한 상황에서 민주공화당 후보를 내세워 공무원들을 동원하고 풍부한 자금을 뿌리면 승리할 수 있다는 판단이다.

농촌에서는 군별 대항전이 펼쳐졌으며 실제로 진주-진양의 경우 진주 김용진, 진양의 황남팔 5대 의원의 싸움에 민주공화당 구태회 후보가 어부지리를 얻어 손쉽게 당선됐다.

두 번째는 선거사상 최초로 도입한 전국구 제도이다. 전국구는 정국 안정이라는 명분을 내세워 도입됐으며 전체 의석의 3분의 1인 44석을 할애하고 배정 방법을 제1당이 지역구에서 50%의 득표율을 올리지 못할 경우에도 50%에 해당하는 22석을 무조건 제1당에 배정한다는 것이다.

더욱이 제2당에게 나머지 22석의 3분의 2를 배정한다는 규정에 따라 야당들이 제2당이 되기 위해 혈투를 전개할 수밖에 없는 조건을 창출해 냈다.

제3당이나 제4당으로 밀리지 않기 위해서 민정당, 민주당, 자유민주당, 국민의당의 막무가내 혈투를 전개하면 민주공화당은 어부지리를 얻을 수 있다는 계산이다.

세 번째는 무소속의 입후보 제한이다. 정치활동정화법에 이철승 등 유력 정치인들의 출전을 봉쇄하고서도 무소속 입후보를 금지하여 정당 공천을 받을 수밖에 없고, 이것은 필연적으로 야권의 정당이 공천 알선(斡旋)용으로 난립할 수밖에 없는 상황을 만들었다.

선거구 통합, 전국구 제도, 무소속 입후보 금지라는 민주공화당의 필승전략은 차질없이 추진됐다.

그리하여 전국에서 많은 당선자를 배출할 수 있었다.

(2) 전국구 의석을 민주공화당에 22석, 민정당에 14석 배정

민주공화당의 전국구 추천신청을 받은 결과 정구영 전 당총재, 윤치영 당의장을 비롯하여 김성진, 윤일선, 김동성, 이규갑, 이갑성, 전예용 등이 신청하여 200명이 넘어섰다.

전국구는 박정희 총재에 의해 능력평가와 논공행상 그리고 경합되는 지역구 사정 등을 고려하여 결정했다.

조병일, 윤주영, 정치갑, 최용관, 엄민영, 장동운, 윤일선, 김홍식, 노명우, 김호칠, 임승본, 최세경, 김동성, 김갑수, 조효원 등이 거명됐으나 대부분 추천 명단에서 제외됐다.

민주공화당은 윤치영(3선의원), 박현숙(4대의원), 김병순(2선의원) 후보 등 3명의 전직 의원들을 배치하고 민주공화당 창당에 기여한 정구영, 김성진, 이종극, 민병기 후보 등을 상위권에 배치했다.

그리고 김동환, 신윤창, 오치성, 강상욱, 조창대, 이종근, 오학진, 김우경, 조남철, 차지철 등 군인 출신 10명을 전진 배치했다.

민주공화당 선전부장 서인석, 동아일보 기자 이만섭, 경제기획원장 김유택, 서울대 교수 한태연, 조선대 총장 최정기 후보들이 행운의 열차에 탑승했으나 윤치영, 김유택 후보들이 곧바로 하차하여 박규상, 김호칠 부산 동아대 교수들이 탑승할 수 있었다.

야권의 전국구는 각 당의 논공행상에 의해 순서가 결정되어 인물 위주보다는 당 간부들의 정실(情實)과 당리당략에 치우치는 직업 정치인에 치중했다.

민정당은 당선 가능성이 있는 후보는 지역구에 내세워 원내 의석을 하나라도 더 확보한다는 방침을 세우고 자유당 의원으로 활동했던 정해영 후보를 선거사무장으로 발탁하여 2번에 배치하고 3번에 배치한 백남훈 최고위원을 금산에서 길재호 후보와 경쟁에 자신감을 잃은 유진산 간사장을 배치했다.

자금조달에서 큰 몫을 담당한 고흥문, 정운근 후보들이 발탁되고 자금조달을 위해 박삼준, 함덕용, 방일홍, 이중재 등을 안정권에 배치했다.

자유당 출신인 김익기, 민주당 출신인 유홍, 유진 후보와 더불어 군인 출신 배려 차원에서 강문봉, 김형일 후보들을 상위권에 배치했다.

671

당선권에서 밀려난 후보들은 무명의 실업가들을 배치하여 오랫동안 독재정권 반대 투쟁을 해 온 전사들을 모욕했다고 반발했다.

민주당은 박순천 대표가 지역구 출마로 선회함에 따라 중진들의 진출 기회가 펼쳐졌으며 경북 출신인 조재천, 최희송 후보들은 당선안정권에 배치됐으나 정치자금 조달을 위해 김성용, 유창열, 장치훈 후보들을 상위권에 배치하다 보니 이춘기, 계광순, 성원경, 이태용, 설창수, 윤정구, 박충모, 정재완, 김택천, 신광균 등 중추적 인물들이 당선권 밖으로 밀려났다.

자민당은 송요찬, 김재춘을 간판스타로 내세울 예정이었으나 송요찬은 사퇴하고 김재춘은 해외여행으로 무산되어 민정당에서 총선에 임박하여 전향(轉向)한 김도연 대표, 대표를 양위한 소선규 후보와 손창규 최고위원을 당선권에 배치했다.

김재위, 이원홍, 서상덕, 김두진, 김상호 전 의원들은 당선권에서 멀어졌다.

종로 출마를 끝내 고사한 허정과 대전에 출마했다가 사퇴한 이범석계가 승강이를 벌여 마감 30분 전까지 순위를 결정 못해 등록하지 못할 뻔했다가 아슬아슬하게 등록한 국민의당은 22명의 후보들을 추천했으며 안호상 최고위원과 이재형 상공부장관을 비롯하여 전직 의원이나 장관들을 10여 명이나 포함했으나 아무도 당선되지 못했다.

전국구 후보를 민주공화당이 31명, 민정당이 30명, 민주당과 국민의당이 22명, 자유민주당이 16명, 한국독립당이 7명, 신민회가 6명, 정민회, 보수당, 추풍회가 각각 5명, 자유당이 4명, 신흥당이 1명을 추천하여 154명이 추천됐으며 이 가운데 여성 후보는 민주공화당 박현숙(9번), 민주당 이만희(14번), 추풍회 이양부(5번) 후보 등 3명 뿐이다.

지역구 후보들이 33.5%를 득표한 공화당이 22석, 20.2%를 득표한 민정당이 14석, 13.6%를 득표한 민주당이 5석, 8.1%를 득표한 자민당이 3석을 배정받았으나, 8.8%를 득표한 국민의당은 지역구 당선자가 2명에 불과하여 배정에서 제외됐다.

민정당과 민주당 후보들의 득표율 차는 6.6%에 불과하지만 의석은 14석과 5석으로 9석 차이로 벌어졌다.

2. 정당별 전국구 당선자와 후보자 현황

(1) 민주공화당 (후보자 31명, 당선자 22명)

순위	성명	연령	최종 학력	주요 경력
1	정구영	69	경성법전	대한변호사협회장
2	윤치영	65	조도전대	내무부장관, 3선의원
3	김성진	58	경성제대	보건사회부장관
4	이종극	56	경성사범	최고회의 자문위원
5	민병기	62	경성의전	내무부장관
6	김동환	36	고려대학원	주미공사
7	신윤창	37	안주중	공화당 사무차장
8	오치성	37	단국대	최고회의 최고위원
9	박현숙(여)	67	숭의여고	2대의원(금화)
10	강상욱	36	서울 상대	최고회의 최고위원
11	조창대	36	해인대	치안국 정보과장
12	이종근	39	육군대	공화당 지구당위원장
13	오학진	35	육군대	공화당 정책실장
14	김우경	35	행정대	공화당 조직부장
15	김병순	53	동경 수의전	2선의원(해남)
16	서인석	37	남가주대	공화당 선전부장
17	이만섭	31	연희대	동아일보 기자

18	김유택	52	구주제대	경제기획원장
19	조남철	40	고려대	해군 준장
20	한태연	44	조도전대	서울대 교수
21	최정기	50	조선 대학원	조선대 총장
22	차지철	29	국학대	육군중령
23	박규상	39	서울 대학원	동아대 교수
24	김호칠	37	서울 대학원	동아대 교수
25	박노선	25	민주대	전북대 교수
26	이승택	40	경성 법전	제주시 교육감
27	김우영	42	고시 합격	변호사
28	이병주	51	대구사범	공화당 상임위원
29	이성수	37	서울 사대	대한교련 부회장
30	주동준	45	홍익대	공화당 상임위원
31	박노태	66	경기고	군수

※2번 윤치영의 서울특별시장, 18번 김유택의 경제기획원 장관 발령으로 23번 박규상, 24번 김호칠 후보 당선

(2) 민정당 (후보자 30명, 당선자 14명)

순위	성명	연령	최종 학력	주요 경력
1	윤보선	66	에딘바라대	대통령, 3선의원
2	정해영	48	부산상고	2선의원(울산)
3	유진산	58	조도전대	3선의원(금산)
4	고흥문	42	-	회사장

5	김익기	47	일본대	4선의원(안동)
6	강문봉	40	워싱턴대	육군중장
7	김형일	40	대졸	육군중장
8	정운근	56	만주 의대	참의원 사무총장
9	박삼준	45	대학 중퇴	금융통화 위원
10	함덕용	59	복도 상고	상공부차관
11	방일홍	30	연회대	기자
12	유 홍	64	경성공전	2선의원(영등포)
13	유 진	58	대졸	5대의원(고창)
14	이중재	38	보성 전문	동기홍업 사장
15	임차주	45	교원 강습소	2선의원(순창)
16	이우태	41	대졸	언론 출판업
17	박중한	68	오번대	군수, 회사장
18	우갑린	54	대학 중퇴	노동운동
19	양회영	52	일본 중앙대	교수, 참의원(전남)
20	손권배	47	명선중	3대의원(완주)
21	김현기	39	서울 상대	고교교사, 인물계 사장
22	백관옥	45	남경대 중퇴	노동운동
23	조희철	35	대졸	정당인
24	박철용	37	대졸	정당인
25	김호정	50	대졸	대법원 재판관
26	송기성	33	대졸	-
27	김제만	31	대졸	회사원
28	채원식	30	대졸	육영사업

| 29 | 노승삼 | 36 | 대졸 | 부통령 비서 |
| 30 | 정석헌 | 51 | 대졸 | 정당인 |

(3) 민주당 (후보자 22명, 당선자 5명)

순위	성명	연령	최종 학력	주요 경력
1	조재천	51	중앙대 중퇴	법무부장관, 3선의원
2	김성용	45	미시간대	제네바 전권공사
3	유창열	49	선린상고	경신산업 사장
4	장치훈	53	중졸	운수회사 사장
5	최희송	69	마사추세츠대	4대의원, 참의원
6	이춘기	57	함흥상고	2선의원(이리)
7	장덕창	60	양정고	공군 참모총장
8	계광순	54	동경제대	2선의원(춘천)
9	성원경	68	일본 중앙대	2선의원(예산)
10	한근조	68	명치대	대법관, 2선의원
11	이태용	54	경성제대	상공부장관, 3선의원
12	설창수	47	일본 의대	참의원, 경남일보 주필
13	윤정구	45	동경대 중퇴	5대의원(남원)
14	이만희(여)	46	독학	민주당 부녀부장
15	박충모	69	경성의전	2선의원(원주)
16	정재완	63	동양대	4선의원, 여수일보사장
17	김택천	63	중학 중퇴	2선의원(울산)

18	김구연	53	상고	민주당 기획위원
19	신광균	66	중졸	2선의원, 경기도 지사
20	신태현	50	경성제대	경희대 교수
21	최의남	50	중졸	전남도 지사
22	우봉운	44	건국대	서울시의원

(4) 자유민주당 (후보자 16명, 당선자 3명)

순위	성명	연령	최종 학력	주요 경력
1	김도연	69	콜롬비아대	당대표, 4선의원
2	소선규	60	복강상고	참의원, 2선의원
3	송요찬	45	워싱턴대	국방부장관, 내각수반
4	손창규	37	서울대학원	최고회의 최고위원
5	김재위	42	연희전문	4대의원(산청)
6	이원홍	60	보성전문	제헌의원
7	서상덕	56	신호 신학	2대의원(나주)
8	김선기	57	런던대	문교부차관
9	한동찬	69	동경 치의전	대한치과 의사회장
10	장병준	67	대졸	신민당 전남도당위원장
11	김재호	60	대학 중퇴	광복군 투사
12	손영도	69	동경 국학원	대전시장
13	김두진	51	제주농고	2선의원(북제주)
14	김기홍	46	하르빈대	자민당 기획위원

| 15 | 손동혁 | 57 | 대졸 | 회사장 |
| 16 | 김상호 | 65 | 대졸 | 제헌의원, 광주시장 |

※3번 송요찬 후보의 사퇴로 4번 손창규 후보가 당선

(5) 국민의당(후보자 22명)

순위	성명	연령	최종 학력	주요 경력
1	이재형	49	일본 중앙대	상공부장관, 4선의원
2	이 호	46	동경제대	법무부장관
3	안호상	61	에나대	문교부장관
4	홍영철	37	연세대 중퇴	대한학도 경찰대장
5	장기영	60	비틀러대	체신부장관
6	박용만	39	일본 중앙대	국민의당 임시대변인
7	조홍만	37	육군대	치안국장
8	이응준	68	일본 중앙대	체신부장관
9	노진설	63	명치대	심계원장
10	이해익	58	일본 동북대	농림부장관
11	김귀하	68	일본 중앙대	조민당 대표 최고위원
12	이종림	53	보성전문	교통부장관
13	최규옥	62	경성의전	농림부장관
14	표문호	57	일본대	홍익대 학장
15	김영기	58	일본대 중퇴	경기도지사
16	이상규	43	일본 중앙대	내무부장관

17	김석길	50	북경대	국민의당 기획위원
18	부완혁	44	경성제대	조선일보 주필
19	김근찬	55	동양대 중퇴	국방부 국장
20	오재식	40	경성사범	애국정신 선양회장
21	허 준	52	일본대	대한수리조합 이사
22	박의정	35	고려대	국민의당 조사부차장

(6) 신민회 (후보자 6명)

순위	성명	연령	최종 학력	주요 경력
1	성보경	38	국민대	대학 학장
2	연제원	36	국민대	교육가
3	염삼용	42	국민대	사회사업
4	안용수	35	산화교	언론인
5	홍종혁	48	워싱턴대	대학 학장
6	박성환	38	동아대	언론인

(7) 정민회 (후보자 5명)

순위	성명	연령	최종 학력	주요 경력
1	송중곤	52	명치대	정민회 중앙위의장
2	김현국	55	일본 체전	정민회 당무위원
3	남정일	59	고등예비고	정민회 감찰위원장

| 4 | 홍정식 | 39 | 서울대 | 정민회 선전부장 |
| 5 | 박연수 | 46 | 평양고보 | 정민회 총무부장 |

(8) 보수당 (후보자 5명)

순위	성명	연령	최종 학력	주요 경력
1	김명윤	39	경성제대	5대의원(강릉)
2	이흥열	35	성남중	경성일보 기자
3	서유석	42	호강대 중퇴	노동운동
4	은종관	36	서울대	국무총리 공보비서관
5	김학규	37	서울법대	총경

(9) 추풍회 (후보자 5명)

순위	성명	연령	최종 학력	주요 경력
1	김영배	65	조도전대	청주 대학원장
2	김재윤	43	전문대	추풍회 사무총장
3	오진환	49	중졸	추풍회 섭외부장
4	오준환	51	독학	추풍회 상임위원
5	이양부(여)	51	명치대	중앙대 교수

(10) 자유당 (후보자 4명)

순위	성명	연령	최종 학력	주요 경력
1	김봉주	57	경도고	동양학원 이사장
2	염우량	52	영명고	3대의원(논산)
3	남송학	60	철도교	2선의원(용산)
4	심준구	40	배재중	회사 중역

(11) 한국독립당 (후보자 7명)

순위	성명	연령	최종 학력	주요 경력
1	김홍일	65	중국 육군대	외무부장관
2	조각산	71	유신교	상해임시정부 위원
3	최용덕	65	중국 육군대	광복군 참모차장
4	문석부	55	남개대 중퇴	광복군
5	서병호	57	중국 금대	경신 중고교장
6	백순보	42	중국대	회사 사장
7	신공제	63	중국 중앙대	임정 의정원 의원

(12) 신흥당(후보자 1명)

순위	성명	연령	최종 학력	주요 경력
1	조경호	56	독학	비상국민회 대의원

─────〈인용·참고자료〉─────

○ 역대 국회의원 선거 총람 (중앙선거관리위원회, 2016년 11월)

○ 한국정당 통합 운동사 (을유문화사, 2000년 9월)

○ 해방 후 정치사 100장면 (가람기획, 1994년 7월))

○ 주요 중앙일간지 (1960. 5. 1~1963. 11. 30)

 - 동아일보

 - 경향신문

 - 조선일보

 - 한국일보

○ 주요 지방일간지 (1963. 11. 1~11. 30)

 - 강원일보

 - 대전일보

 - 전남일보

 - 대구매일

 - 부산일보